부록: 임용시험 문제 분석 및 해설

〔제4판〕

사회과 교재연구 및 교수법

2022 개정 교육과정과 학생 주도 학습법

박상준

교육과학사

최근 4차 산업혁명과 스마트 혁명으로 사회가 빠르게 변화하고 있다. 미래 사회는 지식의 기억력이 아니라 급변하는 사회에 창의적으로 대응하여 복합적인 문제를 해결할 수 있는 시민의 역량을 요구하고 있다. 그에 따라 새로운 디지털 기술, AI, 메타버스 등을 활용해 미래 교육을 시도하는 교사들이 늘어나고 있다. 이러한 디지털 기술이나 매체를 활용해 수업하면 곧 미래 교육이 된다고 오해하거나 착각하기 때문이다.

그러나 미래 교육은 디지털 기술이나 매체의 활용 여부로 정해지는 것이 아니라 근본적으로 '수업 패러다임'을 교사 중심에서 '학생 중심'으로 바꾸고, 학생이 주도성을 갖고 '미래 역량'을 능동적으로 학습하는 것에 달려 있다. 교사가 주도해 교과서 지식을 전달하는 전통적인 수업 방식을 넘어서 시민 역량을 가르치는 것이 미래 교육의 핵심이다. 사회과에서 미래 시민 역량을 교육하기 위해서는 근본적으로 수업 패러다임을 전환하고, 학생이 주체적·능동적으로 학습할 수 있는 수업의 구조로 바꾸어야 한다.

그래서 이 책에서는 먼저 미래 교육과 미래 시민 역량이 무엇인지 탐색하고, 미래 시민 역량을 교육하기 위해 사회과의 패러다임을 '학생 중심 수업 패러다임'으로 전환하는 방법을 제시했다. 그다음 미래 시민 역량을 교육하기 위한 수업 형태로서 블렌디드 러닝을 제시하고, 사회과에 적합한 개념 학습, 탐구 학습, 의사 결정 학습, 논쟁 문제 학습, 토론 학습, 협동 학습, 프로젝트 학습 등 다양한 교수·학습 방법을 제시했다. 또한 최근 달라진 임용시험의 출제 경향을 분석하고 정답의 해설을 제시함으로써 예비 교사들이 임용시험의 방향을 파악하여 효율적으로 준비하도록 구성했다.

이처럼 저자가 계속 연구하고 새로운 책을 집필할 수 있도록 격려해주시고, 또한 부족한 책을 강의 교재로 사용하면서 새로 추가할 내용이나 수정할 사항 등에 대해 여러 가지 조언을 해주신 선·후배 교수님과 후배 박사님, 대학원 선생님들에게 감사의 말씀을 드립니다.

2023년 8월

박 상 준

목 차

제2부 사회과의 교수 · 학습 방법

제15장 프로젝트 학습 / 283

제16장 현장 학습과 체험 학습 / 296

제17장 지역 학습 / 319

제18장 지도 학습 / 326

제1부

사회과의 수업 설계와 교재 연구

제 1 장

미래 교육과 사회과 패러다임의 전환

1. 미래 사회와 미래 교육

1) 미래 교육의 의미

초·중등학교 교육은 학생이 10~20년 후 미래의 삶을 준비하도록 도와주는 활동이다. 이런 점에서 학교 교육은 본질적으로 미래를 준비하기 위한 교육, 즉, 미래 교육이다. 교육 자체가 미래 대비 교육인데, 최근에 왜 '미래' 교육을 강조하는 것일까? 기존의 지식 대신에 역량을 교육하는 것이 미래 교육인가?

사회가 완만하게 변화하는 시대에는 과거에 축적된 지식이나 기능을 미래에도 그대로 활용할 수 있다. 그에 따라 학교는 전통적인 지식이나 기능을 가르쳐도, 학생의 미래를 대비하는 교육이 될 수 있었다. 과거에 유용한 지식이나 기능을 가르치면, 몇십 년 후 미래에도 그것을 그대로 활용할 수 있었기 때문이다. 이런 이유에서 '미래' 교육이라고 이름 붙일 필요가 없었다.

하지만 최근 4차 산업혁명과 스마트 혁명, 과학·기술의 발달로 인해 사회가 급속하게 변하고 있다. 10년 후 사회는 현재와 매우 다른 모습으로 전개될 것이다. 미래 사회가 어떻게 변할지 예측하기 어렵다. 현재 유용한 지식이나 기능이 몇십 년 뒤 미래 사회에서는 쓸모없는 것이 될 수 있다. 그래서 전통적인 학교 교육과 구별하여, 최근에 급변하는 미래 사회에 주체적으로 대응할 수 있는 핵심 역량을 함양하는 교육이라는 의미에서 '미래 교육'이 강조되고 있다(박상준, 2022: 49).

미래 교육이란 과거에 축적된 지식이나 기능을 가르치기보다는 급변하는 미래 사회에 대응할 수 있는 역량을 함양하도록 지원하는 활동이다. 즉, 미래 교육은 전통적 지식의 교육을 넘어서 미래 역량을 교육하는 것을 목표로 한다. 또한 미래 교육은 교사가 주도해 기존의 지식을 전달하는 것이 아니라 학생이 주도성을 갖고 주체적·능동적으로 학습하면서 미래 사회의 문제를 창의적으로 해결할 수 있는 역량을 계발하도록 도와주는 것이다. 학교 교육과 생활에서 발휘되는 학생의 주도성은 사회생활에서 시민의 주도성으로 연결되고 확장된다(박상준, 2022: 49-50).

2) 미래 교육에 대한 오해

이처럼 급변하는 미래 사회는 기존과 다르게 새로운 시민의 역량을 요구한다. 21세기 학습 파트너십(P21, 2015)은 미래 사회에서 성공적인 삶을 위해 필요한 '핵심 역량'(4Cs)으로 창의성, 비판적 사고, 의사소통, 협력을 제시했다. 또한 OECD(2018)는 급변하는 미래 사회에 창의적으로 대응할 수 있는 역량들을 통틀어 '변혁적 역량'으로 제시했다.

이처럼 과거에 축적된 지식을 전달하는 전통적 교육을 넘어서 미래 사회에서 요구되는 시민 역량을 가르치는 것이 미래 교육의 핵심이다. 미래 시민의 역량을 교육하기 위해서는 근본적으로 사회과의 패러다임을 바꾸고, 학생이 주도성을 갖고 능동적으로 학습하도록 수업의 구조를 바꾸어야 한다. 미래 시민 교육은 19세기 산업사회에서 만들어진 '교사 중심 수업 패러다임'을 미래 사회에서 요구하는 **'학생 중심 수업 패러다임'**으로 바꾸어야 한다. 그래서 교사는 전통적으로 중요시되는 지식을 전달하는 것이 아니라 학생이 주도적으로 학습하여 미래 시민 역량을 함양하도록 도와주는 역할을 해야 한다.

그러나 학교 현장에서는 여전히 19세기 산업사회에서 만들어진 교사 중심의 수업 패러다임에 의거해 21세기 디지털 시대의 학생들을 가르치고 있다. 아직도 학교 교육은 교사 중심 수업 패러다임에 따라 교사가 수업을 주도하여 교과서 지식을 전달하는 수준에 머물러 있다. 그러니까 학교는 미래 시민 역량을 교육하지 못하고 교실 붕괴 현상을 겪고 있다.

다른 한편 일부 교사들은 최근 유행하는 교수 방법이나 첨단 기술을 활용하여 미래 교육을 따라가고자 시도하고 있다. 그러나 첨단 기술이나 매체로 멋지게 수업을 포장했지만, 정작 가르쳐야 할 교육내용에 대해 충분히 이해하지 못하여 잘못 가르치는 경우도 많다. 예컨대 하브루타 수업(Havruta), 질문 있는 수업이 유행하니까, 무조건 질문을 많이 하면 하브루타 수업이 된다고 오해하는 교사들이 있다. 하지만 질문을 잘못하면, 오히려 수업을 망치고 역효과가 날 수 있다. 수업 목표의 달성을 위해 어떤 질문을 언제 할 것인가, 수업 내용과 관련해 어떤 수준의 질문을 할 것인가 등에 대하여 사전에 충분히 생각하고 준비하지 않으면, 수업 시간에 즉흥적으로 질문을 하게 된다. 이 경우 대부분 사실이나 지식의 기억과 관련된 단순한 질문이거나 교사의 설명에 동조를 강요하는 질문이 많다. 이런 질문은 사실상 필요 없고 오히려 수업을 방해한다.

또한 디지털 시대에 미래 교육으로서 코딩 교육이 강조되고 있다. 그에 따라 학교 현장에서 코딩 교육이 유행하고 있지만, 대부분 코딩 키트 또는 아두이노 키트를 조립하는 활동을 하는 경우가 많다. 이것은 컴퓨팅 사고나 창의적 사고를 가르치는 코딩 교육이 아니라 '키트 조립 교육'에 가깝다. 이처럼 근본적으로 교사 주도의 수업 구조를 바꾸지 않고 교육내용을 연구하는 것은 소홀히 하면서, 최신 유행하는 교수 방법이나 매체를 활용해 수업하면 미래 교육이 된다고 오해하는 교사들이 많다.

하지만 에듀테크, 실시간 온라인 수업 플랫폼, 메타버스 등 첨단 기술이나 매체를 활용한 수업을 한다고 해서 미래 교육이 되는 것은 아니다. 미래 교육의 핵심은 첨단 기술의 활용 여부가 아니라 교사 중심 수업 패러다임을 학생 중심 수업 패러다임으로 바꾸고, 학생이 주도성을 갖고 미래 사회에 필요한 역량을 능동적으로 학습하도록 지원하는 것이다(박상준, 2022: 12-26). 또한 좋은 수업을 하기 위해서는 무엇보다 교사가 가르칠 내용에 대해 충분히 연구하고, 그에 기초하여 수업을 어떻게 할 것인지 체계적으로 수업을 설계해야 한다.

이런 측면에서 급변하는 미래 사회에서 요구되는 시민 역량을 교육하기 위하여 사회과의 패러다임을 어떻게 전환해야 하는지 그리고 사회과에서 좋은 수업이란 무엇인지를 제시하고자 한다.

2. 미래 교육과 미래 시민 역량

1) OECD의 핵심 역량

그러면 미래 교육에서 길러야 할 시민 역량은 어떤 것인가? 전통적으로 시민의 능력은 지능(intelligence)으로 측정되었다. 그러나 사회가 발전하고 복잡해지면서, 더 이상 지능이 다양한 삶의 영역에서 직무를 수행하거나 성공적인 삶을 보장하지 못했다. 그래서 이미 1970년대부터 시민의 능력은 지능 대신 역량 개념으로 평가되어야 한다는 주장이 제기되었다. 이런 흐름에 따라 OECD는 1997년부터 역량 관련 연구 결과들을 검토하고 전문가와 여러 국가들의 의견을 수렴하여, 2003년에 「성공적 삶과 잘 기능하는 사회를 위한 핵심 역량」 프로젝트 보고서를 발간했다(박상준, 2022: 50-52).

핵심 역량의 정의와 선정 프로젝트('DeSeCo': Definition and Selection for Key Competency)에서 OECD는 미래 사회의 변화에 대응하는 데 필수적인 역량들을 추출하여, '도구를 상호적으로 사용하는 역량', '이질적 집단에서 상호작용하는 역량', '자율적으로 행동하는 역량'을 **핵심 역량**으로 제시했다(OECD, 2005: 5-15).

‖ OECD 'DeSeCo' 프로젝트의 핵심 역량 ‖

- **도구를 상호적으로 사용하는 역량**(competency using tools interactively)
  ① 언어, 상징, 텍스트를 상호적으로 사용하는 능력
  ② 지식과 정보를 상호적으로 사용하는 능력
  ③ 기술을 상호적으로 사용하는 능력
- **이질적 집단에서 상호작용하는 역량**(competency interacting in heterogeneous groups)
  ① 타인과 원만한 관계를 맺는 능력
  ② 팀 안에서 일하며 협력하는 능력
  ③ 갈등을 관리하고 해결하는 능력
- **자율적으로 행동하는 역량**(competency acting autonomously)
  ① 전체적인 조망 속에서 행동하는 능력
  ② 삶의 계획과 프로젝트를 형성하고 수행하는 능력
  ③ 권리·이익·필요 및 그것의 한계를 이해하고 주장하는 능력

(OECD, 2005: 10-15)

그 후 OECD는 2030년 미래 사회에 대비한 교육의 방향을 설정하기 위해 「Education 2030」 프로젝트를 발표했다(OECD, 2018). 이 프로젝트는 교육의 비전을 공동 번영, 지속 가능성, 웰빙으로 정하고, 미래 사회에 대응할 수 있는 변혁적 역량을 교육 목표로 제시했다. 미래 교육은 학생이 주도성(student agency)을 가지고 급변하는 미래 사회에 대응하고 복잡한 문제를 창의적으로 해결할 수 있는 역량, 즉 '변혁적 역량'을 함양하도록 도와주는 것을 목표로 한다(박상준, 2022: 53-54).

변혁적 역량(transformative competencies)은 크게 3가지 능력으로 구성된다. '새로운 가치 창출'은 일자리, 사업, 서비스 등 보다 좋은 삶을 위해 새로운 가치를 만들어 내는 능력이다. '갈등과 딜레마 조정'은 서로 충돌하는 문제의 공통점을 찾아내고 여러 대안들의 단기적·장기적 결과를 예측하여 합리적 해결 방안을 선택하는 능력이다. 갈등의 해결 과정에서 다른 입장과 차이를 이해하고 합리적인 해결책을 찾아가는 능력이 길러질 수 있다. '책임의 이행'은 자기 행동의 과정 및 결과에 대해 책임지고 자기 행동에 대해 성찰할 수 있는 것과 관련된다(OECD, 2018: 5).

OECD 변혁적 역량

- 새로운 가치 창출(creating new value)
- 갈등과 딜레마의 조정(reconciling tension and dilemmas)
- 책임의 이행(taking responsibility)

2) 21세기 학습 파트너십의 4 핵심 역량(4Cs)

최근 여러 단체와 학자들이 미래 사회에서 요구되는 역량을 다양하게 제시하였다. 이에 21세기 학습 파트너십(P21)은 미국교육학회(NEA)와 협력하여 수년간 연구를 진행하여, 2009년 '21세기 학습을 위한 기본틀'(Framework for 21st Century Learning)을 개발했고, 12개 역량을 21세기 기능으로 제시했다(P21, 2009). 2010년 기준으로 미국의 16개 주가 P21이 제시한 21세기 학습 기본틀–21세기 학습을 위한 학제적 주제 5개, 학습 기능 4개, 정보·미디어·기술 활용 기능 3개, 삶과 경력 기능 5개－을 학교 교육의 표준과 평가에 반영하는 데 동의했다(NEA, 2010).

그 후 2015년 P21은 여러 가지 역량들 중에서 미래 사회에서 핵심이 되는 역량을 4개 추출하여, 학생이 미래 사회와 일에서 성공하기 위하여 배워야 할 핵심 역량을 제시했다. **'4 핵심 역량'**(4Cs)은 '창의성과 혁신', '비판적 사고와 문제 해결', '의사소통', '협력'이다(P21, 2015: 1-5).

4 핵심 역량(4Cs)

핵심 역량	하위 기능 요소
창의성과 혁신 (Creativity and Innovation)	• 새롭고 가치 있는 아이디어 창출하기 • 자기 아이디어를 정교화, 개선, 분석, 평가하기 • 새 아이디어를 효과적으로 발전, 실행, 전달하기 • 새롭고 다양한 관점에 개방적으로 반응하기 • 실패를 배움의 기회로 간주하기
비판적 사고와 문제 해결 (Critical thinking and problem solving)	• 상황에 적합하게 다양한 유형의 추론을 사용하기 • 증거, 주장, 신념, 대안적 관점을 분석하고 평가하기 • 정보와 주장 사이를 연결하고 종합하기 • 최상의 분석에 기초하여 정보를 해석하고 결론 도출하기 • 관습적 방식과 혁신적 방식에서 다양한 문제를 해결하기 • 더 좋은 해결책으로 이끄는 질문을 제기하고 확인하기
의사소통 (Communications)	• 다양한 맥락에서 생각과 아이디어를 효과적으로 표현하기 • 효과적으로 경청하여 의미를 해독하기 • 미디어와 기술을 활용하고 그 효율성과 영향을 파악하기 • 다양한 목적으로 의사소통을 사용하기
협력 (Collaboration)	• 다양한 팀과 효율적으로 일하는 능력을 보여주기 • 공동 목표를 달성하기 위해 타협할 수 있는 유연성과 의지를 행사하기 • 공동 작업에 대해 공동 책임을 지고, 팀 구성원의 개별적 기여도를 소중히 평가하기

(P21, 2015: 4-5)

P21의 공동 의장이었던 B. Trilling과 C. Fadel은 21세기 미래 사회에서 성공적인 삶을 살기 위해 학습하는 방식을 제시했다. 그들은 전통적 교육에서 강조하던 기초 문해력(3Rs)－읽기, 쓰기, 계산 능력－과 미래 사회에서 요구되는 7 역량(7Cs)을 결합하여 **'21세기 학습'**(21st Century Learning) 공식을 제시했다(Trilling & Fadel, 2009: 230-232).

3Rs × 7Cs = 21st Century Learning

3) 미국교육학회와 세계경제포럼의 4 핵심 역량(4Cs)

미국교육학회(NEA)는 P21과 함께 21세기 기능을 개발하는 데 참여했으며, 그 기능들 중에서 초·중등교육에서 가장 중요한 '4 역량'(Four Cs)-'비판적 사고와 문제 해결', '의사소통', '협력', '창의성과 혁신'-을 선정하고, 학교 교육 안에 구축하고 있다. 이 학회는 4 역량 교육의 중요성을 강조하면서 교실 수업에서 역량을 가르치도록 도와주는 「4 역량 교육을 위한 교사용 안내서」를 발간했다. 이 학회는 미국사회과협회(NCSS)와 미국지리교육협회(NCGE) 등과 협력하여 교사용 안내서를 개발했다(NEA, 2010).

미국교육학회와 P21이 제시한 '4 핵심 역량'과 비슷하게, 세계경제포럼(WEF)도 21세기 기능들 중에서 디지털 시대에 성공하기 위해 필요한 '4가지 역량'을 제시했다. 세계경제포럼은 2015년 21세기 기능의 격차 문제와 과학·기술을 통해 그 문제를 해결하는 방법을 다룬 보고서 「교육을 위한 새로운 비전(New Vision for Education)」을 발표했다.

이 보고서는 21세기 기능 관련 연구들에 대한 메타 분석을 통해 미래 교육을 위한 16가지 역량 세트, 즉 21세기 기능을 추출해 제시했다. '21세기 기능'(21st Century Skills)은 기초 문해력, 역량, 인성 자질로 구성된다. 그중에 4 역량(4 Cs)은 학생이 어떻게 복잡한 문제 상황에 접근하고 해결하는지와 관련된 기능이고, '비판적 사고와 문제 해결', '창의성', '의사소통', '협력'으로 구성된다. '혁신'이 빠졌지만, 이 4 역량은 P21이 제시한 4 핵심 역량과 매우 유사하다. 세계경제포럼은 학생이 디지털 시대에 성공하기 위해서는 전통적인 학습을 넘어서 21세기 기능-특히 4 역량-을 습득해야 한다고 강조했다(WEF, 2015).

21세기 기능 (21st Century Skills)

기초 문해력 (Foundational Literacies)

1. 문해력(Literacy)
2. 수리력(Numeracy)
3. 과학 리터러시(Scientific literacy)
4. ICT 리터러시
5. 금융 리터러시(Financial literacy)
6. 문화 및 시민 리터러시 (Cultural and civic literacy)

역량 (4Cs) (Competencies)

7. 비판적 사고/문제 해결 (Critical thinking/ problem-solving)
8. 창의성(Creativity)
9. 의사소통(Communication)
10. 협력(Collaboration)

인성 자질 (Character Qualities)

11. 호기심(Curiosity)
12. 주도성(Initiative)
13. 끈기와 투지 (Persistence/grit)
14. 적응성(Adaptability)
15. 리더십(Leadership)
16. 사회·문화적 의식 (Social and cultural awareness)

(WEF, 2016: 4. 수정)

4) 우리나라 사회과의 핵심 역량과 교과 역량

우리나라의 경우, 한국교육과정평가원(2013)이 미래 사회의 사회과 교육과정에서 가르쳐야 할 '**핵심 역량**'(key competences)을 인성 역량, 사회적 역량, 지적 역량으로 제시하였다.

| 사회과의 핵심 역량 |

범주	핵심 역량	하위 구성 요소
인성 역량	도덕적 역량	도덕 의식, 도덕적 감수성, 도덕적 판단, 도덕적 행동
	자아 정체성	자기 정체성 확립, 자신감
	개인적·사회적 책무성	개인적 책임, 사회적 책임
	개방성과 유연성	타인의 배려, 관용, 개방적 태도, 상황에 유연한 대응
	자기 관리 능력	정체성 확립, 여가 선용, 건강 관리, 합리적 경제생활, 기본 생활 습관, 자기 주도적 학습

범주	핵심 역량	하위 구성 요소
사회적 역량	대인관계능력	대인 관계의 형성, 갈등의 관리
	의사소통 능력	명료한 표현, 다양한 표현, 의미 설명, 진술 분석
	시민의식	합리적 판단, 타인 및 공동체 존중, 양성 평등 의식, 인권 보호 의식, 참여 의식, 타문화 이해 태도, 문화 상대주의, 전통 문화 계승 및 세계 문화 발전 태도
	참여와 공헌	사회문제 해결의 참여 태도, 사회 발전에 공헌 태도
지적 역량	기초 학습 능력	기초적 읽기, 쓰기, 수리력, 기초 지식 이해
	비판적 사고력	제시된 근거의 분석, 근거에 의한 평가, 다양한 관점에서 평가
	창의적 사고력	유창한 사고, 유연한 사고, 독창적 사고, 생산적 사고, 확산적 사고, 변형적 사고, 발명적 사고
	문제 해결 능력	문제 파악, 사회 탐구, 대안 모색, 제도 분석, 정책 분석, 인과적 추론, 합리적 선택, 합리적 의사 결정
	정보 활용 능력	정보 조사, 정보 수집, 정보 분석, 정보 생성, 정보 활용

(한국교육과정평가원, 2013: 24-36. 수정)

이러한 인성 역량, 사회 역량, 지적 역량 중에서 「2022 개정 사회과 교육과정」은 급변하는 미래 사회에 대응하기 위해 민주 시민이 갖추어야 할 교과 역량을 다음과 같이 5가지로 제시했다(교육부, 2022: 6).

| 2022 개정 사회과의 교과 역량 |

교과 역량	의미
창의적 사고력	새롭고 가치 있는 아이디어를 생성하는 능력
비판적 사고력	사태를 분석적으로 평가하는 능력
문제 해결력 및 의사 결정력	사회문제를 해결하기 위해 합리적으로 결정하는 능력
의사소통 및 협업 능력	자기 견해를 분명하게 표현하고 타인과 효과적으로 상호작용하는 능력
정보 활용 능력	다양한 자료와 테크놀로지를 활용하여 정보를 수집·해석·활용·창조할 수 있는 능력

3. 시민 역량 교육과 사회과 패러다임의 전환

1) 교사 중심 사회과 패러다임

급변하는 미래 사회는 기존과 다른 새로운 시민의 역량을 요구한다. 따라서 사회과에서 미래 시민 역량을 교육하기 위해서는 19세기에 만들어진 수업 패러다임을 21세기 미래 사회가 요구하는 수업 패러다임으로 바꾸어야 한다.

19세기 산업사회에서 요구되었던 수업 패러다임은 교사 중심의 강의식 수업이다. 산업사회는 최소 비용으로 최대 이윤을 얻기 위하여 표준화된 생산 방식에 따라 대량 생산하는 시스템을 발달시켰다. 표준화된 생산 라인에서 빠른 시간에 최대한 많은 상품을 만드는 공장 시스템은 주어진 작업과 임무를 효율적으로 수행할 수 있는 노동자를 필요로 하였다. 이러한 산업사회의 요구에 맞추어 근대 학교는 '표준화된' 교육과정에 의거해 주어진 교육내용을 학생들에게 '효율적으로 전달하는' 시스템으로 강의식 수업을 발전시켰다(박상준, 2021: 159).

전통적인 '강의식 수업'은 한 명의 교사가 앞에서 새로운 지식을 설명하고, 다수의 학생은 앉아서 듣는 시스템이다. 수업의 효율성을 극대화하기 위해서 한 교사가 다수의 학생에게 새로운 지식이나 기능을 빠르게 전달하는 데 초점을 맞춘다. 각 학생은 배경지식, 경험, 학습 능력과 속도가 서로 다르지만, 교사가 주도하는 하나의 교수 방법과 똑같은 속도에 맞추어 획일적으로 배워야 한다. 교사가 수업의 전 과정을 주도하여 획일적으로 전달하기 때문에, 학생은 가만히 앉아서 수동적으로 배우게 된다. 그리고 수업 목표의 달성도는 동일한 시험을 통하여 교사가 전달한 지식을 얼마나 잘 기억하고 있는가에 의해 측정된다(박상준, 2021: 159-160).

요약하면, 강의식 수업은 교사가 수업을 주도하며 새로운 지식을 획일적으로 전달하고, 학생은 수동적으로 듣는 방식이다. 이런 측면에서 강의식 수업은 '직접 교수법'(direct instruction) 또는 '교사 중심 교수법'(teacher-centered instruction)으로 불리기도 한다.

사회과 수업도 교사의 획일적인 지식 전달이 중심이 되는 패러다임에 의해 지배되어 왔다. 전통적인 '교사 중심 수업 패러다임'은 한 명의 교사가 다수의 학생에게 '동일한' 수업 목표와 내용을 '똑같은' 수업 방법과 속도로 획일적으로 가르치고, 학생들은 '수동적으로 배우는' 시스템이다. 이 수업 패러다임에서 교사는 수업의 전문가로서 수업 전체를 주도하고 획일적으로 지식을 전달하기 때문에, 학생은 수동적 학습자가 된다(박상준, 2021: 160-161).

이러한 교사 중심 사회과 패러다임이 지닌 한계점을 살펴보면 다음과 같다(박상준, 2021: 162-168).

첫째, 교사의 가르침이 중심이 되는 전통적인 사회과 수업은 학생을 '수동적 학습자'로 만든다. 교사가 수업을 주도해 가르치기 때문에, 학생은 가만히 앉아서 교사의 강의를 수동적으로 들어야 한다. 학생은 교사가 전달하는 수업 내용을 받아 적고 암기해야 시험에서 좋은 성적을 얻을 수 있다. 교사 주도의 강의식 수업에서 학생은 능동적이고 자율적으로 배울 수 없다.

사회과에서 강의식 수업은 학생의 지적 수준, 학습 능력과 속도 등을 고려하지 않고 교사 주도의 '획일적 가르침'(강의)이 중심이 되기 때문에, 학생의 배움이 실질적으로 이루어지지 않는다. 무엇을 어떻게 가르칠 것인지, 학생이 어떻게 활동해야 하는지, 학생들에게 질문을 받을 것인지 등 수업의 모든 것을 교사가 계획하고 주도한다. 교사는 교과서의 많은 내용을 빠르게 전달하면서 진도 나가는 데 바쁘기 때문에, 학생들은 자신의 지적 수준, 학습 능력과 속도 등에 맞추어 실질적으로 배우기 어렵다.

둘째, 사회과에서 교사 주도의 전달식 수업과 암기 위주 학습은 '겉핥기식 학습'에 머문다. 교사는 사회 교과서의 내용을 빠르게 전달하느라 바쁘고, 수동적 학생들도 교사가 전달하는 수업 내용을 받아 적고 암기하는 데 힘쓴다. 학생들은 교사가 전달하는 내용 지식을 잘 암기해야 시험에서 좋은 성적을 얻을 수 있기 때문이다.

이런 전달식 교육과 암기 위주 학습 환경에서는 교사의 가르침과 학생의 배움은 모두 '지식의 기억과 이해'에 초점이 맞추어지고, 기존 지식을 평가하고 새로운 것을 창조하는 활동을 하기 어렵다. 학생들은 왜 그런 지식을 배우는지, 그 지식이 자신의 일상생활에서 어떻게 적용되는지에 대하여 반성적으로 생각하거나 학습한 지식을 활용하여 실제 문제를 해결하는 기회가 없다.

셋째, 사회과에서 강의식 수업은 개별 학습이나 보충 학습의 기회가 주어지지 않음으로써 '학습의 낙오자'를 양산한다. 교사의 획일적 강의에 흥미를 잃고 참여하지 않거나 일방적으로 전달하는 수업 속도를 따라가지 못해 포기하는 학생들이 많이 발생한다. 또한 이런 수업은 사회 과목을 단순 '암기과목'으로 인식시켜 무조건 교과서 내용을 외우게 만든다. 학생마다 지적 수준, 배경 지식, 학습 능력, 학습 방법, 학습 속도는 서로 다른데, 이러한 학생의 차이와 다양성을 반영하지 않고, 교사가 똑같은 수업 방법과 속도로 획일적으로 가르치기 때문이다.

넷째, 학생의 배움 측면에서 볼 때, 교사 주도의 사회과 수업은 학습의 효과가 매우 낮다. 많은 연구 결과들을 분석해 보면, 교수·학습 방법에 따라 수업 후 학생이 배운 내용을 기억하는 학습의 보유율에 있어서 큰 차이가 나타났다. 읽기, 강의 듣기, 시청각 수업, 시범 강의 등 교사 중심 수업은 수업 후 학습 내용의 보유율이 5~50% 정도에 머물렀다. 교사가 주로 설명하고 학생은 앉아서 수동적으로 듣기 때문에, 수업 후 학습 내용이 자신의 지식으로 저장되는 비율이 낮다. 이것은 교사 주도의 가르침과 그에 따른 학생의 수동적 학습이 가진 구조적 한계점이다.

반면에 집단 토론, 실제로 해보기, 다른 학생 가르치기 등 학생 중심 수업은 학습 내용의 보유율이 50~90%로 매우 높게 나타났다. 학생 중심 수업에서 학생은 자신이 이해한 것을 말로 표현하고 다른 학생과 상호작용하면서 주체적이고 능동적으로 배운다. 그래서 수업 내용에 대한 이해도가 높아져서 학습한 내용을 자신의 지식으로 보유하는 비율이 매우 높은 것이다.

수업 후 학습 내용의 보유율을 교수·학습 방법의 유형별로 제시하면, 다음과 같이 '학습 피라미드' 형태로 구성된다(박상준, 2021: 165-166).[1)]

1) 이 학습 피라미드는 필자가 매스터스(Ken Masters)의 분석 결과를 종합해 교수·학습 방법의 유형별로 학습 내용의 보유율을 재구성한 것이다. 매스터스는 1991~2012년 사이 교수·학습 방법에 따른 학습의 보유율을 조사한 42개의 연구 결과들을 분석하여 유형별로 제시했다(Ken Masters, 2013). 교수·학습 방법에 따른 학습의 보유율은 절대적 사실이 아니라 교사의 수업 준비, 학생의 참여 의지와 노력, 개인의 지적 능력 등 교사와 학생의 개인적 요소에 따라 같은 교수·학습 방법의 효과는 달라질 수 있다.

| 학습 피라미드: 교수 · 학습방법별 학습의 보유율 |

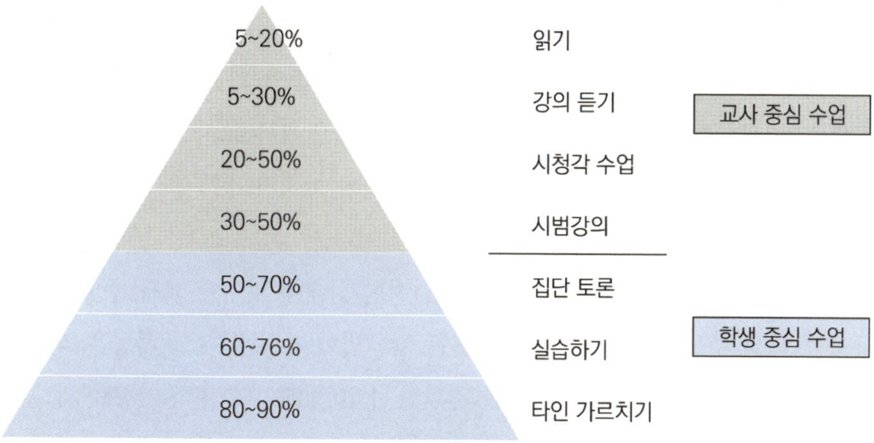

(박상준, 2021: 166, 인용)

2) 학생 중심 사회과 패러다임

그러므로 사회과에서 미래 사회에서 요구하는 비판적 사고력, 문제 해결력, 의사소통력 같은 시민 역량을 기르기 위해서는 교사 중심 수업 패러다임을 학생 중심 수업 패러다임으로 전환해야 한다. **학생 중심 수업 패러다임**은 교사가 주도해 가르치는 것이 아니라 학생이 주도성을 갖고 자신의 학습 능력과 속도에 따라 능동적으로 학습하는 것이다. 교사는 학생을 '수업의 주체'로 인정하고, 수업의 설계 단계부터 학생과 '상호 협의'하여 학생이 무엇을 어떻게 배울지 '공동 결정하고', 그에 따라 학생이 자신의 학습 능력과 속도에 맞추어 능동적으로 학습할 수 있도록 수업의 구조와 환경을 제공한다. 그리고 토론, 탐구, 프로젝트, 협력학습 등 다양한 교수・학습 방법을 활용하여 학생이 주도성을 갖고 주체적이고 능동적으로 학습하도록 지원한다.

학생 중심 수업 패러다임에서 교사는 학생이 능동적으로 학습하도록 촉진하고 지원하는 퍼실리테이터(facilitator) 역할을 한다. 교사는 전체 학생을 가르치는 것을 최대한 줄이고, 학생이 주체적・능동적으로 학습하도록 도와준다. 학생은 교사가 전달하는 지식을 외우는 것이 아니라 다른 학생들과 함께 토론, 탐구, 협력하면서 지식을 이해하고 복잡한 문제를 해결하는 역량을 기른다. 수업은 교사 주도의 가르침과 학생의 객체적·수동적 학습이 학생 주도의 배움과 학생의 주체적·능동적 학습으로 전환된다(박상준, 2022: 40-41).

학생 중심 수업 패러다임으로 전환하는 방법 중의 하나가 '블렌디드 러닝' 또는 '거꾸로 교실'이다. 이것은 '학생의 배움' 측면에서 교사 주도의 가르침이 중심이 되는 전통적 강의식 수업을 거꾸로 뒤집어 학생의 주체적·능동적 학습이 일어나도록 지원하는 새로운 교육적 접근법이다(박상준, 2021: 168-173).

블렌디드 러닝(blended learning)은 디지털 시대에 맞추어 교사 주도의 수업 구조를 학생 주도의 학습 구조로 바꾸는 접근법이다. 블렌디드 러닝은 '학생의 온라인 학습'과 '교사의 대면 수업'을 결합한 수업 형태이다. 학생이 자신의 능력과 속도에 맞추어 온라인으로 학습하고, 학생이 온라인 학습한 것에 대하여 교실에서 교사가 일정 부분을 지도 및 관리하며, 온라인 학습 내용과 교실 수업 내용을 통합하여 심화된 학습 활동을 촉진한다. 이러한 블렌디드 러닝을 '혼합 학습'(hybrid learning)이라고 부르기도 한다(박상준, 2021: 185-186).

블렌디드 러닝은 학생이 온라인에서 자신의 학습 능력과 속도에 맞추어 개별적으로 학습하고, 교실에서는 다양한 수업 방법을 활용해 학생이 주체적이고 능동적으로 학습하도록 촉진하는 수업 형태이다. 블렌디드 러닝에서 교실 수업은 교사 주도의 강의식 수업이 아니라 다양한 수업 방법을 적용하여 학생이 주체적이고 능동적으로 학습하는 형태로 이루어진다. 토론 학습, 탐구 학습, 프로젝트 기반 학습(PBL), 협력 학습 등 다양한 수업 방법을 활용해 학생이 능동적으로 학습하도록 지원한다(박상준, 2021: 191-192).

다른 한편 거꾸로 교실(flipped classroom)은 교실에서 교사가 강의하고 숙제를 부여하는 전통적 강의식 수업을 거꾸로 뒤집어 학생이 집에서 미리 수업 내용을 공부해 오고, 교실에서는 교사의 전체 강의 없이 학생이 여러 가지 활동을 통해 능동적으로 배우는 시스템이다. 학생이 집에서 자신의 학습 능력과 속도에 맞추어 미리 공부하고, 교실에서는 학생들이 여러 가지 심화 활동을 하며 주체적으로 학습하는 것이다. 학생들이 활동하는 동안에, 교사는 교실을 돌아다니며 학생들이 모르는 내용을 설명해 주거나 활동을 도와준다(박상준, 2021: 241-247).

이처럼 수업의 구조를 교사의 가르침에서 학생의 배움으로 전환시키는 새로운 수업 형태가 거꾸로 교실이다. 거꾸로 교실은 새로운 수업 방법이 아니라 교실의 주체를 교사에서 '학생'으로, 수업의 초점을 (교사의) '가르침'에서 (학생의) '배움'으로 전환시키는 새로운 수업 형태이다.

논의를 종합하면, 급변하는 미래 사회에서 요구되는 시민 역량을 교육하기 위해서 그리고 학생의 진정한 배움이 이루어지도록 사회과는 블렌디드 러닝이나 거꾸로 교실 등을 활용하여 근본적으로 '교사 중심 수업 패러다임'을 **'학생 중심 수업 패러다임'**으로 바꾸어야 한다(박상준, 2021: 168-173).

사회과 수업 패러다임의 전환

구분	교사 중심 수업 패러다임	학생 중심 수업 패러다임
관점	교사 중심 관점	학생 중심 관점
수업 목표	지식의 이해	변혁적 역량, 창의적 문제 해결력 등 역량의 발달
교수 학습 과정	교사 주도의 가르침 교사 주도의 획일적 전달 → 학생의 수동적 학습	학생 주도의 배움 교사의 학습 지원과 촉진 → 학생의 주체적 · 능동적 학습
수업 방법	강의식 수업/직접 교수법 전체 학생 대상의 획일적 수업	토론, 거꾸로 교실, 협력 학습 등 자신의 학습 능력과 속도에 맞춘 학습
학습 속도	학생 개인 수준에 맞춘 수업 및 속도의 조절 곤란	학생이 자신의 능력과 속도에 맞춘 학습의 가능
수업 규모	대집단 학습	소집단 학습/개별 맞춤 학습
교사/학생 역할	• 교사: 수업의 주도자 또는 통제자 • 학생: 수동적 학습자	• 교사: 수업의 지원자 또는 촉진자(facilitator) • 학생: 능동적 학습자/학습의 책임

(박상준, 2021: 172, 인용)

제 2 장

사회과의 좋은 수업과 수업 설계

교사라면 누구나 수업을 잘 하기 원하고, 좋은 수업을 하기 위해 노력할 것이다. 그런데 많은 교사들이 최신 교수 방법이나 디지털 기술을 배우는 데 치중하는 경향이 있다. 하지만 교사가 수업 내용을 충분히 이해하지 못한 채, 최신 수업 방법이나 디지털 매체로 멋지게 포장한다고 해서 좋은 수업이 되지 않는다. 그것은 마치 내용물이 무엇인지 모른 채, 겉모습만 화려하게 포장한 것과 같다. 겉모습이 화려한 포장지를 뜯어보면 내용물은 부실한 경우가 많다.

또한 좋은 수업을 하는 것은 맛있는 음식을 요리하는 것과 비슷하다. 맛있는 음식을 만드는 것의 핵심은 요리 방법에 있는 것이 아니라 신선하고 좋은 재료(내용물)에 달려 있다. 일류 요리사가 아무리 좋은 요리법을 사용해서 만들지라도, 본래 재료가 좋지 않거나 재료의 본래 특성에 적합하게 요리하지 않으면, 맛있는 요리가 나올 수 없다.

이처럼 좋은 수업의 성패는 최신 수업 방법이나 디지털 기술과 매체의 사용 여부가 아니라 수업 내용에 대한 이해에 달려 있다. 교사가 가르칠 수업 내용을 충분히 이해하고 그에 적합한 수업 방법과 자료를 활용해 수업하기 위해서는 먼저 수업 설계를 하는 것이 필요하다. 좋은 수업을 하기 위해서는 가르칠 교재와 수업 내용에 대해 충분히 연구하고 그에 기초하여 어떻게 수업할 것인지를 체계적으로 설계하는 것이 중요하다.

1. 사회과에서 좋은 수업의 의미

그러면 사회과에서 미래 시민 역량을 교육하기 위하여 수업을 어떻게 해야 하는가? 앞에서 살펴본 것처럼, 어떤 수업 패러다임에서 접근하느냐, 그리고 '교사의 가르침'(敎授)과 '학생의 배움'(學習) 중 어느 부분을 강조하느냐에 따라 좋은 수업의 의미와 요소는 달라진다.

교사 중심 수업 패러다임에서 '교사의 가르침'으로 접근하면, 좋은 수업을 하기 위해서 교과에 대한 교사의 전문성이 강조된다. 교사의 수업 전문성 또는 수업 역량을 신장하기 위한 자발적인 모임이 활발하게 전개되고 있다. 그에 따라 수업 분석, 수업 비평, 수업 성찰 등을 통해 교사의 수업 전문성을 신장시키는 것과 관련된 연구들이 많이 진행되고 있다(천호성, 2008; 이혁규, 2008, 2013; 김태현, 2012).

여러 연구 결과에 기초하여 손승남은 **'수업 전문성'**의 구성 요소를 11가지로 제시하였다(손승남, 2005: 92-98).

(1) 교직관	(2) 수업 준비도
(3) 전문 지식	(4) 학생 이해 능력
(5) 교육적 지혜	(6) 수업 방법
(7) 수업 기술	(8) 매체 활용 능력
(9) 평가 능력	(10) 피드백
(11) 학급 경영 능력	

이처럼 교사의 수업 전문성은 학습자의 특성과 교육내용에 대한 이해에 기초하여 적절한 교수 방법, 교수 매체, 자료를 활용하여 효과적으로 가르치고 피드백을 통해 수업 능력을 개선해 가는 역량에 놓여 있다. 수업 전문가로서 교사는 교육내용뿐만 아니라 교수 방법, 매체와 자료 등에 대한 전문적 지식과 기능을 갖추어야 한다.

하지만 교사의 수업 전문성에 대한 지나친 강조는 수업에서 교사의 가르침에 치우치고 학생의 배움을 소홀히 다루는 위험을 안고 있다. 교사 주도 수업은 국가 또는 교사가 정한 교과서와 교육내용을 일방향으로 전달하고, 학습자는 그것을 수동적으로 받아들이도록 강요하는 문제가 있다.

이런 문제를 극복하기 위해 최근 학생 중심 수업 패러다임에서 '학생의 배움'에 초점을 맞추어 수업에 접근하면서, 교사 주도 수업에서 학생 주도 학습으로 전환해야 한다는 주장이 제기되고 있다. 교사가 무엇을 가르쳐야 하는지가 아니라 "학생이 무엇을 어떻게 배우는가"에 초점을 맞추어야 한다는 것이다. 교사 주도 수업이 아니라 학생의 입장에서 학생이 무엇을 어떻게 배우는지 학습 과정에 초점을 맞춘 '학생 주도 학습'이 강조되고 있다.

이러한 맥락에서 H. Meyer는 "좋은 수업은 민주적 수업 문화의 틀 안에서 교육 본래의 과제에 기초하여 성공적인 학습 동맹이라는 목표를 가지고 의미의 형성을 지향하면서 모든 학생 능력의 지속적 발전에 기여하는 수업이다"라고 정의하였다(Meyer, 2004: 30).

그러나 학습자의 입장에서 학생의 배움에 초점을 맞추어야 한다는 주장은 수업을 전체적으로 계획하고 인도하는 교사 역할의 중요성을 간과한다. 수업에서 학생의 배움이 중요하지만, 수업을 진행하는 교사의 역할도 중요하다. 학생의 배움이 일어나는 좋은 수업이 되기 위해서는 학생과 인격적 관계를 형성하고 친밀하게 소통하고 상호작용하려는 교사의 의지와 노력이 중요하다.

이런 점에서 좋은 수업이 무엇인가를 규정하기 위해서는 교사 또는 학생 한쪽의 입장에서 접근하는 것이 아니라 '교사-학생의 관계' 측면에서 접근하는 것이 필요하다. 수업은 전문적 지식을 갖춘 교사가 무지한 학생들을 일방적으로 가르치는 것도 아니고, 교사의 가르침 없이 학생 혼자 배우는 것도 아니다. '좋은 수업'이란 교사-학생의 인격적 관계에 기초하여 교사와 학생이 함께 상호작용하며 배우는 과정이다.

논의를 종합하면, '사회과의 좋은 수업'은 인격적 관계에 기초해 교사와 학생이 민주적으로 소통 및 상호작용하면서 학생이 주체적·능동적으로 학습하며 민주 시민의 역량을 함양하도록 지원하는 것이다. 다음 절에서 구체적으로 사회과에서 좋은 수업이 되기 위한 기준과 요소를 살펴보자.

2. 사회과에서 좋은 수업의 기준과 요소

1) 사회과에서 좋은 수업의 기준과 특징

그러면 사회과에서 좋은 수업과 그렇지 못한 수업을 어떻게 구별할 수 있는가? 미국과 유럽의 교육학자들은 실제 수업 상황과 많은 교사들에 대한 경험적 조사를 통하여 좋은 수업이 공통적으로 지닌 특징과 요소를 제시하였다. J. Brophy는 많은 수업 연구를 분석하여 '좋은 수업의 기준'을 12가지로 제시하였다(Meyer, 2004: 243).

(1) 도움을 주는 교실 분위기
(2) 학습 시간
(3) 목표 지향성
(4) 수업의 구조화
(5) 내용의 구조화
(6) 의미를 부여하는 대화의 전개
(7) 연습과 응용
(8) 생산적인 학습 참여
(9) 학습 전략
(10) 협동 학습
(11) 다양한 성적 평가
(12) 명료한 학습 기대

비슷하게 독일 올덴부르크 대학의 H. Meyer는 교육학자 및 현장 교사들의 견해, 경험적 연구 결과를 종합하여 일반적으로 좋은 수업이 갖는 특징 10가지를 제시하였다. 이 특징은 교사들이 좋은 수업을 성공적으로 실시했는지 성찰하는 기준이 된다. Meyer가 제시한 '좋은 수업의 특징'은 다음과 같다(Meyer, 2004: 9-10, 36-37).

좋은 수업의 특징(H. Meyer)

좋은 수업의 특징	좋은 수업의 구체적 내용
수업의 명료한 구조화	교육 과정, 목적, 내용의 명료성, 역할의 명료성, 규칙에 대한 합의, 의례와 자유 공간
학습 몰입 시간의 높은 비율	훌륭한 시간 경영과 시간 엄수, 수업의 조직화에 필요한 시간의 절약, 일과 편성의 리듬화를 통하여 실현
학습 촉진적 분위기	상호 존중, 규칙의 준수, 책임 부여, 공정성과 배려를 통해 실현

좋은 수업의 특징	좋은 수업의 구체적 내용
내용의 명료성	납득할 수 있는 과제의 선정, 주제의 전개 과정의 합당성, 수업 결과의 명료하고 구속력 있는 정리를 통하여 실현
의미 형성적 의사소통	수업 계획 단계에서 학생의 참여, 토론 문화, 의미 회담, 일일 학습장 작성, 학생과의 피드백을 통하여 실현
방법의 다양성 또는 방법적 깊이	풍부한 연출 기법, 행동방식의 다양성, 수업 진행 방식의 변화, 방법의 기본 형식들 간의 균형
개별적 촉진	자유 공간, 인내와 시간을 통해서, 내적 차별화와 통합을 통하여, 개별적 학습 상태 분석과 상호 조율된 촉진 계획들을 통하여 고위험군에 속한 학생들에 대한 특별한 촉진
인지적 연습	학습 전략을 스스로 의식하게 함으로써, 정확한 연습 과제, 목표 지향적 지원과 연습을 장려하는 틀을 통하여 실현
분명한 성취 기대	교과 과정이나 교육 기준에 적합한 그리고 학생의 성취 능력에 합당한 학습 내용의 제시, 또한 학업 진보에 대한 계속적이고 촉진적인 피드백을 통하여 실현
준비된 교육 환경	질서 정연함, 기능적인 실내 배치, 학습 도구의 완비를 통하여 실현

다른 한편 우리나라의 경우, 한국교육과정평가원의 김주훈 등은 질적 연구를 통해 **'좋은 수업의 특징'**을 7가지로 제시하였다(김주훈 외, 2002).

(1) 학습자의 능력과 적성을 고려한 수업
(2) 학습 동기 유발
(3) 학생의 자기 주도적 학습의 강조
(4) 학생의 실생활이나 경험과 밀착된 교육내용의 도입
(5) 활동 위주의 교수 · 학습 방법
(6) 협동 학습의 일반화
(7) 도우미의 활용

기존 연구 결과들을 종합하면, 좋은 수업은 학습자의 동기를 유발하도록 수업을 구조화하고, 다양한 수업 방법, 매체와 자료를 선정해 활용하는 것으로 규정된다. 그러나 아무리 교사가 동기 유발, 수업의 구조화, 다양한 교수 방법, 첨단 매체와 기술을 활용할지라도, 기본적으로 교사-학생의 인격적 관계에 기초하여

친밀한 소통과 상호작용이 이루어지지 않으면, 학생의 배움은 일어나기 어렵다. 교사의 입장에서 매우 효과적으로 잘 가르쳤다고 할 수 있지만, 학생의 입장에서는 진정한 배움이 일어나지 않고 학생의 역량이 계발되기 어렵다.

2) 좋은 사회과 수업의 요소

좋은 수업을 하기 위해서는 교사의 입장뿐만 아니라 학생의 입장을 동시에 고려하여 '교사−학생의 관계' 측면에서 접근해야 한다. 실제로 EBS가 전국에서 잘 가르치는 교사로 인정받은 40여 명을 취재한 결과를 분석하면, '최고의 교사'는 몇 가지 공통된 특징을 나타냈다(EBS, 2009: 11-15).

- 교사와 학생의 인격적 관계의 형성
- 학생 참여의 유도와 격려
- 교사와 학생이 함께 수업을 만들어 가는 노력
- 수업의 목표와 이유에 대한 명확한 해답의 제시

최고의 교사들은 대체로 교사−학생의 인격적 관계에 기초하여 학생이 주도성을 갖고 주체적이고 능동적으로 생각하고 배울 수 있도록 지원해 주는 수업을 했다. 또한 구체적인 수업 방식은 다르지만, 공통적으로 최고의 교사들은 교과목의 특성과 학습 내용, 학습자의 요구와 수준을 고려하여 더 좋은 수업을 하기 위해 계속해서 공부하고 준비하였다.

좋은 수업에 대한 여러 학자들의 논의와 연구 결과들을 종합하여, 필자는 사회과 수업에서 교사의 가르침과 학생의 배움이 복합적으로 이루어지는 **'좋은 사회과 수업의 요소'**를 다음과 같이 제시하고자 한다. 이 요소는 좋은 사회과 수업을 하기 위한 조건이 되고, 어떤 사회과 수업이 좋은 수업인지 아닌지를 구별하는 기준이 될 것이다.

좋은 사회과 수업의 요소

좋은 수업의 요소	좋은 수업의 특징
학습자의 특성 반영	• 학급 전체의 특성을 파악해 사회과 수업에 반영함 • 학생의 인지적 · 사회적 특성을 파악해 사회과 수업에 반영함
학습의 동기 부여	• 학생이 왜 배워야 하는가에 대한 동기를 명확히 부여함 • 학생의 흥미를 유발하고 재미있게 수업을 진행함
수업의 구조화	• 사회과의 수업 목표-내용-방법-매체와 자료-평가를 체계적으로 계획하고 구조화함
수업 내용의 명료화	• 교사가 사회과의 수업 내용을 명확히 이해하여 쉽게 설명함 • 교사가 학생의 지식과 경험의 수준에 맞게 설명함
수업 내용과 실생활의 연계성	• 사회과의 수업 내용을 학생의 일상생활 및 경험과 연계해 설명함 • 사회과의 수업 내용을 일상생활에 적용하는 방법과 사례를 제시함
수업 방법, 매체, 자료의 적합성	• 사회과의 수업 목표와 내용에 적합한 수업 방법을 적용함 • 수업의 목표, 내용, 방법에 적합한 매체와 자료를 개발하거나 선택함
학생의 참여 유도와 배움의 격려	• 학생이 사회과의 수업 과정에 능동적으로 참여하도록 유도함 • 학생이 주도적으로 배우고 활동하도록 지원함
민주적 의사소통과 상호작용	• 교사-학생의 인격적 관계에 기초해 민주적인 의사소통과 상호작용이 이루어짐 • 개방적인 수업 분위기를 조성하고 자유로운 질문과 토론을 통해 교사가 배운 것을 학생들과 나누는 상호작용이 이루어짐
분명한 성취 기대의 제시	• 학생이 성취할 사회과의 수업 목표와 교사의 기대를 명확하게 제시함 • 학생의 수준에 맞게 수업 목표를 구체적으로 제시함
다양한 평가의 실시	• 학생의 수준과 사회과의 수업 목표에 맞게 다양한 평가를 실시함 • 평가의 방법과 기준을 사전에 고지하고 공정하게 평가함
수업의 성찰과 피드백	• 학생의 수업 이해도와 학업 성취도를 확인하여 자기 수업을 성찰함 • 자기 수업에 대한 성찰을 통해 수업을 개선함

3. 좋은 수업을 위한 수업 설계의 방법

1) 좋은 수업을 위한 수업 설계의 중요성

좋은 그림을 그리기 위해서는 어떤 그림을 그릴 것인지 창의적으로 구상하여 밑그림을 잘 그려야 한다. 마찬가지로 좋은 사회과 수업을 하기 위해서는 먼저 좋은 수업의 기준과 요소에 기초하여, 사회 수업의 전 과정을 체계적으로 설계하는 것이 중요하다. 좋은 수업을 하기 위해서는 교사가 사회과의 수업 내용에 대하여 충분히 이해하고, 학생이 경험할 수 있는 일상적 사례를 제시하면서 쉽게 가르쳐야 한다. 교사가 수업 내용에 대해 충분히 이해하지 못한 채 피상적인 수준에서 가르치면, 학생들이 수업을 들었지만 무엇을 배웠는지 제대로 이해할 수 없다.

또한 교사는 학생의 특성과 상황에 대하여 파악하고 그에 맞추어 가르칠 내용과 방법을 정하고, 그에 적합한 자료와 매체를 활용하는 것이 중요하다. 그렇지 않으면 교사가 열심히 잘 가르쳐도, 학생들이 교사의 수업을 따라오기 어렵고 수업 내용을 이해할 수 없다. 그러므로 교사는 수업 내용을 충분히 이해하여 그에 적합한 수업 방법과 자료를 활용하도록 고민하고, 그에 기초하여 좋은 수업을 하기 위해 체계적으로 준비해야 한다.

요약하면, 사회 수업은 교사의 가르침(teaching)과 학생의 배움(learning)으로 구성되는데, 어느 부분에 초점을 맞추느냐에 따라 수업 설계가 달라질 수 있다. W. Dick(1987)은 교사의 입장에서 **'수업 설계'**(instructional design)를 수업 이론과 경험적 연구 결과를 체계적으로 적용하여 수업을 계획하는 과정이라고 보았다. 다른 한편 P. L. Smith & T. L. Ragan(1999)은 교사와 학생의 입장을 모두 고려하여, 수업 설계를 수업 자료와 활동을 위한 계획을 수립하기 위해 학습과 교수에 관한 원리들을 적용하는 체계적 과정으로 이해하였다. 다른 한편 변영계와 이상수는 수업 설계를 수업 목표를 학생들에게 효율적으로 성취시키기 위해 수행되어야 할 제반 활동과 요소를 계획하는 활동이라고 규정하였다(변영계 · 이상수, 2006: 28, 인용).

일반적으로 수업 설계는 3가지 문제를 해결하는 과정이다(변영계 · 이상수,

2006: 28-29). 첫째, 학습자는 무엇을 학습해야 하는가? 이 문제는 수업 목표와 학습 내용을 정하는 과정이다. 둘째, 학습자가 수업 목표를 성취하도록 제공될 수업 전략, 수업 자료 등은 어떤 것인가? 이 문제는 제시된 수업 목표를 효율적으로 달성하기 위해 필요한 수업 방법, 수업 자료, 교수 매체, 학습 환경 등을 제공하고 조직하는 과정이다. 셋째, 학습자가 수업 목표를 달성했는지 어떻게 확인할 것인가? 이 문제는 수업 목표의 달성 정도를 평가하기 위한 도구와 방식 등을 계획하는 과정이다. 이러한 문제를 해결하여 좋은 수업을 하기 위해서 수업의 전체 과정을 계획하는 것이 수업 설계이다.

여러 학자의 견해를 종합하면, **'수업 설계'**는 수업 목표를 달성하기 위한 수업 내용과 방법을 선정하고, 그에 적합한 교수 매체와 자료를 개발하여 어떻게 가르칠 것인지를 전체적으로 계획하는 과정이다. 이처럼 학습자가 수업 목표를 달성할 수 있는 최적의 학습 환경을 만들기 위해 수업의 전 과정을 체계적으로 계획하는 것이 바로 수업 설계이다.

2) 좋은 수업을 위한 수업 설계의 방법

이처럼 좋은 수업을 하기 위해서는 수업 설계를 체계적으로 준비하는 것이 필요하다. B. H. Benathy는 체계 이론의 관점에서 처음으로 수업 설계에 접근하였다. 그에 의하면, 수업 체계(instructional systems)는 수업 목표를 성취하기 위해 설계되고 개발된 각 요소들이 조직화된 전체를 구성하고 있다. 수업 설계는 체계의 관점에서 수업에 영향을 미치는 학교 내적, 외적 요소들을 모두 고려해 하나의 체계로 접근하여 수업 목표를 달성하도록 계획하는 것이다(Benathy, 1968).

그 후 여러 학자들이 수업 설계에 대하여 체계적 접근을 시도하였다. 그중에 널리 알려진 수업 설계 모형을 몇 가지 살펴보자.

(1) Dick, Carey와 Carey 모형(2005)

1978년 W. O. Dick, L. Carey는 R. Glaser, R. M. Gagné, R. F. Mager 등의 수업 이론을 종합하여 체계적인 수업 설계 모형을 제시하였고, 그 후 컴퓨터의 발달과 구성주의 등의 영향을 받아 여러 차례 모형을 수정하였다. 이 수업 설계 모형은 수업의 과정을 학습자, 교사, 수업 자료, 학습 환경 등이 유기적으로 상호작용하는 체계로 간주한다.

Dick, Carey와 Carey가 제시한 수업 설계 모형을 도식으로 표시하면 다음과 같다(Dick et al., 2005).

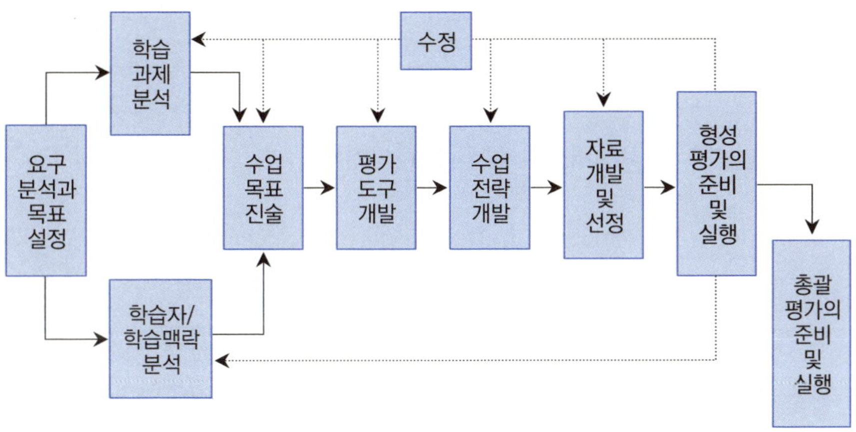

이 수업 설계 모형은 학습자, 교사, 학습 환경이 상호작용하는 수업 설계의 과정을 다음과 같이 제시하였다(Dick et al., 2005).

Dick, Carey와 Carey의 수업 설계 모형

수업 설계의 과정	수업 설계의 내용
요구 분석과 목표 설정	학습자의 요구를 분석하고, 수업을 받은 후 학생이 도달해야 할 목표를 설정함
학습 과제 분석	수업 목표를 달성하기 위해 학습자가 성취해야 할 과제와 기능, 세부적인 활동을 분석함
학습자/학습 맥락 분석	학습자의 특성과 학습 환경을 분석하고, 학습자가 학습한 것을 활용할 맥락을 분석함

수업 설계의 과정	수업 설계의 내용
수업 목표 진술	학습자의 요구, 학습 과제, 학습 맥락의 분석에 기초하여 수업을 마친 후 학습자가 최종적으로 도달해야 할 목표를 구체적으로 진술함
평가 도구 개발	학습 목표에서 진술된 사항이 수업 후 어느 정도 도달되었는가를 측정하는 평가 방법과 도구를 개발함
수업 전략 개발	수업 목표를 달성하기 위해 효과적으로 가르치는 수업 방법이나 전략을 개발함
자료 개발 및 선정	수업 목표와 수업 전략에 의거해 수업에 필요한 자료를 선정하거나, 필요한 경우에 수업 목표와 전략에 맞게 새롭게 개발함
형성평가의 준비 및 실행	수업 후 학습자가 수업 내용을 어느 정도 이해하고 수업 목표에 도달했는지를 측정하는 형성평가를 실시하여 수업 설계의 문제점을 진단함
수업의 수정	형성평가를 통해 발견된 수업 설계와 실행의 문제점을 반영하여 수업을 수정하고 개선함
총괄평가의 준비 및 실행	형성평가에 따라 수업을 수정한 이후, 다시 수업을 설계하여 수업을 실행하고, 그 수업의 결과를 최종적으로 검증함

(2) ASSURE 모형(Smaldino et al., 2012)

R. Heinich, M. Molenda, J. D. Russell, S. E. Smaldino는 1996년 교육 공학과 교수 매체를 실제 수업 방법에 통합시키는 ASSURE 모형을 제시하였다.[2] 그 후 컴퓨터와 인터넷, 스마트 기기가 발달하면서 변화된 21세기 학습 환경에 맞게 새로운 교육 공학과 매체를 수업에 활용하는 방안을 강조하면서, 2005년 Smaldino, Russell, Heinich, Molenda가 이 모형을 약간 수정하였고, 2012년, 2014년에 Smaldino, Lowther, Russell이 수정・보완하였다.

이 ASSURE 모형은 교육 공학과 매체를 활용하여 수업을 체계적으로 설계하는 방법을 제시하는 '절차적 모델'이다. ASSURE 모형은 수업 설계의 각 단계의

2) 1996년 Heinich, Smaldino 등이 ASSURE 모형을 제시한 이후, 2005년 이후부터 S. E. Smaldino가 책임 집필하면서 이 모형은 여러 차례 수정・보완되고 있다.

학 자	ASSURE 모형의 절차
Heinich, Molenda, Russell, Smaldino(1996)	학습자 분석 → 목표 진술 → 매체와 자료의 선정 → 매체와 자료의 활용 → 학습자의 참여 요구 → 평가와 수정
Smaldino, Russell, Heinich, Molenda(2005)	학습자 분석 → 목표 진술 → 방법, 매체, 자료의 선정 → 매체와 자료의 활용 → 학습자의 참여 요구 → 평가와 수정
Smaldino, Lowther, Russell(2012)	학습자 분석 → 표준과 목표 진술 → 전략, 공학, 매체, 자료의 선정 → 공학, 매체, 자료의 활용 → 학습자의 참여 요구 → 평가와 수정

첫 글자를 따라 만들어진 이름이고, 이 모형이 효과적인 수업을 보증한다('assure')는 것을 의도하고 있다(Smaldino et al., 2012: 38).

ASSURE 모형은 교육 공학과 교수 매체를 수업 방법에 효과적으로 통합하는 절차적 지침을 제시해 준다. 이 모형은 세계적으로 널리 알려져 있고, 학교 현장에서 수업 설계의 절차로서 널리 활용되고 있다. 이 모형은 학습자와 수업 목표를 파악하고, 적합한 수업 방법, 매체, 자료를 선정하여 수업에 효율적으로 활용하고, 수업의 전 과정에 대하여 평가하여 수정하는 절차로 구성된다.

S. E. Smaldino 등은 교수 공학과 교수 매체를 활용한 수업 설계의 과정으로 ASSURE 모형을 제시하였다(Smaldino et al., 2012: 38-64).

ASSURE 모형(Smaldino et al., 2012)

수업 설계의 과정	수업 설계의 내용
학습자 분석 (Analyze learners)	• 일반적 특성: 학년, 학습 태도 등 학급 전체의 특성을 기술함 • 출발점 능력: 수업 전 학생에 기대되는 선수 지식의 유형을 기술함 • 학습 양식: 개별 학생이 선호하는 학습 양식을 기술함
표준과 목표 진술 (State standards and objectives)	• 국가 수준의 교육과정과 표준을 진술함 • 학습자가 도달해야 할 학습 목표를 구체적으로 기술함
전략, 공학, 매체, 자료의 선정 (Select strategies, technology, media and materials)	• 학습 목표를 달성하는 데 핵심적인 전략, 공학, 매체, 자료를 선정함 • 선정 평가표를 사용하여 공학과 매체의 적합성을 판정함 • 수업 자료를 선정하고 수정하거나 새로운 자료를 개발함
공학, 매체, 자료의 활용 (Utilize technology, media and materials)	• 공학, 매체, 자료를 수업 전에 검토함 • 수업 전에 선정한 공학, 매체, 자료의 사용법을 연습함 • 공학, 매체, 자료를 사용할 교실 환경과 시설을 준비함 • 학습자가 공학, 매체, 자료를 활용할 수 있도록 준비시킴 • 공학, 매체, 자료를 활용하여 학습 경험을 제공함
학습자의 참여 요구 (Require learner participation)	• 학습자에게 적극적인 참여를 요구함 • 새로운 지식이나 기능을 연습하도록 함 • 공학과 매체를 통해 학습을 지원함 • 학습자의 반응과 활동에 대한 피드백을 제공함
평가와 수정 (Evaluate and revise)	• 진술된 표준과 목표에 대한 학생의 성취도를 평가함 • 수업 과정에서 전략, 공학, 매체의 영향을 검증하고, 교사평가를 실시함 • 평가 결과에 따라 전략, 공학, 매체, 자료를 수정함

(Smaldino et al., 2012: 38, 63-64)

S. E. Smaldino 등이 모형을 직접 도식화해서 제안하지 않았지만, 필자가 이해한 대로 ASSURE 모형의 수업 설계 과정을 도식으로 제시하면 다음과 같다.

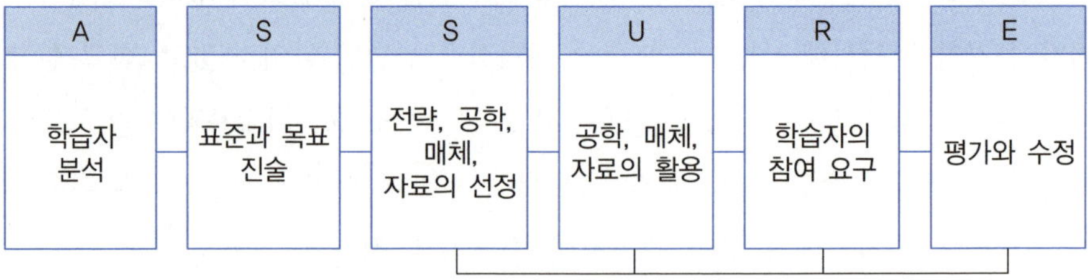

지금까지 좋은 수업의 의미와 요소를 분석하고, 좋은 수업을 하기 위한 수업 설계의 모형을 살펴보았다. 그러면 사회과에서 좋은 수업을 하기 위해서 수업 설계와 교재 연구를 어떻게 해야 하는가? 이 문제는 다음 장에서 자세히 살펴볼 것이다.

제 3 장

사회과의 수업 설계와 교재 연구

대학에서 사회과 교육이 강의된 지 50여 년이 넘었고, 대학원에서 사회과 교육 전문가를 많이 배출했지만, 아직 사회과의 수업 설계와 교재 연구에 관한 이론적 연구는 체계적으로 이루어지지 못했다.[1] 교육공학에서는 수업 설계에 대한 연구가 이루어졌지만, 사회과에서 수업 설계에 대한 연구가 체계적으로 진행된 것은 거의 없다. 더구나 '교재 연구'에 대해서는 사회과 교육뿐만 아니라 교육공학에서도 체계적으로 연구되지 않았다.

그러나 이제는 사회과의 수업 설계와 교재 연구에 대해 이론적으로 연구하고 사회과 수업에 적용하는 방안을 실질적으로 제시할 때가 되었다. '좋은 사회과 수업'을 하기 위해서 교사는 '수업 설계'와 '교재 연구'를 체계적으로 수행하고 준비하는 것이 필요하다. 그래서 앞 장의 논의에 기초하여, 필자는 사회과의 수업 설계와 교재 연구의 모형을 처음으로 개발하고자 한다.

---

1) 미국의 J. A. Banks는 1977년 Teaching Strategies for the Social Studies를 출판하였는데, 최병모 교수 등이 1989년 「사회과 교수법과 교재 연구」로 번역하였다. 하지만 이 책에서 Banks는 주로 사회과 교육과정의 조직원리와 지식의 구조－지리, 역사, 사회과학, 그리고 사회과 교수 전략으로서 '합리적 의사 결정 모형'을 제시하며 정당화하는 데 초점을 맞추었고, 실제로 사회과의 수업 설계와 교재 연구의 방법에 대해서 거의 다루지 않았다.
 우리나라의 경우에, 차경수 교수가 2000년 「사회과 교육과정과 지도법」을 출판하였는데, 이 책은 주로 사회과의 목표와 통합교육과정, 논쟁 문제 학습, 개념 학습, 토론 학습, 사고력 학습, 가치 학습, 수행 평가 등 주로 교육과정 분석과 교수 방법을 다루었다. 이 책도 사회과의 수업 설계와 교재 연구의 의미, 방법, 적용에 대해서는 거의 논의하지 않았다(차경수, 2000). 정문성 교수 등이 2007년 「사회과 교수 · 학습법」을 출판하였는데, 사회과 교육에서 처음으로 사회과 교재의 의미와 구성 원리, 교재 분석 및 재구성의 준거와 방법을 다루었다(정문성 외, 2008: 78-99).

1. 사회과 교육과정의 이해

그러면 사회과를 잘 가르치기 위해서 교사가 무엇을 어떻게 준비해야 하는가? 먼저 교사가 사회과 교육과정의 이해에 기초하여 사회과 수업을 어떻게 할 것인가를 체계적으로 계획해야 한다. 그다음 체계적인 수업 설계에 기초하여 교재 내용을 충분히 연구하는 것이 중요하다. 사회과는 **'개념 중심 나선형 교육과정'**으로 구성되어 있기 때문에, 교사는 해당 단원과 수업 내용이 사회과 교육과정에서 어떤 계열성과 연속성을 갖는지 파악하고, 그에 기초해 어느 범위와 깊이까지 가르쳐야 하는가를 정해야 한다(박상준, 2023: 149-154).

교사는 사회과 교육과정과 연계하여 무엇을 어떻게 가르칠 것인가에 대해 수업 설계를 체계적으로 하고, 수업 내용을 연구하는 것이 필요하다. 그래서 좋은 사회과 수업을 위해 수업 설계와 교재 연구를 하기 전에 먼저 교사는 사회과 교육과정을 충분히 이해해야 한다.

1) 사회과의 목표

사회과가 무엇인가에 대해서 다양한 의견이 있지만, 대체로 사회과는 **'시민의 자질** 또는 **역량'**, 즉 **'시민성'**(citizenship)의 함양을 본질적인 목표로 한다는 점에 동의한다. 이러한 시민의 역량을 기르는 것과 관련된 사회과학과 인문학에서 선택된 지식의 구조를 중심으로 사회과 교육과정이 구성되어 있다. 이런 점을 종합해 보면, 사회과는 사회과학과 인문학에서 선택된 지식의 구조와 보편적 가치를 종합하여 시민의 역량을 육성하려는 교과라고 할 수 있다(박상준, 2023: 19-20).

현재 「2022 개정 사회과 교육과정」은 사회과의 목표를 시민의 자질을 육성하는 것으로 규정하였고, 민주 시민의 모습을 사회 현상에 대한 지식의 이해와 탐구 기능, 민주적 가치와 태도의 형성, 문제의 합리적 해결 능력으로 제시했다(교육부, 2022: 6-7).

> 사회과에서 기르고자 하는 시민은 인간과 사회 현상을 탐구하고 지역사회, 국가, 세계의 생활에 참여하는 데 필요한 지식과 기능의 습득을 바탕으로 자율적으로 판단하고 행동한다. 또한 공동체 의식을 가지고 타자를 존중하고 배려하면서 개인적 · 사회적 문제를 합리적으로 해결하는 능력을 갖추어 개인의 성장을 도모하고, 지역사회 · 국가 · 세계의 발전에 기여한다.
>
> (교육부 고시 제2022-33호[별책7]: 6)

사회과에서 기르고자 하는 시민의 역량을 지식, 기능, 가치 · 태도 영역으로 세분하여 살펴보면 다음과 같다(교육부, 2022).

사회과의 목표 영역과 핵심 요소

영 역	핵심 요소
지식 (통합)	• 사회의 여러 현상과 특성을 지리적 환경, 역사적 맥락, 정치 · 경제 · 사회 제도와 관련지어 통합적 이해
지식 (지리)	• 자연환경 및 인문환경에 대한 이해 • 지역에 따른 인간 생활의 다양성과 역동성의 파악 • 지리 문제와 쟁점에 대한 관심
지식 (역사)	• 역사 지식과 개념에 대한 이해 • 각 시대의 사회 구조와 상호작용 방식 및 영향의 탐구 • 시대별 생활 모습의 파악
지식 (일반사회)	• 사회생활에 관한 기본적 지식의 이해 • 정치, 법, 경제, 사회 · 문화 현상의 기본적 원리를 종합적 이해 • 현대사회의 성격 및 사회문제의 파악
기능 (교과 역량)	• 창의적 사고력 • 비판적 사고력 • 문제 해결력 및 의사 결정력 • 의사소통 및 협업 능력 • 정보 활용 능력
가치 · 태도	• 개인과 사회생활의 민주적 운영 • 사회 문제에 대한 관심 • 지속 가능한 삶을 위한 노력과 태도

(교육부 고시 제2022-33호 [별책7]: 6-7)

2) 사회과의 내용 체계

사회과는 시민의 역량을 함양하는 것을 목표로 하기 때문에, 교육내용은 시민성을 육성하는 데 필요한 사회과학 및 인문학의 지식들과 탐구 기능, 민주적 가치와 태도를 중심으로 구성된다.

정치 교육은 정치 현상에 대한 이해에 기초하여 정치적 판단 능력을 신장시켜 정치과정에 주체적으로 참여하는 시민의 역량을 기르는 교육이다. 정치 교육의 내용은 정치 현상에 대한 이해, 정치 현상이나 문제에 대해 비판적으로 사고하거나 판단하는 방법, 정치 문제를 합리적으로 해결하는 능력, 정치과정에 주체적으로 참여하는 내용으로 구성된다(박상준, 2023: 103-106).

법 교육은 법에 대한 기본 지식에 기초하여 법적 문제를 적법하게 해결하는 시민의 역량을 기르는 교육이다. 법 교육의 내용은 법의 이념과 원리에 대한 이해, 법적 사고력과 판단 능력, 올바른 법의식과 준법정신을 형성하는 내용으로 구성된다(박상준, 2023: 107-109).

경제 교육은 경제 현상에 대한 이해에 기초하여 경제 문제를 합리적으로 해결하는 시민 역량을 기르는 교육이다. 경제 교육의 내용은 경제 질서의 기본 원리와 경제 현상의 관계를 이해하고, 경제 문제를 합리적으로 해결할 수 있는 능력을 기르며, 경제생활에 참여하고 삶의 질 향상에 기여할 수 있는 내용으로 구성된다(박상준, 2023: 110-112).

사회・문화 교육은 사회 현상과 문화 현상에 대한 이해에 기초하여 사회적・문화적 문제에 대하여 비판적으로 사고하고 합리적으로 해결하는 시민 역량을 기르는 교육이다. 사회・문화 교육의 내용은 다양한 관점에서 사회・문화 현상을 이해하고 과학적으로 탐구함으로써 사회・문화적 문제를 합리적으로 해결하고 다문화 시민으로서 사회에 참여하는 내용으로 구성된다(박상준, 2023: 113-116).

그래서 「2022 개정 사회과 교육과정」은 사회과의 정치, 법, 경제, 사회・문화 영역의 내용 요소를 다음과 같이 구성하였다(교육부, 2022: 12-15).

(1) 정치

<table>
<tr><td colspan="2">핵심 아이디어</td><td colspan="3">• 민주주의의 이념과 원리를 실현하기 위해서는 제도와 의식의 개선이 필요하다.
• 다양한 정치 주체가 정치과정에 참여하며, 민주주의는 여러 제도와 시민 참여를 통해 실현된다.
• 국제 사회에는 여러 행위 주체가 활동하며, 우리나라를 비롯한 국제 사회의 행위 주체는 다양한 국제 문제 해결을 위해 노력한다.</td></tr>
<tr><td colspan="2" rowspan="3">범주</td><td colspan="3">내용 요소</td></tr>
<tr><td colspan="2">초등학교</td><td>중학교</td></tr>
<tr><td>3~4학년</td><td>5~6학년</td><td>1~3학년</td></tr>
<tr><td rowspan="3">지식·이해</td><td>민주주의</td><td>• 민주주의의 의미
• 학교 자치 사례
• 주민 자치 사례</td><td>-</td><td>• 정치와 민주주의
• 민주주의의 발전, 민주주의의 이념과 원리
• 현대 민주주의와 시민의 역할</td></tr>
<tr><td>정치과정</td><td>• 민주주의의 실천
• 주민 참여와 지역사회 문제 해결</td><td>• 선거의 의미와 역할
• 미디어의 역할
• 미디어 콘텐츠의 분석</td><td>• 선거와 유권자 및 정당의 활동
• 정치 주체와 정치과정
• 지방 자치와 시민 참여</td></tr>
<tr><td>국제정치</td><td>-</td><td>• 평화 통일을 위한 노력
• 지구촌의 평화</td><td>• 국제 사회의 주체와 특징
• 국제 사회의 분쟁과 시민의 역할
• 우리나라의 국제 문제와 대응 방안</td></tr>
<tr><td colspan="2">과정·기능</td><td colspan="2">• 민주주의 사례를 조사하기
• 미디어 콘텐츠를 비판적으로 분석하기
• 사회문제 해결에 참여하기</td><td>• 정치 현상 및 문제의 사례 조사하기
• 정치적 쟁점에서 사실과 가치문제 구분하기
• 정치 관련 자료 및 정보의 타당성과 신뢰성 검토하기
• 공동체 의사 결정 과정에서 의사소통하기
• 정치적 쟁점 해결 과정에 적극 참여하고 협력하기
• 국제 문제를 조사하고 대응 방안을 모색하기</td></tr>
<tr><td colspan="2">가치·태도</td><td colspan="2">• 민주적 기본 가치
• 선거 과정의 참여
• 학교 자치에의 참여
• 미디어에 대한 비판적 태도</td><td>• 민주주의의 이념과 원리의 내면화
• 개인의 자유와 공공선의 조화로운 실천
• 민주적 의사 결정 과정에 대한 존중
• 다양한 정치 주체의 입장과 선호에 대한 존중
• 민주 시민으로서 정치과정에 적극 참여하려는 태도
• 국제 문제에 관심을 가지고 적극 대응하려는 자세</td></tr>
</table>

(2) 법

<table>
<tr><td colspan="2">핵심 아이디어</td><td colspan="3">• 우리 사회에는 일상을 규율하는 다양한 법들이 있으며, 사람들은 재판을 통해 권리를 실현할 수 있다.
• 인권 보장을 위해 헌법에 기본권을 규정하고, 국가와 시민은 기본권 보장을 위해 노력한다.
• 헌법에 따라 우리나라의 국가기관은 국회, 대통령과 행정부, 법원과 헌법재판소 등으로 구성된다.</td></tr>
<tr><td colspan="2" rowspan="3">범주</td><td colspan="3">내용 요소</td></tr>
<tr><td colspan="2">초등학교</td><td>중학교</td></tr>
<tr><td>3~4학년</td><td>5~6학년</td><td>1~3학년</td></tr>
<tr><td rowspan="3">지식·이해</td><td>법과 생활</td><td>–</td><td>• 법의 적용 사례
• 법의 의미와 역할</td><td>• 법의 의미와 목적
• 다양한 법과 사회법의 필요성
• 재판의 의미와 종류, 공정한 재판</td></tr>
<tr><td>인권과 기본권</td><td>–</td><td>• 인권의 의미
• 헌법상 인권의 내용
• 인권 침해 문제의 해결
• 인권 보호 활동 참여</td><td>• 인권과 기본권
• 기본권 제한, 기본권 침해 구제
• 근로자의 권리, 근로자의 권리 침해 대응</td></tr>
<tr><td>헌법과 국가</td><td>–</td><td>• 국회
• 행정부
• 법원
• 권력 분립</td><td>• 우리나라 정부 형태, 대통령과 행정부의 역할
• 입법 과정과 국회의 역할
• 법원의 역할과 헌법재판소의 성격</td></tr>
<tr><td colspan="2">과정·기능</td><td colspan="2">• 법적 문제 관련 정보를 수집·분석하기
• 인권 침해 문제를 합리적으로 해결하기
• 권력 분립의 이유를 탐구하기</td><td>• 법과 관련된 자료를 수집하기
• 다양한 분쟁을 법적 관점에서 조망하기
• 법적 쟁점에 대한 자료 및 정보를 수집·분석하기
• 법적 쟁점에 대한 다양한 관점을 고려하면서 의사소통하기
• 법적 근거를 바탕으로 법적 쟁점에 대한 해결 방안을 모색하기
• 기존 법의 한계를 분석하고 대안을 마련하기</td></tr>
<tr><td colspan="2">가치·태도</td><td colspan="2">• 시민으로서의 준법 태도
• 권리와 책임의 조화
• 인권 친화적 태도
• 국가기관에 대한 비판적인 태도</td><td>• 민주주의와 법치주의의 기본 가치 내면화
• 법에 따른 권리의 행사와 의무의 수행
• 법체계와 절차에 대한 존중
• 법적 쟁점에 대한 다양한 관점의 존중
• 법을 개선하는 활동에 적극적으로 참여하려는 태도</td></tr>
</table>

(3) 경제

<table>
<tr><td colspan="2">핵심
아이디어</td><td colspan="3">• 가계와 기업은 합리적 선택을 통해 소비와 금융, 생산 등의 경제활동에 참여하면서 각자의 역할을 수행한다.
• 시장에서 가격은 수요와 공급을 통해 결정되고 다양한 요인으로 인해 변동한다.
• 우리나라 경제에서는 경제 성장, 물가 변동, 실업 등의 현상이 나타나며, 세계화 과정에서 다른 나라와의 교역이 활발해지고 있다.</td></tr>
<tr><td colspan="2" rowspan="3">범주</td><td colspan="3">내용 요소</td></tr>
<tr><td colspan="2">초등학교</td><td>중학교</td></tr>
<tr><td>3~4학년</td><td>5~6학년</td><td>1~3학년</td></tr>
<tr><td rowspan="3">지식
·
이해</td><td>경제
생활</td><td>• 자원의 희소성
• 경제활동
• 합리적 선택
• 생산과 소비 활동</td><td>• 가계와 기업의 역할
• 근로자의 권리
• 기업의 자유와 사회적 책임</td><td>• 합리적 선택
• 경제생활과 금융 생활
• 기업의 역할과 기업가 정신</td></tr>
<tr><td>시장
경제</td><td>-</td><td>-</td><td>• 시장의 사례와 특징
• 수요와 공급, 시장 가격의 결정
• 시장 가격의 변동</td></tr>
<tr><td>국가
경제</td><td>• 지역 간 교류
• 상호의존 관계</td><td>• 경제성장의 효과
• 경제성장과 관련된 문제 해결
• 무역의 의미
• 무역의 이유</td><td>• 경제성장과 국내 총생산
• 물가 변동과 실업
• 국제 거래와 환율</td></tr>
<tr><td colspan="2">과정 · 기능</td><td colspan="2">• 합리적으로 선택하기
• 지역 간 상호의존 관계를 조사하기
• 무역의 이유를 탐구하기
• 경제성장의 문제를 합리적으로 해결하기</td><td>• 경제 현상 및 문제 사례 조사하기
• 경제 현상 및 문제 탐구 방법 파악하기
• 경제 현상 및 문제 탐구 계획 수립하기
• 경제 관련 정보와 자료 수집 · 분석하기
• 경제 관련 분석 결과를 종합하여 추론하기
• 경제 문제의 원인 및 해결 방안 도출하기</td></tr>
<tr><td colspan="2">가치 · 태도</td><td colspan="2">• 합리적 소비의 실천
• 경제활동의 자유를 존중하는 태도
• 공정한 분배에 대한 감수성</td><td>• 선택 상황에서 편익과 비용을 고려하는 합리적 태도
• 경제 문제 관련 주장 및 근거의 경청과 존중
• 상충하는 가치를 균형 있게 고려하는 자세
• 공동체의 경제 문제 해결에 적극 참여하려는 태도
• 다양한 관점을 가진 구성원들과 협력하려는 태도</td></tr>
</table>

(4) 사회 · 문화

<table>
<tr><td colspan="2">핵심 아이디어</td><td colspan="3">• 인간은 사회 속에서 성장하면서 사회적 지위를 가지고 역할을 수행하며, 다양한 갈등과 차별을 인식한다.
• 우리는 일상생활에서 여러 문화를 접하고 있으며, 이로 인해 다양한 문화를 이해하고 존중하는 태도가 필요하다.
• 우리 사회는 급격한 사회 변동과 다양한 사회문제를 경험하고 있으며, 이에 대응하기 위해서는 시민의 역할이 중요하다.</td></tr>
<tr><td colspan="2" rowspan="3">범주</td><td colspan="3">내용 요소</td></tr>
<tr><td colspan="2">초등학교</td><td>중학교</td></tr>
<tr><td>3~4학년</td><td>5~6학년</td><td>1~3학년</td></tr>
<tr><td rowspan="3">지식 · 이해</td><td>사회 생활</td><td>-</td><td>-</td><td>• 사회화의 의미와 자아 정체성
• 사회적 지위와 역할, 역할 갈등
• 사회적 갈등과 차별</td></tr>
<tr><td>문화 이해</td><td>• 다양한 문화의 확산 효과와 문제
• 문화 다양성</td><td>-</td><td>• 문화의 사례, 의미와 특징
• 미디어와 문화
• 다양한 문화와 문화 이해 태도</td></tr>
<tr><td>사회 변동</td><td>• 사회 변화의 양상과 특징
• 생활 모습의 변화</td><td>• 지구촌의 문제
• 지속 가능한 미래</td><td>• 사회 변동과 우리 생활
• 오늘날의 사회문제
• 국내외의 대응과 시민의 역할</td></tr>
<tr><td colspan="2">과정 · 기능</td><td colspan="2">• 다양한 문화의 사례 조사하기
• 문화 다양성으로 인한 문제를 해결하기
• 사회 변화의 양상과 특징을 조사하기</td><td>• 사회 및 문화 현상 탐구 및 자료 수집 방법 파악하기
• 사회 및 문화 현상의 탐구에 필요한 자료 수집하기
• 자료 및 정보의 타당성과 신뢰성 검토하기
• 자료 및 정보를 분석하여 결론 도출하기
• 다양한 관점과 이론을 비판적으로 평가하기
• 사회 및 문화 현상 개선을 위한 합리적인 대안 마련하기</td></tr>
<tr><td colspan="2">가치 · 태도</td><td colspan="2">• 문화 다양성을 존중하는 태도
• 상대주의 관점에서 문화를 이해하는 태도
• 사회 변화에 주체적으로 대응하는 태도</td><td>• 사회 및 문화 현상에 대한 자신과 타인의 관점 파악과 존중
• 인류 보편적 가치와 우리 사회의 기본 가치에 대한 존중
• 자신과 다른 입장을 가진 타인과 소통하고 협력하려는 자세
• 논쟁 문제 해결을 위한 민주적인 절차에 대한 존중
• 다른 문화의 가치에 대한 존중과 문화 다양성 보존을 위한 노력
• 사회적 소수자에 대한 공감과 배려</td></tr>
</table>

3) 사회과의 교수 · 학습 방법

시민의 역량을 기르기 위해 사회과는 사회 현상이나 문제에 대한 이해를 증대시키는 '지식의 교육', 사회 현상이나 문제를 비판적으로 분석하고 과학적으로 탐구하여 합리적으로 결정하는 '사고력의 교육', 사회 현상이나 문제를 판단할 때 기준이 되는 보편적 가치와 태도를 형성하는 '가치의 교육', 사회 문제를 해결하기 위해 능동적으로 참여하고 실천하는 '행위의 교육'이 필요하다(박상준, 2023: 211).

사회과의 4가지 목표와 내용은 민주 시민을 육성하는 데 있어서 상호 연관되고 통합적으로 작동하는 것이다. 하지만 실제 학교 현장에서 사회과는 1시간에 가르쳐야 하기 때문에, 한 시간에 4가지 요소를 모두 가르치기는 어렵다.

이런 현실을 고려할 때, 교사는 한 시간 수업에서 사회과의 4가지 교육 목표와 내용 중 어디에 초점을 맞추어 수업을 진행할 것인가를 정해야 한다. 사회과수업에서 가르치는 목표와 내용에 따라 적용할 수 있는 교수 방법은 달라진다.

(1) 지식의 교육

사회 현상이 매우 복잡하게 얽혀 있고 사회 문제는 다양한 요인들에 의해 발생하기 때문에, 사회 현상이나 문제를 비판적으로 분석하여 합리적으로 해결하기 위해서는 그것들에 대한 과학적 이해가 필요하다. 그래서 사회과에서는 사회 현상이나 문제를 객관적으로 이해할 수 있도록 지리, 역사, 일반사회 현상에 대한 지식−사실, 개념, 일반화, 이론, 탐구 방법−을 가르치고자 한다.

사회과에서 사회 현상이나 문제와 관련된 기본 지식과 이해를 가르치는 방법에는 강의식 수업, 사실 학습, 개념 학습, 일반화 학습, 협동 학습 등이 있다(박상준, 2023: 211-234).

(2) 사고력의 교육

세계화, 정보화, 다문화가 진전되면서 현대사회는 개인, 집단, 국가 사이에 상호의존성이 증대되고, 그로 인해 여러 가지 문제와 갈등이 증가하고 있다. 그래서 다양한 사회 현상을 객관적으로 탐구하고, 많은 정보와 지식을 비판적으로 평가하고, 사회 문제를 합리적으로 해결할 수 있는 고차적 사고력이 강조되고 있다(차경수 · 모경환, 2008: 267-270; 박상준, 2006: 11-15, 2023: 235-238; 교육과학기술부, 2022: 6-7).

사회과에서 고차적 사고력을 가르치는 방법에는 문답식 수업, 탐구 학습, 문제 해결 학습, 의사 결정 학습, 논쟁 문제 학습, 토론 학습, 프로젝트 학습 등이 있다(박상준, 2023: 235-268).

(3) 가치의 교육

사회 문제는 사실 문제뿐만 아니라 가치 문제를 포함하고 있으며, 최종적으로 문제의 해결책을 결정할 때 중요한 요소는 가치(관)이다. 문제는 사실의 객관적 확인만으로 해결될 수 없고, 관련된 가치들 중에서 어느 가치가 더 중요하고 타당한지에 대한 가치 판단에 의해 결정된다.

그래서 사회 문제를 합리적으로 해결하기 위해서는 사회 탐구뿐만 아니라 가치 탐구도 필요하다. 사실 문제를 탐구하는 방법과 가치 문제를 탐구하여 해결하는 방식이 서로 다르기 때문이다. 가치 탐구는 사회 문제와 관련된 가치들을 분석하고 명료화하는 과정이고, 대립 가치들과 대안의 결과를 예측하여 합리적 대안을 선택하는 과정이다. 이런 점에서 사회과에서 가치 교육이 필요하다.

사회과에서 민주적 가치와 태도를 가르치는 방법에는 가치 주입, 가치 명료화, 가치 분석, 가치 탐구, 도덕적 추론 등이 있다(박상준, 2023: 269-290).

(4) 행위의 교육

현재 대의 민주정치에서 시민은 대표자의 선거 때만 주권을 행사하고, 그 후에 정책 결정은 대표자에 의해 독점된다. 정책 결정은 소수 정치인과 정부 관료에 의해 독점되고, 선거 이외에 일반 시민들이 정치과정에 참여할 수 있는 통로는 매우 제한된다. 그에 따라 시민들의 정치적 관심은 줄어들고, 투표율과 정치 참여가 낮아지는 추세이다.

이러한 대의 민주정치의 위기를 극복하고 시민의 자유와 권리를 보장하기 위해서는 시민의 적극적 참여가 요구된다. 그래서 최근 사회과에서 정치과정이나 문제 해결 과정에 적극 참여하고 실천하는 시민을 기르는 교육이 강조된다(박상준, 2023: 291-292).

사회과에서 정치과정이나 문제 해결 과정에 참여하고 실천하는 것을 가르치는 방법에는 현장 학습, 체험 학습 등이 있다(박상준, 2023: 291-304).

▌사회과의 목표와 교수 방법▐

목표 및 내용 영역	교수 방법
지식의 교육	강의식 수업, 개념 학습, 일반화 학습, 협동 학습 등
사고력의 교육	문답식 수업, 문제 해결 학습, 탐구 학습, 의사 결정 학습, 논쟁 문제 학습, 토론 학습, 프로젝트 학습 등
가치의 교육	가치 주입, 가치 명료화, 가치 분석, 가치 탐구 등
행위의 교육	현장 학습, 체험 학습 등

4) 사회과의 평가

교사가 사회과의 수업 설계와 교재 연구에 따라 좋은 수업을 했는지를 확인하기 위해서는 수업에 대한 평가가 필요하다. 사회과 목표의 성취도를 적절하게 평가하기 위해서는 전통적 평가 방식보다는 대안적 평가 방식이 요구된다. 그래서 최근 사회과 수업의 평가는 선다형이나 단답형 검사 같은 전통적 평가 방식에서 벗어나서 대안적 평가 방식으로 수행 평가가 강조된다.

사회과에서 활용될 수 있는 수행 평가의 방법에는 논술형 검사, 구술 시험, 토론법, 면접법, 연구 보고서법, 포트폴리오, 자기 평가, 동료 평가 등이 있다(박상준, 2023: 318-326).

2. 사회과의 수업 설계 모형

우리나라 대학에 사회교육과가 만들어지고, 사회과 교육을 강의한 지 50여 년이 넘었다. 그러나 아직 사회과를 가르치기 위한 수업 설계와 교재 연구에 대한 이론적 연구가 거의 이루어지지 않았다. 이제는 사회과 수업을 어떻게 설계해야 하는지 그리고 사회과 교재를 어떻게 연구해야 하는지에 대하여 체계적으로 연구할 때이다.

그래서 필자는 일반적인 수업 설계 모형에 기초하여 사회과의 수업 설계 모형과 교재 연구 모형을 독자적으로 개발하고자 한다.

1) 사회과 수업 설계의 의미

그러면 사회과에서 좋은 수업을 하기 위해서 수업 설계를 어떻게 해야 하는가? 좋은 사회과 수업을 하기 위해서는 먼저 교사가 '학생의 입장'에서 학습자의 특성과 교육 환경을 충분히 파악하여, 그에 적합하게 수업 내용의 수준과 깊이를 조정하여 수업을 체계적으로 설계해야 한다. 이처럼 민주 시민의 자질을 육성하기 위해 수업 내용을 이해하고 그에 적합한 수업 방법, 교수 매체와 자료를 개발하여 어떻게 잘 가르칠 것인지 전체적으로 계획하는 과정이 바로 '사회과의 수업 설계'이다. 한마디로 사회과의 수업 설계는 시민의 역량을 형성하기 위해 학생이 무엇을 어떻게 능동적으로 배우도록 지원할 것인가에 초점을 맞추어 수업을 계획하는 과정이다.

2) 사회과 수업 설계의 중요성

훌륭한 건물을 짓기 위해서 먼저 건물의 설계도를 완성해야 하는 것처럼, 좋은 수업을 하기 위해서는 먼저 사회과 수업을 어떻게 할 것인가에 대하여 체계적으로 설계하는 것이 중요하다. 앞 절에서 제시했듯이, 시민의 역량을 기르기 위해서 사회과는 사회 현상이나 문제와 관련된 지식, 사고력, 민주적 가치와 태도, 참여와 실천 등이 통합되어 있기 때문에, 교육 목표와 내용에 따라 적용할 수 있는 교수 방법이 달라져야 한다.

그런데 많은 교사들이 해당 수업에서 가르쳐야 할 사회과의 목표와 내용을 정확하게 이해하지 못하여, 목표와 내용에 적합하지 않은 수업 방법과 자료를 사용하는 경우가 종종 있다. 예컨대 교육내용이 사회 현상이나 문제의 이유를 탐구하는 사고력을 기르는 것으로 구성되어 있는데, 단순히 사회 현상과 관련된 지식에 초점을 맞추어 수업하는 경우도 있다. 또는 토론을 통해 민주 시민에게 요구되는 보편적 가치를 교육하는 내용으로 구성되어 있는데, 애국심이나 권위에의 복종 같은 특수한 가치를 주입하는 방법으로 수업하기도 한다.

이런 잘못을 범하지 않고 사회과 수업을 잘하기 위해서 교사는 학습자의 특성, 수업 목표 및 내용에 적합하게 사회과 수업의 전 과정을 체계적으로 설계해야 한다. 다시 말하면, 교사는 '시민의 역량' 함양이라는 목표 측면에서 사회과의 수업 내용을 충분히 이해하고, 그에 적합한 수업 방법, 매체, 자료를 선정하여 효과적으로 수업하기 위한 계획을 수립하는 것이 중요하다.

3) 사회과 수업 설계의 과정과 방법

사회과의 교육내용은 시민의 역량을 육성하는 데 필요한 사회 현상이나 문제와 관련된 지식, 사고력, 민주적 가치와 태도, 참여와 실천이 통합적으로 구성되어 있다. 그중에 어느 부분에 초점을 맞추어 가르칠 것인가에 따라 사회과의 수업 방법은 달라진다.

이러한 사회과의 특성을 고려할 때, 교사는 사회과의 수업 내용이 어느 부분에 초점을 맞추어 구성되어 있는지 파악하여 그에 적합한 수업 방법, 매체, 자료를 활용해야 한다. 그래서 필자는 일반적인 수업 설계의 과정과 방법을 사회과의 특성에 맞게 수정하고, 수업 내용의 이해 단계를 추가하여 '사회과의 수업 설계 모형'을 다음과 같이 제시하고자 한다.

| 사회과의 수업 설계 모형 |

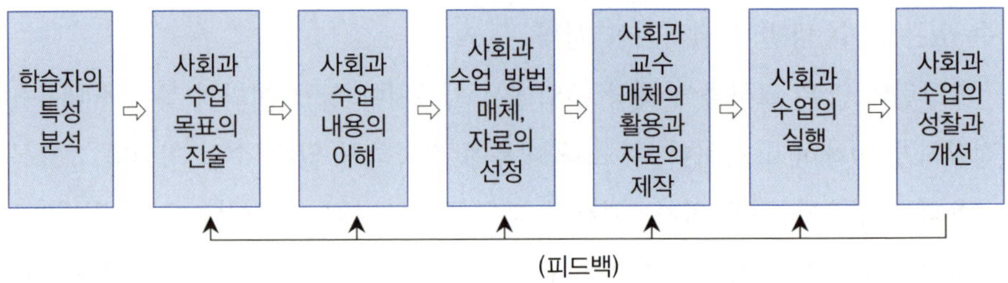

사회과의 수업 설계 모형에 의거해, 사회과 수업을 설계하는 과정과 방법을 단계별로 제시하면 다음과 같다.

| 사회과의 수업 설계 과정 |

학습자의 특성 분석	• 학급 전체의 특성을 분석한다(성비, 수업 분위기 등). • 학생 개인별 특성을 분석한다(인지적 · 사회적 특성 등).
⇩	
사회과 수업 목표의 진술	• 성취기준에 기초해 사회과의 단원 및 수업의 목표를 진술한다. • 단원 목표와 수업의 목표 간 상호 연관성을 진술한다.
⇩	
사회과 수업 내용의 이해	• 사회과의 단원 및 수업 내용을 조사한다. • 수업 내용을 이해하고 구조화한다(일반화, 개념 지도의 작성 등).
⇩	
사회과 수업 방법, 매체, 자료의 선정	• 학습자의 특성, 수업 목표와 내용에 적합한 수업 방법, 매체, 자료를 선정한다. • 수업에 활용할 수 있는 수업 자료를 선정한다.
⇩	
사회과 교수 매체의 활용과 자료의 제작	• 인터넷, 스마트폰 등 여러 매체를 통해 자료를 검색하여 분석한다. • 학생이 주도적으로 학습하도록 지원하는 수업 자료를 만든다.
⇩	
사회과 수업의 실행	• 학생의 특성과 수준에 맞게 수업 방법, 매체, 자료를 제시하고 활용하게 한다. • 학생의 자발적 참여와 주도적 학습 활동을 지원한다. • 교사와 학생의 민주적 의사소통을 통해 학생이 능동적으로 토론, 탐구하며 학습하도록 지원한다.
⇩	
사회과 수업의 성찰과 개선	• 수업에 대한 학생의 반응을 확인해 자기 수업을 성찰한다. • 수업 성찰에 의거해 다음 수업 설계를 수정하고 수업을 개선한다.

4) 사회과 수업 설계의 적용

중학교 「사회 1」의 'Ⅸ. 민주주의와 시민' 단원 중 한 주제를 선정하고, 학습 주제를 가르치기 위해 수업을 설계하는 방법과 사례를 단계별로 제시하면 다음과 같다.

| 수업 단원 |

단 원	학습 주제	학습 요소	수업 방법
민주주의와 시민	우리나라 민주주의의 발전 방안과 시민의 역할	• 우리나라 민주주의의 발전 방안 • 민주주의 발전을 위한 시민의 역할	토론 학습 (모둠 토론)

| 사회과의 수업 설계 방법(예시) |

학습자의 특성 분석	[학급 전체의 특성 분석] • 중학교 1학년: 남학생 12명, 여학생 13명 • 학급의 수업 분위기와 수업 참여도는 어떠한가? [학생 개인별 특성의 분석] • 학습자의 '인지적 능력'은 어느 정도 수준인가? (IQ, 사고력 등) • 초등학교 사회과에서 학습한 배경지식은 어느 정도 되는가? • 학습자의 '사회적 특성'은 어떠한가? (가정환경과 계층 분포, 자존감 등)

⇩

사회과 수업 목표의 진술	[단원 및 수업 목표의 진술] ▸ 성취기준에 기초해 단원의 목표를 영역별로 파악한다: • 지식 - 정치의 의미와 역할, 민주주의의 의미와 필요성 - 민주주의의 발전 과정, 민주주의의 이념과 기본 원리 - 현대 민주주의의 특징과 과제, 우리나라 민주주의의 발전 방안 및 시민의 역할 • 기능 - 정치 사례 조사하기, 정치 쟁점 해결하기 - 민주적 의사 결정하기, 민주주의 발전 방안 토의하기 • 가치·태도 - 민주적 가치와 이념 존중, 자유와 공공선의 조화 태도 - 민주 시민으로서 정치 참여 태도 ▸ 성취기준에 기초해 수업의 목표를 정한다. • 우리나라 민주주의의 발전 방안과 시민의 역할에 대해 토의한다.

	[단원-수업의 목표 간 상호 연관성 진술] ▸ 민주주의에 대한 이해에 기초하여 우리나라 민주주의의 발전 방안에 대해 토의하고, 민주주의 발전에 기여하는 시민의 역량과 태도를 기른다.

⇩

사회과 수업 내용의 이해	[단원 및 수업 내용의 조사] ▸ 단원 및 수업 내용을 조사한다. • 지식: 민주주의의 의미, 발전 과정, 이념과 기본 원리, 특징과 과제 • 기능: 민주적 의사 결정하기, 민주주의 발전 방안 토론하기 • 가치 · 태도: 민주적 가치의 존중, 정치 참여 태도 [수업 내용의 구조화] ▸ 수업에서 학습할 핵심 내용을 파악한다. • 우리나라 민주주의의 발전 방안 • 시민의 역할 ▸ 수업 내용을 구조화하여 개념 지도로 그린다. • 일반화 진술: "시민의 참여는 우리나라 민주주의의 발전에 기여한다" • 개념 지도 또는 마인드맵 작성 "정치 참여 제도 – 시민의 참여 – 민주주의 발전의 상관관계"를 도식으로 그리기

⇩

사회과 수업 방법, 매체, 자료의 선정	[수업 방법, 매체, 자료의 선정] ▸ 수업의 목표와 내용에 적합한 수업 방법을 선택한다. • 수업 방법: '토론 학습'(모둠 토론) • 교수 매체: 스마트폰, 태블릿 PC, 노트북 등 • 수업 자료: 토론 문제와 관련된 통계, 뉴스 등 [수업 자료의 선정] ▸ 수업의 내용과 방법, 학습자의 특성을 고려하여, 토론 문제와 관련된 자료를 수집한다. ▸ 수집 자료를 분석하여 토론에 활용할 자료를 선정한다.

⇩

사회과 교수 매체의 활용과 자료의 제작	[교수 매체의 활용과 자료 수집] ▸ 교사와 학생이 인터넷에서 토론에 필요한 자료를 찾는다. ▸ 학생은 토론 중에 스마트폰, 태블릿 PC 등을 활용해 필요한 자료를 추가로 찾을 수 있다. [수업 자료의 제작] ▸ 자료에 의거해 학생이 주도적으로 학습할 수 있는 학습지를 만든다.

<table>
<tr><td>사회과 교수
매체의 활용과
자료의 제작</td><td>
〈토론 학습지〉
<table>
<tr><td>토론 문제</td><td colspan="2"></td></tr>
<tr><td rowspan="6">토론 내용의
정리</td><td rowspan="3">찬성 측</td><td>• 주장:</td></tr>
<tr><td>• 근거:</td></tr>
<tr><td>• 타당성 논의:</td></tr>
<tr><td rowspan="3">반대 측</td><td>• 주장:</td></tr>
<tr><td>• 근거:</td></tr>
<tr><td>• 타당성 논의:</td></tr>
<tr><td>합의 내용의
정리</td><td colspan="2"></td></tr>
</table>
</td></tr>
</table>

⇩

사회과 수업의 실행	▸학생들과 의논해 수업 내용과 관련된 토론 문제를 정한다. ▸학생들이 토론 문제와 관련된 자료를 인터넷에서 찾도록 도와준다. - 국회, 중앙선거관리위원회, 통계청 등 공공기관 홈페이지, 뉴스 등 ▸학생들에게 토론의 방법과 규칙을 안내한다. ▸학생들이 자유롭고 민주적인 토론을 통해 문제의 해결 방안에 합의하도록 지원한다. ▸모둠별로 토론 내용을 정리하여 발표한다.

⇩

사회과 수업의 성찰과 개선	[수업의 성찰] ▸모든 학생이 수업 내용을 이해하고 수업 목표에 도달했는가? ▸학생이 주도적으로 학습하도록 교수·학습 활동을 지원했는가? ▸민주적인 소통과 질문으로 교사와 학생의 상호작용이 이루어졌는가? [수업의 개선] ▸자기 수업에 대한 성찰에 기초하여 수업의 문제점을 진단하고, 다음 수업 설계에 반영하고 차시 수업을 개선한다. ※ 첨부: <u>사회과 수업 계획안</u>

3. 사회과의 교재 연구 모형

지금까지 사회과의 수업 설계에 대한 체계적 연구는 거의 없었고, 더구나 사회과의 교재 연구 방법이나 적용에 대한 이론적 연구도 거의 이루어지지 않았다. 교재 연구에 대해서는 교육공학에서도 체계적으로 연구되지 않았다. 이런 현실에서 필자는 수업 설계 모형에 기초하여 사회과의 교재 연구 모형을 처음으로 개발하고자 한다.

사회과 수업을 어떻게 할 것인가를 체계적으로 설계했다면, 실제 교실 수업에서 사회과를 잘 가르치기 위해서는 교사가 사회과의 교재 내용에 대하여 사전에 충분히 연구하는 것이 필요하다. 그러면 사회과에서 가르치는 교재가 무엇이고, 교재 연구를 어떻게 하는 것인지를 살펴보자.

1) 사회과의 교재

사회과 교재가 무엇인가에 대하여 여러 가지 견해가 있지만, '사회과 교재'는 사회과의 교수-학습 과정에 사용되는 모든 책, 수업 자료, 교수 매체, 교구 등으로 규정될 수 있다. 정문성 등은 사회과 수업에 사용되는 모든 형태의 수업 자료와 학습지, 실물 등을 포함하여 사회과 교재라고 규정하고, A. Ellis(1995)의 주장을 인용하여 사회과 교재를 4가지로 제시했다(정문성 외, 2008: 79-81).

(1) 읽기 형태의 교재: 교과서, 참고서, 일반도서 등
(2) 시청각 형태의 교재: 그림, 만화, 사진, 영상, 예술 작품 등
(3) 학습지 형태의 교재: 학습지, 활동지 등
(4) 실물 교재: 실물 모형, 실물 교구 등

여러 학자들의 견해를 종합하여, 사회과 수업에서 사용되는 교재의 유형과 종류를 제시하면 다음과 같다.

첫째, 사회과의 책은 크게 사회 교과서와 참고 도서로 구분될 수 있다. 우리나라는 초등학교 사회의 경우에 국정 교과서, 중등학교 사회의 경우에는 검·인정 교과서 제도를 채택하고 있기 때문에, 모든 학교에서 국정 또는 검정 사회 교과서가 가장 중요하고 기본적인 교재가 된다. 그리고 사회과의 경우에는 사회과부도(초등 3~6학년), 지리 부도, 역사 부도, 지역 교과서(초등 3~4학년) 같은 보조 교과서가 사용된다. 또한 최근에는 공공기관에서 법교육, 인권 교육, 노동교육, 환경 교육을 위해 발행한 도서가 활용되기도 한다.

둘째, 사회과의 수업 자료는 크게 시청각 자료와 학습지로 구분될 수 있다. 주로 읽기를 통해 학습되는 책과 달리, 시청각 자료는 다양한 감각을 통해 어려운 사회과의 내용을 쉽고 재미있게 학습하도록 도와주는 자료들이다. 최근 인터넷을 통해 다양한 시청각 자료를 쉽게 찾을 수 있다. 그리고 사회과의 학습지는 탐구학습, 토론 학습, 체험 학습, 수행 평가 등 수업의 내용과 방법, 평가에 맞게 교사가 직접 제작하여 사용하는 보조 자료이다.

셋째, 사회과의 교수 매체는 크게 대중 매체와 정보 매체로 구분될 수 있다. 사회생활과 관련된 사실을 전달하는 라디오, T.V. 같은 전통적인 매체들을 활용할 수 있고, 최근에 발달한 인터넷, SNS 같은 정보 매체를 활용하여 다양한 형태의 수업을 할 수 있다.

넷째, 사회과의 교구에는 기자재와 물건이 있다. 사회과에서 주로 사용하는 기자재는 시청각 자료를 보여주기 위한 컴퓨터와 빔 프로젝터, 실물 화상기, T.V. 등이 있다. 그리고 사회과 수업에서는 수업 내용과 관련된 구체적 물건-유물, 지구본 등-을 직접 활용할 수 있다.

정보화 시대에는 사회과 수업에서 활용할 수 있는 교재가 매우 다양해졌고, 인터넷을 통해 쉽게 구할 수 있다. 하지만 많은 교재를 사회과 수업에 사용할 수 있는 것은 아니다. 교사는 사회과의 목표 달성과 내용의 전달에 적합한 교재가 무엇인지 사전에 충분히 검토하고, 학습자의 특성, 수업의 목표, 내용, 방법 등을 고려하여 그에 적합한 교재를 선정해야 한다.

사회과 교재는 기본적으로 사회과의 목표와 학습자의 특성에 의거해 적합한 것을 선정해야 한다. 사회과 교재를 분석하고 선택하는 기준은 학자마다 다양할 수 있는데, 정문성 등은 사회과 교재 내용을 분석하는 기준을 다음과 같이 제시하였다(정문성 외, 2008: 92-93).

(1) 교재의 형식적 측면: 교재의 구성 방식, 시수, 문법 표현 등
(2) 사회과 교육과정의 적합성: 목표 반영, 표현 주제의 명료성 등
(3) 학습자의 수준과 경험: 학생의 흥미, 성취 능력, 사고력 함양 등
(4) 교사의 수업 실행 가능성: 수업 가능한 분량, 자료의 접근성 등
(5) 정확성과 논리성: 객관적 사실의 기술, 논리적 근거 등
(6) 시사성과 지역성: 시대의 변화, 지역의 특수성과 맥락의 반영 등

사회과 교재를 선택할 때 고려할 사항을 제시하면 다음과 같다.

‖ 사회과 교재 선택의 고려 사항 ‖

영 역	고려 사항
사회과의 교재 구성	• 사회과 교재의 내용이 신뢰할 수 있고 타당한가? • 사회과 교재의 내용이 특정 관점에 편향되지 않고 공정하게 진술하는가?
학습자의 특성	• 학습자의 특성, 배경지식, 선행 학습을 고려할 때 적합한가? • 학습자의 흥미와 동기를 유발하는 데 적합한가?
사회과의 교수 · 학습 활동	• 사회과의 수업 목표를 달성하는 데 적합한가? • 사회과의 수업 내용을 가르치는 데 효과적인가? • 사회과의 수업 방법이나 교수 · 학습 활동에 적합한가?

2) 사회과 교재 연구의 의미

사회과의 수업 설계 과정에서 핵심을 차지하고 좋은 수업의 성패를 좌우하는 것이 바로 사회과의 교재 연구이다. 그런데 지금까지 사회과 교재 연구가 무엇이고 어떻게 하는 것인가에 대하여 체계적으로 연구된 것이 거의 없다.

이러한 현실에서 보통 교재 연구는 교과서와 교사용 지도서의 내용을 미리 공부하는 것으로 이해되고 있다. 그러나 '교재 연구'는 좋은 수업을 하기 위해 교사의 교수와 학생의 학습 과정이 상호 유기적으로 연계되도록 수업의 목표부터 교수 매체와 자료의 개발까지 일련의 과정을 포함한다.

마찬가지로 '사회과의 교재 연구'는 사회과의 수업 설계 과정에서 교사가 교재 내용과 그에 적합한 수업 방법, 매체, 자료에 대해 탐구하고 준비하는 일련의 과정이다. 다시 말하면, 사회과 교재 연구는 수업 목표의 확인, 수업 내용의 이해, 수업 방법의 선정, 교수 매체 및 자료의 개발에 대하여 체계적으로 탐구하고 준비하는 일련의 과정이다.

체계적으로 사회과의 수업 설계를 했을지라도, 교사가 교재 내용에 대해 잘 이해하지 못한 상태에서 가르치면, 학생들이 수업 내용을 이해하기 어렵고 사회과는 실제 생활과 동떨어져 있는 재미없는 과목으로 인식되기 쉽다(박상준, 2004: 7-12).

그러나 사회과는 일상생활과 밀접하게 연관되고 문제를 합리적으로 해결하는 시민을 기르기 위해 만든 교과이다. 사회과의 성격과 본래의 목표를 달성하기 위해서는 사전에 교사가 충분하게 교재를 연구하여 그에 적합한 수업 방법, 매체, 자료를 선정·활용하는 것이 필요하다. 교사가 충분하게 교재 연구를 할 때, 교사-학생이 함께 배우며 만들어 가는 좋은 수업을 할 수 있다.

특히 우리나라의 경우 초등학교 사회과는 국정 교과서이고, 중·고등학교 사회과는 검정 교과서이기 때문에, 사회과 수업에서 교과서는 수업의 기본 교재가 되고 평가의 기준이 된다. 그러므로 교사가 사회 교과서의 내용을 충분히 연구하여 그에 적합한 수업 방법, 매체, 자료를 활용해서 학생들의 실제 생활과 연결시켜 쉽고 재미있게 가르치는 것이 요구된다.

3) 사회과 교재의 재구성

우리나라의 사회 교과서는 국가 수준의 사회과 교육과정에 의거해 심의를 통과한 검정 또는 인정 교과서로 만들어져서 모든 학교에 보급된다. 그러므로 사회과 교재 연구를 통하여 교사가 수업 목표, 수업 내용, 학습자의 특성 등을 확인했는데, 교과서 내용이 해당 지역 학생의 특성이나 수준에 적합하지 않을 수 있다.

이런 경우에 교사는 시민의 역량 함양이라는 사회과 목표 안에서 교과서 내용을 재구성할 필요가 있다. 사회과 교과서는 '개념 중심 나선형'으로 구성되어 있는데, 개념은 복잡한 사회 현상이나 문제를 명료하게 파악하도록 도와주는 도구이다. 교사는 학생들이 개념을 통해 실제로 직면하는 사회 현상이나 문제를 분명하게 이해하고 문제를 합리적으로 해결하는 데 활용하도록 가르쳐야 한다.

그러므로 교사는 사회 교과서의 내용을 획일적으로 가르치기보다는 해당 지역 및 학생의 특성과 수준, 생활 환경－도시인가 농촌인가? 어떤 계층의 학생들이 많은가? 등－을 고려하여 그에 적합하게 교재 내용을 재구성하여 가르칠 필요가 있다.

사회과 교재를 재구성하는 방법을 제시하면 다음과 같다. 우선 교사는 시민의 역량 함양이라는 기본 목표 안에서 해당 지역 학생의 특성과 환경에 적합하게 단위 수업에서 성취할 '수업 목표'를 조정할 수 있다. 그래서 학생의 특성과 환경, 요구 수준에 적합하게 수업 목표를 수정하여 해당 지역 학생들이 적합하게 학습할 수 있도록 해야 한다.

그리고 사회과의 수업 목표를 달성하기 위한 교과서 내용이 해당 지역 학생의 특성이나 일상생활의 경험에 적합하지 않다면, 그에 맞게 '수업 내용'을 일부 재구성하여 가르칠 수 있다. 또한 교사가 사회과 교재를 재구성할 때는 기본적으로 민주 시민의 육성이라는 사회과의 기본 목표 안에서 학습자의 특성과 환경에 적합하게 관련 '사회 현상이나 문제'를 수정하여 제시할 수 있다. 또한 사회 현상이나 문제에 대한 이해를 돕기 위해 기본적인 사실이나 배경지식을 추가하여 가르칠 수 있다.

〈교사 협의회〉
주제: 사회과 수업을 어떻게 해야 하는가?

4) 사회과 교재 연구의 과정과 방법

사회과를 잘 가르치기 위해서는 먼저 교사가 교재 내용에 대하여 충분히 연구해서, 그에 적합한 수업 방법, 매체, 자료를 개발하여 활용하는 것이 중요하다. 그러면 사회과의 교재 연구는 어떻게 해야 하는가? 좋은 사회과 수업을 하기 위해서 교사는 사회과, 단원의 목표와 연관성 속에서 수업 목표를 파악하고 수업 내용을 충분히 이해하여, 그에 적합한 수업 방법을 선정하고 필요한 교수 매체와 자료를 개발해야 한다. 이것이 바로 사회과의 교재 연구이다.

사회과 교재 연구의 과정과 방법을 구체적으로 살펴보면 다음과 같다.

첫째, 사회과 수업 목표의 진술이다. 교사는 수업에서 학생들에게 무엇을 가르쳐야 하는가에 초점을 맞추어 수업 목표를 구체적으로 제시해야 한다.

이 수업 목표는 사회과 및 단원의 목표와의 관계 속에서 학생이 수업을 받은 후 최종적으로 도달해야 하는 모습이 무엇인가라는 측면에서 진술되어야 한다.

즉, 수업 목표는 사회과의 목표 및 단원의 목표와 상호 연계하여 유기적으로 제시되어야 한다.

둘째, 사회과 수업 내용의 이해이다. 문제 중심 학습, 협동 학습 등 최신 교수 방법을 사용할지라도, 교사가 사회과 교재의 내용에 대해 잘 모른 채 가르치면, 학생들은 수업 내용을 잘 이해할 수 없고 사회과를 실제 생활과 관계없는 재미없는 과목으로 인식하게 된다.

교사는 사회과 교재의 내용에 대해 충분히 이해하여, 수업 내용을 일상생활과 연결시키며 쉽게 설명해야 한다. 교사가 교재 내용을 충분히 이해했다면, '수업 내용의 구조도'로 제시할 수 있다. '수업 내용의 구조도'는 주요 개념, 일반화 같은 수업 내용이 단원 전체의 내용들과 어떤 상관관계를 맺고 있는지 구조화하여 도식으로 표현한 것이다. 사회과 교육과정은 개념 중심 나선형으로 구성되어 있으므로, '수업 내용의 구조도'는 단원의 주요 개념 또는 용어의 상관관계를 개념지도, 마인드맵 등 다양한 형태로 표현될 수 있다. '수업 내용의 구조도'를 작성했다면, 교사는 해당 단원의 학습 초기에 또는 종료 후에 해당 단원에서 학습한 주요 사실, 개념, 일반화 등이 서로 어떻게 연결되는지, 왜 그것을 배웠는지를 학생들이 구조적으로 파악할 수 있도록 제시하면서 설명해야 한다.

또한 교사는 사회과에서 가르쳐야 할 주요 개념, 일반화 등을 학생의 실제 생활과 연관시켜 쉽게 설명할 수 있어야 한다. 사회과의 **'개념'**은 복잡한 사회 현상을 분명하게 이해하도록 도와주는 현미경 같은 도구이고, **'일반화'**는 개념들 사이의 상관관계를 진술한 것으로 사회 현상의 일반적인 경향성을 파악하도록 도와준다. 다시 말하면, 학생들은 사회과 수업에서 배운 개념과 일반화를 활용하여 복잡한 사회 현상과 문제를 파악하고 일반적 경향성을 예측할 수 있다. 그러므로 교사가 개념이나 일반화를 충분히 이해하여 학생들의 일상생활과 연결시켜 쉽게 가르쳐야 한다.

셋째, 사회과 수업 방법의 선정이다. 좋은 수업을 하기 위해서는 교사가 사회과의 수업 목표와 내용에 대해 충분히 이해하고, 그에 적합한 수업 방법을 선정해야 한다. 교사는 사회과에서 가르쳐야 할 내용이 지식, 사고력, 가치와 태도, 참여와 실천 중 어느 것에 초점을 맞추고 있는지를 파악하여 목표와 내용에 적합한 수업 방법을 정해야 한다.

사회과의 수업 내용이 지식인지, 사고 기능이나 가치인지, 참여와 실천인지에 따라 적용할 수 있는 수업 방법은 달라진다. 그다음 사회과의 수업 목표와 내용에 적합한 수업 방법을 선정했다면, 그 방법에 따라 실제로 어떻게 수업을 진행해야 하는가를 충분히 연구하는 것이 필요하다.

넷째, 사회과 교수 매체 및 자료의 개발이다. 사회과는 추상적인 개념과 이론으로 구성되기 때문에, 어려운 내용을 쉽고 재미있게 가르치기 위해서는 적합한 교수 매체 및 자료를 활용하는 것이 필요하다. 사회과의 교수 매체 및 자료를 개발할 때, 교사는 수업의 목표와 내용뿐만 아니라 학습자의 특성과 수준을 반영해야 한다. 교사의 입장에서 아무리 최신 수업 방법과 좋은 자료를 선정했다고 할지라도, 학생이 그런 수업 방법 및 자료를 가지고 학습을 수행할 능력이 부족하다면, 그 수업은 성공하기 어렵다. 그러므로 교사는 수업 설계 과정에서 확인한 학습자의 특성과 수준을 충분히 반영하여 그에 적합한 교수 매체 및 자료를 개발하거나 선정해야 한다.

또한 사회과의 특성을 고려할 때, 시청각 자료, 활동지 같은 수업 자료는 학생이 사회과의 어려운 내용을 보다 쉽게 이해하도록 도와주거나 탐구 학습, 토론 학습, 문제 해결 학습 등 다양한 교수-학습 활동을 도와줄 수 있다. 그러므로 수업 내용 및 방법, 학생의 수준에 적합한 교수 자료를 개발해야 한다.

지금까지의 논의를 종합하여, 사회과의 교재 연구 과정과 방법을 모형으로 제시하면 다음과 같다.

사회과의 교재 연구 모형

사회과 수업 목표의 진술		사회과 수업 내용의 이해		사회과 수업 방법의 선정		사회과 교수 매체 및 자료의 개발
• 단원 및 수업의 목표 진술	⇨	• 수업 내용의 조사와 이해	⇨	• 수업 목표와 내용에 적합한 수업 방법의 선정	⇨	• 수업 목표의 달성과 내용 전달에 필요한 교수 매체와 자료의 조사 및 준비
• 단원과 수업 목표 간 상호 연관성의 이해		• 수업 내용의 구조화 (개념, 일반화, 개념 지도 등)		• 수업 방법에 대한 이해		• 적합한 교수 매체와 자료의 제작 또는 선택

사회과의 교재 연구 모형에 의거해 실제로 사회과 교재를 연구하는 방법을 단계별로 제시하면 다음과 같다.

❙ 사회과의 교재 연구 방법 ❙

사회과 수업 목표의 진술	[단원 및 수업 목표의 진술] ▸ 성취기준에 기초해 단원 및 수업의 목표를 확인하여 진술한다. • 단원의 목표: • 수업의 목표: [단원-수업 목표 간 상호 연관성의 진술] ▸ 단원 목표와의 상호 연관성 속에서 수업의 목표를 진술한다.

⇩

사회과 수업 내용의 이해	[수업 내용의 조사와 이해] ▸ 수업 내용과 관련된 지식을 조사해 정리한다. • 지식: 주요 개념, 일반화, 이론 등 • 기능: 탐구력, 의사 결정력, 비판적 사고력 등 • 가치 · 태도: 민주적 가치, 사회 참여 태도 등 [수업 내용의 구조화] ▸ 수업 내용과 관련된 일반화를 정리하고, 개념 간의 구조를 개념 지도 등으로 그린다. • 수업 내용의 일반화 • 수업 내용의 구조도 그리기

⇩

사회과 수업 방법의 선정	[수업 방법의 선정] ▸ 수업 방법: (　　　) • 수업의 목표 달성과 내용 학습에 적합한 교수 · 학습 방법을 정한다. [수업 방법의 이해] ▸ 수업 모형의 단계별 교수-학습 활동의 과정과 방법을 파악한다.

⇩

사회과 교수 매체 및 자료의 개발	[교수 매체와 자료의 조사 및 준비] ▸수업의 목표 달성과 내용 학습에 필요한 매체와 자료를 조사한다. • 교수 매체: 컴퓨터, 스마트폰, 태블릿 PC, 노트북 등 • 교수 자료: 인터넷 검색 자료, 뉴스, 학습지 등 [교수 매체와 자료의 제작 또는 선택] ▸수업의 목표와 내용에 적합한 매체와 자료를 제작하거나 선택한다. ※ 첨부: 사회과 수업 계획안

5) 사회과 교재 연구의 적용

사회과의 교재 연구 모형에 의거해, 중학교 「사회 1」 'Ⅸ. 민주주의와 시민' 단원을 교재 연구하는 방법의 사례를 단계별로 제시하면 다음과 같다.

❙ 수업 단원 ❙

단원	학습 주제	학습 요소	주요 개념	수업 방법
민주주의와 시민	민주주의 발전 방안과 시민의 역할	• 우리나라 민주주의의 발전 방안 • 민주주의 발전을 위한 시민의 역할	• 민주주의 발전 • 정치 참여 제도	토론 학습 (모둠 학습)

❙ 사회과 교재 연구의 방법(예시) ❙

사회과 수업 목표의 진술	[단원 및 수업 목표의 진술] ▸성취기준에 기초해 단원 목표를 진술한다. • 지식 - 정치의 의미와 역할, 민주주의의 의미와 필요성을 이해한다. - 민주주의의 발전 과정, 민주주의의 이념과 기본 원리를 파악한다. - 현대 민주주의의 특징과 과제, 우리나라 민주주의의 발전 방안과 시민의 역할을 이해한다. • 기능 - 정치 사례 조사하기, 민주적 의사 결정하기 - 토론에 필요한 자료를 검색, 수집, 분석해 활용하기 - 민주주의 발전 방안을 토의하기 • 가치 · 태도 - 민주적 가치와 이념 존중, 자유와 공공선의 조화 태도 - 민주 시민으로서 정치 참여 태도 ▸ 성취기준에 기초해 수업 목표를 정한다. • 우리나라 민주주의의 발전 방안과 시민의 역할에 대해 토의한다.

	[단원-수업 목표 간 상호 연관성의 진술] ▸ 민주주의에 대한 이해에 기초하여 우리나라 민주주의의 발전 방안에 대해 토의하고, 민주주의 발전에 기여하는 시민의 역량과 태도를 기른다.

⇩

사회과 수업 내용의 이해

[수업 내용의 조사와 이해]

▸ 지식

- 토론 학습(모둠 토론): 객관적 자료에 의거해 우리나라 민주주의의 발전을 위한 방안과 시민의 역할에 대해 모둠별로 토의하는 교수학습 방법
- 민주주의: 주권이 다수의 국민에게 있고 다수의 국민이 국가 의사를 결정하는 정치형태
- 정치형태의 구분

정치 형태	주권 소유자의 수	주권의 행사
군주정치	왕(1인)	왕의 결정
귀족정치	귀족(소수)	귀족회의 결정(원로원)
민주정치	국민(다수)	국민의 자치 / 의회의 결정

(※ 출처: 박상준(2020), 「역사와 함께 읽는 민주주의」, 34-38쪽)

- 민주주의의 기준과 제도

민주주의 기준	민주주의 제도
선거가 주기적으로 실시되는가?	선거 제도 / 선거관리기관
선거를 통해 정부가 평화적으로 교체되는가?	선거를 통한 정부 교체 제도
정부가 개인의 자유와 권리를 실질적으로 보장하는가?	인권 보장 제도 권리 구제 제도
개인, 시민단체, 언론 등이 정부를 자유롭게 비판하고 감시할 수 있는가?	표현의 자유, 언론의 자유 보장 정보 공개 제도
선거 외에 정치 과정에 시민 참여를 보장하는 제도가 있는가?	국민 발안, 국민 소환, 국민투표 시민의 정치 참여 제도

(※ 출처: 박상준(2020), 「역사와 함께 읽는 민주주의」, 89쪽)

▸ 기능: • 민주주의의 발전 방안 토론하기
• 민주적으로 의사 결정하기

▸ 가치 · 태도: • 민주적 가치의 존중
• 정치 참여 태도

[수업 내용의 구조화]

▸ 수업 내용과 관련된 개념들 간의 관계를 정리하여 일반화로 진술한다.

- 시민의 정치 참여는 민주주의 발전에 영향을 미친다.
- 정치 참여 제도는 민주주의의 발전에 기여한다.

▸ 개념 지도, 마인드맵 등으로 '수업 내용의 구조도'를 그린다.

〈개념 지도〉

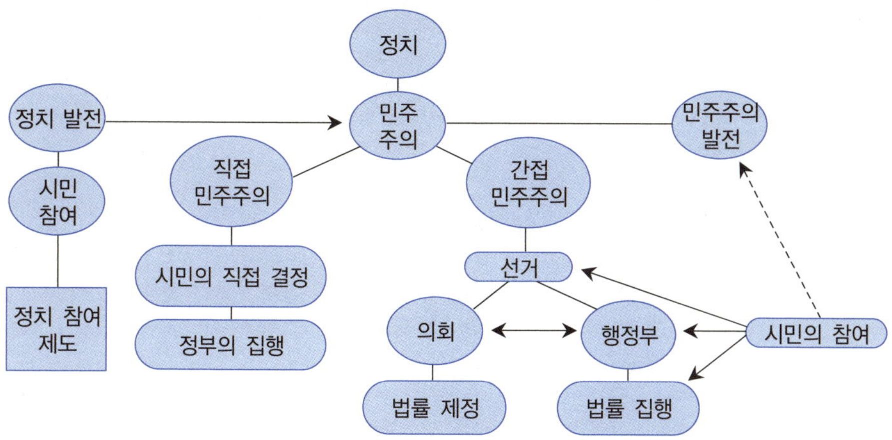

사회과 수업 방법의 선정

[수업 방법의 선정]

▸ 수업 방법: '<u>토론 학습</u>'(모둠 토론)

- 우리나라 민주주의의 발전 방안을 제시하고 시민의 역할을 토의하는 데 적합한 교수·학습 방법으로 모둠 토론을 선정한다.

[수업 방법의 이해]

▸ 모둠 토론의 단계 및 교수·학습 활동을 이해한다.

단계	교수·학습 활동
주제 선정	• 학생들과 논의해 수업 내용과 관련된 토론의 주제를 선정한다. -'우리나라 민주주의 발전 방안과 시민의 역할'
토론 문제의 결정	• 주제와 관련해 토론할 세부적인 문제를 정한다. -민주주의가 발전한 정도는 무엇으로 판단할 수 있는가? -우리나라 민주주의를 발전시키기 위해 어떤 제도가 필요한가? -우리나라 민주주의 발전을 위해 시민이 어떤 역할을 해야 하는가?
자료 수집과 이해	• 토론 문제와 관련된 자료를 찾는다. -민주주의의 기준, 선거, 정당, 정치 참여 제도 • 토론 자료를 읽고 토론을 준비한다.
토론의 실시	• 자료에 의거해 학생들이 자유롭게 토론한다. -토론 방식의 선정: '모둠 토론'
토론의 정리 및 발표	• 문제별로 토론한 내용을 종합해 정리한다. • 각 모둠별로 한 문제씩 돌아가며 발표한다.

사회과 교수 매체 및 자료의 개발	[교수 매체와 자료의 조사 및 준비] ▸ 모둠 토론에 필요한 교수 매체와 자료를 조사한다. • 인터넷 조사: 토론에 필요한 자료를 검색하고 수집함. • 문헌 자료의 조사: 공공기관의 보고서, 통계청 자료, 뉴스 등 ▸ 학생이 토론 중 필요한 자료를 검색할 때 활용할 노트북, 태블릿 PC 등을 준비한다. [교수 매체와 자료의 제작 또는 선택] ▸ 토론 문제와 관련된 자료를 선택하고, 토론에 필요한 학습지를 제작한다. • 인터넷에서 수집한 자료를 분석하여 토론에 필요한 자료를 선택한다. • 학생이 토론한 내용을 정리할 '학습지'를 제작한다. ※ 첨부: 토론 학습 계획안

제2부

사회과의 교수·학습 방법

제 4 장 블렌디드 러닝

코로나 19로 2년 넘게 학교 수업을 온라인 수업(원격 수업)으로 대체했다. 그러면서 온라인 학습과 대면 수업을 결합한 '블렌디드 러닝'이 미래 교육의 패러다임으로 주목받고 있다. 이미 2013년 7월 미국교육학회(NEA)는 디지털 시대에 디지털 기술과 대면 수업을 결합하여 학생이 자신의 학습 능력과 속도에 맞추어 배우는 '디지털 러닝' 또는 '블렌디드 러닝'을 지지한다고 발표했다.

우리나라 교육부도 '블렌디드 러닝'을 코로나 이후 미래 교육의 방향으로 제시했다. 교육부 장관은 2020년 8월 '포스트 코로나 교육 대전환을 위한 7차 대화'에서 미래 교육은 블렌디드 러닝으로 운영될 것이라고 발표했다. 미래 교육은 교사의 지식 전달과 암기가 아니라 학생이 주도성을 갖고 소통과 협력을 통해 창의적으로 문제를 해결하는 역량을 길러주어야 하기 때문이다(박상준, 2021: 180).

1. 블렌디드 러닝의 의미, 구조, 장점

1) 블렌디드 러닝의 의미

'블렌디드 러닝'(blended learning)은 2가지 이상의 수업 방식을 결합한 것이기 때문에, 혼합하는 방식에 따라 다양하게 실시될 수 있다. 그러면 블렌디드 러닝이란 무엇인가?

미국교육학회는 “블렌디드 러닝은 집이 아닌 공간에서 교사의 감독을 받으며, 학생이 온라인을 통해 교육과정을 학습하는 통합적인 교육 접근법이다”라고 정의했다(NEA, 2013). 이러한 블렌디드 러닝을 디지털 시대에 미래 교육의 방향으로 제시하였다.

제러드 스타인과 찰스 그레이엄(J. Stein & C. R. Graham)은 블렌디드 러닝을 효율적이고 유연한 학습을 위해 오프라인 수업과 온라인 수업을 결합한 형태라고 정의했다. 그들은 대학에서 교수의 대면 강의와 학생의 온라인 학습을 결합한 강의 방식을 블렌디드 러닝으로 제시했다. 학생이 1시간 정도는 온라인으로 강의를 듣고 나머지 1~2시간은 대학에 출석하여 강의를 듣는 방식 또는 학기 초에 몇 번 출석해 강의를 듣고 나머지 기간에는 온라인으로 강의를 듣는 방식으로 진행된다(Stein & Graham, 2016: 27-29, 48-73).

다른 한편 마이클 혼과 헤더 스테이커(M. B. Horn & H. Staker)는 미국에서 150개 블렌디드 러닝 프로그램을 운영하는 교사들을 면담하여 공통적인 요소를 찾아서 정의하였다. 그들은 블렌디드 러닝을 학생이 시간 · 장소 · 순서 · 속도를 조절할 수 있는 온라인 학습을 통해 특정한 공간에서 교사의 관리를 받으며 학습하는 공교육 프로그램이라고 규정했다(마이클 혼 · 헤더 스테이커, 2017: 60-62).

여러 견해를 종합하면, **블렌디드 러닝**은 ‘학생의 온라인 학습’과 ‘교사의 대면 수업’을 결합한 수업 형태이다. 다시 말하면 블렌디드 러닝은 학생이 자신의 능력과 속도에 맞추어 개별적으로 온라인 학습을 하고, 학생이 온라인으로 학습한 것에 대하여 교실이나 정해진 공간에서 교사가 일정한 부분을 지도 · 관리하며, 온라인 학습 내용과 교실 수업 내용을 서로 통합하여 심화학습을 하도록 구성한 수업 형태이다. 또한 전통적인 교실 수업이 지닌 한계를 극복하여 학생의 요구와 수준에 맞춘 학습 환경을 제공함으로써 학습의 효과를 더 향상시키는 특징을 지닌다. 이러한 블렌디드 러닝을 **‘혼합 학습’**(hybrid learning)으로 부르기도 한다(박상준, 2021: 185-186).

블렌디드 러닝의 구성 요소를 도식으로 표시하면 다음과 같다.

❙ 블렌디드 러닝의 구성 요소 ❙

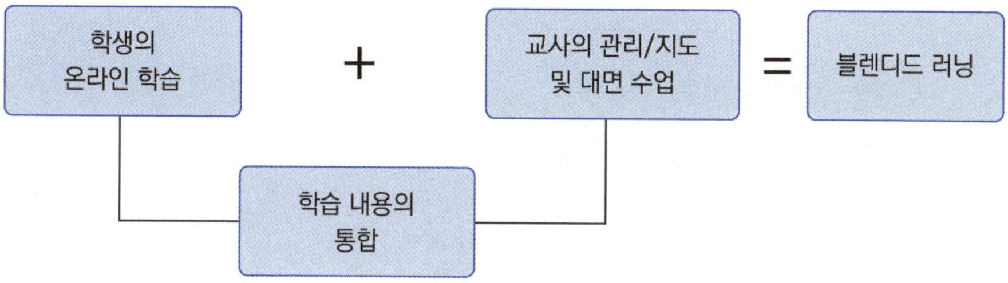

(박상준, 2021: 186, 인용)

2) 블렌디드 러닝의 구조

많은 교사들이 블렌디드 러닝을 디지털 시대에 등장한 새로운 교수 방법이라고 오해한다. 그러나 블렌디드 러닝은 '교수 방법'이 아니라 학생이 자신의 학습 능력과 속도에 맞추어 개별적으로 학습할 수 있는 환경을 제공하기 위해 도입된 **'수업 형태'** 또는 **'수업의 패러다임'**이다. 블렌디드 러닝은 표준화된 지식을 획일적으로 전달하던 교사 주도의 수업 구조를 학생이 주도성을 갖고 능동적으로 학습하는 '학생 주도의 수업 구조'로 바꾸는 것이다.

블렌디드 러닝은 학생이 온라인에서 자신의 학습 능력과 속도에 맞추어 개별적으로 학습하고, 교실 수업에서는 여러 가지 교수 방법을 활용하여 학생이 주체적이고 능동적으로 학습하면서 미래 시민 역량을 기르도록 도와주는 수업 형태이다. 블렌디드 러닝에서 교실 수업은 교사 주도의 강의식 수업이 아니라 다양한 수업 방법을 적용하여 학생이 주체적이고 능동적으로 학습하는 형태로 이루어져야 한다. 학생이 주체적 · 능동적 학습을 하도록 토론 학습, 탐구 학습, 프로젝트 기반 학습(PBL), 협력 학습 등 다양한 교수 방법을 활용할 수 있다(박상준, 2021: 191-192).

블렌디드 러닝

	온라인 학습	교실 대면 수업
수업 방법	• 학생의 개별 맞춤 학습	• 학생 주도 학습 방법 - 토론 학습 - 탐구 학습 - 프로젝트 기반 학습 - 협력 학습 등
활동 방식	• 학생이 집에서 온라인으로 개별적으로 학습함. • 자기 능력과 속도에 맞추어 주체적으로 학습함.	• 학생: 모둠별로 온라인 학습의 내용을 바탕으로 새로운 문제를 해결하기 위해 토론, 탐구, 협력하며 학습함. • 교사: 전체 강의 대신에 학생 주도의 능동적 학습을 촉진하고 지원함. 기초 학력 부족 학생이나 학습 더딤 학생의 보충 학습을 지원함.

(박상준, 2021: 192, 인용)

3) 블렌디드 러닝의 장점

교사 주도의 수업과 비교할 때, 블렌디드 러닝은 학생의 온라인 학습과 교사의 대면 수업을 결합하기 때문에, 여러 가지 장점과 효과를 지닌다(박상준, 2021: 181-183).

첫째, 블렌디드 러닝에서 온라인 학습은 각 학생의 학습 능력과 속도에 맞추어 '개별 학습'을 할 수 있게 해준다. 교실 수업에서는 교사가 전체 학생을 대상으로 한 번만 가르치기 때문에, 교사의 강의를 따라가기 어려운 학생들이 많이 발생한다. 그러나 온라인 학습에서 학생은 자신의 능력과 속도에 맞추어 개별적으로 공부할 수 있다. 학생은 자신의 수준과 속도에 맞추어 학습하면서 이해한 내용은 한 번 보고 넘어가고, 이해가 안 되는 내용은 돌려보거나 자료를 정지해 놓고 주요 내용을 정리한다. 또한 필요한 경우 언제든지 재생해 공부할 수 있다.

둘째, 학생은 시·공간의 제약을 받지 않고 언제 어디서나 편한 시간에 온라인으로 교육내용을 '반복 학습'을 할 수 있다. 전통적 교실 수업에서 학생은 학교에서 정한 시간에 출석해 시간표대로 한 번만 교사의 수업을 들을 수 있다. 반면에 블렌디드 러닝에서 학생은 자신의 시간표에 따라 '언제 어디서나' 자유롭게 온라인에 접속해서 '여러 차례' 반복해 학습할 수 있다.

셋째, 학생이 온라인으로 미리 수업 내용을 학습하기 때문에, 교실 수업에서는 '학생 주도의 심화 학습'을 할 수 있고, 교사는 기초 학력이 부족한 학생의 '보충 학습'을 지도할 수 있다. 교실 수업에서 교사가 전체 학생을 대상으로 강의할 필요가 없으며 학생이 이해하기 어려운 내용만 설명해주고, 대신에 교사는 기초 학력 부족 학생을 집중적으로 가르칠 수 있다. 또한 다른 학생들은 토론, 탐구, 프로젝트 학습을 통해 주체적·능동적으로 심화된 학습을 할 수 있다.

넷째, 블렌디드 러닝은 학생의 온라인 학습 내용과 교사의 대면 수업 내용을 통합하기 때문에, 대부분의 학생이 학습 목표에 도달하게 해주고 '학업 성취도'를 더 향상시킨다. 학생이 온라인을 통해 자신의 수준과 속도에 맞추어 개별적으로 학습하고, 교실 수업에서는 교사의 추가적인 가르침과 피드백을 받으며 심화학습을 하기 때문이다. 그리고 기초 학력이 부족한 학생 또는 학습 더딤 학생은 교사의 개별적인 보충 지도를 받을 수 있기 때문이다.

다섯째, 온라인 영상을 통한 학습이 '디지털 세대의 학습 방식'에 더 적합하다. 디지털 기술과 환경 속에서 태어나고 성장했기 때문에, 디지털 세대는 종이책보다 온라인으로 영상을 보며 학습하는 경향이 강하다. 기성세대는 학교에서 종이 교과서를 갖고 공부했고 도서관에 가서 종이책을 찾아 필요한 부분을 복사해서 공부했다. 반면에 요즘 디지털 세대는 종이책이나 자료보다는 디지털 자료를 검색하고, 영상을 보며 학습하는 데 익숙하다.

2. 블렌디드 러닝의 유형

블렌디드 러닝은 학생의 온라인 학습과 교사의 대면 수업을 결합한 것인데, 두 가지를 어떤 형태로 혼합하는가에 따라 다양한 방식으로 실시될 수 있다. 온라인 학습이 교실 수업을 대체하거나 보완하는지 또는 교실 수업과 유기적으로 결합되는지에 따라 대체 수업 모델에서 순환 학습 모델까지 블렌디드 러닝은 다양한 형태로 실시될 수 있다(박상준, 2021: 196-211).

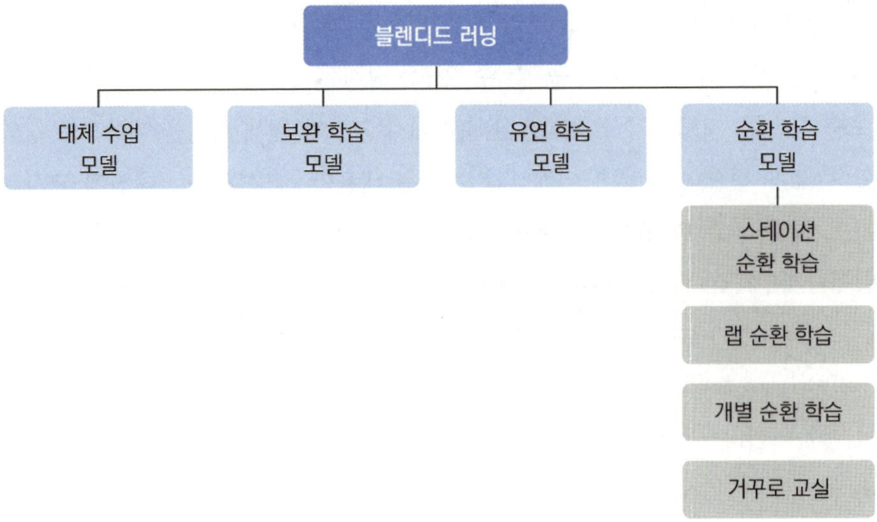

(박상준, 2021: 195, 인용)

교실 대면 수업을 대체하여 온라인 학습을 실시하는 블렌디드 러닝이 **'대체 수업 모델'**이다. 코로나 19 시기처럼, 학생이 등교할 수 없는 상황에서 등교 수업을 대체하여 온라인 수업을 하는 경우에 적용된다. 학생이 집에서 온라인으로 원격 수업을 들으면, 교육과정을 이수한 것으로 간주한다. 그래서 대체 수업 모델에서 온라인 수업의 내용과 교실 수업의 내용이 통합되는 정도는 매우 낮다.

학교에서 기본 교육과정에 따른 수업을 받고, 학교에서 배울 수 없는 과목의 수업을 보완하기 위해 일부 과목을 온라인으로 학습하는 방식의 블렌디드 러닝이 **'보완 학습 모델'**이다. 이 모델은 학생이 자기 학교에서 배울 수 없는 과목을 온라인 수업으로 배울 수 있도록 허용함으로써 학생의 과목 선택권과 학습권을 보장한다. 고교 학점제를 실시할 때, 각 학교－특히 소규모 학교－에서 학교 수업을 보완하기 위해 활용할 수 있는 블렌디드 러닝 모델이다.

학교 밖 청소년이 중·고등학교 교육과정을 학습하는 데 필요한 수업을 온라인으로 듣고, 자신의 스케줄에 따라 한 주에 며칠만 출석하여 교사의 대면 수업에 참여하는 것을 번갈아 가며 배울 수 있다. 이런 형태의 블렌디드 러닝을 '유연 학습 모델'이라고 한다. 이 모델에서는 교사의 대면 수업보다는 학교 밖의 온라인 학습이 더 많은 비중을 차지하고 학습의 중요한 토대가 된다. 학생이 매일 출석할 필요가 없으며, 자신의 스케줄에 따라 유연하게 학습센터에 가서 학습할 수 있다. 교사의 대면 수업은 공식적인 학교가 아니라 학교 밖의 특정한 공간, 즉 '학습센터'에 출석하여 이루어진다.

평상시 학교 수업에서 블렌디드 러닝을 실시하기 위해 개발된 수업 형태가 '순환 학습 모델'이다. 학생은 교실 이외에 집이나 학교 컴퓨터실에서 개별적으로 온라인 학습을 하고, 교실에서 교사의 대면 수업과 모둠 활동을 순환하며 학습한다.

그런데 우리나라 학교 제도와 교육 환경을 고려할 때, 초·중등학교에서 적합하게 실시할 수 있는 블렌디드 러닝은 '스테이션 순환 학습'과 '거꾸로 교실'이다. 왜냐하면 전교생이 사용할 넓은 컴퓨터실과 학습 공간, 개별 컴퓨터와 인터넷망 등을 추가로 설치할 필요가 없고, 학생의 온라인 학습과 스케줄을 관리해줄 보조 교사가 없기 때문이다. 또한 외국의 교육 제도 및 학교 문화와 달리, 우리나라 중·고등학교는 학생들을 수준별로 나누어 다른 교육내용을 가르치기 어렵고, 모든 학생에게 동일한 국가 교육과정과 교과서 내용을 가르치고 똑같은 시험으로 평가해야 하기 때문이다.

3. 스테이션 순환 학습의 방법

1) 스테이션 순환 학습의 의미

일반적으로 스테이션 순환 학습(station rotation)은 온라인 학습, 대면 수업, 소집단 활동 3가지 스테이션을 순서대로 순환하며 이루어진다. 교사의 대면 수업은 10~15분 정도로 간략하게 하고, 소집단(모둠) 활동을 통해 학생이 능동적으로 학습하도록 하는 수업 형태이다.

학생이 매일 등교하는 경우, 교과목의 성격과 주당 시수에 따라 1~2회 정도 온라인 학습을 실시하는 방식으로 스테이션 순환 학습을 할 수 있다. 일주일에 4시간 수업하는 과목이면, 2시간은 교사가 중요한 개념이나 원리를 가르치고, 2시간은 수업 영상을 제공해 학생이 온라인으로 학습해오고 교실 수업에서 그와 관련된 '심화 학습'을 수행하는 방식이다.

| 스테이션 순환 학습의 과정 |

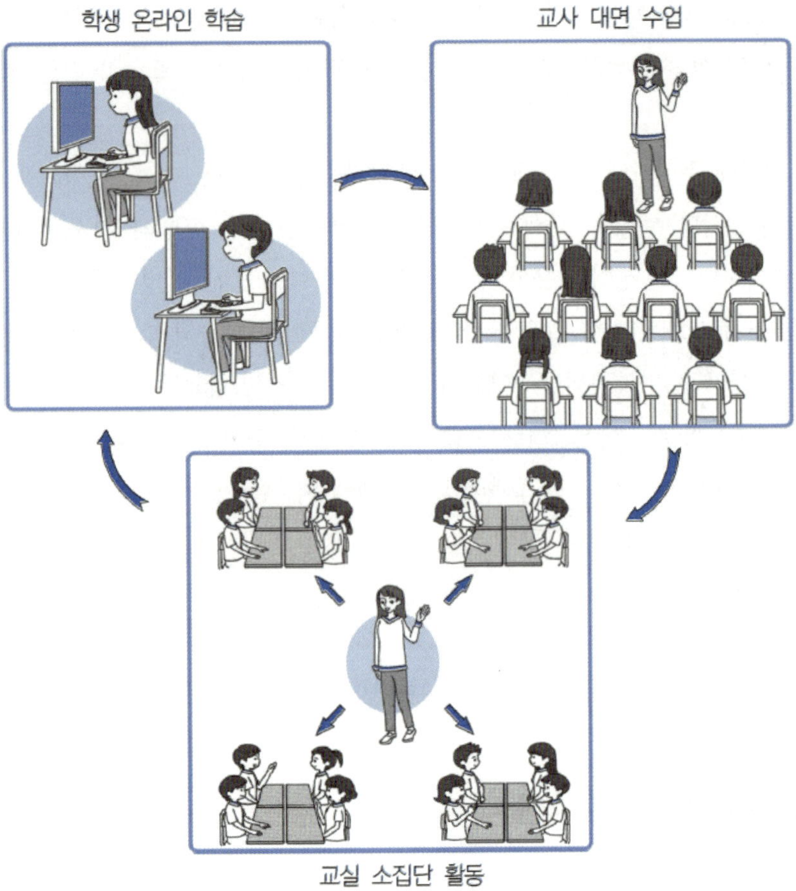

(박상준, 2021: 216, 인용)

2) 스테이션 순환 학습의 방법

교과목의 성격과 내용에 따라 순서를 바꿀 수 있지만, 일반적으로 스테이션 순환 학습의 과정을 제시하면 다음과 같다(박상준, 2021: 217-226).

(1) 교사의 온라인 수업 콘텐츠 제공
(2) 학생의 온라인 학습
(3) 교실 대면 수업
(4) 모둠 활동

(1) 교사의 온라인 수업 콘텐츠 제공

먼저 교사는 학생이 스스로 학습할 수 있도록 수업 영상 또는 자료를 만들어 온라인으로 제공한다. 온라인 수업 콘텐츠를 만들 때, 교사는 학생이 무엇을 배워야 하는지를 명확하게 제시하고, 그 내용이 실제 생활에 어떻게 활용되는지를 설명한다. 그러면 학생이 무엇을 공부해야 하는지 학습 목표를 분명하게 인식하고, 학습 동기를 갖고 더 주체적이고 능동적으로 학습할 수 있다.

그다음 수업 내용에서 기본 개념, 법칙 등을 실제 사례와 연결하여 쉽게 설명한다. 교사는 많은 학생이 자주 틀리는 부분 또는 잘못 이해하는 내용에 대해 왜 자주 틀리는지를 설명하고 바로잡아 준다. 마지막으로 학습 내용이 교실 수업의 활동과 어떻게 연결되는지를 안내한다. 그러면 학생들이 온라인 학습 내용을 교실 수업에서 어떻게 활용하는지를 이해하고, 소집단 활동을 미리 준비할 수도 있다. 교사는 수업 내용의 핵심을 10~15분 정도 설명하는 영상을 만든다. 수업 영상은 담당 교사가 직접 만드는 것이 학생의 온라인 학습에 효과적이다.

처음에 수업 영상이나 자료를 만들기 위해 준비하고 영상을 제작하는 데 많은 시간과 에너지가 소요된다. 그런데 일단 수업 영상이나 자료를 만들어 놓으면, 다음 해부터는 다시 만들지 않고 매일 똑같은 수업 내용을 여러 차례 반복해서 가르치지 않아도 된다.

(2) 학생의 온라인 학습

학생은 집에서 온라인에 접속하여 교사가 제공한 수업 영상이나 자료를 보며 개별적으로 학습한다. 집에서 온라인 학습을 하기 어려운 학생이 있다면, 방과 후 학교 컴퓨터실에서 학습하게 한다. 온라인 학습에서 각 학생은 수업 영상을 보면서 이해한 내용은 넘어가고, 이해가 안 되는 내용은 반복해 돌려보거나 자료를 정지해 놓고 주요 내용을 정리하고, 필요할 때 언제든지 다시 재생하여 공부할 수 있다. 그다음 평가 문제를 풀어보고, 자신이 학습한 내용을 어느 정도 이해했는지 스스로 점검한다. 틀린 문제가 있으면, 수업 영상이나 자료에서 관련된 내용을 찾아서 다시 공부한다.

교사는 카카오톡, 밴드 등에 반별로 '**온라인 토론방**'을 만들어 준다. 학생이 혼자 온라인으로 학습하면서 이해하지 못한 내용을 온라인 토론방에서 교사 또는 다른 학생들에게 질문한다. 그러면 교사 또는 아는 학생들이 답변하고 토론하면서 서로의 학습을 도와준다.

그럼에도 불구하고 이해가 안 되는 내용은 교실 수업에 출석하여 교사에게 질문한다. 이렇게 학생의 온라인 학습과 교사의 대면 수업을 결합함으로써 블렌디드 러닝은 모든 학생이 학습 내용을 이해하고 학습 목표에 도달하도록 도와준다.

(3) 교실 대면 수업

학생이 집에서 온라인 학습으로 미리 공부하고 오기 때문에, 교사는 전체 학생을 대상으로 한 시간 동안 획일적으로 강의할 필요가 없다. 대신에 교사는 먼저 학생이 온라인으로 학습한 것을 점검한다. 학생은 온라인 학습과 온라인 토론을 하면서 이해하지 못한 부분에 대해 질문한다.

교사는 학생의 질문에 답변하고, 온라인 학습에서 이해하지 못한 내용이나 수업 내용 중 핵심 부분을 다시 한번 설명해준다. 하지만 교사의 설명은 최대한 짧게 하고, 학생이 주체적·능동적으로 토론하거나 탐구할 수 있도록 소집단 활동을 구성해야 한다.

(4) 모둠 활동

교사가 획일적으로 전달하는 지식을 수동적으로 배우는 교사 주도 수업의 구조적 한계를 극복하기 위해서는 학생 주도의 학습이 가능한 '소집단(모둠) 활동'을 활성화해야 한다. 교사는 학생의 학습 능력과 성격 등을 고려해 3~4명씩 모둠을 편성하고, 학생의 주체적 참여와 능동적 학습이 가능한 활동 과제를 부여한다. 교사는 모둠별로 학습 내용과 관련해 토론, 탐구, 프로젝트 학습 등을 통해 각 학생이 주체적이고 능동적으로 학습하도록 촉진하고 지원한다. 학생은 모둠별로 수업 내용과 관련하여 다양한 심화학습 활동을 수행한다(수학, 과학의 경우 심화 문제를 푼다).

모둠 활동에서 우수한 학생이 또래 교사가 되어 다른 학생을 가르쳐 주도록 한다. **또래 교사**는 우수한 학생이 부족한 학생의 학습을 도와주는 협력 학습의 한 방법이다. 또래 교사는 수평적 관계에서 자신들의 언어와 경험을 통해 부족한 학생을 가르치고, 다른 학생도 동등한 입장에서 모르는 것을 자유롭게 질문하면서 자신의 언어를 통해 쉽게 배울 수 있다. 우수한 학생은 또래 교사로 가르치면서 자신이 피상적으로 알던 것을 더 명확하게 인식하고, 머릿속에 흩어져 있던 여러 가지 지식들을 체계적으로 정리할 수 있다.

이처럼 모둠 활동에서 또래 교사가 다른 학생을 가르쳐 주거나 학생들끼리 주체적으로 토론하거나 문제를 푼다. 대신에 교사는 기초 학력 부족 학생들을 한 모둠으로 편성하여 모둠별로 또는 개별적으로 가르친다. 전체 학생을 대상으로 가르치지 않기 때문에, 남는 시간을 활용하여 교사는 주로 기초 학력이 부족한 학생이나 학습 더딤 학생을 개별적으로 가르치고 지도한다.

모둠 활동에서 충분히 토론하지 못한 경우, 방과 후에 **온라인 토론방**에서 계속 토론할 수 있다. 학생들은 모둠에서 다 하지 못한 부분을 온라인 토론방에서 더 충분하게 토론할 수 있고, 같은 모둠이 아닌 다른 학생들의 생각과 견해를 접할 수 있으며, 전체 학생이 소통하고 상호작용하면서 사회적 관계와 유대감을 형성할 수 있다.

3) 스테이션 순환 학습의 적용 사례

경기도 B초등학교 4학년 사회 수업에서 실시된 스테이션 순환 학습의 사례를 소개하면 다음과 같다(경기도교육청, 2020: 21-24). 교사는 온라인 수업 2차시와 교실 수업 2차시를 순환하며 블렌디드 러닝을 실시했다. 먼저 교사는 ZOOM을 활용해 실시간으로 '우리 지역의 역사' 단원의 기본 개념과 내용을 설명하고, 지역의 문화 유산, 무형 유산 등을 온라인으로 조사하는 방법을 안내했다. 학생들은 밴드(Band) 채팅창을 통해 각자 조사할 문화 유산과 무형 유산을 정하고 조사 계획서를 작성해 구글 클래스룸의 게시판에 올렸다.

그다음 시간에 학생들은 박물관 또는 경기문화재단 사이트에 접속하여 각자 선택한 지역의 문화 유산과 무형 유산을 조사하고 보고서를 작성했다. 온라인 조사 중에 모르는 내용이나 궁금한 사항은 교사에게 실시간으로 질문했다. 조사 활동이 끝난 후, 각자 조사 보고서를 작성하여 구글 클래스룸에 올렸다.

교실 수업에서 교사는 학생들의 조사 보고서를 빔 프로젝트로 보면서 피드백해 주었다. 그리고 학생들은 각자 조사한 사진, 그림 등을 바탕으로 문화 유산과 무형 유산을 홍보하는 자료를 만들었다. 다음 차시에 각 학생은 스마트폰으로 홍보 자료를 촬영해 구글 클래스룸에 올렸다. 학생들은 온라인으로 다른 학생이 만든 홍보 자료를 보고 그에 대한 평가를 댓글로 쓰면서 동료 평가를 했다. 교사는 수업 내용과 학생들의 조사 활동의 의의를 설명하면서 수업을 마무리했다.

4. 거꾸로 교실의 방법

1) 거꾸로 교실의 의미와 특징

전통적 교실(traditional classroom) 수업은 먼저 교실에서 교사가 강의한 후 숙제를 부과하면, 집에서 학생이 숙제하는 시스템이다. 교사가 '표준화된' 교과서 내용을 '똑같은' 방법과 속도에 따라 가르치면, 학생들은 '수동적으로' 배운다. 수업의 전문가로서 교사가 전체 강의를 주도하고, 반면에 학생은 가만히 앉아서 듣는 수동적 학습자가 된다(박상준, 2016: 43-44, 2021: 242).

이런 전통적 교실 수업의 구조를 거꾸로 뒤집어 학생이 집에서 미리 수업 내용을 공부해 오고, 교실에서 그와 관련된 심화학습을 하는 것이 거꾸로 교실이다. 거꾸로 교실(flipped classroom) 수업은 학생이 집에서 온라인으로 수업 영상을 보며 능동적으로 공부하고, 교실에서는 수업 내용과 관련하여 주체적으로 심화 학습하는 형태이다(Bergmann & Sams, 2012: 13).

거꾸로 교실의 과정

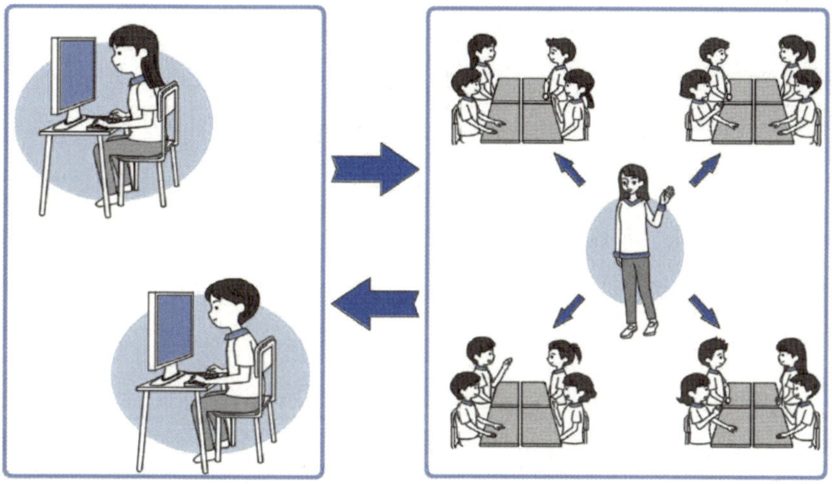

(박상준, 2021: 243, 인용)

거꾸로 교실은 교사 주도의 가르침이 중심이 되는 전통적 교실 공간을 '학생 주도의 배움'이 중심이 되는 교실 공간으로 전환하고, 교수·학습 과정을 '집에서 학습 → 교실에서 심화학습'으로 거꾸로 뒤집어 놓은 것이다. 교사가 전체 학생을 대상으로 가르치는 것을 그만두고, 학생이 주체적·능동적으로 학습하도록 구조화한 것이 특징이다(박상준, 2021: 242-244).

전통적 교실과 달리 거꾸로 교실에서는 교사가 전체 학생을 대상으로 한 시간 동안 강의하지 않는다. 대신에 수업 내용을 설명하는 수업 영상을 온라인으로 제공하면, 각 학생이 자신의 수준과 속도에 맞추어 개별적으로 공부한다. 교실 수업에서는 온라인 학습과 관련된 과제를 해결하면서 능동적으로 학습한다. 교사는 수업 내용을 직접 전달하는 역할이 아니라 학생의 활동을 개별적으로 지도하면서 학생의 주체적·능동적 학습을 도와주는 역할을 한다.

그래서 거꾸로 교실에서 교사는 학생의 개별 학습이나 모둠 활동을 도와주는 **'수업의 촉진자'** 또는 '학습의 협력자'의 역할을 한다. 그리고 학생은 자신의 학습 능력과 속도에 맞추어 스스로 공부하는 **'주체적 · 능동적 학습자'**의 역할을 수행하고 자기 학습에 대해 책임진다(박상준, 2016: 46).

요약하면, 교사가 표준화된 수업 내용을 똑같은 방법과 속도로 동시에 모든 학생들에게 가르치지 않고, 학생들 각자 여러 과제를 해결하는 활동을 하면서 능동적으로 학습한다. 그래서 각 학생은 자신의 학습 능력과 속도에 맞추어 비동시적으로 다양한 활동을 하며 개별적으로 학습한다. 이런 점에서 거꾸로 교실은 **'학생 주도 접근법'**(student-directed approach), **'비동시적인 내용 전달법'**(asynchronous content delivery), **'온라인 학습'**을 결합하여, 교실 수업을 학생이 주체적이고 능동적으로 배우는 학습 공간으로 만드는 새로운 수업 형태이다(박상준, 2021: 245-246).

2) 거꾸로 교실의 방법

거꾸로 교실의 수업 방법은 한 가지로 정형화된 것이 아니라 교과목의 성격, 학생의 수준, 교육 환경 등에 따라 다양하게 적용할 수 있다. 여러 교사들이 실시했던 거꾸로 교실의 방법과 절차에서 공통된 요소를 추출하여, 거꾸로 교실의 수업 과정을 제시하면 다음과 같다(박상준, 2016: 49-52, 2021: 247-250).

(1) 교사의 수업 영상 제작	(2) 학생의 수업 영상 시청
(3) 교실 수업에서 질의 · 응답	(4) 모둠별 심화 학습

(1) 교사의 수업 영상 제작

교사는 각 단원에서 기대되는 학습 목표를 고려하여 학생들이 알아야 할 주요한 개념이나 내용을 선정하고, 그것에 대하여 설명하는 수업 영상을 만든다. 교사는 수업 영상을 보통 10~15분 정도의 분량으로 만들어 인터넷에 올린다. 담당 교사가 직접 수업 내용을 설명하는 영상을 만들면 좋지만, 어려운 경우에는 다른 교사가 만든 영상을 활용할 수 있다. EBS 강의, 미래교실 네트워크의 디딤 영상, 칸 아카데미의 영상 자료(수학이나 과학) 등을 활용할 수 있다.

(2) 학생의 수업 영상 시청

학생들은 자신의 학습 능력과 속도에 맞추어 개별적으로 수업 영상을 보며 능동적으로 학습한다. 각 학생은 온라인으로 수업 영상을 보며 공부하고, 이해가 안 되는 내용은 여러 번 반복해 돌려보며 학습한다. 필요한 경우 다시 재생하여 공부할 수 있다.

그다음 수업 영상에서 교사가 설명한 주요한 개념이나 내용을 노트에 정리한다. 수업 영상을 보며 이해가 안 되는 부분은 체크했다가 학교에 가서 교사에게 질문한다.

(3) 교실 수업에서 질의 · 응답

전통적 교실 수업에서는 교사가 한 시간 동안 많은 내용을 가르치느라 바쁘기 때문에, 교사의 설명을 이해하지 못한 학생들을 별도로 다시 가르칠 수 없다. 또한 학생들이 이해하지 못하거나 궁금한 것을 즉각적으로 교사에게 질문할 수 없다.

이런 전통적 수업의 한계를 해결하기 위해서 거꾸로 교실에서는 학생들이 수업 영상을 보면서 학습한 내용과 관련해 이해하지 못한 부분을 교사에게 질문할 기회를 준다. 그리고 교실 수업에서 탐구 또는 토론 활동을 하는 중간에 이해하지 못한 내용에 대하여 학생은 즉각적으로 교사에게 질문할 수 있다. 그러면 교사는 학생의 질문에 대해 자세히 설명해준다.

(4) 모둠별 심화학습

질의 · 응답이 끝나면, 교사는 수업 내용과 관련된 토론이나 탐구 과제를 모둠별로 부여한다. 학생이 모둠별로 심화 활동 과제를 수행하는 동안에, 교사는 모둠을 순회하며 학생들의 활동을 지도한다. 또한 전체 학생들을 대상으로 가르치지 않아도 되므로, 교사는 기초 학력이 부족한 학생 또는 학습 더딤 학생을 모둠별로 또는 개인별로 지도할 수 있다. 교사는 모둠 활동을 도와주거나 수업 내용을 이해하지 못한 학생에 집중해 개별적으로 가르쳐준다.

3) 거꾸로 교실의 적용 사례

2013년 KBS '미래교실 프로젝트팀'이 부산의 동평중에서 거꾸로 교실 실험을 시작했다. 그 실험 내용은 2014년 3월부터 4부작으로 KBS 파노라마의 「21세기 교육혁명: 미래교실을 찾아서」에서 '거꾸로 교실의 마법'으로 방송되었다. 그 후 거꾸로 교실에 관심을 가진 교사들이 모여 2014년 10월 '미래교실 네트워크'를 결성하고 교사 연수, 워크숍, 도서 발간 등의 활동을 하고 있다. 2023년 7월 기준으로 교사 2만 3천 명(초 · 중등 교사의 5.5%), 학생 3만 명이 가입했고, 디딤 영상 4만 5천 개가 탑재되었다. 이처럼 전국의 초 · 중등학교에서 많은 교사들이 거꾸로 교실을 실시하고 있다(박상준, 2021: 250-251).

경북 구미시 O중학교 1학년의 사회 수업에서 실시된 거꾸로 교실의 사례를 제시하면 다음과 같다(미래교실네트워크, 2015: 157-188). 교사는 먼저 KBS '거꾸로 교실의 마법' 영상의 주요 부분을 보여주고 거꾸로 교실을 소개했다. 그다음 학생들이 거꾸로 교실을 시작할지 선택하도록 했는데, 대부분의 학생이 동의했다.

교사는 '우리와 다른 기후와 다른 생활 모습' 단원에서 수업 차시별로 위도, 지형, 해류 등 지리적 요인, 기온, 강수량, 바람 등 기후 요인 그리고 기후의 영향에 따른 의식주, 농업 같은 생활 모습 등에 대해 설명하는 짧은 영상을 각 차시별로 만들어 인터넷에 올렸다. 학생은 집에서 교사가 만든 수업 영상을 보며 개별적으로 공부했다. 집에서 영상을 안 보고 오는 학생의 경우에, 아침 수업 시작 전이나 쉬는 시간에 영상을 보도록 지도했다. 매시간 수업 영상을 반드시 만들 필요는 없으며, 교과서로 수업 내용을 이해할 수 있거나 전 차시의 개념을 활용하는 경우에 영상을 만들지 않았다.

교실 수업에서 교사는 학생들을 3~4명씩 모둠으로 배치하고 학습지를 제공하였다. 학습지는 단답형이 아니라 서술형으로 위치에 따라 기후가 어떻게 달라지는가 그리고 기후에 따라 의식주 등 생활방식이 어떻게 다른가를 설명하는 문제로 구성되었다. 모둠에서 학생들은 수업 영상을 보고 이해한 내용에 기초하여 학습지의 문제에 대하여 서로 질문하고 토론했다. 문제에 대해 잘 모르는 경우 교과서나 관련 자료를 찾아보며 공부하거나 다른 학생에게 질문했다. 모르는 학생이 질문하면, 다른 학생이 자신들의 말로 쉽게 설명하였다. 모둠에서 학생들끼리 서로 토론하면서 배우고, 모르는 학생을 가르쳐 주었다. 또한 학생들끼리 서로 질문하면서 학습 내용을 얼마나 이해했는지를 서로 확인했다. 어떤 학생이 질문하면, 다른 학생은 자신이 무엇을 알고 무엇을 모르는지 깨닫게 되고, 모르는 내용을 알기 위해 노력하였다.

모둠 학습이 마무리되면, 교사는 학습지 문제와 관련하여 전체 학생들에게 질문한다. 그다음 발표자를 무작위로 추첨하여 그 학생이 답변했다. 교사는 답변을 잘하는 학생의 모둠 전체에게 초콜릿이나 과자 등으로 보상했다. 그럼에도 모둠 활동에 소극적이거나 참여하지 않는 학생의 경우, 교사가 개별적으로 면담하여 그 원인을 찾고, 본인이 모둠 활동과 학습에 참여하는 방법을 스스로 선택하도록 했다.

거꾸로 교실을 진행하면서, 교사는 계속 학습지를 수정 · 보완했으며, 학생이 모둠에서 주도적으로 토론하고 탐구하는 방안, 효과적인 질문과 답변의 방식, 학생이 원하는 보상 방법 등에 대하여 교사와 학생이 수시로 소통하고 협의하면서 개선했다. 이렇게 거꾸로 교실을 진행한 결과 학생들은 스스로 공부하는 법을 배웠고, 공부에 대한 자신감을 갖고 재미를 느끼는 학생들이 많아졌으며, 모둠 활동에서 자유롭게 질문하고 가르쳐 주면서 서로 협력하고 배려하는 태도를 형성했다. 그에 따라 전반적으로 학생들의 성적도 향상되었다.

5. 블렌디드 러닝의 효과

많은 연구 결과에 의하면, 블렌디드 러닝이 교사 주도의 강의식 수업보다 학업 성취도, 고차적 사고력, 사회적 기능을 향상시키는 데 효과적인 것으로 나타났다.[2)]

미국 교육부가 1996~2008년에 발표된 1,000개 이상의 연구결과를 분석한 자료에 의하면, 블렌디드 러닝이 대면 수업보다 학업 성취도를 신장시키는 데 더 효과적이었다. 특히 176개 실험연구에 따르면, 온라인 학습에 참여한 학생의 평균 성적이 대면 수업에만 참여한 학생의 평균 성적보다 효과 크기가 +0.20으로 더 높았다. 또한 대면 수업과 비교할 때, 블렌디드 러닝의 효과 크기가 +0.35로 더 높았다(U. S. DOE, 2010).

그래서 미국에서는 이미 2010년대부터 몇백 개의 지역 교육청들이 블렌디드 러닝을 시도하고 있다. 애리조나주 유마의 카르페 디엠 고등학교는 교사 주도의 강의식 수업을 학생 주도의 블렌디드 러닝으로 전환하여 개별 순환 학습을 4년 동안 실시했다. 그 결과 애리조나주 표준화 시험에서 모든 학년이 전 과목에서 지역 1위를 차지했다. 또한 캘리포니아주 길로이 고등학교는 랩 순환 학습을 실시하였다. 학생들은 학교에 오면, 컴퓨터실에 들어가서 그날 배울 과목의 수업 내용을 혼자 온라인으로 학습했다. 그다음 각 과목의 수업을 4~5회 순환하며 공부했다. 이렇게 블렌디드 러닝이 정착되면서, 2012년 캘리포니아주의 학력평가지수(API)에서 978점으로 우수 등급을 얻었다(마이클 혼・헤더 스테이커, 2017: 74, 310).

우리나라에서도 교사 주도의 수업보다는 블렌디드 러닝이 학업 성취도를 향상시키는 데 효과적인 것으로 나타났다. 2005~2015년 초・중등학교에서 블렌디드 러닝의 효과를 연구한 논문 41편을 분석한 연구에 따르면, 블렌디드 러닝이 학업 성취도를 신장시키는 효과가 있는 것으로 나타났다(최정윤, 2016: 47-56). 이 연구결과에 의하면, 초・중등학교에서 모두 블렌디드 러닝은 전체적으로 학생

2) 블렌디드 러닝의 효과에 대한 자세한 분석 결과는 박상준(2021), 「코로나 이후 미래교육」(2판), 234-237, 255-260쪽을 참고하세요.

의 학습 능력을 향상시키는 데 효과가 있었다. 그리고 온라인 학습과 오프라인 수업을 교대로 구성했을 때와 오프라인 수업에서 교사 주도의 강의식 수업(0.883)보다 학생의 수준과 속도에 맞춘 개별 학습(1.481)을 실시했을 때, 학습의 효과가 1.7배 컸다.

특히 거꾸로 교실을 실시했던 학교들을 분석해 보면, 전통적 교실 수업보다 거꾸로 교실이 학생의 학업 성취도와 사고력을 신장시키는 데 매우 효과가 큰 것으로 나타났다(박상준, 2021: 255-260).

미국 미시간주 클린턴데일 고등학교에서 2013년 한 학기 동안 1학년 학생들에게 거꾸로 교실을 적용한 결과, 시험의 통과율이 영어는 48%에서 67%로, 수학은 56%에서 69%로, 과학은 59%에서 78%로, 사회는 72%에서 81%로 향상되었다. 바이런 고등학교는 2010년 2학기부터 수학에서 거꾸로 교실을 실시했는데, 수학 성적이 크게 향상되었다. 2009년에서 2013년까지 80점 이상의 우수 성적을 얻는 학생 비율이 수학 I 은 71.3%에서 83.4%로, 대수학II는 82.9%에서 94.7%로 높아졌다(Fulton, 2014: 58-59, 62-63).

우리나라의 경우, 거꾸로 교실이 학생의 성적을 향상시킬 뿐만 아니라 고차적 사고력을 발달시키는 데 효과적인 것으로 나타났다(박상준, 2021: 255-260). 2013년 2학기에 남자 중학교 3학년 6개 반(202명)을 대상으로 국어 수업에 거꾸로 교실을 적용한 결과를 살펴보면, 중·하위 집단 학생들의 성적이 크게 향상된 것으로 나타났다. 한 학기 동안 거꾸로 교실을 받은 상위 집단 학생의 평균 성적은 86.89점에서 93.02점으로, 중위 집단 학생의 평균 성적은 64.23점에서 75.57점으로, 하위 집단 학생의 평균 성적은 35.69점에서 51.18점으로 향상되었다(이민경, 2014: 97-109).

구분	거꾸로 교실 적용 이전 평균 성적	거꾸로 교실 적용 이후 평균 성적
상위 집단(80점 이상)	86.89	**93.02**
중위 집단(50~79점)	64.23	**75.57**
하위 집단(49점 이하)	35.69	**51.18**

그리고 2018년 강원도 K중학교 3학년에서 한 학기 동안 거꾸로 교실의 효과를 연구한 결과에 의하면, 교사 중심의 강의식 수업에서는 고차적 사고력에 차이가 없었으나, 거꾸로 교실은 학생의 고차적 사고력을 향상시킨 것으로 검증되었다. 고차적 사고력 점수는 평균 77.32점에서 80.89점으로, 백워드 설계를 적용한 거꾸로 교실에서는 고차적 사고력 점수가 평균 76.96점에서 81.52점으로 향상되었다(이어진, 2019: 79-94).

구 분	강의식 수업	거꾸로 교실	백워드 설계 거꾸로 교실
사전 검사	79.00	77.32	76.96
사후 검사	76.30	**80.89**	**81.52**

제 5 장 강의식 수업

고대부터 새로운 지식을 가르치기 위해 일반적으로 사용되어 온 교수 방법이 강의식 수업이다. 강의식 수업의 기원은 고대 그리스와 로마의 수사학에서 찾을 수 있다. 수사학의 교수 방법은 교사가 학습 자료를 학생들에게 반복적으로 읽어 주면서 암송시키고, 학생은 반복적으로 듣고 정리하는 것이다. 중세 대학에서는 교수가 교재를 읽어가면서 해설하고 학생은 듣고 정리하는 방식으로 강의가 진행되었다. 이런 전통에 따라 강의식 수업은 현재에도 많은 대학교와 초·중등학교 현장에서 가장 많이 활용되는 교수 방법이다.

그런데 강의식 수업에서 많은 교수와 교사들이 별로 준비 없이 매년 똑같은 내용을 그대로 가르치는 경향이 있다. 이런 이유 때문에 강의식 수업이 안 좋은 교수 방법이고 무능한 교사가 하는 수업이라는 부정적 인식이 많다. 하지만 강의식 수업 자체가 잘못된 것이 아니다. 교사가 강의 준비를 충분히 하지 않고 내용을 효과적으로 전달하기 위해 연구하지 않는 것이 문제이다.

교사가 가르칠 내용에 대해 충분히 이해하고 강의를 충분히 준비한다면, 강의식 수업은 많은 학생들에게 새로운 정보와 지식을 빠르게 전달할 수 있는 효과적인 교수 방법이다. 그런 점에서 강의식 수업에 대한 편견을 버리고, 교사가 강의식 수업을 충분히 준비하고 학생 수준에 맞게 쉽게 강의를 진행하는 것이 중요하다.

1. 강의식 수업의 의미와 목표

1) 강의식 수업의 의미

사회과의 교수 방법이 다양하게 개발되었지만, 실제 교실 수업에서 가장 많이 사용되는 교수 방법은 강의식 수업이다. 그런데 사회과에서 강의식 수업에 대한 연구는 별로 이루어지지 않았다.

강의식 수업이 무엇인가에 대해서는 학자마다 의견이 다양하다. 넓은 의미에서 강의식 수업(lecture-type instruction)은 교사가 중심이 되어 학생들에게 말로 정보를 전달하는 수업방식이다. 이런 점에서 초·중등학교 수준에서 강의식 수업은 종종 '**직접 교수법**'(direct instruction) 또는 '**교사 중심 교수법**'(teacher-centered instruction)으로 언급되기도 한다(Duplass, 2004: 319).

다른 한편 Gallahan은 "강의는 사실과 아이디어를 언어로 계속 전달하면서 필요한 경우에 다양한 의사 전달 방법을 활용하는 교수 방법이다"라고 규정했다. 그리고 R. Nacino-Brown, F. E. Oke, D. P. Brown 등은 "강의는 사전에 계획된 내용 체계에 따라서 일련의 지식을 언어로 전달하는 과정이다"라고 정의했다. 박성익은 "강의식 수업은 한 사람이 여러 사람에게 한 주제에 대하여 이야기를 통해 가르쳐주는 것이다"라고 규정했다(박성익, 1998: 56-57, 인용).

여러 학자들의 의견을 종합하여, 필자는 "**강의식 수업**이란 한 교사가 다수의 학생들 또는 청중들에게 지식이나 정보를 언어로 전달하는 교수 방법이다"라고 정의할 것이다. 강의식 수업은 보통 교사가 어떤 지식이나 정보에 대해 설명하면, 다수의 학생은 수동적으로 듣고 정리하는 수업방식이다. 강의식 수업에서 교사는 지식을 명료하게 전달하는 데 초점을 맞추고, 지식을 이해했는지 확인하기 위해 질문을 부차적으로 사용한다.

2) 강의식 수업의 목표

개념 정의에서 드러나듯이, 강의식 수업은 많은 정보나 지식을 학생들에게 효과적으로 전달하는 것에 주로 초점을 맞춘다. 즉, 강의식 수업은 학생들이 새로운 정보나 지식을 효과적으로 이해하도록 하는 것을 목표로 한다. 즉, 강의식 수업의 목표는 새로운 지식의 효율적인 이해이다.

학생들이 기본적인 정보나 지식을 이해하고 있어야 그것에 기초하여 새로운 현상을 탐구하거나 문제에 대해 토론하고 해결책을 논의할 수 있다. 이런 점에서 사회과에서 탐구 학습, 토론 학습, 의사 결정 학습, 논쟁 문제 학습 등을 하기 위해서는 우선 강의식 수업을 통해 사회 현상이나 문제와 관련된 사실, 개념, 일반화 등의 기본 지식을 효과적으로 가르치는 강의식 수업이 필요하다.

2. 강의식 수업의 특징

강의식 수업에 대한 편견과 교사들의 무성의한 강의 진행으로 인해, 강의식 수업은 별로 안 좋은 수업 방법으로 간주되고 있다. 하지만 실제 교실 수업에서 가장 많이 사용되는 교수 방법이 강의식 수업이다. 그러므로 강의식 수업에 대해 충분히 이해하고, 강의를 제대로 준비하여 진행하는 것이 필요하다.

강의식 수업의 특징은 개념 정의에서 잘 나타난다. 강의식 수업의 주요 목표는 새로운 '**지식이나 정보의 이해**'를 증진하는 것이다. 강의식 수업은 교사의 '**직접적 전달**'로 특징지어진다. 교사가 어떤 지식이나 정보에 대해 연속적으로 설명하고 중요 내용을 요약해 주면, 학생들은 수동적으로 듣고 내용을 받아 적는다. 또한 강의식 수업은 짧은 시간에 많은 학생들에게 효과적으로 지식을 전달할 수 있다는 점에서 '**지식의 효율적인 전달**'이 가능하다. 협동 학습, 토론 학습 등 소집단 학습과 달리, 강의식 수업은 1명의 교사가 다수의 학생들에게 지식이나 정보를 전달하는 '**대집단 학습**' 형태를 취한다.

1명의 교사가 다수의 학생들에게 지식이나 정보를 전달해야 하는 수업 상황에서는 다른 교수 방법보다는 강의식 수업이 더 효과적이다. R. Nacino-Brown, F. E. Oke, D. P. Brown은 다음과 같은 수업 상황에서 강의식 수업을 적용하는 것이 바람직하다고 지적했다(박성익, 1998: 74-76, 인용).

- 새로운 주제나 단원을 소개할 때
- 쉽게 획득하기 어려운 자료를 제시할 때
- 교과서의 내용을 심화시켜 보충하고자 할 때
- 학생의 흥미와 이해력을 증진하고자 할 때
- 수업을 마친 후 중요 내용을 요약해 줄 때
- 짧은 시간 내에 많은 자료를 소개할 때

3. 강의식 수업의 유형과 방법

1) 강의식 수업의 유형

강의식 수업은 교사가 중심이 되어 학생들에게 새로운 정보나 지식을 전달하는 수업 방식이다. 정보와 지식을 효과적으로 잘 가르치기 위해서 강의의 방식은 다양하게 변형될 수 있다. 교사가 정보나 지식을 전달하는 방식에 따라 강의식 수업은 다양한 형태로 진행될 수 있다.

학교 교실에서 사용될 수 있는 강의식 수업의 유형은 다음과 같다(Duplass, 2004: 320).

| 강의식 수업의 유형과 과정 |

강의의 유형	강의의 과정
피드백 강의 (Feedback Lecture)	(1) 강의: 교사는 학생들에게 강의의 개요를 제시하고, 그에 기초하여 강의를 진행한다. 학생은 교사의 설명을 노트에 정리한다. (2) 학생 활동: 교사는 강의와 노트에 기초하여 대답할 수 있는 질문을 제기한다. (3) 과제 발표: 학생에게 하는 질문은 '소크라테스 문답법'에 따라 구성된다. 교사는 학생의 이해를 도와줄 주요 아이디어, 핵심 개념, 사실의 목록을 활용한다.

강의의 유형	강의의 과정
안내식 강의 (Guided Lecture)	(1) 강의: 교사는 수업 목표를 제시하고, 주요 아이디어, 핵심 개념, 사실의 개요를 설명한다. 학생들은 교사의 설명을 듣고 정보를 기억하도록 한다. (2) 개별 과제: 교사의 설명을 들은 후, 학생들은 기억할 수 있는 모든 정보를 노트에 적는다. (3) 학생 활동: 학생들은 모둠별로 주요 아이디어, 핵심 개념, 사실을 재구성한다. (4) 과제 발표: 학생들은 누락된 정보를 채우기 위해 필요한 질문을 교사에게 한다. 교사는 먼저 학생들이 그 질문에 대답하게 하고, 주요 아이디어, 핵심 개념, 사실의 목록을 사용해 설명한다.
반응식 강의 (Responsive Lecture)	(1) 학생 활동: 교사는 1주일 동안 다루었던 수업 내용에 대하여 질문하는 시간을 별도로 부여한다. 학생들은 최신 주제와 관련하여 개방적인 질문을 개발하여 제기한다. 모든 학생이 1가지 이상의 질문을 한다. (2) 강의: 교사는 각 질문에 대해 답변하고, 각 학생이 제기한 질문이 왜 중요한지를 물어본다. 학생들이 자발적으로 교사의 질문에 대해 답변한다.
시범 강의 (Demonstration Lecture)	(1) 강의: 교사는 주요 아이디어, 핵심 개념, 사실의 개요를 설명한다. (2) 시범: 중간에 잠시 강의를 멈추고, 교사는 개념이나 사실을 활용하는 방법이나 과정의 시범을 보여준다. 교사는 시범을 보여주면서 다음 단계를 도출할 수 있는 질문을 제기한다. 교사는 강의와 노트에 기초하여 대답할 수 있는 질문을 제기한다. (3) 과제 발표: 교사는 학생들에게 질문하여 학습한 개념이나 사실을 활용하는 방법을 설명하거나 시범을 보인다.
절차 중지 강의 (Pause Procedure Lecture)	(1) 강의: 교사는 주요 아이디어, 핵심 개념, 사실의 개요를 설명하고, 학생은 그것을 노트에 적는다. (2) 짝 활동: 강의 중간 '5분마다' 교사는 강의를 중지하고, 2명이 한 짝이 되어 학습한 내용을 공유하여 틀린 부분을 수정하고 누락된 내용을 보완하게 한다. (3) 과제 발표: 교사는 주요 아이디어, 핵심 개념, 사실을 요약하는 질문을 제기하고, 학생들이 답변하게 한다.
사고 · 쓰기 · 토론 강의 (Think/Write/Discuss Lecture)	(1) 강의: 교사는 주요 아이디어, 핵심 개념, 사실의 개요를 설명한다. 교사는 강의의 중요한 부분에서 몇 가지 핵심 질문을 제기한다. (2) 학생 반응: 교사는 각 질문 후에 학생들이 그 질문에 대한 대답을 노트에 쓰게 한다. (3) 과제 발표: 교사는 학생들이 질문에 대하여 쓴 대답을 발표하게 하고 토론하게 한다. 그다음 교사는 주요 아이디어와 개념을 요약해준다.

(Duplass, 2004: 320, 인용)

2) 강의식 수업의 방법

앞에서 살펴본 것처럼, 교사가 정보나 지식을 전달하는 방식에 따라 강의식 수업은 다양한 형태로 진행될 수 있다. 그러나 보통 강의식 수업에서 공통적으로 이루어지는 교수·학습 활동의 과정을 제시하면 다음과 같다.

강의식 수업의 과정

1. 강의의 도입
   - 수업 내용과 관련된 시청각 자료를 제시하여 학생의 흥미를 유발한다.
   - 수업 목표와 내용의 개요를 설명하고 강의의 전개 방식을 소개한다.
2. 강의의 전개
   - 수업 내용을 논리적 순서대로 설명한다.
   - 수업 내용을 이해하기 쉽도록 관련 자료를 보여 주거나 활동 방법을 시범으로 보여준다.
   - 강의 중간에 수업 내용과 관련하여 질문하고, 학생이 대답하게 한다.
3. 강의의 정리
   - 중요한 수업 내용을 요약하고 정리해준다.
   - 주요 수업 내용을 잘 이해했는지 평가하는 질문을 하고, 학생이 노트에 기록하고 발표하게 한다.

수업 목표: 민주주의의 의미를 이해한다.

4. 강의식 수업의 장점과 단점

강의식 수업 자체가 나쁜 것은 아니고 1명의 교사가 다수의 학생에게 짧은 시간에 많은 지식을 효과적으로 전달할 수 있는 장점을 지녔다. 교사가 수업 내용을 충분히 이해하고 강의를 준비하면, 강의식 수업은 새로운 정보나 지식을 가르치는 방법으로 매우 효과적이다. 적절한 수업 상황에서 활용될 때, 강의식 수업도 여러 가지 장점을 지닌다(박성익, 1998: 82-83; 차경수・모경환, 2008: 190-191).

- 1명의 교사가 다수의 학생을 동시에 가르칠 수 있다.
- 많은 정보를 다수의 학생들에게 체계적으로 빠르게 전달하는 데 효과적이다.
- 교사는 학습할 지식의 범주를 상당히 통제할 수 있다.
- 학습 내용을 이해하는 데 필요한 시간과 노력을 절약할 수 있다.

하지만 사회과의 목표를 고려할 때, 강의식 수업은 몇 가지 한계를 지녔다.

첫째, 강의식 수업에는 민주적인 의사소통과 상호작용이 부족하다. 교사가 수업을 주도하고 학생의 질문과 토론 여부도 결정하기 때문에, 학생은 수동적 입장에 머물고 학생의 질문과 수업 참여가 상당히 제한받는다. 또한 교사가 일방적으로 지식을 전달하기 때문에, 교사와 학생 사이에 민주적인 대화와 상호작용은 이루어지기 어렵다. 학생의 수가 많을수록 교사와 학생의 의사소통과 상호작용은 더욱 어려워진다.

둘째, 강의식 수업은 고차적 사고력을 향상시키기 어렵다. 강의식 수업은 1명의 교사가 다수의 학생에게 지식을 효과적으로 전달하는 데 초점을 맞추기 때문에, 자유로운 질문과 대답, 토론, 학생의 주체적인 활동을 통해 향상될 수 있는 고차적 사고력은 발달되기 어렵다. 그래서 강의식 수업은 학습 내용의 분석, 종합, 평가 등 고차적 사고력의 신장을 목표로 하거나 학생의 능동적 참여와 자기 주도적 학습이 요구되는 상황에는 적합하지 않다.

물론 강의식 수업에서 교사가 주로 설명하지만, 가르치는 정보나 지식과 관련하여 교사의 질문과 학생의 대답이 이루어질 수 있다.[1] 그런데 강의식 수업에서 제기되는 질문들은 고차적 사고력을 발달시키기보다는 주로 학습한 정보나 지식의 기억, 사실의 확인, 설명에 대한 동조, 지식의 이해도 확인 등 단순한 형태의 질문이다. 실제로 경험적 연구에 따르면, 교사들이 단순한 사실을 확인하는 폐쇄적 질문을 주로 제기함으로써 질문의 본래 목적을 효과적으로 달성하지 못하는 경우가 많았다(Banks, 1977: 148).

셋째, 강의식 수업은 암기식 교육으로 많은 정보를 빠르게 전달하는 데 효과적이지만, 일방적인 강의로 들은 지식은 빨리 망각된다는 점이다. 실제로 경험적 연구결과에 의하면, 사회과에 관심이 많은 학생들도 학습한 내용의 10% 정도만을 기억하고, 대부분의 학습 내용은 2주 안에 잊히는 것으로 나타났다(Barr et al., 1978: 82).

넷째, 강의식 수업은 민주적 가치와 태도를 가르치기 어렵고, '주입식 교육'이 될 가능성이 많다. 강의식 수업은 주로 지식의 효율적 전달을 목표로 하기 때문에, 사회과에서 중요시하는 사고 기능, 민주적 가치와 태도를 형성하기 어렵고, 오히려 교사의 특정한 가치와 태도를 일방적으로 주입할 가능성이 많다.

강의식 수업의 의미, 목표, 특징, 장 · 단점을 제시하면 다음과 같다.

| 강의식 수업 |

의미	• 한 교사가 다수 학생들에게 지식과 정보를 언어로 전달하는 교수 방법
목표	• 지식 및 정보의 효율적 이해
특징/장점	• 대집단 학습(교사 1명이 다수 학생을 가르침) • 교사의 직접적 전달(설명), 학생의 수동적 청취 • 지식의 효율적인 전달 • 교사가 수업 내용을 통제
단점	• 교사의 일방적 전달로 특정한 가치의 주입 위험(주입식 교육) • 민주적 의사소통과 상호작용의 부족 • 고차적 사고력의 발달 어려움(암기식 수업)

1) 강의식 수업과 문답식 수업은 교사가 질문하느냐의 여부가 아니라 제시된 질문의 목적, 질문의 수준과 형태, 질문의 양과 정도에 따라 구별될 수 있다.

제6장 개념 학습과 일반화 학습

사회과 교육과정은 사회과학과 인문학의 지식들에서 선택된 주요 개념을 중심으로 나선형으로 조직되어 있다. 사회 교과서는 각 단원에서 가르쳐야 할 개념을 설명하고 그다음 그와 관련된 특성, 사례, 문제 등으로 구성되어 있다. 그래서 개념을 이해하고 개념을 통해 복잡한 사회 현상을 파악할 수 있도록 가르치는 것이 사회과 수업에서 기본이다.

사회과의 개념들은 복잡한 사회 현상이나 문제를 더 명확하게 파악하고 설명할 수 있게 해주는 도구이다. 개념은 복잡한 사회 현상을 분명하게 파악하는 현미경과 같은 도구이다. 현미경을 통해 육안으로 볼 수 없는 대상을 파악하듯이, 개념을 통해 복잡한 사회 현상을 정확하게 파악할 수 있는 안목과 통찰력을 기를 수 있다. 이러한 안목과 통찰력이 길러지면, 학생들은 개념을 가지고 수업에서 배운 사회 현상을 넘어 새로운 현상들을 이해할 수 있다.

그러므로 사회 교사는 개념을 수학 공식처럼 주입하거나 암기할 지식으로 가르치면 안 되고, 학생이 실제 경험하는 사회 현상이나 문제를 명확하게 파악하고 해결하기 위한 도구로 활용할 수 있도록 가르쳐야 한다.

1. 개념 학습의 의미와 목표

1) 개념의 의미

'개념'(concept)은 일반적으로 비슷한 사람, 사물, 사건, 행위, 관념 등의 집합을 분류하여 부르기 위한 용어이다(Woolever & Scott, 1988: 94, 326). 또는 개념은 대상, 사건, 관념 등의 집합을 분류하고 범주화하는 데 유용한 추상적 용어이다(Banks, 1990: 88).

이러한 정의를 종합해보면, "**개념**이란 유사한 대상이나 현상의 공통된 특성이나 요소를 추출하여 하나의 범주로 분류하기 위해 만든 추상적 용어이다." 개념은 다양한 대상이나 현상의 '공통된 특성'에 기초하여 하나의 범주로 분류하기 위해 '인위적으로 만든' 용어이다. 그래서 개념 자체는 실재하는 것이 아니라 여러 대상이나 현상을 설명해주는 도구로 만들어진 '추상적 용어'이다.

2) 개념의 추상성

그러면 사회과의 개념은 어떤 특성을 지녔는가를 간략히 살펴보자. 개념은 실제로 존재하는 것이 아니라 유사한 대상이나 현상을 한 범주로 분류하기 위해 인위적으로 만든 추상적 용어이다. 예컨대 '자본주의'(capitalism)는 근대 상공업이 발달하면서 중세 봉건제(feudalism)와 다른 형태의 경제체제가 나타난 현상을 설명하기 위해 만들어진 개념이다. 자본주의는 생산수단의 사유화, 사적 이윤의 추구, 경제활동의 자유 등의 특성을 나타내는 경제체제를 한 범주로 분류해 설명하기 위해 만들어진 추상적 개념이다. 그렇기 때문에 현실 세계에서 자본주의 개념에 딱 맞는 경제체제는 어느 나라에도 존재하지 않는다. 다만 '자본주의'라는 개념에 비추어 보면, 그 나라의 경제가 어느 정도 자본주의에 가까운 특성을 나타내고 경제활동이 어떻게 이루어지는지를 파악할 수 있다. 또한 자본주의 개념을 갖고 경제체제를 보면, 생산수단의 소유 주체, 생산 방식 등이 바뀌었지만, 기본적으로 중세 봉건제와 근대 자본주의는 구조적으로 유사하다는 사실을 파악할 수 있게 해 준다.

이처럼 개념이 추상적이기 때문에, 많은 대상이나 현상을 같은 범주로 분류하고 설명할 수 있는 장점을 지닌다. 그래서 개념의 학습은 많은 사실들을 암기할 필요를 줄이고, 간단한 개념을 통해 복잡한 사회 현상과 문제를 명확하게 파악하고 설명할 수 있도록 도와준다.

반면에 추상적 개념은 가르치기 어렵다. 호랑이, 책상처럼 그 개념에 대응하는 구체적 사물이나 현상이 존재하는 경우에는 그것을 직접 보여주고 특성을 설명함으로써 쉽게 가르칠 수 있다. 하지만 추상적 개념은 그것에 대응하는 구체적 대상이나 현상이 없기 때문에, 그 개념을 효과적으로 가르치기 위한 교수 방법이 필요하다.

3) 개념의 속성: 결정적 속성과 비결정적 속성

개념은 공통된 특성을 기준으로 다양한 대상이나 사건을 유사한 것끼리 범주화하는 용어이다. 이처럼 다양한 대상이나 사건이 지닌 공통된 특성을 개념의 '속성'이라고 부른다. 거꾸로 말하면 개념의 속성을 통해 수많은 대상이나 사건 중에 그 개념에 포함시킬 수 있는 것과 그렇지 않은 것을 구별할 수 있다. 개념의 속성들 중에서 본래 그 대상이나 사건에 속하는 특성으로서 다른 것들과 구별하는 데 결정적으로 중요한 속성이 있는데, 이것을 '**결정적 속성**'(critical attribute)이라 부른다. 그 개념에 속한 것이지만, 다른 대상이나 사건도 지닌 특성이기 때문에, 다른 것들과 구별할 때 결정적인 요소가 되지 않는 속성이 있는데, 이것을 '비결정적 속성'(non-critical attribute)이라 부른다.

예를 들면 책상 위에 흰 가루들이 여러 가지 놓여 있는데 그중에 소금을 찾아내야 한다면, 흰 가루들의 맛을 보고 짠맛이 나는 것을 고르면 된다. 소금과 다른 흰 가루들을 구별해 주는 중요한 속성이 바로 '짠맛'이고, 그 짠맛이 소금의 결정적 속성이 된다. 반면에 '흰색이다', '가루이다'라는 특성은 소금이나 설탕, 밀가루, 쌀가루 등이 모두 갖는 비결정적 속성이다.

정치 현상에서 정권 교체 사건들을 생각해 보자. 이 사건들의 공통된 특성을 추출해 유사한 것끼리 같은 범주로 분류한 개념이 쿠데타와 혁명이다. '쿠데타'는 (1) '지배계층이 군사력(군대)을 동원한다', (2) '비합법적 방법이나 수단을 사용한다', (3) '정권을 교체한다' 같은 속성을 지닌다. 이 속성들 중에서 (1) 속성이 혁명이나 반란 등과 구별되는 속성으로 쿠데타만이 갖는 고유한 속성, 즉 **'결정적 속성'**이다. 반면에 (2), (3) 속성은 쿠데타와 혁명이 모두 갖고 있는 일반적 속성, 즉 쿠데타의 '비결정적 속성'이다.

그러나 사회과의 개념들은 결정적 속성을 갖지 않은 경우가 많다는 비판이 제기되면서, 속성 모형을 지지하는 학자들은 결정적 속성이란 용어 대신에 **'정의적 속성'**(defining features)－한 개념으로 분류되는 대상들이 공유하고 있는 공통된 속성으로 그 개념을 정의하는 데 중요한 속성－을, 그리고 비결정적 속성이란 용어 대신에 '일반적 속성'(characteristic features)을 주로 사용한다(Howard, 1987: 90–92).

| 개념의 속성과 예 |

속성	결정적 속성	• 그 대상만이 지닌 것으로 다른 것들과 구별되는 특성
	비결정적 속성	• 다른 대상이나 사건도 지닌 것으로 다른 것들과 구별할 때 결정적인 요소가 되지 않는 특성
예	대표 사례	• 개념에 가장 적합한 사례
	비예	• 개념에 해당되는 것처럼 보이지만 실제로 관계가 없는 사례

4) 오개념

우리는 개념을 통해 복잡한 사회 현상이나 문제를 보다 명료하게 파악하고 설명할 수 있다. 그런데 개념의 학습 과정에서 개념의 속성을 잘못 인식하거나 그 개념에 포함되는 대상들을 잘못 분류하여 인식하고 있는 상태를 **'오개념'**(misconception)이라고 한다.

학생들에게 '생산'이 무엇이냐고 물어보면, 보통 '물건을 만드는 활동'이라고 말한다. 그런데 '재화를 만드는 활동'은 '제조'이고 생산에 포함되는 여러 가지 현상들의 일부이다. 생산은 재화를 직접 만드는 활동뿐만 아니라 재화를 운반,

유통, 판매하는 활동, 서비스를 제공하는 활동 등 '경제적 가치를 창출하는 활동들'을 모두 포함한다. 따라서 생산을 단순히 '재화를 만드는 활동'으로 이해하는 것은 생산의 속성이나 대상을 잘못 이해한 '오개념'이라 할 수 있다.

개념의 학습에서 학생이 오개념을 형성하게 되면, 사회 현상이나 문제를 정확하게 이해하지 못하고, 문제를 제대로 해결하기 어렵다. 따라서 개념 학습에서는 학생이 갖고 있는 오개념이 무엇인지를 확인하고 개념을 바르게 인식하도록 도와주어야 한다.

5) 개념의 예와 비예

사회과의 개념들은 대부분 추상적이기 때문에, 교사는 그 개념에 가장 적합한 **'대표 사례'**(best example)를 제시해야 한다. 대표 사례는 학생이 추상적 개념을 이해하고 실제의 대상이나 현상에 적용하여 설명할 수 있도록 도와준다. 또한 그 개념에 해당되는 것 같지만 실제로는 관계가 없는 사례, 즉 '비예'(non-example)를 제시하면, 학생들이 추상적 개념을 다른 것과 구별하여 더 명확하게 이해할 수 있다.

예를 들면 '사회집단'의 개념을 가르칠 때, 동창회, 이익집단, 시민단체 등은 사회집단의 대표 사례이고, 축구 관중, 지하철 안 승객 등은 비예이다. '2인 이상 모인 집합체'라는 점에서 모두 공통된 특성을 갖기 때문에, 얼핏 보면 모두 사회집단처럼 보인다. 그러나 후자는 구성원들이 '공유된 의식이나 소속감을 갖고 지속적인 상호작용을 하는 모임'이 아니라 일시적으로 우연히 모인 집합체이기 때문에, 사회집단의 비예이다.

개념을 효과적으로 가르치기 위해 제시되는 대표적 예는 **'긍정적 예'**(positive example)로, 비예는 '부정적 예'(negative example)로 부르기도 한다(Banks, 1990: 91).

6) 상위 개념, 하위 개념, 동위 개념

사회과의 개념은 설명하는 대상의 범위와 개념들 사이의 '위계관계'에 따라 상위 개념, 하위 개념, 동위 개념으로 분류할 수 있다. 개념들의 위계관계에서 더 높은 위치에 있고 매우 포괄적인 현상을 설명하는 것은 **'상위 개념'**이고, 그보다 낮은 위치에 있고 더 한정된 현상을 설명하는 것은 **'하위 개념'**이다. 반면에 개념의 위계관계에서 동등한 위치를 갖고 비슷한 유형의 현상을 설명하는 것은 **'동위 개념'**이다.

예컨대 인간이 보편적으로 누리는 기본적 권리와 관련된 현상을 설명할 경우에 '인권'은 가장 높은 위치에 있고 매우 포괄적인 현상을 설명하는 '상위 개념'이고, 기본적 권리의 유형으로서 자유권, 정치권, 사회권 등은 보다 낮은 위치에 있고 더 제한된 현상을 설명하는 것으로 인권의 하위 개념이다. 그리고 자유권, 정치권, 사회권은 각각 동등한 위치를 가지면서 인권의 비슷한 유형을 설명하는 '동위 개념'이다. 자유권에는 신체의 자유, 정신적 자유, 사회·경제적 자유 등이 포함되는데, 각각은 동등한 위치를 갖는 동위 개념이고, 자유권의 하위 개념이다.

이런 개념의 위계관계를 개념 지도로 간단히 표시하면 다음과 같다.

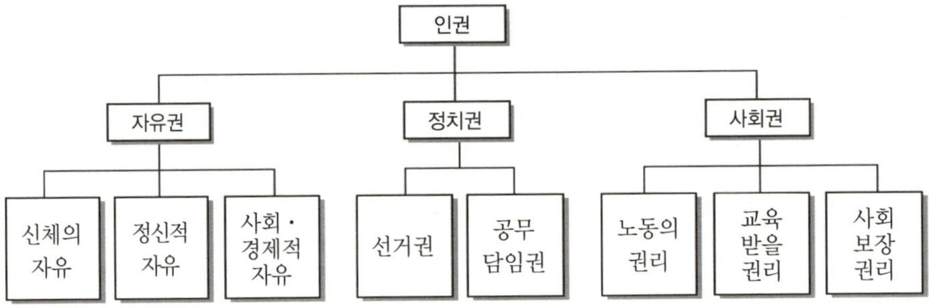

7) 접합 개념, 이접 개념, 관계 개념

개념의 속성 또는 구성요소들의 결합 정도에 따라 접합 개념과 이접 개념으로 구분될 수 있다. **'접합 개념'** 또는 '결합 개념'(conjunctive concept)은 몇 가지 속성 또는 구성 요소들이 밀접하게 결합되어 형성되는 개념이다. 반면에 '이접 개념'(disconjunctive concept)은 서로 독립적인 속성들 또는 구성 요소들 중에 한 가지로 형성되는 개념이다.

예컨대 '삼각형'의 경우에, '세 변'과 '닫힌 도형'이라는 두 가지 속성이 밀접하게 결합되었을 때 개념이 형성되는 경우를 '접합 개념'이라 한다. '미국 시민'의 경우에, '미국에서 출생한 사람', '미국 부모에게서 태어난 사람', '미국으로 이민 온 사람' 등 몇 가지 요소들 중 한 가지 요소에 의해 개념이 형성되는 경우를 '이접 개념'이라 한다(Howard, 1987: 25).

사회과의 개념에 적용해 보면, '계층'처럼 소득, 지위, 교육 등 여러 가지 속성 또는 구성 요소들이 밀접하게 결합되어 개념을 형성한 경우를 '접합 개념'이라 부른다. '한국인'처럼 혈통, 결혼, 귀화 중 한 가지 요소에 의해 개념이 형성되는 경우를 '이접 개념'이라 한다. 사회 현상에서 이접 개념은 많지 않고 접합 개념보다 가르치기 더 어렵다.

그리고 하나가 다른 것을 전제하고 두 요소가 밀접한 상관관계를 맺고 있는 경우를 '관계 개념'이라 부른다. 예컨대 '남자'는 여자를 전제하고 여자와의 관계 속에서 그 속성이 명백하게 드러난다. '역할'은 지위를 전제하고, 어떤 지위를 가진 사람에게 사회에서 기대하는 행위 방식이다. 역할은 지위와 관련해서 규정될 수 있는 개념이다. 무인도에서 혼자 사는 사람은 어떤 지위를 가지지 않았기 때문에, 그에 따른 역할도 없는 것이다.

8) 개념 지도

추상적 개념은 그 자체로 설명하기 어렵기 때문에, 그림을 통해 보다 쉽게 설명될 수 있다. 개념들의 관계를 그림으로 표현함으로써 개념들의 위계 구조와 상관관계를 쉽게 파악할 수 있도록 도와주는 것이 개념 지도이다. '개념 지도'(concept map) 또는 '개념도'는 개념들 사이의 상관관계를 설명해주는 선에 의해 연결된 도식이다(Jonassen & Grabowski, 1993: 433-439). 개념 지도는 마디(node)와 연결고리(link)로 만들어진다. 마디는 학생이 이해한 개념이고, 연결고리는 개념과 개념 사이의 상호 관계를 나타내는 선이다. 개념과 개념을 이어주는 연결고리에는 개념들의 상호 관계를 설명해주는 내용이 붙여진다.

개념의 연결고리에는 개념들 사이의 의미론적 관계가 어떤 것인가를 표현해 주는 방식에 따라 위계적 고리, 인과적 고리, 범주적 고리가 있다. '위계적 고리'는 개념들 사이의 위계 구조를 나타내는 것으로 하위 마디에 있는 개념은 상위 마디에 있는 개념의 한 부분(구성 요소)이거나 한 형태 또는 사례라는 것을 나타낸다. '인과적 고리'는 개념들 사이의 인과 관계를 나타내는 것으로 한 마디에 있는 개념이 다른 마디에 있는 개념을 초래하거나 기여하는 것을 나타낸다. '범주적 고리'는 개념들을 유사한 것끼리 분류하는 것으로 한 마디에 있는 개념이 다른 마디에 있는 개념과 같은 범주에 포함되거나 유사한 특성을 갖는 것을 나타낸다.

이러한 마디와 연결고리를 통해 인권에 대한 개념 지도를 표시하면 다음과 같다.

▎인권의 개념 지도 ▎

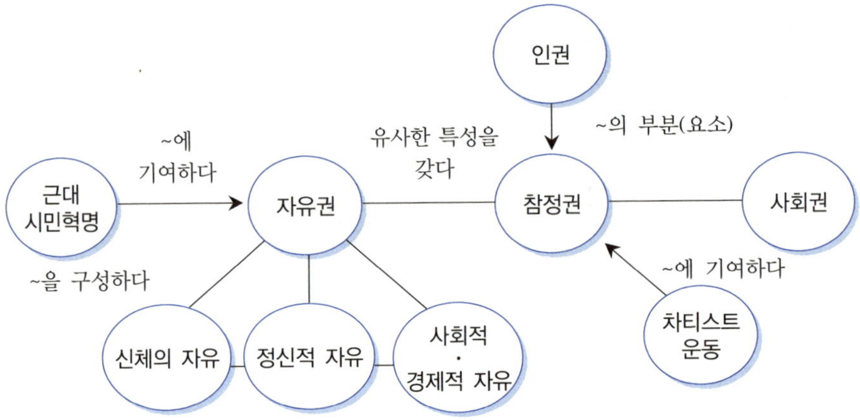

9) 개념 학습의 목표

과도한 교육열과 입시 위주 교육으로 인해 많은 교사들이 사회과의 개념을 가르칠 때, 시험에 자주 나오는 개념을 일방적으로 설명하고 암기시키는 데 주력해왔다. 그래서 학생들은 사회과를 암기과목으로 인식하고 실제 생활과 관계없고 재미없는 과목이라고 생각하는 경향이 있다(박상준, 2004: 7-12).

그러나 사회과에서 개념을 가르치는 목적은 개념을 암기시켜 시험에서 좋은 점수를 얻는 것이 아니다. 사회과의 개념은 현미경과 같은 것이다. 육안으로 볼 수 없는 대상을 크게 확대시켜 파악하게 도와주는 현미경처럼, 개념은 우리가 복잡한 사회 현상과 문제들을 명확하게 파악하도록 도와주는 도구이다. 우리가 현미경을 배우는 이유는 그것을 사용하여 미세한 대상을 확대하여 관찰함으로써 더 명확하게 인식하기 위한 것이다.

마찬가지로 사회과에서 개념을 가르치는 목적은 개념을 통해서 복잡한 사회 현상과 문제를 명확하게 파악할 수 있는 **'이해력'**과 **'통찰력'**을 향상시키는 것이다. 개념 학습은 개념에 대한 이해에 기초하여 복잡한 사회 현상이나 문제를 명확하게 파악하는 안목을 길러주는 것이다.

예컨대, 가정에서 부모님은 자녀들이 공부하도록 시킬 수 있다. 학교에서 교사는 학생들이 수업 시간에 조용히 공부하고 과제를 수행하도록 시킬 수 있다. 직장에서 사장은 직원들에게 업무를 맡기고 늦게까지 일을 시킬 수 있다. 정부는 시민들에게 세금을 부과하고 군대에 가도록 강제할 수 있다. 이것은 다양한 삶의 영역에서 일어나는 현상이고 매우 복잡하기 때문에 서로 관계가 없는 것처럼 보인다. 하지만 이 현상들은 '어떤 수단을 가진 사람이 그렇지 못한 사람에게 어떤 일을 강제로 시킨다', '하기 싫은 일을 억지로 한다'는 공통된 속성을 지닌다. 이런 공통된 속성을 묶으면, '어떤 수단을 매개로 타인의 의사에 반하여 자신의 의사를 강제할 수 있는 힘'으로 정리될 수 있다. 이런 공통된 속성을 묶어서 인위적으로 만든 추상적 개념이 바로 '권력'이다. 이런 '권력' 개념에 비추어 보면, 다양한 권력과 관련된 현상들이 더 분명하게 파악된다.

그러면 사회과에서 개념을 더 효과적으로 가르치는 방법과 전략이 무엇인가를 검토해보자. 개념의 특성에 따라 개념을 가르치는 방식과 절차를 다르게 사용하는 것이 더 효과적이다. 개념 학습의 방법은 크게 속성 모형, 원형 모형, 상황 모형으로 분류된다(Howard, 1987: 85-106, 136-154; 차경수, 1997: 173-181; 구정화, 1995: 18-31; 차조일, 1999: 227-246; 김영석, 2021: 217-225).

속성 모형은 **'연역적 방법'**에 의해 개념을 가르치는 방법이다. 즉, 개념의 정의와 결정적 속성을 먼저 제시하고, 그에 비추어 예와 비예를 검토하여 개념을 이해하도록 가르치는 방식이다. 반면에 원형 모형은 '귀납적 방법'에 의해 개념을 가르치는 방법이다. 즉, 개념의 원형 또는 대표 사례를 먼저 제시하고, 거기에서 공통된 속성과 정의를 도출하여 개념을 이해하도록 가르치는 방식이다. 상황 모형은 원형 모형과 마찬가지로 '귀납적 방법'에 의해 개념을 가르치는 방법을 사용한다.

2. 속성 모형

1) 속성 모형의 특징

속성 모형은 개념 학습의 방법 중에서 가장 오래된 것으로 '고전 모형'(classic model)이라고 부르기도 한다. '속성 모형'(attribute model)에 의하면, 개념의 인식은 경험들로부터 추출된 정보들로 구성되는데, 이 정보는 한 개 이상의 '결정적 속성' 또는 '정의적 속성'들의 목록으로 구성된다(Howard, 1987: 90-91). 다시 말하면 한 개념이 다른 개념과 구별되는 고유한 결정적 속성을 가지고 있기 때문에 개념이 성립되고, 모든 개념의 결정적 속성은 항상 인식될 수 있다고 속성 모형은 가정한다(Banks, 1990: 94). 그래서 이 모형은 학생들이 그 개념의 결정적 속성 또는 정의적 속성을 추출할 수 있고, 결정적 속성 또는 정의적 속성에 의거해 개념을 이해한다는 것을 강조한다. 어떤 개념이 지닌 결정적 속성을 이해하면 그 개념을 더 잘 습득할 수 있다는 것이다.

개념이 형성되는 과정을 살펴보자. 우리가 많은 대상이나 사건을 관찰하거나 경험한 것들로부터 공통된 속성을 가진 것끼리 분류하여 하나로 명명하면, 공통된 대상이나 사건을 범주화하는 새로운 개념이 형성된다. 예컨대 수많은 종류의 날아다니는 것을 관찰하고, 그것들의 공통된 속성－'깃털을 갖고 있다', '부리를 갖고 있다', '알을 낳는다' 등－을 추출하여 한 범주로 분류하고, 그 범주들에 포함되는 모든 대상을 적절하게 부를 수 있는 용어로 '새'라는 개념을 붙인다(Howard, 1987: 90).

속성 모형에 따른 개념 학습에 관한 연구들은 개념의 결정적 속성을 잘 보여주는 '긍정적 사례'(positive examples)가 많이 제시될 때, 개념이 가장 효과적으로 학습된다는 점을 보여주었다(Banks, 1990: 91). 뉴욕, 파리, 서울 같은 도시의 긍정적 사례가 바티칸, 동베를린 같은 특수한 경우와 혼동되지 않도록 제시될 때, 학생들은 도시의 속성을 잘 인식하고 적절하게 구별할 수 있다는 것이다. 반면에 '부정적 사례'(negative examples)는 긍정적 사례와 반대되는 속성을 보여주는 예이고, 학생들이 다른 사례들과 혼동하지 않고 그 개념을 분명하게 식별할 수 있도록 도와준다. 예를 들면 자유의 부정적 사례는 지나친 방종이다.

2) 속성 모형의 교수 · 학습 과정

속성 모형에 따라 개념을 가르치려면, 교사는 먼저 개념을 정의하고 그 개념의 결정적 속성과 비결정적 속성을 검토한다. 그리고 개념으로 분류되는 대표 사례(긍정적 사례)와 그렇지 않은 비예(부정적 사례)를 제시한다. 그다음에 교사는 학생들이 개념을 정확하게 이해했는지를 확인하기 위해 새로운 현상이나 사례에 적용하여 설명하도록 요청한다.

차경수 · 모경환(2008: 214-216), 김영석(2021: 217-225) 등이 제시한 교수 단계를 수정하여, 속성 모형에서 개념을 가르치는 교수 · 학습 단계를 제시하면 다음과 같다:

속성 모형의 교수 · 학습의 과정

(1) 문제 제기	(2) 개념의 정의
(3) 개념의 결정적 속성 검토	(4) 개념의 예와 비예 제시
(5) 개념의 분석 및 이해도 확인	(6) 관련 현상의 검토

수업 목표: 사회집단의 의미를 알고, 관련 현상을 설명할 수 있다.

3) 속성 모형의 적용

속성 모형에 의거하여, '사회집단'이란 개념을 가르치는 교수 · 학습 과정을 살펴보면 다음과 같다:

속성 모형의 교수 · 학습 과정

▣ 단원: 고등학교 사회문화 II. 개인과 사회구조 2. 집단과 조직생활의 이해
▣ 개념: '사회집단'

1. 문제 제기:
   - 개념 관련 현상의 제시: 축구장 또는 야구장에서 붉은 티를 입고 응원하는 수천 명의 관중들 모습을 비디오로 보여준다.
   - 질문: 이 사람들을 하나의 집단이라고 부를 수 있는가? 있다면, 그 이유는 무엇인가? 없다면, 그 이유는 무엇인가?
2. 개념의 정의: 사회집단의 개념을 정리하고 설명한다.
   * 사회집단: 2인 이상의 사람들이 소속감을 갖고 지속적으로 상호작용하는 모임

3. 개념의 결정적 속성 검토
- 학생에게 사회집단의 결정적 속성과 비결정적 속성이 무엇인지 생각하도록 질문한다.
- 결정적 속성:
  - 구성원의 소속감과 공동체 의식 소유
  - 구성원의 지속적 상호작용
- 비결정적 속성:
  - 2인 이상의 모임
  - 공통의 규범 존재

4. 개념의 예와 비예 제시
- 사회집단의 개념과 결정적 속성에 비추어, 학생이 사회집단의 예와 비예를 제시하도록 질문한다.
- 사회집단의 예: 동문회, 학부모회, 시민단체, 노동조합
- 사회집단의 비예: 운동장에 노는 아이들, 농구장의 관중, 지하철의 승객들

5. 개념의 분석 및 이해도 확인
- 학생들에게 '사회집단의 다른 사례를 제시하고, 왜 그것이 사회집단으로 분류되는가'를 설명하도록 요청한다.
- 또는 학생들에게 모호한 사례(붉은 악마, 노사모 등)를 제시하고, '그것이 사회집단으로 분류되는지 아닌지'를 설명하도록 요청한다.
- 만약 학생들이 사회집단을 구별하지 못하고 이유를 설명하지 못한다면, 2단계로 돌아가 다시 사회집단의 개념, 속성, 예와 비예를 자세히 설명한다.

6. 관련 현상의 검토: 사회집단과 관련된 새로운 현상을 검토하게 한다.
- 학생들에게 '최근 증가된 연예인 또는 정치인의 팬클럽은 사회집단인가? 그런 집단이 우리 사회에 미치는 영향은 무엇인가'를 설명하도록 요청한다.

4) 속성 모형의 비판

속성 모형은 다른 대상과 구별되는 결정적 속성을 지닌 명확한 개념을 가르치는 데 효과적일 수 있다. 하지만 속성 모형은 개념 학습에서 여러 가지 한계를 드러냈다(Howard, 1987: 91-93).

첫째, 속성 모형은 모든 개념의 결정적 속성은 항상 제시되고 인식될 수 있다고 가정했지만, 실제로 사회과를 구성하는 많은 개념들은 결정적 속성 또는 정의적 속성을 분명하게 갖고 있지 않다.

둘째, 사회과의 개념들은 편의상 범주화하여 서로 다르게 명명했지만, 실제로는 개념들의 범주 사이에 분명한 경계가 존재하기보다는 서로 중첩되는 경우가 많다. 그래서 사회과의 추상적 개념들은 고유한 결정적 속성을 추출하기 어렵고,

그러므로 결정적 속성에 의거하여 개념을 가르치는 것은 어렵다.

셋째, 속성 모형은 모든 사례에 공통된 결정적 속성을 통해 개념이 파악된다고 가정하지만, 학생들은 결정적 속성을 추출하는 데 어려움을 겪는다.

넷째, 개념의 형성에 있어서, 때때로 결정적 속성 또는 정의적 속성뿐만 아니라 비결정적 속성 또는 일반적 속성이 대상들을 범주화하는 데 사용된다는 점이다.

| 속성 모형의 특징과 비판 |

특징	• 결정적 속성을 통한 학습
비판	• 결정적 속성을 지닌 사회과학의 개념이 적음 • 사회과학적 개념들의 중첩성 • 학생이 결정적 속성을 추출하기 어려움

3. 원형 모형

1) 원형 모형의 특징

속성 모형이 여러 가지 한계를 드러내면서 그 대안으로 원형 모형이 제시되기 시작했다. '원형 모형'(prototype model)은 결정적 속성 또는 정의적 속성이 명확하지 않은 추상적 개념들을 가르치기 위해서 제시되었다. 이 모형에 따르면, 개념은 대상이나 사건의 결정적 속성에 의해 인식되는 것이 아니라 그 개념에 적합한 **'원형'** 또는 **'대표 사례'**(best example)에 의해서 인식될 수 있다(Howard, 1987: 93-100; 차경수, 1997: 176-177).

여기에서 **'원형'**(prototype)이란 그 개념에 속하는 대상이나 사례들을 이상적으로 추상화한 형상이다. 원형은 실제로 존재하는 대상이나 사례를 가리키는 것이 아니라 그 개념에 속한 대상과 사례의 공통된 속성을 모두 갖고 있는 이상적인 유형이다. 한마디로 원형은 어떤 대상이나 사례의 공통된 속성을 잘 드러내주는 이상적 형상 또는 대표 사례이다. 이러한 원형은 구체적 대상이나 사건을 파악하고 분류하는 기준이 되고, 그 원형에 얼마나 근접되어 있는가에 따라 어떤 대상이나 사례들이 그 개념으로 분류된다. 예컨대 '자본주의'의 원형은 실제로 존재하는 시장경제의 모습이 아니라 자본주의의 특성을 가장 잘 보여주기 위해 인위적으로 고안된 이상적인 유형이다. 자본주의의 원형은 '생산수단의 사유화', '사적 이윤의 추구', '경제활동의 자유' 같은 속성을 지닌 이상화된 유형이다. 이렇게 이상화된 유형의 자본주의는 현실 세계에 존재하지 않으며 우리가 자본주의라고 부르는 경제체제가 이런 속성을 모두 공유하고 있는 것은 아니다. 그럼에도 불구하고 우리는 자본주의의 원형에 의거해 현실 세계에서 작동하는 경제체제의 모습을 파악하고 그것에 근접한 형태의 경제체제를 보통 자본주의로 분류하여 설명한다.

실제로 사람들이 어떤 대상이나 사례들을 이해하는 과정은 어떤 단어의 의미를 이해하는 과정과 유사하다. 사람들은 사전에 규정된 단어의 전형적인 의미를 기억하고, 책을 읽다가 그 단어를 접하게 되면 그 단어의 전형적인(사전적인) 의미와 비교하여 그 의미를 이해한다. 만약 그 단어의 전형적인 의미와 비교하여 이해되지 않는다면, 다시 사전에서 그 단어의 다른 의미를 찾을 것이다. 마찬가지로 사람들이 '개'라는 동물을 인식하는 과정을 살펴보면, 사람들은 먼저 개의 속성이 아니라 개의 원형 또는 대표 사례를 기억하고, 개와 비슷한 동물을 만나게 되면 개의 원형과 비교하여 그 동물이 개인지 늑대인지를 구분한다.

2) 원형 모형의 교수 · 학습 과정

원형 모형에 따르면, 교사는 먼저 개념과 관련된 원형이나 대표 사례를 제시하고, 그 개념으로 분류되지 않는 비예를 설명한다. 그리고 교사는 학생들에게 원형이나 대표 사례를 통해서 그 개념이 지닌 공통된 속성을 찾게 하고, 공통된 속성에 의거해 개념을 정의하도록 한다. 그다음 학생들이 개념을 정확하게 이해했는지를 확인하기 위해 새로운 현상이나 사례에 적용하여 설명하도록 요구한다.

차경수 · 모경환(2008: 216-218), 김영석(2021: 217-225) 등이 제시한 교수단계를 수정하여, 원형 모형에서 개념을 가르치는 교수 · 학습 과정을 제시하면 다음과 같다:[1)]

1) 원형 모형을 지지한 학자들은 개념의 교수 · 학습 단계로 원형과 비예를 제시하는 단계까지만

| 원형 모형의 교수 · 학습의 과정 |

(1) 문제 제기	(2) 개념의 원형(대표 사례) 제시
(3) 개념의 비예 제시	(4) 개념의 속성 검토 및 정의
(5) 개념의 분석 및 이해도 확인	(6) 관련 현상의 검토

3) 원형 모형의 적용

원형 모형에 의거하여, '계급'이란 개념을 가르치는 교수·학습 과정을 살펴보면 다음과 같다:

원형 모형의 교수 · 학습 과정

▣ 단원: 고등학교 사회문화 II. 개인과 사회구조 3. 사회계층 현상의 이해
▣ 개념: 계급

1. 문제 제기:
   - 개념 관련 현상의 제시: 로또 복권 1등에 당첨되어 50억을 받은 회사원에 관한 신문기사를 읽어준다.
   - 질문: 이 사람은 어떤 계급에 속하는가? 그 이유는 무엇인가?

2. 개념의 원형(대표 사례) 제시
   - 계급의 대표 사례를 제시하고 어떤 기준이나 근거로 계급에 포함되는지를 설명한다.
     - 부르주아(자본가 계급) vs. 프롤레타리아(노동자 계급)

3. 개념의 비예 제시
   - 계급의 비예를 제시하고, 그것이 계급으로 분류되지 않는 기준이나 근거를 설명한다: 로또 복권 50억에 당첨된 말단 회사원은 복권 당첨으로 돈을 많이 소유했을 뿐이지 생산수단이나 노동에 대한 통제력을 소유한 것은 아니기 때문이다.

4. 개념의 속성 검토 및 정의
   - 학생들에게 계급의 중요한 속성이나 분류 기준이 무엇인지 생각하도록 질문한다.
   - 계급의 속성 또는 분류기준:
     - 생산수단의 소유 여부(K. Marx: 자본가 계급－노동자 계급)
     - 생산수단과 노동의 통제력 소유 여부
       (E. O. Wright: 자본가－관리자－자영업자－노동자)
   - 원형과 속성에 근거하여 학생이 계급의 개념을 정의하도록 유도한다.

제안하고, 나머지 단계를 구체적으로 언급하지 않았다(차경수, 1997: 178). 하지만 개념을 분명하게 이해하고 적용하는 능력을 길러주기 위해서는 개념의 특성을 검토하고 실제 대상이나 사례에 적용하는 단계가 필요하기 때문에 추가하였다.

- 계급: 사회적 자원의 불평등한 분배에 따라 발생된 비대칭적 구조에서 유사한 위치를 차지하고 있는 사람들의 집합체

5. 개념의 분석 및 이해도 확인
   - 학생들에게 계급의 다른 사례를 제시하고, '왜 그것이 계급으로 분류되는가'를 설명하도록 요청한다.
   - 또는 학생들에게 모호한 사례를 제시하고, '그것이 계급으로 분류되는가 아닌가'를 설명하도록 요청한다.
   - 만약 학생들이 계급을 구별하지 못하고 이유를 설명하지 못한다면, 2단계로 돌아가 다시 계급의 개념과 원형, 비예, 속성을 자세히 설명해준다.
6. 관련 현상의 검토: 계급과 관련된 새로운 현상을 검토하게 한다.
   - 학생들에게 '최근 많은 돈을 벌고 있는 변호사, 의사, 교수 등은 어느 계급에 속하고, 그들은 우리 사회에 어떤 영향을 미치고 있는가'를 설명하도록 요청한다.

4) 원형 모형의 비판

속성 모형과 달리, 원형 모형은 결정적 속성이 명확하지 않은 추상적 개념을 원형이나 대표 사례를 제시하여 보다 효과적으로 가르칠 수 있는 장점이 있다. 하지만 원형 모형도 몇 가지 한계를 지니고 있다.

첫째, 사람들이 실제로 개념을 습득하는 경우에, 반드시 원형에 의거하여 어떤 대상이나 사례를 분류하는 것이 아니라 다른 기준이나 사례에 의거해 분류한다는 것이다.

둘째, 원형 모형 자체는 여러 가지 사례들이 같은 개념으로 분류되는 기준을 분명하게 제시하기 어려운 문제점이 있다.

셋째, 어떤 개념은 그 개념과 관련된 사회적 상황, 다른 개념들과의 연관성 등을 통해 파악되는데, 원형 모형은 그것을 충분히 고려하지 못하는 한계를 지녔다.

| 원형 모형의 특징과 비판 |

특징	• 대표 사례(원형)를 통한 학습
비판	• 사람들이 원형에 의거해 대상을 분류하지 않음 • 여러 사례들이 한 개념으로 분류되는 기준을 분명하게 제시하기 어려움

4. 상황 모형

1) 상황 모형의 특징

사회과의 개념들 중에는 사회적 상황이나 역사적 배경 속에서 등장한 개념이 있다. 그런 개념은 사회적 상황이나 역사적 배경과 관련시킬 때 보다 효과적으로 이해될 수 있다. 이 개념의 경우에는 속성 모형이나 원형 모형보다는 상황 모형으로 가르치는 것이 더 적합할 것이다.

상황 모형(social context model)은 행위의 맥락과 다른 개념들과의 연관성, **'학생의 경험** 또는 **사회적 상황'** 속에서 여러 가지 사례들을 결합시키는 방식으로 개념이 인식된다는 점을 강조한다. 다시 말하면 학생들이 진공상태에서 개념을 이해하는 것이 아니라 **사회적 상황** 속에서 이해한다는 점을 강조한다(차경수, 1997: 178-179). 즉, 사회과에서 다루는 개념들은 그 사회의 상황, 역사적 배경, 문화적 전통 등과 관련시켜야 적절하게 이해될 수 있다.

예컨대 고대 아테네의 민주정치, 근대의 자유권, 현대의 복지권 같은 개념은 그 사회의 특수한 상황, 역사적 배경, 문화 등과 연관시켜 파악하지 않으면 적절하게 이해되기 어렵다. 따라서 이러한 개념은 상황 모형에 따라 설명하는 것이 더 효과적이다.

상황 모형은 인간의 두뇌는 행위의 맥락과 다른 개념들과의 연관성 속에서 사례들을 직관적으로 결합시키는 방식으로 개념을 인식한다고 제안한다. 예를 들면 '생일파티' 개념의 인식 과정을 생각해 보자. 파티가 본질적 속성이지만, 생일파티는 '특별한 날을 기념하는 의례', '사람들이 선물을 주고받는 상호작용 방식', '어른이 되어가는 것의 축하'와 같은 사회적 맥락이나 다른 개념과의 연관성 안에서 적절하게 이해될 수 있다(Banks, 1990: 96).

2) 상황 모형의 교수 · 학습 과정

상황 모형에 따라 가르칠 경우, 교사는 먼저 개념과 관련된 사회적 상황 또는 학생의 경험 등을 제시하고 그에 적합한 예와 그렇지 않은 비예를 제시한다. 그다음 교사는 학생들에게 개념의 속성을 찾고, 관련 상황과 속성에 의거하여 개념을 정의하도록 한다. 그다음 개념을 이해했는지를 확인하기 위해 새로운 대상이나 사례에 적용하도록 요구한다.

차경수·모경환(2008: 219-220)이 제시한 교수단계를 수정하여, 상황 모형에서 개념을 가르치는 교수·학습 과정을 제시하면 다음과 같다:

상황 모형의 교수·학습 과정

(1) 문제 제기	(2) 관련된 상황 또는 경험 제시
(3) 개념의 예와 비예 제시	(4) 개념의 속성 검토 및 정의
(5) 개념의 분석 및 이해도 확인	(6) 관련 현상의 검토

3) 상황 모형의 적용

상황 모형에 의거하여, '자유권'이란 개념을 가르치는 교수·학습 과정을 살펴보면 다음과 같다:

상황 모형의 교수·학습 과정

▣ 단원: 고등학교 정치 III. 우리나라의 민주정치 2. 국민의 권리와 의무
▣ 개념: 자유권

1. 문제 제기:
   - 개념 관련 현상의 제시: 두발 제한 폐지를 주장하기 위해 촛불집회를 하는 고등학생들에 대한 뉴스를 보여준다.
   - 질문: 고등학생들이 왜 촛불집회를 하고 있는가? 학생들이 두발 제한 폐지를 주장하는 근거는 무엇인가?
2. 관련된 상황 또는 경험 제시
   - 자유권이 등장했던 근대의 사회적 상황과 시민혁명에 대해 설명한다.
     - 자유권의 등장 배경: 중세의 신분제 사회와 신분의 구속, 사회 계약론, 시민혁명의 발생
   - 또는 학생들이 자유권을 침해당했던 경험을 제시하고 설명한다.
     - 자유권의 침해 경험: 두발 제한, 체벌과 욕설, 종교시간의 강제 참여
3. 개념의 예와 비예 제시
   - 자유권의 예를 제시하고, 그것이 자유권으로 분류되는 이유를 설명한다: 신체, 인격, 사상, 직업 선택, 거주 이전, 종교, 언론, 출판, 집회, 표현의 자유

- 자유권의 비예를 제시하고 그것이 자유권으로 분류되지 않는 이유를 설명한다: 학생이 수업 시간에 자는 것은 신체의 자유 또는 수면권이라고 보기 어렵다. 학교의 본래 목적은 잠자는 곳이 아니다. 수업 중 수면은 수업 시간에 학생이 할 수 있는 기본적인 행위 방식과 규칙을 위반한 잘못된 행위이고, 또 교사의 수업권과 다른 학생의 학습권을 본질적으로 부정하는 행위이다.

4. 개념의 속성 검토 및 정의
   - 학생들에게 자유권의 중요한 속성이 무엇인지 생각해보도록 질문한다.
   - 자유권의 속성:
     - 국가권력이나 타인으로부터 구속 또는 속박을 받지 않는 상태
     - 자신이 원하는 대로 말하고 행동하는 것
   - 관련된 상황이나 경험, 속성에 근거하여, 학생이 자유권의 개념을 정의하도록 유도한다.
     - 자유권: 국가권력이나 타인으로부터 구속받지 않고 자신이 원하는 대로 할 수 있는 권리

5. 개념의 분석 및 이해도 확인
   - 학생들에게 '자유권의 다른 사례를 제시하고, 왜 그것이 자유권으로 분류되는가'를 설명하도록 요청한다.
   - 또는 학생들에게 다른 평등권이나 복지권의 사례를 제시하고, '왜 그것이 자유권으로 분류되지 않는가'를 설명하도록 요청한다.
   - 만약 학생들이 자유권을 구별하지 못하고 이유를 설명하지 못한다면, 2단계로 돌아가 다시 자유권의 개념과 관련 상황, 예와 비예, 속성을 자세히 설명해준다.

6. 관련 현상의 검토: 자유권과 관련된 새로운 현상을 검토하게 한다.
   - 학생들에게 '교사의 체벌이 자유권의 침해인지 아닌지'를 설명하도록 요청한다.

4) 상황 모형의 비판

상황 모형은 사회적 상황이나 역사적 배경 속에서 나타난 개념들을 가르치는 데 효과적이지만, 몇 가지 한계를 지녔다.

첫째, 특정한 사회의 상황이나 역사 속에서 도출된 개념은 다른 모든 사회와 시대에 보편화하기 어려운 한계를 지닌다.

둘째, 상황 모형에 따라 개념을 가르칠 경우에, 사회적 상황이나 역사에 대한 배경지식과 경험이 부족한 학생들은 그 개념을 이해하기 어렵다는 점이다.

셋째, 상황 모형은 개념과 관련된 사회적 상황, 역사적 배경, 학생의 경험 등을 제시한다는 점을 제외하고는 교수・학습 방식에 있어서 원형 모형과 별로 차이가 없다. 원형 모형처럼 개념의 대표 사례를 제시하는 것 대신에 상황 모형은

개념과 관련된 사회적 상황, 학생의 경험 등을 제시하는 차이가 있을 뿐이고 나머지 교수·학습의 절차와 방식은 두 모형이 유사하다.

상황 모형의 특징과 비판

특징	• 상황 또는 학생 경험을 통한 학습
비판	• 특정 상황에서 도출된 개념은 모든 상황에 보편화하기 어려움 • 배경 지식과 경험이 부족한 학생은 이해하기 어려움

5. 개념 학습의 효과와 전략

1) 개념 학습의 효과

앞에서 개념 학습의 3가지 모형에 대하여 살펴보았는데, 어느 모형이 개념의 학습에서 더 효과적이라고 단정하기 어렵다. 개념 학습에 관한 연구들은 효과적인 모형과 교수·학습 방법을 제시하고 있다. 개념 학습의 연구 동향을 살펴보면 다음과 같다(이경한, 2004: 44-46).

첫째, 개념 학습 모형의 효과를 검증하는 연구이다. 개념의 학습에서 속성 모형에 따라 결정적 속성을 제시하는 것이 효과적인가 또는 원형 모형에 따라 원형 또는 대표 사례를 제시하는 것이 더 효과적인가에 대한 연구이다. 그리고 개념 학습에서 긍정적 사례(예)와 부정적 사례(비예) 중에 어느 것을 제시하는 것이 더 효과적인가에 대한 연구가 있다. 여러 가지 연구 결과들을 살펴보면, 학습자의 수준, 개념의 종류와 특성에 따라 효과적인 개념 학습의 모형과 방법이 다르게 나타났다.

실제 연구 결과들을 보면, 중학교 1학년의 경우 개념의 형성과 유지는 '대표 사례'를 제시하는 교수 방법이 결정적 속성을 제시하는 교수 방법보다 더 효과적이라는 연구 결과가 있다(김미정, 1988: 38-48). 개념의 '긍정적 사례'가 많이 제시될 때 개념은 더 효과적으로 학습된다는 연구 결과도 있다(Banks, 1990: 91). 또한 긍정적 사례 또는 부정적 사례 1가지만 제시하는 것보다는 긍정적 사례와 부정적 사례를 함께 제시하는 것이 더 효과적이라는 주장이 있다.

둘째, 학습자의 특성에 적합한 개념 학습의 방법을 찾는 연구이다. 학습자의 인지 발달 단계, 인지 능력, 연령, 계층적 요인 등이 개념 학습에 어떤 영향을 미치는가를 밝혀내는 연구이다. 연구 결과에 따르면, 학생의 '지능과 성적'은 개념의 학습에서 큰 영향을 미치는 것으로 나타났다. 반면에 사회 계층적 요인이 개념의 획득에 큰 영향을 미친다고 보는 연구 결과도 있고 큰 영향이 없다는 주장도 있다.

셋째, 개념의 특성을 고려하여 적합한 개념 학습의 방법을 찾는 연구이다. 구체적 개념의 학습은 결정적 속성에 의한 학습 방법(속성 모형)이 대표 사례에 의한 학습 방법(원형 모형)보다 더 효과적이라는 연구 결과가 있다(김혁진, 1993: 33-42). 또한 경쟁과 갈등, 혁명과 반란 등 서로 공통된 속성을 갖고 있는 동위 개념은 결정적 속성을 강조하는 속성 모형보다는 대표 사례를 강조하는 원형 모형에 의해 학습하는 것이 더 효과적이라는 연구 결과가 있다(구정화, 1995: 78-105).

2) 개념 학습의 전략

이러한 연구 결과에 따르면, 교사는 개념의 특성, 학생의 지적 수준과 경험을 고려하여 적합한 개념 학습의 모형과 교수·학습 방법을 결정해야 한다. 그런 과정을 통해 개념 학습의 모형을 선택했을지라도, 개념의 교수·학습 과정이 반드시 그 모형에서 제시한 단계와 절차에 따라 엄격하게 이루어질 필요는 없고, 교수·학습 절차와 방식은 융통성 있게 적용될 수 있다.

각 모형마다 교수 방법과 절차가 다르지만, 개념 학습에서 학생의 이해력과 통찰력을 길러주기 위해서 교사가 주의해야 할 몇 가지 지침들을 살펴보면 다음과 같다(Martorella, 1991: 143-144):

(1) 그 개념에 적합한 예를 논리적 순서대로 배열하여 제시하라. 이 경우에 개념의 원형에 적합한 예를 제시하라.

(2) 예와 비예 사이의 유사성, 차이점, 결정적 속성 등에 대해서 토론할 수 있는 단서, 방향, 질문 등을 제시하면서 개념의 학습을 활성화시켜라.

(3) 제시된 예들을 최적의 예와 비교하도록 요청하고, 비교가 적합한지를 토론하면서 점검하라.

(4) 결정적 속성이 명확하지 않거나 모호한 개념이라면, 가장 적합하다고 생각되는 예들의 특성을 제시하도록 하라.

(5) 개념의 정의가 명백하다면, 적절한 단계에서 개념을 정의하고, 그 정의를 속성이나 예와 연결시켜라.

(6) 현재 가르치려는 개념과 학생이 이미 학습하여 알고 있는 개념이나 경험을 연관시켜 토론시켜라.

(7) 개념의 학습 중간에 비예를 제시하면서 학생들이 그 개념을 이해했는지를 확인하는 과정을 가져라.

(8) 학생들이 학습한 개념을 새로운 상황에 적용하거나 새로운 예를 창의적으로 제시하도록 요청함으로써 학습의 고차원적 단계를 평가하는 과정을 가져라.

6. 일반화 학습

1) 일반화의 의미

일반화는 사실이나 개념보다 높은 수준의 지식이다. '일반화'(generalization)는 개념들 사이의 상관관계를 설명한 진술이다(Banks, 1990: 97). 즉, 일반화는 개념들 사이의 관계를 설명하는 '보편적 진술'이다.

현재 사회과에서 다루고 있는 일반화를 살펴보면 다음과 같다.

사회과의 일반화

- 자연환경은 인간의 생활방식에 영향을 미친다.
- 상품의 가격은 수요와 공급에 의해 결정된다.
- 지역(국가)의 경제활동은 다른 지역(국가)의 경제활동과 상호의존 관계에 놓여 있다.
- 사회는 질서 유지를 위하여 여러 가지 제도를 만든다.
- 한 지역의 문화는 다른 지역의 문화와 서로 영향을 주고받는다.
- 조선시대에 신분은 출생과 혈통에 의해 정해졌다.

일반화는 사실이나 개념들의 상관관계를 설명하는 진술이지만, 그것이 설명할 수 있는 현상이나 대상은 일반적이고 포괄적이다. 일반화는 그것이 지닌 보편성의 정도에 따라 높은 수준과 낮은 수준의 일반화로 구분될 수 있다. 이러한 일반화는 개념보다 다양한 현상을 이해하고 예측할 수 있도록 해준다. 또한 일반화는 개념들의 상관관계를 구조화시켜서 이해하고 복잡한 현상이나 대상들의 관계를 구조적으로 파악할 수 있도록 해준다. 그래서 개념 학습 이후에 개념들 간의 구조를 파악하도록 가르치는 일반화 학습이 요구된다.

2) 일반화 학습의 방법

전통적으로 교사들은 강의를 통해 일반화를 전달해왔다. 강의식 수업에서 일반화는 대부분 연역적 방식, 즉 학생이 일반화된 진술을 배운 후에 구체적인 상황에 적용할 수 있는 사례를 찾도록 가르쳤다(Banks, 1990: 97).

그러나 사람들이 어떤 현상에 대해 인식하고 일반화하는 과정을 보면 거꾸로 '귀납적 방식'을 따른다. 사람들은 구체적 사실들을 관찰하여 유사한 것끼리 분류하여 개념을 만들고, 관련 자료를 분석하여 그 개념들 사이의 상관관계를 설명하는 진술을 만든다. 이처럼 일반화는 다음과 같이 '귀납적 과정'을 거쳐 형성된다.

사실의 관찰 → 개념 형성 → 자료 분석과 추론 → 일반화의 형성그러므로 학생이 일반화를 학습하는 과정도 이러한 귀납적 과정에 따라 이루어지는 것이 좋다. 일반화를 가르치는 방법으로 유명한 것은 H. Taba가 1969년에 개발한 **'자료 검색 도표'** 또는 **'자료 인출 도표'**(Data Retrieval Chart)이다(차경수 · 모경환, 2008: 224-226). 자료 검색 도표는 일반화와 관련된 개념들과 그 개념들의 상관관계를 도표로 만들어 제시한다. 그러면 학생들이 그 개념과 관련된 자료들을 검색하고 찾아와서 도표의 빈칸을 채운다. 그다음 학생들은 자료를 분석하여 개념들의 상관관계를 찾아낸다. 결론적으로 학생들은 자료에 근거하여 개념들 사이의 상관관계를 설명하는 진술, 즉 일반화를 형성한다.

예컨대 계층의 불평등 현상과 관련된 일반화를 학습하는 과정을 생각해보자. 일류 대학에 진학한 학생들의 절반 이상이 그 부모가 고소득 전문직에 종사한다는 사실이 밝혀졌다. 이런 사실들을 관찰하고 그 사실들과 관련하여 부모의 사회 · 경제적 지위, 학생의 학업 성취도, 대학 진학률 같은 개념을 형성한다. 그다음 개념들의 상관관계를 다음과 같이 도표로 만든다. 그러면 학생들은 그 개념들과 관련된 자료를 검색하여 도표의 빈칸을 채운다. 학생들은 자료를 분석하여 부모의 사회 · 경제적 지위, 학생의 학업 성취도, 대학 진학률 사이의 상관관계를 찾아낸다. 결론적으로 학생들은 자료에 근거하여 "부모의 사회 · 경제적 지위가 높을수록 자녀의 학업 성취도와 대학 진학률이 높다"라는 일반화를 도출한다.

| 일반화 학습을 위한 자료 검색 도표 |

<table>
<tr><th rowspan="3">관련된 개념</th><th colspan="5">• 부모의 경제적 지위</th></tr>
<tr><th colspan="2">상류층</th><th colspan="2">중류층</th><th>하류층</th></tr>
<tr><th>5분위</th><th>4분위</th><th>3분위</th><th>2분위</th><th>1분위</th></tr>
<tr><td>• 자녀의 학업 성취도</td><td colspan="5">(학생이 자료를 찾아 도표를 채운다)</td></tr>
<tr><td>• 자녀의 대학 진학률</td><td colspan="5"></td></tr>
</table>

이러한 자료 검색 도표를 활용하여 일반화를 가르치기 위한 교수 · 학습의 과정은 다음과 같이 제시될 수 있다.

| 일반화 학습의 교수 · 학습 과정 |

(1) 문제 제기	(2) 관련 개념의 정의
(3) 자료 검색 도표의 작성	(4) 자료의 수집
(5) 개념의 상관관계 분석	(6) 일반화의 도출

3) 일반화 학습의 적용

일반화 학습의 과정

1. 문제 제기
    - 사교육 열풍 관련 신문 기사 또는 뉴스 영상을 보여준다.
    - 학생의 학력 신장과 관련된 요소가 무엇인지 질문하고 발표하게 한다.

2. 관련 개념의 정의
    - 사실들을 설명하는 데 관련된 개념들을 정의한다.
      - 학력, 부모의 사회적 · 경제적 지위
    - 개념들의 상관관계를 검증하는 데 필요한 자료가 무엇인지 질문하고, 학생들이 토의하여 자료를 선정하게 한다.
      - 학력: 학업 성취도, 대학 진학률
      - 부모의 사회적 · 경제적 지위: 소득, 직업

3. 자료 검색 도표의 작성
    - 관련된 개념들의 상관관계를 나타내는 '자료 검색 도표'를 만든다.

4. 자료의 수집
    - 학생이 개념과 관련된 자료를 검색하고 수집하여 도표의 빈칸을 채운다.
      - 통계청의 조사자료, 교육부의 학업 성취도, 수학능력시험 자료

5. 개념의 상관관계 분석
    - 학생이 자료를 분석하여 관련 개념들 사이의 상관관계를 분석한다.
      ※ 부모의 사회적 · 경제적 지위 → 자녀의 학력

6. 일반화의 도출
    - 학생이 자료에 근거하여 개념들 사이의 상관관계를 찾아내어 보편적 진술을 만든다.
      "부모의 사회 · 경제적 지위가 높을수록 자녀의 학력이 높다."

제7장 문답식 수업과 질문법

문답법 또는 대화법은 고대 그리스 시대부터 사용되어 왔고, 소크라테스는 사람들의 무지를 깨닫고 참된 진리를 인식하게 하는 방법으로 문답법을 사용한 것으로 기록되어 있다. 그래서 보통 서양에서 대화법의 기원을 소크라테스에서 찾고 있다. 소크라테스의 문답법은 현재에도 유용한 교수전략으로 받아들여지고 있다.

교사의 질문과 학생의 대답을 통해 사고력을 발달시키고자 하는 대화식 교수방법이 문답식 수업이다. 문답식 수업에서 발달시키고자 하는 고차적 사고력이 무엇인가에 따라 제기되는 질문의 형태와 수준이 달라진다. 또한 질문의 내용과 형태에 따라 문답식 수업의 방식과 절차가 달라진다. 문답식 수업에서 교사는 학생의 수준에 맞게 다양한 형태와 수준의 질문을 제기함으로써 학생이 자율적으로 해답을 찾아가면서 고차적 사고력을 신장하도록 도와주어야 한다.

최근 '질문이 있는 수업'이 강조되면서 질문에 기반한 수업이 다양하게 시도되고 있다. 이처럼 질문을 중심으로 교사와 학생이 소통하고 상호작용하는 수업방법이 일종의 문답식 수업이다. 수업 내용과 학생의 수준에 맞추어 다양한 형태의 질문을 제기함으로써 학생이 스스로 생각하고 배우는 자기 주도적 학습을 하는 기회를 제공할 수 있다.

1. 문답식 수업의 의미와 목표

1) 문답식 수업의 의미

요즘 질문 있는 수업이 유행하면서, 질문을 많이 하면 문답식 수업이 된다고 착각하는 경우가 많다. 하지만 '문답식 수업'(question and answer method)은 교사가 다양한 수준과 형태의 질문을 하고 학생이 스스로 해답을 찾게 함으로써 고차적 사고력을 신장시키려는 교수·학습 방법이다. 문답식 수업은 주로 교사의 다양한 질문에 따라 학생이 자율적으로 사고하여 해답을 찾도록 진행하는 것이다. 이런 측면에서 문답식 수업은 '문답법' 또는 '질문법'(questioning)이라고 부르기도 한다.

문답식 수업은 소크라테스의 문답법에서 그 기원을 찾을 수 있다. 소크라테스는 질문을 통해 학생이 스스로 사고하고 참된 진리 또는 지식을 인식하도록 도와주는 방법, 즉 문답법을 사용하였다. 그는 지식이나 진리는 주입할 수 있는 것이 아니라 학생이 스스로 깨닫는 것이라 믿었기 때문이다.

그는 끊임없는 질문을 통해 상대방이 무지를 자각하고 진리 또는 지식을 인식하도록 도와주는 방법을 사용했다. 이러한 문답법은 크게 반문법과 산파법으로 이루어진다. '반문법'은 어떤 것에 대해 이미 잘 알고 있다고 생각하는 사람에게 질문을 통해 자신이 실제로 그것에 대해 알지 못한다는 사실을 깨닫게 해주는 질문법이다. 이런 무지의 자각이 그것에 대한 호기심을 갖고 적극적으로 탐구하는 데 참여함으로써 참된 지식을 얻기 위한 첫째 단계이다. '산파법'은 반문법에 의해 갖게 된 탐구의 동기와 열정을 새로운 지식의 산출로 나타나게 하는 질문법이다. 산파법은 교사가 학생을 도와서 학생 스스로 어떤 진리를 분명하게 인식하고 산출해내도록 만드는 방법이다.

이처럼 소크라테스의 문답법은 주로 질문과 대답을 통해 상식적 지식을 아는 자에서 진리를 아는 자로 변화시키는 것이다. 소크라테스의 문답법은 (1) 무의식적 무지의 상태 →(2) 의식적 무지의 상태 →(3) 합리적 지식의 상태에 이르도록 만드는 변증법적 과정이다(임태평, 2000: 124-125).

소크라테스의 문답법

형태	• 반문법: 어떤 것에 대해 모른다는 것을 깨닫게 하는 질문 방법 • 산파법: 스스로 진리를 인식하도록 도와주는 질문 방법
과정	(1) 무의식적 무지의 상태 (2) 의식적 무지의 상태 (3) 합리적 지식의 상태(진리의 인식)
목표	• 무지의 자각 → 진리의 인식

2) 문답식 수업의 목표

소크라테스의 문답법과 달리, 오늘날 문답식 수업은 주로 '고차적 사고력'의 발달을 목표로 한다. 문답식 수업은 교사가 다양한 수준과 형태의 질문을 제기하고 학생들이 자유롭게 대답하는 대화식 수업 방법이다. 문답식 수업에서 교사와 학생은 교과서의 지식이나 자료를 그냥 받아들이는 것이 아니라 질문과 대답의 과정을 통해 의문을 제기하고 그것의 신뢰성과 타당성을 분석하고 그 뒤에 놓여 있는 가정이나 관념을 평가한다. 이런 문답의 과정을 통해 학생들은 기존에 당연시하던 것들에 대해 의문을 제기하고 비판적으로 평가할 수 있다. 이런 측면에서 문답식 수업은 지식의 전달보다는 **'고차적 사고력'**을 발달시키고자 하는 교수 방법이라 할 수 있다.

문답식 수업은 강의식 수업보다 학생들이 학습의 목표와 내용을 분명하게 인식하고, 수업에 능동적으로 참여할 기회를 주며, 교사와 학생이 민주적으로 의사소통할 수 있게 해준다. 실제로 경험적 연구에 의하면, 문답식 수업이 강의식 수업보다 학생의 학업 성취도와 사고력을 더 크게 신장시키는 것으로 나타났다(김재섭, 1990: 63-69).

그러나 교사와 학생의 의사소통이 민주적으로 이루어지지 않고, 우수한 학생에게 대답의 기회가 집중될 경우, 문답식 수업의 효과가 달성되기 어렵다. 따라서 교사는 학생들이 자유롭게 질문하고 대답할 수 있는 수업 분위기를 만들어야 한다. 한마디로 교사가 교실을 **'민주적인 의사소통의 장'**으로 만들 때, 고차적 사고력을 신장시키는 문답식 수업이 성공할 수 있다.

2. 문답식 수업의 장점과 단점

1) 문답식 수업과 질문의 효과

문답식 수업은 주로 교사의 질문과 학생의 대답으로 진행되기 때문에, 교사가 다양한 수준과 형태의 질문을 효과적으로 제기하는 것이 중요하다. 문답식 수업의 성패는 질문의 수준과 방법에 달려 있다.

그런데 많은 교사들이 수업 시간에 질문을 하고 있지만, 과거 학습한 내용의 기억, 단순 사실의 확인, 교사의 설명에 대한 동조, 학습 내용의 이해도 확인 등을 위해 단순한 형태의 질문을 사용하고 있다. 실제로 경험적 연구들에 의하면, 교사들 대부분은 단순한 지식을 확인하는 형태의 질문을 많이 하였다(Banks, 1977: 148).

사회과에서 효과적인 질문은 학생의 언어 사용과 인지적 사고 활동을 촉진하는 데 기여한다. 그동안 사고와 언어(말)의 사용은 별개의 것으로 간주되어 왔으나, 비고츠키(L. S. Vygotsky)는 경험적 연구를 통해 인간의 사고와 의식이 언어 속에 반영되어 있다고 주장했다. 아동의 언어 발달과 지적 발달은 분리될 수 없고, 풍부한 언어를 사용하는 어른들과의 대화는 아동의 지적 능력을 발달시키는 데 중요한 요소라는 점을 보여주었다(Vygotsky, 1986: 210-256).

질문은 교사와 학생의 민주적인 의사소통을 돕고 학생의 다양한 사고를 촉진하도록 도와준다. 다양한 수준과 형태의 질문은 학생이 귀를 기울이게 하고 생각을 자극하여 마음을 열게 도와준다. 또한 질문은 정보를 얻고 해답을 찾아 스스로 문제를 해결하도록 도와준다(Leeds, 2003: 30-279).

실제로 외국의 경험적 연구들은 질문의 효과적인 사용이 고차적 사고력과 언어 사용 능력을 발달시키는 데 기여한다는 사실을 보여준다. 터프(J. Tough)는 사회·경제적 집단의 차이가 학생들이 언어를 사용하는 다양한 방식에 영향을 미친다는 사실을 발견했다. 즉, 낮은 사회·경제적 집단의 아동들은 대안을 고려하고 예측하는 것, 타인의 삶을 상상하는 것 같은 복합적 사고를 표현하는 언어를 더 적게 사용하였다(Woolever & Scott, 1988: 297, 315). 우리나라의 경험적 연구에서도 비슷한 결과가 나타났다. 교육내용의 적용, 해석, 분석, 종합, 평가 같은 높은 수준의 질문은 고차적 사고력을 향상시키는 데 효과적인 것으로 드러났다(이광성, 1997: 75-89).

또한 높은 수준의 질문은 학생의 인지적 행동과 고차적 사고력, 풍부한 언어 사용 능력을 발달시키는 데 기여한다. 그래서 많은 학자들이 비판적 사고력을 신장시키기 위해서는 높은 수준의 질문을 해야 한다고 주장했다(Wilen, 1996: 132). 블룸(B. Bloom)과 길퍼드(J. P. Guildford)가 제시했듯이, 질문은 지식의 영역에서부터 평가의 영역으로 확대하거나 구체적 사고에서부터 추상적 사고 또는 확산적 사고를 요구하는 형태로 제시되는 것이 바람직하다.

높은 수준의 질문을 할 때, 교사가 기다리는 시간은 학생들의 고차적 사고를 자극하는 중요한 요인이 된다. 따라서 교사는 질문을 던진 후 학생들이 생각하고 대답할 시간을 적어도 10초 이상 주어야 한다. J. T. Dillon(1981), K. G. Tobin과 W. Capie(1982), J. N. Swift와 C. T. Gooding(1987)의 연구에 의하면, 학생 대답의 질은 교사가 질문한 후 기다리는 시간을 3~5초 연장했을 때 더욱 향상되었다(이성호, 1999: 202-203, 인용). 교사가 질문 후 충분히 기다려 주고, 학생이 더 길게 대답하도록 하는 것은 고차적 사고력을 더 향상시키는 것으로 나타났다(Wilen, 1996: 132-133).

이런 연구 결과들은 교사가 학생들에게 문제에 대해 충분히 생각하고 해결하도록 질문함으로써 고차적 사고력과 언어 사용 능력을 향상시킬 수 있다는 점을 알려준다. 또한 교사는 낮은 수준의 질문을 함으로써 학생들의 사고를 억제할 것이 아니라 높은 수준의 질문을 제기함으로써 고차적 사고력과 언어 사용 능력을 발달시켜야 한다는 점을 알려준다.

| 문답식 수업 |

의미	• 질문과 대답의 과정을 통해 사고력을 신장시키려는 교수 방법
목표	• 고차적 사고력, 언어 사용 능력의 발달
특징/장점	• 교사와 학생의 쌍방향 의사소통과 상호작용 • 동기 부여 및 학생의 능동적 참여 가능 • 학생의 주체적 학습 가능 • 고차적 사고력과 언어 사용 능력의 발달에 기여
단점	• 대집단 학습에 사용 곤란 • 우수 학생 중심의 수업이 되고 다른 학생은 소외되기 쉬움 • 지식을 효과적으로 전달하는 데 한계

2) 문답식 수업의 장점과 단점

강의식 수업과 달리, 문답식 수업은 질문과 대답의 과정을 통해 학생이 능동적으로 수업에 참여하면서 스스로 사고하도록 촉진하는 교수 방법이다. 이런 문답식 수업은 학습의 동기 유발, 학생의 능동적 참여, 교사와 학생의 의사소통, 학생의 고차적 사고력 신장 등에 기여할 수 있다.

여러 학자들의 의견을 종합하여(변영계 외, 2008: 109-110; 노은호 · 민경일, 2004: 109), 문답식 수업의 장점을 살펴보면 다음과 같다:

- 학습 동기를 부여하여 학생이 능동적으로 수업에 참여한다.
- 학생 스스로 사고하고 문제의 해답을 찾는 기회를 제공한다.
- 학생의 주체적인 학습을 가능하게 한다.
- 교사와 학생의 지적인 상호작용과 의사소통을 증진한다.
- 분석, 종합, 평가, 비판적 사고, 문제 해결 등 고차적 사고력을 신장시키는 데 기여한다.

그렇지만 여러 학자들의 의견을 종합하면(변영계 외, 2008: 110; 노은호 · 민경일, 2004: 109-110), 문답식 수업은 다음과 같은 단점을 지니고 있다.

- 학생 수가 많은 대집단의 경우에 사용하기 어렵다.
- 학생이 교사의 요구에 맞게 대답하려는 경향을 나타낸다.
- 교사의 질문이 우수 학생에게 집중되어 우수 학생 중심의 수업이 되고 다른 학생은 소외되기 쉽다.
- 학생이 참여하지 않을 경우에 수업을 진행하기 어렵다.
- 질의 응답 시간이 많이 소요되기 때문에 지식을 효과적으로 전달하는 데 한계가 있다.

3. 질문의 유형과 질문법

사회과에서 고차적 사고력을 발달시키려는 질문법에는 타바 모형(H. Taba, 1969), 터프 모형(J. Tough, 1976, 1982), 블룸 모형(B. Bloom), 길퍼드 모형(J. P. Guilford, 1956, 1959) 등이 있다(Woolever & Scott, 1988: 297-313, Banks, 1990: 123-134, 차경수, 1997: 212-218).

H. Taba는 수업의 인지적 목표에 따라 질문을 2단계로 분류하였다. 제1단계는 기억, 열거, 분류, 개념화 등의 인지적 행동과 관련된 것으로, 여는 질문 또는 열거하는 질문, 분류하는 질문, 이름 붙이기 또는 개념화하는 질문으로 구성된다. 제2단계는 학습한 자료의 요약, 해석, 결론 도출, 일반화 등의 인지적 행동과 관련된 것으로, 여는 질문, 해석하는 질문, 결론 맺는 질문으로 구성된다.

J. Tough는 관찰조사를 통해 아동의 언어 사용의 기본틀을 7가지 범주로 제시했다. 그는 언어 사용의 7가지 범주－자기주장하기, 명령하기, 보고하기, 논리적 추론하기, 예측하기, 투사하기, 상상하기－에 기초하여 질문의 방법을 제시했다.

그러나 일반적으로 질문을 범주화하는 데 가장 널리 사용되는 기본틀은 블룸 모형과 길퍼드 모형이다.

1) 블룸 모형

블룸(B. Bloom)은 교육자들에 의해 다양하게 규정되는 교육 목표의 진술문을 검토함으로써 교육 목표를 3가지 영역-인지적 영역, 정의적 영역, 운동기능적 영역-으로 구분하는 교육 목표의 분류체계를 개발하였다. 인지적 목표의 분류는 학생들이 어떤 인지적 행동을 수행하도록 의도되었는가를 분류해주는 도구로 작용한다.

인지적 행동은 '**복합성의 원리**'(principle of complexity)에 따라 6가지로 배열된다(Woolever & Scott, 1988: 305-311).

(1) 지식(기억)(knowledge, memory)	(2) 이해(comprehension)
(3) 적용(application)	(4) 분석(analysis)
(5) 종합(synthesis)	(6) 평가(evaluation)

인지적 행동은 지식에서 평가로 갈수록 더 복잡한 정신의 작용을 수반하는 고차적 사고의 과정이다. 6가지 인지적 행동은 단순한 정신 활동에서 복잡한 정신 활동 순으로 위계구조를 형성하고, 보다 복잡한 인지적 행동은 그보다 낮은 인지적 행동의 수행능력에 의존하고 있다고 가정된다. 즉, 이해를 위해서는 지식이 전제되어야 하고, 적용을 위해서는 지식과 이해가 전제되어야 한다는 것이다(Banks, 1990: 123-133).

그러면 각 인지적 행동을 발달시키기 위해 사회 교사가 어떻게 질문해야 하는가를 구체적으로 생각해보자.

(1) 지식(기억)

지식은 인지적 행동의 가장 단순한 수준이다. 지식은 암기와 회상을 통해 예전에 학습한 내용을 기억하는 능력과 관련된다. 지식은 사건과 인물, 사실, 용어(개념), 일반화, 원칙 등을 기억하는 것을 포함한다. 지식 자체는 단순한 수준의 인지적 행동이지만 보다 높은 수준의 인지적 행동을 위한 재료가 되기 때문에 중요하다. 지식은 다음의 인지적 행동을 포함한다.

- 용어의 기억: 용어나 개념을 정의하는 능력
- 특정 사실의 기억: 연대, 명칭, 장소, 사건, 정보의 원천 등을 회상하거나 알아볼 수 있는 능력
- 경향이나 계열의 기억: 사건의 패턴을 기억하거나 사건의 전개과정을 순서대로 나열할 수 있는 능력
- 일반화 또는 원칙의 기억: 2개 이상의 개념 사이의 상관관계를 진술하는 것을 기억하는 능력

지식 관련 질문

- 지난 시간에 '사회화'에 대해 배웠는데, 사회화가 무슨 뜻인지 말해보세요!
- 1980년 5월 광주에서 신군부 세력의 독재에 저항해서 일어났던 사건은 무엇인가?
- 사회 탐구의 과정을 말해 보세요.

(2) 이해

이해는 책이나 의사소통에서 메시지의 의미를 알아내고 자신의 생각이나 말로 표현할 수 있거나 더 확장시킬 수 있는 능력과 관련된다. 이해는 책에 기록된 내용(문자)뿐만 아니라 의사소통의 내용(말)을 알아듣는 것을 포함한다. 최근에는 후자의 이해가 더 중요시된다. 이해에는 번역, 해석 등이 있다.

- 번역: 의사소통의 메시지를 보다 단순하거나 추상적인 용어로 바꾸는 것, 메시지를 요약하는 것, 메시지를 그림이나 도표로 표현하는 것, 메시지를 자신의 말로 표현하는 능력과 관련된다.
- 해석: 책이나 의사소통의 주요 관념과 자료를 다시 정리하는 것, 주요 관념과 그것을 증명해주는 자료를 구분하고, 그것을 아는 능력과 관련된다.

| 이해 관련 질문 |

- '모든 인간은 사회에서 요구하는 행위 양식을 습득함으로써 사회에 적응해간다'라는 일반화의 구체적 사례를 말해보세요!
- 지형과 기후에 대해 배웠는데, 지도를 보고 겨울에 강릉지역이 비슷한 위도의 서울지역보다 따뜻한 이유를 말해보세요!
- 민주국가에서 대통령이나 국회의원을 4~5년마다 선거를 통해 다시 뽑는 이유는 무엇인가?

(3) 적용

적용은 한 상황에서 학습한 내용을 다른 상황에서 활용할 수 있는 능력과 관련된다. 적용은 지식과 이해를 포함하고, 학습한 개념, 일반화, 원리 등을 새로운 상황에서 응용하는 것이다. 그래서 적용은 지식의 전이(transfer)를 필요로 한다. 적용은 다른 사람의 도움 없이 적절한 지식과 이해를 잘 선택하고 그것을 응용하여 새로운 상황에서 문제를 해결할 수 있는 능력을 말한다.

| 적용 관련 질문 |

- 사회집단에 대해 배웠는데, 동창회는 회사와 어떻게 다른가를 말해보세요!
- 청소년 비행의 원인과 유형을 탐구하려고 할 때, 조사해야 할 대상과 자료는 무엇인가?

(4) 분석

분석은 전체 내용을 각 부분으로 쪼개서 전체와 각 부분, 부분과 부분 사이의 관계를 발견하고 서술하는 능력과 관련된다. 이런 분석은 3가지 수준의 인지적 행동을 포함한다:

- 요소의 분석: 언급되지 않은 가정을 확인하는 것, 사실과 가설, 사실과 결론, 사실 진술과 가치 판단을 구별하는 능력과 관련된다.
- 상관관계의 분석: 내용에 포함된 관념들의 상관관계, 다른 연관성으로부터 원인-결과의 상관관계를 구별하는 것, 주장의 논리적 모순을 찾아내는

능력과 관련된다.

- 조직 원리의 분석: 책에 반영된 저자의 가치(관)를 추론하고 자기 주장을 설득하기 위해 사용한 전략을 찾아내는 능력과 관련된다.

❙ 분석 관련 질문 ❙

- 다음 시청각 자료에서 제시되는 사회 갈등에서 사실 문제와 가치 문제를 분류해서 말해보세요!
- 핵폐기물 처리장 건설을 찬성하는 단체의 성명서를 읽고, 이 단체의 주장이 지닌 문제점과 모순을 찾아서 말해보세요!
- 아래와 같은 가족계획 표어가 반영하고 있는 우리 사회의 가족 문화, 사회적 상황, 가치관에 대해 말해보세요!

1960년대	'덮어놓고 낳다 보면 거지꼴 못 면한다'
1970년대	'딸 아들 구별 말고 둘만 낳아 잘 기르자'
1980~90년대	'잘 키운 딸 하나, 열 아들 부럽지 않다'
2000년대	'아빠, 혼자는 싫어요. 엄마, 저도 동생을 갖고 싶어요'

(5) 종합

종합은 여러 가지 요소 또는 부분들을 결합하여 전체를 형성할 수 있는 인지 능력이다. 이전의 지식, 이해, 분석 등과 새로운 지식, 이해, 분석 등을 결합함으로써 전체를 형성하는 것이므로, 종합은 창조적 과정이다. 종합의 특징은 전체를 완성하는 데 필요한 독특성, 창의성, 완결성을 포함한다.

❙ 종합 관련 질문 ❙

- 청소년 비행을 줄이기 위한 해결책에 대해 자신의 입장을 발표해 보세요!
- 내가 조선시대에 농부의 아들로 태어났다면, 어떻게 살았을까를 상상해서 2~3쪽으로 써 보세요!
- 우리 도시의 수질오염의 원인과 결과에 의거하여 문제를 해결하는 방안을 제시해 보세요!

(6) 평가

평가는 인지적 행동의 최고 수준에 있는 것으로 객관적 기준에 의거하여 어떤 관념, 사물, 해결책 등의 가치에 대해 판단하는 능력과 관련된다. 학생들은 어떤 것에 대해 평가하기 위해 관련 요소들에 대해 충분히 고려해야 한다. 그래서 즉흥적 결정 또는 판단은 평가가 아니라 단지 개인의 의견으로 간주된다. 충분한 지식, 이해, 분석 등에 근거하여 종합적으로 판단하는 것이 평가의 좋은 예이다. 평가는 가치 판단과 관련되어 있기 때문에 하나의 해답이 정해져 있는 것은 아니다.

평가 관련 질문

- 최근 국가인권위원회는 초등학교 교사가 학생의 일기장을 검사하는 것은 인권 침해라고 결정했는데, 기본적 권리와 교육의 측면에서 국가인권위원회의 결정을 평가해보세요!
- 5 · 18 광주 민주화 운동 당시 학생과 일반 시민들에게 총을 발사한 병사들의 행위가 정당한지 아닌지를 타당한 근거에 비추어 말해보세요!

2) 길퍼드 모형

1950년대 길퍼드(J. P. Guildford)는 높은 사고력을 가진 성인들의 지적 활동의 분석에 기초하여 '지능의 구조'를 개발했다. 자신의 조사연구에 근거하여, 길퍼드는 지적 능력을 크게 '기억과 사고' 2가지 유형으로 분류했다. 사고는 3가지 지적 활동 – 인지(발견), 생산, 평가 – 으로 다시 구분된다. 그리고 '생산적 사고'는 다시 수렴적 사고와 확산적 사고로 분류된다. 요약하면, 길퍼드의 지적 능력은 기억, 인지, 생산적 사고, 평가 4가지 유형으로 분류된다. 기억, 인지, 평가 등은 블룸의 분류와 유사하다고 볼 수 있는데, 길퍼드가 '수렴적 사고'와 '확산적 사고'를 구분한 것은 독특하다.

길퍼드가 분류한 지적 능력은 다음과 같다(Woolever & Scott, 1988: 312-313, 인용):

1. 기억

기억은 학습한 내용을 회상하는 능력이다. 기억의 가장 좋은 하위 형태는 기계적 암기이지만, 시각적 · 청각적 기억도 포함한다.

2. 사고

(1) 인지(발견)

인지는 언어의 이해와 상관관계, 패턴, 계층, 문제 등을 발견하는 능력을 포함한다.

(2) 생산적 사고

인간의 사고는 어떤 결과를 생산하는 데 사용된다는 것이 생산적 사고(productive thinking)의 본질이다. 이런 생산적 사고는 수렴적 사고와 확산적 사고로 구분된다:

① **수렴적 사고**(convergent thinking): 수렴적 사고의 경우에 하나의 옳은 해답이 있고, 그래서 인간의 사고는 일정한 방향으로 유도되거나 기대된 해답으로 수렴되는 경우에 일어난다.

② **확산적 사고**(divergent thinking): 확산적 사고의 경우에 하나의 옳은 해답이 정해져 있지 않기 때문에, 다양한 대답이나 해결책이 제시될 수 있는 경우에 일어난다.

(3) 평가

평가는 사고의 결과들의 옳음, 적합성, 효율성에 대한 의사 결정이나 가치판단과 관련된다. 평가는 결론의 적합성을 결정하는 것과 같은 논리적 평가, 대안의 선택과 관련된 가치판단을 모두 포함한다. 평가는 어떤 것의 발견과 생산적 사고가 이루어진 이후에 그것의 옳음, 적합성, 정당성 등을 판단하는 것이다.

길퍼드의 지능 구조 모형에 기초하여, 1963년 갤러거와 애슈너(J. Gallagher & M. J. Aschner)는 블룸과는 다른 질문법을 제시하였다. 갤러거와 애슈너는 교실에서 자주 이루어지는 교사와 학생의 상호작용을 조사한 결과, 자주 사용되는 질문의 유형을 5가지로 정리하였다(Banks, 1977: 146-148).

갤러거와 애슈너의 조사 결과에 의하면, 교실에서 가장 많이 사용되는 질문은 인지와 기억에 대한 질문이었고, 그다음이 수렴적 질문과 일상적 질문으로 나타났다. 반면에 창의적 대답을 유발할 수 있는 확산적 질문, 평가적 질문은 거의 제시되지 않았다.

| 갤러거와 애슈너의 질문 유형 |

인지와 기억에 대한 질문	이전에 학습한 내용을 회상하는 것과 관련된 질문
수렴적 질문	학생의 대답을 일정 방향으로 유도하는 질문. 옳은 정답이나 해결책이 정해져 있고, 질문은 그것의 대답을 요구하는 형태로 제시됨.
확산적 질문	문제에 대해 여러 가지 창의적 대답이나 해결책을 요구하는 질문. 질문은 다양한 대답이 가능하도록 매우 포괄적이고 개방적인 형태로 제시됨.
평가적 질문	어떤 것의 가치에 대한 결정이나 판단을 요구하는 질문
일상적 질문	교실 수업에서 이루어지는 일상적 활동과 관련된 질문

3) 질문의 전략

사회과에서 고차적 사고력과 언어 사용 능력, 사회를 통찰하는 안목을 길러주기 위해서 교사는 높은 수준의 사고와 인지적 행동을 요구하는 질문을 제기해야 한다. 그러기 위해서 교사는 효과적인 질문법과 질문의 전략을 배우고, 실제 교실 수업에서 효과적으로 사용하도록 노력해야 한다.

사회과에서 활용될 수 있는 질문의 전략을 제시하면 다음과 같다(Woolever & Scott, 1988: 316-317):

(1) **블룸과 길퍼드의 모형을 사용하여 다양한 유형과 수준의 질문을 하라.** 다양한 수준의 질문은 학생의 복합적인 인지적 행동과 사고력을 극대화시키고, 학생이 언어를 다양하게 사용할 수 있도록 만들어준다.

(2) **낮은 수준의 질문에서 시작해서 보다 높은 수준의 질문을 제기하라.** 낮은 수준의 질문은 복잡한 문제에 대한 배경적 이해를 제공해준다.

(3) **확산적 사고를 요구하는 질문을 하라.** 교사는 옳은 해답이 아니라 다양한 예측, 상상, 가설, 평가 등을 요구하는 확산적 질문을 해야 한다.

(4) **교사는 질문하기 전에 특정 학생을 지명하지 말라.** 교사가 특정 학생을 먼저 지명하고 질문을 하면, 나머지 학생들은 대답해야 할 책임에서 벗어나 있기 때문에 그 질문에 대해 생각하려고 하지 않는다.

(5) **교사의 질문에 대답이 없어서 특정 학생을 지명하게 될 때, 10초 이상 기다려라.** 경험적 연구들은 많은 교사들이 질문을 하고 특정 학생을

지명하기 전에 단 1초 정도만 기다린다는 사실을 보여준다. 교사가 학생들에게 질문에 대해 생각할 시간을 더 많이 주고 기다리면, 교사가 기다리는 만큼 더 많은 학생들이 더 깊이 생각하고 대답할 수 있을 것이다.

(6) **학생의 대답에 대해 보다 심층적 사고를 촉진하는 추가 질문을 다시 제기하라.** 학생의 대답이 적절하다고 할지라도, 교사는 '왜 그렇게 생각하느냐' 또는 '그런 생각을 정당화하는 근거는 무엇인가'와 같이 심층적인 사고를 유도하는 질문을 해야 한다. 심층적인 사고를 유도하는 질문은 학생들의 사고와 이해를 더 깊게 만들어주고 더 다양하게 언어를 사용하도록 격려하는 데 도움이 된다.

(7) **모든 학생에게 지명될 기회를 동등하게 제공하라.** 교사는 공부 잘하는 아이, 예쁜 아이, 발표 잘하는 아이만을 지명해서 대답하도록 해서는 안 된다. 그런데 경험적 연구들에 의하면, 교사들이 지적 능력이 떨어지는 아이 또는 소위 공부 못하는 아동을 덜 지명하는 경향이 있고, 혹시 지명하더라도 대답할 시간을 오래 기다려 주지 않고, 질문을 보다 쉽고 구체화시켜서 대답을 잘 하도록 도와주지 않는 경향이 있다.

(8) **수업 분위기를 자유롭고 포용적으로 만들라.** 학생들이 자유롭게 교사에게 질문하고, 교사의 질문에 대해 다양하고 창의적인 대답을 할 수 있는 수업 분위기를 만들어야 한다. 이런 자유로운 수업 분위기 속에서 교사의 질문은 학생들의 인지적 행동과 사고를 향상시키고 언어를 다양하게 사용하도록 격려할 수 있다.

(9) **한 번에 한 가지 질문만 하고, 수사적 질문은 최소화하라.** 서로 다른 별개의 질문을 2가지 이상 동시에 함으로써 학생의 머리를 혼란스럽게 해서는 안 된다.

(10) **학생이 잘못된 대답을 했을지라도, 즉각적으로 다른 학생을 지명하지 말라.** 그렇게 하면 그 학생은 매우 큰 수치심과 좌절감을 느끼게 되고 다음부터 발표하지 않게 될 위험이 있다. 그 학생이 잘못된 대답을 했다면, 보다 구체적인 질문 또는 그와 관련된 더 낮은 수준의 질문을 함으

로써 학생이 스스로 사고하고 해결책을 찾도록 도와주어야 한다.

(11) **학생이 교사에게 질문하도록 격려하라.** 탐구는 질문하는 것에서 시작되고, 탐구의 본질은 질문이다. 교사는 학생들이 교사와 동료 학생들에게 자유롭게 질문할 수 있는 기회를 제공해야 한다.

수업 목표: 사회 문제에 대해 비판적으로 평가한다.
※ 자료: '인터넷 실명제' 관련 기사

4. 문답식 수업의 방법

문답식 수업에서 교사가 어떤 내용과 유형의 질문을 하는가에 따라 그 수업에서 달성하고자 하는 목표는 달라질 수 있다. 여기서는 최근 사회과에서 강조되고 있는 비판적 사고력을 발달시키기 위한 문답식 수업을 중심으로 살펴보고자 한다. **'비판적 사고'**(critical thinking)는 어떤 것을 당연한 것으로 받아들이지 않고, 의문을 품고 그것의 신뢰성과 타당성을 분석하고 평가하는 질문을 제기하는 것에서 시작된다. 비판적 사고는 어떤 것에 대해 무조건 의심하는 것이 아니라 객관적 근거에 의거해 대상을 합리적으로 분석하고 평가하는 질문을 제기하는 것이다(박상준, 2023: 240-242).

문답식 수업에서 질문은 비판적 사고력의 기능과 성향을 발휘할 수 있는 형태로 제시되어야 한다. 즉, 비판적 사고력의 신장을 위한 질문은 사고 기능 및 사고 성향과 관련하여 '사실 부분과 가치 부분을 구분하기', '제시된 근거의 타당성을 평가하기', '객관적 근거에 의거해 평가하기', '다른 관점에서 바라보기', '숨겨진 가정과 의도를 찾아내기'의 형태로 제시되어야 한다.

이런 논의를 종합하여 필자는 비판적 사고력을 신장시키기 위한 문답식 수업의 과정을 다음과 같이 제시하고자 한다.

(1) 문제의 인식　　(2) 문제의 분석
(3) 문제의 평가

1) 문제의 인식

문답식 수업을 하기 위해서는 먼저 학습 내용을 충분히 이해하고 분석・평가해야 할 문제가 무엇인지 파악하는 도입 단계가 필요하다. 이 단계에서 질문은 '비판 대상과 관련된 정보와 사실을 확인하는 형태', '사실 부분과 가치 부분을 구분하는 형태'로 제시된다.

문답식 수업이라고 해서 처음부터 비판적 사고력과 관련된 높은 수준의 질문들만 제기하는 것은 아니다. 어떤 대상에 대하여 비판적 사고를 하기 위해서는 정확한 사실과 정보, 객관적 근거에 의하여 지지되어야 한다. 교사의 질문에 대한 학생들의 비판적 사고와 대답은 백지상태에서 이루어지는 것이 아니기 때문에, 학생들은 비판의 대상에 관해 충분한 정보와 지식을 파악해야 한다.

그러기 위해서 학생들은 학습 내용을 미리 조사하여 발표하거나 제시된 자료를 읽고 이해한다. 교사는 학생들이 학습 내용에 대해 잘 이해했는지를 확인하기 위해 관련된 질문을 제기한다. 예컨대 동학농민운동에 대해 비판적으로 사고하기 위해서는 먼저 그것에 대해 충분히 이해했는가를 확인하는 질문을 제기할 수

있다: "동학농민운동이 발생하게 된 사회적 배경은 무엇인가?", "동학교도가 주장한 것은 무엇인가?", "동학교도가 주장한 폐정개혁안이 지닌 의의와 한계는 무엇인가?"

다음에 교사는 학습 내용이나 자료에서 사실 부분과 가치 부분을 구분하기 위한 질문을 제기한다. 예컨대 동학농민운동과 관련된 자료에서 비판적 사고력을 향상시키기 위한 질문은 "최제우의 글에서 사실 부분과 가치 부분을 구분해보라" 같은 형태로 제시될 수 있다. 이런 질문은 학생들이 주어진 자료를 그대로 수용하는 것이 아니라 '명료성·정확성·공정성을 취하려는 열망'을 갖고 '대상의 원천까지 확인하려는 열정' 같은 비판적 사고 성향을 습득하도록 도와줄 것이다.

2) 문제의 분석

문제를 인식하여 사실 부분과 가치 부분을 구분했다면, 객관적 근거에 의거해 그것들에 대해 분석하는 것이 필요하다. 이 단계에서 질문은 '제시된 근거의 타당성을 평가하는 형태', '일반화된 객관적 근거에 의거해 자료를 평가하는 형태'로 제시된다.

어떤 진술, 행위, 사태, 정책 등이 타당한 것으로 인정받기 위해서 그것을 지지할 근거나 원리를 나름대로 제시하지만, 그것들이 모두 타당한 것은 아니다. 그러므로 제시된 근거나 원리가 그것들을 지지하기에 적합한지 아닌지를 비판적으로 분석하고 평가해야 한다. 그다음 일반적으로 인정되는 객관적 근거나 원리에 의거해 그것들의 신뢰성과 타당성을 비판적으로 평가해야 한다.

교사는 제시된 근거의 타당성을 분석하고 객관적 근거에 기초해 그것들을 평가하는 질문을 제시한다. 예컨대 동학농민운동과 관련된 질문은 "동학교도가 개혁의 이유로 제시한 근거가 타당하고 합리적인지를 평가해보라", "객관적 근거에 의거해 동학농민운동이 지닌 역사적 의의에 대하여 평가해보라" 같은 형태로 제시될 수 있다. 이런 질문은 학생들이 '증거를 찾으려는 욕구', '모순·비체계적 사고·일관성 없는 기준의 적용에 대한 혐오'와 같은 비판적 사고 성향을 습득하도록 도와줄 것이다.

3) 문제의 평가

어떤 진술, 행위, 사태, 정책 등의 사실 여부를 확인하고, 그것들의 일관성과 타당성을 분석했다면, 이제 그 뒤에 놓여있는 관점, 사회적 배경, 숨겨진 의도와 가정 등을 찾아내고 규범적으로 타당한가를 평가해야 한다. 이 단계에서 질문은 '다른 관점에서 바라보는 형태', '숨겨진 가정과 의도를 찾아내는 형태'로 제시된다. 하나의 진술, 행위, 사태, 정책도 누가 어떤 관점에서 바라보는가에 따라 매우 다르게 이해되기 때문이다.

예컨대 1890년대 호남지역에서 발생한 동학농민의 봉기(蜂起)는 당시 왕과 지배계층의 관점에서는 정권과 지배체제를 폭력적 방법으로 전복하려는 '반란'으로 인식되었다. 국사 교과서는 이 사건을 초기에 동학농민'반란'으로 서술하였다가 나중에 동학농민'운동'으로 변경하였다. 최근에 어떤 역사학자들은 동학농민 '혁명'으로 이해해야 한다고 주장한다. 이처럼 하나의 역사적 사건에 대해 시대가 달라지면서 그리고 누가 어떤 관점에서 접근하는가에 따라 해석이 매우 달라질 수 있다.

또한 대부분의 진술이나 정책은 특정한 관점, 이론, 사상 등을 가정하고, 행위나 정책은 특정한 의도나 목적을 달성하기 위해 행해진다. 그런데 진술, 행위, 정책 등이 가정한 것이나 의도한 것은 명시적으로 드러나기보다는 그 뒤에 숨겨져 있는 경우가 많다. 따라서 어떤 진술, 행위, 정책 등을 더 정확하게 평가하려면, 그 뒤에 숨겨진 가정이나 의도를 파악해야 한다.

이 단계에서 교사는 주어진 진술, 행위, 사태, 정책 등이 어떤 관점 또는 이념을 가정하고 있는지, 어떤 사회적 배경에서 주장되었는지를 조사하고 그런 관점이나 이념이 타당한 것으로 승인될 수 있는가를 평가하는 질문을 제시한다. 예컨대 동학농민운동과 관련된 질문은 "기존의 역사적 평가와 다른 관점에서 동학교도의 봉기를 평가해보라", "동학교도가 개혁안을 주장하면서 가정한 것이나 의도한 것이 무엇인지를 찾아보라" 같은 형태로 제시될 수 있다. 이러한 질문은 학생들이 '자기 이익에 반하지만 진리에 대한 헌신적 태도', '오랫동안 지속되어 온 신념을 기꺼이 버리기' 같은 비판적 사고 성향을 습득하는 데 기여할 수 있다.

앞의 논의를 종합하면, 문답식 수업의 과정은 다음과 같다.

| 문답식 수업의 과정 |

학습 과정	비판적 사고력 신장을 위한 질문법	비판적 사고력의 요소
문제의 인식	• 자료와 관련된 사실과 정보를 확인하는 질문 • 사실 부분과 가치 부분을 구분하는 질문 [예] • 자료에서 A와 B는 무엇을 주장하고 있는가? • 동학농민운동이 발생한 사회적 배경은 무엇인가? • 최제우의 글에서 사실 부분과 가치 부분을 구분해보라.	[사고 기능] • 사실 부분과 가치 부분을 구분하기 [사고 성향] • 명료성, 정확성, 공정성에 대한 열망 • 대상의 원천까지 확인하려는 열정
문제의 분석	• 자료에 제시된 근거의 타당성을 평가하는 질문 • 객관적 근거에 기초해 평가하는 질문 [예] • 동학교도가 개혁의 이유로 제시한 근거가 타당하고 합리적인지를 평가하라. • 객관적 근거에 의거해 동학농민 운동이 지닌 역사적 의의에 대하여 평가하라.	[사고 기능] • 제시된 근거의 타당성을 평가하기 • 객관적 근거에 기초해 평가하기 [사고 성향] • 증거를 찾으려는 욕구 • 모순, 비체계적 사고, 일관성 없는 기준의 적용에 대한 혐오 • 사회적으로 신뢰받고 인정되는 것에 대해 기꺼이 의문 제기하기
문제의 평가	• 다른 관점에서 바라보는 질문 • 숨겨진 가정과 의도를 찾는 질문 [예] • 왕이나 지배계층이 아닌 농민의 관점에서 동학교도의 봉기를 평가하라. • 동학교도가 개혁안을 주장하며 가정한 것과 의도한 것이 무엇인지를 찾아보라.	[사고 기능] • 다른 관점에서 바라보기 • 숨겨진 가정과 의도를 찾아내기 [사고 성향] • 자기 이익에 반하지만 진리에 대한 헌신적 태도 • 오랫동안 지속되어 온 신념을 기꺼이 버리기

(박상준, 2006: 101, 재구성)

5. 문답식 수업의 적용

교사는 교과서에 제시된 활동 자료를 활용하거나 수업 내용과 관련된 자료를 새로 찾아서 제공한 후 문답식 수업을 진행할 수 있다. 학생들은 자료를 읽고 그에 대하여 비판적으로 분석하고 평가하는 활동을 하고, 교사의 질문에 대해 답변하면서 토의한다.

비판적 사고력의 신장을 위한 문답식 수업

1. 단원명: 중학교 사회 1 'Ⅷ. 다양한 문화의 이해'

2. 학습 목표: 소셜 미디어에서 신조어의 사용에 대해 비판적으로 평가하는 사고력을 기른다.

3. 학습 자료: 소셜 미디어의 신조어 관련 신문기사, 설문조사 결과 등

(1) 청소년의 신조어 사용에 대한 설문조사

[질문] 청소년들이 소셜 미디어에서 '방가방가, 하이루, 헐' 같은 신조어를 쓰는 것에 대해 어떻게 생각합니까? 이 물음에 대한 여러분의 찬성 또는 반대 의견을 적어주세요!

[설문 조사 결과] 찬성 96명 / 반대 108명

[찬성쪽 주장]
요즘 소셜 미디어에서 신조어를 통해 간편하고 빠르게 대화하는 것이 청소년의 문화입니다. 어른들이 청소년의 문화를 이해하려고 노력하는 태도가 필요합니다. 신조어를 지나치게 사용하는 것은 문제가 있지만, 그것을 언어 파괴라고 하는 것은 너무 심하다고 생각합니다.

[반대쪽 주장]
신조어를 모르는 사람들이 많기 때문에 그것을 많이 사용하는 것은 사람들 사이의 의사소통을 어렵게 합니다. 그리고 신조어는 한글 문법에 전혀 맞지 않아 우리말 사용에 혼란을 가져올 것입니다. 따라서 이상한 신조어를 써서는 안 된다고 생각합니다.

| 문답식 수업의 교수 · 학습 과정 |

<table>
<tr><th rowspan="2">학습 과정</th><th colspan="2">교수 · 학습 과정</th><th rowspan="2">비판적 사고력의 요소</th></tr>
<tr><th>교사의 질문</th><th>학생의 대답</th></tr>
<tr><td>문제의 인식</td><td>1) 청소년이 소셜 미디어에서 신조어를 자주 사용하는 이유가 무엇인지 말해 보세요.
2) 〈자료〉에서 찬성 측과 반대 측 주장에서 사실 부분과 가치 부분을 구분해보세요.</td><td>1) 〈자료1〉을 읽고 자기 경험을 참고하여 신조어의 사용 이유에 대해 대답한다.
2) 〈자료〉에서 찬성 측과 반대 측 주장에서 사실과 가치를 구분해 대답한다.</td><td>[사고 기능]
• 사실 부분과 가치 부분을 구분하기

[사고 성향]
• 명료성, 정확성, 공정성에 대한 열망
• 대상의 원천까지 확인하려는 열정</td></tr>
<tr><td>문제의 분석</td><td>1) 찬성 측에서 제시한 근거가 신뢰할 만하고 합리적인지를 평가해보세요.
2) 반대 측에서 제시한 근거가 신뢰할 만하고 합리적인지를 평가해 보세요.
3) 일반화된 객관적 근거에 의거해 각자 청소년의 신조어 사용에 대해 평가해 보세요.</td><td>1) 찬성 측이 제시한 근거가 타당한지를 분석해 대답한다.
2) 반대 측이 제시한 근거가 타당한지를 분석해 대답한다.
3) 객관적 근거에 의거해 청소년의 신조어 사용이 타당한지에 대해 발표한다.</td><td>[사고 기능]
• 제시된 근거의 타당성을 평가하기
• 객관적 근거에 의거해 평가하기

[사고 성향]
• 증거를 찾으려는 욕구
• 사회적으로 신뢰받고 인정되는 것에 대해 기꺼이 의문 제기하기</td></tr>
<tr><td>문제의 평가</td><td>1) 〈자료〉에서 제시된 의견 이외에 다른 관점에서 청소년의 신조어 사용이 타당한지 평가해 보세요.
2) 〈자료〉에서 신조어 사용의 찬성 측에서 가정한 것과 의도한 것이 무엇인지 찾아보세요.
3) 〈자료〉에서 신조어 사용의 반대 측에서 가정한 것과 의도한 것이 무엇인지를 찾아보세요.</td><td>1) 〈자료〉에 제시된 청소년의 관점과 다른 관점에서 신조어 사용이 타당한지를 평가해 대답한다.
2) 〈자료〉의 찬성 측 주장 뒤에 숨겨진 가정과 의도를 찾아 대답한다.
3) 〈자료〉의 반대 측 주장 뒤에 숨겨진 가정과 의도를 찾아 대답한다.</td><td>[사고 기능]
• 다른 관점에서 바라보기
• 숨겨진 가정과 의도를 찾아내기

[사고 성향]
• 자기 이익에 반하지만 진리에 대한 헌신적 태도
• 오랫동안 지속되어 온 신념 기꺼이 버리기</td></tr>
</table>

6. 문답식 수업의 한계

문답식 수업은 다양한 수준과 형태의 질문을 통해 고차적 사고력과 언어 사용 능력을 발달시키는 데 기여할 수 있지만, 몇 가지 한계를 지니고 있다.

첫째, 문답식 수업에서 교사의 질문은 주로 우수 학생에게 집중되는 경향이 있고, 그래서 다른 학생들이 수업에서 소외될 가능성이 많다. 대체로 교사는 수업의 흐름과 맥이 연속적으로 이어져야 한다는 강박관념, 교사의 질문에 학생이 대답하지 않는 경우에 수업 분위기가 어색해질 것이라는 불안감 등을 갖고 있다. 그로 인해 교사는 질문을 하고 1~2초밖에 기다리지 못하고, 주로 우수한 학생을 지명하여 대답하게 하는 경향이 많다.

둘째, 학생들은 교사의 의도에 맞게 대답하려는 경향을 갖기 때문에, 실질적으로 학생의 다양한 사고와 고차적 사고력을 발달시키기 어렵다. 교사가 질문하면, 학생들은 자유롭게 생각하기보다는 먼저 교사가 질문한 의도가 무엇이고 교사가 원하는 대답이 무엇인가를 생각하고 그에 초점을 맞추어 대답하려는 경향을 나타낸다. 왜냐하면 교사가 수업의 주도권을 갖고, 교사들은 자신이 원하는 대답을 한 학생을 정답으로 인정하고 칭찬하기 때문이다.

셋째, 문답식 수업은 다양한 질문을 통해 고차적 사고력을 향상시킬 수 있지만, 실제 생활에서 실천하는 시민을 기르기 어렵다. 사고력과 행위의 관계에 대한 연구들은 둘 사이에 상관관계가 있다는 것을 충분히 입증하지 못했고, 그런 사고력의 발달이 실제 사회적 행위의 실천으로 연결되지 않는다는 사실을 보여주는 사례도 많다.

| 문답식 수업 |

특징	• 목표: 비판적 사고력의 발달 • 교수학습 과정: (1) 문제의 인식 → (2) 문제의 분석 → (3) 문제의 평가
비판	• 질문이 우수 학생에게 집중되는 경향이 있음 • 학생은 교사의 의도에 맞게 대답하려는 경향을 나타냄 • 사고력을 실천하는 시민을 기르기 어려움

제 8 장 탐구 학습

현대사회는 다양한 개인이나 집단 사이에 발생하는 사회 문제와 갈등을 합리적으로 해결할 수 있는 시민의 자질을 필요로 한다. 사회 문제와 갈등을 해결하기 위해서는 복잡한 사회 문제의 원인에 대해 과학적으로 탐구하여 이해하는 것이 필요하다.

그래서 사회과에서는 사회 문제를 과학적으로 탐구하는 방법을 가르치는 것이 요구된다. 사회 문제에 대한 과학적 탐구는 문제를 해결하는 데 필요한 지식을 획득하는 사회 탐구의 과정이다. 이런 사회 탐구는 학생들이 문제와 관련된 지식들을 습득하고 문제를 과학적으로 이해할 수 있도록 도와줌으로써 문제를 합리적으로 해결하는 데 기여할 수 있다.

1. 탐구 학습의 의미와 목표

1) 탐구 학습의 의미

'탐구'(inquiry)는 사회 현상이나 문제를 과학적 방법으로 조사하여 일반화된 지식을 형성하는 과정이다. 이런 점에서 탐구는 사회 현상이나 문제와 관련된 사실 또는 지식을 탐구하는 것, 즉 '지식의 탐구'로 이해되기도 한다(Woolever & Scott, 1988: 287). 지식의 탐구는 사회 현상이나 문제에 대해 학생들이 스스로 탐구하는 방식을 가르치는 과정이다. 그래서 지식의 탐구는 보통 '사회 탐구, 과학적 탐구’ 등으로 불렸다(Banks, 1990: 72).

‘**탐구 학습**’은 사회과학자처럼 학생이 스스로 사회 현상이나 문제에 대하여 과학적 방법으로 조사하여 일반화된 지식을 형성하는 과정과 방법을 가르치는 것이다. 한마디로 탐구 학습은 과학적 탐구의 과정과 방식을 가르치는 것이다.

탐구 학습에서 가르쳐야 할 탐구 방법은 조사할 문제의 성격에 따라 달라진다. 수 또는 양으로 측정할 수 있는 현상이나 문제에 대해서는 가설을 설정하고 객관적 자료를 수집하고 검증하여 일반화된 지식을 형성하는 양적 연구의 방법을 사용한다. 반면에 계량화할 수 없는 인간의 심리, 정신, 행위 등에 대해서는 그것의 의미를 해석하는 질적 연구 방법을 사용한다.

2) 탐구 학습의 목표

사회과학에서 탐구의 목표는 새로운 지식을 만들어서 사회 현상을 설명하고 예측하는 것이다. 하지만 사회과에서 탐구 학습은 사회 현상이나 문제에 대한 과학적 조사를 통해 일반화된 지식을 도출하는 ‘사고의 과정’을 가르치는 교수 방법이다. 사회과에서 탐구는 보통 (1) 문제 제기 및 용어 정의 → (2) 가설 설정 → (3) 자료 수집 → (4) 자료 분석 → (5) 검증 및 일반화의 과정으로 진행된다.

물론 일련의 탐구 과정에서 각 단계별로 여러 가지 사고력이 작동할 수 있다. 예컨대 문제 해결을 위하여 독창적인 가설을 만드는 단계에서 창의적 사고력이 작동할 수 있다. 그리고 수집한 자료의 신뢰성과 타당성을 분석하고 평가하는 단계에서는 비판적 사고력이 작동할 수 있다.

하지만 탐구 학습이 탐구의 과정 전체를 통해 최종적으로 발달시키고자 하는 목표는 **사회과학적 탐구력**이라고 할 수 있다. ‘**탐구력**’은 문제 해결을 위한 가설을 설정하고 자료를 수집하고 분석하여 검증하는 사고의 과정이다. 그리고 일련의 탐구 과정을 통해 가설을 검증함으로써 일반화된 지식이 도출된다. 이렇게 형성된 일반화된 지식은 사회 현상을 보다 과학적으로 이해하고 문제를 합리적으로 해결하는 토대를 제공한다.

2. 탐구 학습의 방법

탐구 학습의 방법과 절차는 학자마다 다양하다. 뱅크스, 울레버와 스콧 등은 사회과에서 탐구의 과정을 다음과 같이 8단계로 제시하였다(Banks, 1990: 74-86; Woolever & Scott, 1988: 287-292):

(1) 문제 제기	(2) 주요 용어의 정의	(3) 가설 설정
(4) 자료의 수집	(5) 자료의 분석 · 평가	(6) 가설 검증
(7) 결론 도출	(8) 새로운 문제의 탐구	

그러나 사회과의 탐구 학습이 항상 8단계를 거쳐야 하는 것은 아니다. 탐구할 사회 현상이나 문제의 성격, 그리고 학습 상황에 따라 탐구 학습의 절차와 방식은 융통성 있게 적용될 수 있다. 또한 탐구할 현상이나 문제의 성격에 따라 '용어의 정의'는 필요 없는 경우도 있고, 가설 검증과 결론 도출은 명확하게 구분되는 단계가 아니다.

다른 한편 T. V. Savage와 D. G. Armstrong, J. A. Duplass 등은 사회과에서 탐구의 과정을 다음과 같이 5단계로 제시하였다(Savage & Armstrong, 2000: 239-241; Duplass, 2004: 291-292):

(1) 문제 제기	(2) 가설 설정	(3) 자료의 수집
(4) 자료의 분석	(5) 결론 도출	

여러 학자들의 입장을 종합하여, 필자는 사회과에서 탐구 학습의 과정을 다음과 같이 제시하고자 한다.

(1) 문제 제기 및 용어 정의	(2) 가설 설정	(3) 자료 수집
(4) 자료 분석	(5) 검증 및 일반화	

수업 목표: 청소년 범죄의 원인을 탐구하는 능력을 기른다.

3. 탐구 학습의 적용

실제로 '청소년 범죄'와 관련된 현상을 과학적으로 탐구하는 과정과 방법을 가르치는 교수·학습 활동을 구체적으로 살펴보자.

1) 문제 제기 및 용어 정의

교사는 사회 현상이나 문제와 관련된 다양한 시청각 자료, 신문 기사 등을 제시함으로써 학생들의 흥미와 호기심을 자극하고, 문제의 해결책에 대해 조사할 필요성을 느끼도록 만들어야 한다. 이 단계에서 교사의 주요 역할은 학생들이 스스로 문제와 관련된 사실(지식)의 탐구를 위해 필요한 문제를 만들도록 인도하는 것이다.

보통 탐구해야 할 질문은 '사실을 조사하기 위한 진술'의 형태로 표현되어야 한다. 즉, 탐구 문제는 '사실 문제'로 진술되어야 한다. 예컨대 탐구할 질문은 '청소년의 범죄가 과거보다 현재 더 증가되고 있는가?', '청소년 범죄가 증가하는 추세라면 그 이유는 무엇인가?', '가정환경이 청소년의 범죄에 어떤 영향을 미치는가?'라는 형태로 표현되어야 한다.

이때 질문은 지식(사실)의 탐구 또는 과학적 탐구가 가능한 형태로 진술되어야 하기 때문에, '가치 문제'와 관련된 형태의 질문은 제외된다. 예컨대 '청소년의 범죄를 사법기관에서 처벌해야 하는가 아니면 학교에서 지도해야 하는가?' 같은 질문은 사실의 문제가 아니라 가치의 문제이기 때문에, 사회 탐구에서 다루기 어려운 질문의 형태이다.

그다음 제기된 탐구 문제와 관련된 주요 용어들을 명확하게 정의할 필요가 있다. 왜냐하면 사회과학자들도 같은 용어 또는 개념을 다른 의미로 정의하여 사용하기 때문이다. 또한 똑같은 용어이지만 학생들마다 서로 다른 의미로 사용할 수 있고, 그러면 탐구가 적절하게 이루어지기 어렵기 때문이다.

교사와 학생은 전문 서적, 백과사전 등을 찾아서 일반적으로 받아들여진 용어의 의미를 정의한다. 관련된 용어가 정의되면, 교사는 학생들이 그 용어의 의미에 대해 서로 합의하고, 향후 탐구의 과정에서 동일한 의미로 사용하도록 안내한다.

예컨대, 청소년 범죄의 원인과 유형에 대해 탐구할 경우에, 정의해야 할 주요 용어는 '청소년'(몇 살부터 몇 살까지인가), '범죄'(법으로 형벌이 과해지는 반사회적 행위)와 '일탈'(사회의 규범으로부터 벗어난 행동), '비행'(非行: 구성원들이 잘못된 것으로 규정한 행위) 등이 포함된다.

2) 가설 설정: 두 요소의 상관관계의 진술

사실의 탐구에서 가설(hypothesis)은 제기된 질문의 '잠정적 해답'이다. 가설은 학생이 스스로 '탐구할 문제'이다. 가설은 보통 '두 요소 이상의 상관관계'를 표현하는 형태로 진술되어야 한다. 가설을 설정할 때 교사는 학생들에게 필요한 정보를 제공할 수 있다. 그러면 학생들은 교사가 제공한 정보와 자신이 알고 있는 정보 및 경험을 종합하여 잠정적 해답을 제시한다. 이런 가설은 어디에 초점을 맞추어 탐구를 진행해야 하는가를 알려줌으로써 탐구의 과정을 안내하는 역할을 한다.

예컨대 청소년의 성별, 가정환경과 청소년 범죄의 상관관계를 탐구할 수 있고, 청소년 범죄가 시간의 변화에 따라 증가하는지를 조사할 수 있다. 이런 두 요소들의 상관관계를 가설로 표현하면 다음과 같다:

가설: 탐구할 문제

(1) 남자 청소년이 여자 청소년보다 더 많이 범죄를 저지를 것이다.
(2) 한부모 가정의 청소년이 양부모 가정의 청소년보다 더 많이 범죄를 저지를 것이다.
(3) 청소년의 범죄는 과거보다 현재 점차 증가할 것이다.

가설 (1)과 (2)는 성별 및 가정환경과 청소년 범죄 사이의 관계를 진술하는 문제이다. 가설 (3)은 엄격한 의미에서 두 요소의 상관관계를 진술하는 것은 아니고, 청소년의 범죄가 시간의 변화에 따라 어떻게 변동되었는가를 조사하기 위한 탐구 문제이다.

3) 자료 수집: 객관적 자료의 수집

탐구할 질문과 관련하여 가설을 만들었다면, 학생들은 그 가설이 옳은지를 증명하기 위해 여러 가지 사실과 증거를 제시해야 한다. 가설을 증명하기 위해 사용되는 일반적인 방법은 다양한 학문, 경험, 통계 등에서 '객관적 자료'를 수집하는 것이다.

탐구 학습에서 학생이 스스로 가설을 세우고 그 가설을 증명할 수 있는 자료를 찾는 것이 가장 바람직하다. 하지만 학생들이 저학년이거나 지적 수준이 낮은 경우에, 교사는 학생들이 질문을 통해 탐구할 문제, 즉 가설을 만드는 것을 도와준다. 또한 가설을 증명하기 위해 자료를 수집하는 방법이나 계획을 세울 때, 교사는 관련 자료들을 찾을 수 있는 인터넷 주소, 도서 목록, 도서관 등을 알려주거나 직접 자료들을 제공해 줄 수 있다.

교사는 학생에게 검증해야 될 가설의 성격에 따라 '자료 수집의 방법'이 달라질 수 있고, 자료의 수집 방법은 다양하다는 점을 알려주어야 한다. 교사는 학자들이 연구할 때 사용하는 자료 수집 방법들－설문조사법, 면접법, 관찰법, 사례연구법, 실험법, 문헌조사법 등－을 학생들에게 가르쳐 주고, 가설을 증명하기 위해 가장 적절한 방법을 결정하는 능력을 길러주어야 한다. 즉, 교사는 과학자들이 연구할 때 사용하는 자료 수집 방법들을 간략히 소개하여, 학생들이 적절한 자료 수집 방법을 선택하도록 한다.

예컨대, '설문조사법'은 연구자가 설문지를 제작하여 조사 대상자에게 직접 응답하도록 하여 자료를 수집하는 방법이다. 설문지는 짧은 시간 안에 필요한 정보를 많이 수집할 수 있으며 결과의 분석이 쉽다는 장점이 있지만, 불성실하게 응답하는 경우 자료의 정확성이 떨어지는 단점이 있다.

'면접법'은 연구자가 조사 대상자와 직접 대화하면서 자료를 수집하는 방법이다. 면접법은 문맹자를 포함하여 모든 대상자로부터 다양한 정보를 심층적으로 수집할 수 있는 장점이 있지만, 조사 시간이 많이 소요되고 면접 자료를 분석하기 어렵고 주관성이 개입될 단점이 있다.

'관찰법'은 연구자가 관찰 기록지를 작성하여 조사 대상자의 말과 행동을 직접 관찰함으로써 자료를 수집하는 방법이다. 관찰법은 의사소통이 어려운 대상자를 조사할 때 효과적으로 이용될 수 있다. 관찰법은 대상자의 생생한 정보를 직접 확인할 수 있지만, 자료 수집에 많은 시간과 노력이 필요하고 관찰을 기록할 때 연구자의 편견이 개입될 우려가 있다.

'사례연구법'은 연구자가 조사 대상을 대표할 수 있는 개인이나 집단을 하나 이상 선정하고 그들을 심층적으로 조사하여 필요한 정보를 수집하는 방법이다. 사례연구법은 연구자가 쉽게 필요한 정보를 획득할 수 있고 교실 상황에서도 쉽게 수행될 수 있는 장점을 지녔지만, 몇몇 개인이나 집단으로부터 나온 결과를 사회 전체로 일반화시키기 어려운 단점이 있다.

'실험법'은 인위적으로 조성된 상황과 조건 아래에서 특정한 요인이 다른 요소에 어떤 영향을 미치는지를 관찰하거나 측정하는 방법이다. 이런 실험법은 연구자가 전문적 능력을 갖추었을 때 성공할 수 있는 방법이다.

'문헌 조사법'(문헌 연구법)은 다른 연구자들이 수집한 자료들을 활용하여 연구자 자신이 원하는 자료를 수집하는 방법이다. 문헌조사법은 과거 역사를 연구하거나 직접 자료를 수집할 수 없는 대상에 관하여 연구할 때 불가피하게 사용된다. 문헌 연구법에는 도서관 조사, 역사적 연구, 내용 분석, 통계 자료 분석 등이 포함된다.

청소년 범죄와 관련된 가설을 증명하기 위해서, 학생들은 범죄의 경험이 있는 청소년들을 대상으로 설문 조사할 수 있고, 직접 대화하면서 정보를 획득할 수도 있다. 이러한 설문조사법이나 면접법은 청소년 범죄의 이유와 동기, 범죄 과정과 결과 등에 관련된 생생한 자료를 제공해 줄 것이다. 하지만 일반 학생들이 범죄 청소년을 만나기 어렵기 때문에, 설문조사법은 적절한 자료 수집 방법이 아니다.

| 청소년 범죄와 관련된 자료의 수집 |

(1) 청소년 범죄의 남녀별 현황

(단위: 명, %)

연도	합계	남 자		여 자	
	인원	인원	점유율	인원	점유율
1997	164,182	150,396	91.6	13,786	8.4
1998	161,277	144,907	89.9	16,370	10.1
1999	150,821	131,275	87.0	19,546	13.0
2000	151,176	131,444	86.9	19,732	13.1
2001	138,030	116,235	84.2	21,795	15.8

* 출처: 청소년보호위원회, '2003 청소년보호백서' 2003. 10. (p.144)

(2) 청소년 비행과 가족의 구조

(단위: 명, %)

가족 구조	빈 도(%)		
	일반 청소년	비공식 비행 청소년	공식 비행 청소년
친부모 동거	726(84.6)	107(72.3)	103(31.4)
친모 동거/친부 별거	48(5.6)	18(12.2)	37(11.3)

가족 구조	빈 도(%)		
	일반 청소년	비공식 비행 청소년	공식 비행 청소년
친모 동거/친부 사별	23(2.7)	8(5.4)	34(10.4)
친모 별거/친부 사별	8(0.9)	–	11(3.4)
친부 동거/친모 별거	20(2.3)	10(6.7)	57(17.4)
친부 동거/친모 사별	5(0.6)	1(0.6)	36(11.0)
친부 별거/친모 사별	1(0.1)	–	9(2.7)
친부모 별거	14(1.6)	4(2.7)	23(7.0)
친부모 사망	8(0.9)	–	11(3.4)

* 출처: 청소년보호위원회, '2002 청소년보호백서' 2002. 10. (p.62)

(3) 청소년 범죄의 연도별 현황 (단위: 명, %)

연도	전체 범죄(A)	소년 범죄		학생 범죄	
		인 원(B)	구성비(B/A)	인 원(C)	구성비(C/B)
1997	2,117,759 (100.0)	164,182 (100.0)	7.8	103,292 (100.0)	62.9
1998	2,341,431 (110.6)	161,277 (98.2)	6.9	99,625 (96.4)	61.8
1999	2,400,485 (113.4)	150,821 (91.9)	6.3	91,942 (89.0)	61.0
2000	2,329,134 (110.0)	151,176 (92.1)	6.5	97,056 (94.0)	64.2
2001	2,426,050 (114.6)	138,030 (84.1)	5.7	85,040 (82.3)	61.6

* 출처: 청소년보호위원회, '2003 청소년보호백서' 2003. 10. (p.145)

4) 자료 분석: 자료의 신뢰성과 타당성의 평가

학생들이 자료들을 찾아왔더라도, 그 자료 자체가 곧바로 가설을 증명하는 데 사용할 수 있는 것은 아니다. 수집된 자료는 가설과 관련하여 비판적으로 분석되고 평가되어야 가설을 증명하는 증거로 사용될 수 있다. 학생들은 수집된 자료들 중에서 가설 검증에 적합한 자료와 부적합한 자료를 분리하고, 적합한 자료가 무엇인지를 선택해야 한다. 그다음에 아래와 같은 질문에 비추어 그 자료들의 신뢰성과 타당성을 비판적으로 평가해야 한다. 즉, 그 자료는 어디에서 누가 어떤 방법으로 만든 것인가? 그 자료는 신뢰할 만한 것인가? 자료는 가설을 증명하기에 적합하고 타당한가? 그 자료는 다른 사실들 또는 지식들과 일치하는가?

학생들이 청소년 범죄와 관련된 가설을 증명하기 위해 수집한 자료들을 분석하고 평가해보자. 자료 (1)은 1997년부터 2001년까지 청소년 범죄의 남・여 변화 추이를 나타내주기 때문에, 가설 (1)을 증명하는 자료로 적합하다. 자료 (2)는 2001년 친부모의 생존 및 동거 여부와 청소년 '비행'의 상관관계를 나타내주기 때문에, 얼핏 보면 가설 (2)를 증명하는 자료로 적합한 것처럼 보인다. 그러나 법률을 위반하여 처벌받는 '범죄'와 달리 '비행'은 범죄 행위뿐만 아니라 청소년의 음주, 흡연, 가출 등의 잘못된 행위를 포함한다. 따라서 가족의 구조와 청소년 비행 사이의 관계를 나타내주는 자료 (2)는 가설 (2) 가정 환경과 청소년 범죄의 상관관계를 검증하는 자료로 적합하지 않다. 자료 (3)은 1997년부터 2001년까지 청소년 범죄의 변화 추이를 나타내주기 때문에, 가설 (3)을 검증하는 자료로 적합하다.

5) 검증 및 일반화

수집된 자료를 충분히 분석하고 평가했다면, 이제 학생들은 자료를 가지고 가설을 검증한다. 분석된 자료에 기초하여 어떤 가설은 타당한 것으로 증명될 수 있지만, 어떤 가설은 타당하지 않은 것으로 폐기될 수 있다.

가설은 수집된 자료에 기초하여 검증되는 것이기 때문에, 가설을 검증하여 결론을 도출할 때, '자료의 범위 안에서' 일반화된 지식을 형성해야 한다. 그렇지 않으면 가설을 일반화하는 과정에서 논리적 오류를 범할 수 있다.

일반화할 때 종종 범하는 논리적 오류를 살펴보면 다음과 같다.

| 일반화의 논리적 오류 |

조건화되지 않은 일반화의 오류	• 의미: 자료를 해석할 때, 주어진 자료의 조건을 고려하지 않고 모든 상황과 시대에 보편적으로 적용되는 것으로 일반화하는 오류 • 사례: - 운동은 건강에 좋기 때문에, 모든 사람은 건강을 위해 운동해야 한다. - 수집된 자료에 의하면, 청소년 범죄는 해마다 감소하고 있다.
성급한 일반화의 오류	• 의미: 몇 개의 사례를 갖고 전체로 일반화하거나 불충분한 통계 자료 또는 편향된 통계 자료에 기초해 성급하게 일반화하는 오류(불충분한 통계의 오류, 편향된 통계의 오류) • 사례: - 철수도 사회를 싫어하고, 영희도 사회를 안 좋아하고, 소희도 사회를 싫어한다. 그러므로 "모든 학생들이 사회를 싫어한다"라고 결론 내린다. - 여론조사 기관이 초·중·고 교사 1,000명에게 학교 체벌 금지에 대한 의견을 설문조사했다. 조사 대상의 70%가 체벌이 필요하다고 응답했다. 그러므로 "우리나라 국민의 70%는 체벌이 필요하다"라고 결론을 내린다.
거짓 원인의 오류	• 의미: 두 요소의 인과관계를 추론할 때, 원인과 결과의 관계를 잘못 판단하는 오류 • 사례: - 철수와 함께 소개팅을 갔을 때, 매번 소개팅이 실패했다. 다음부터 철수를 소개팅에 데려가지 말아야 한다. - 철수는 감기에 걸려서 독한 소주를 마시고 잤다. 그러자 다음 날 감기가 깨끗이 나았다. 감기에는 독한 소주가 최고의 약이다.
유추의 오류	• 의미: 충분히 유사한 특성과 구조를 갖지 않은 대상들을 유사한 것으로 비교하면서 추론하는 오류 • 사례: - 미인은 일찍 죽는다(미인박명). 윤아는 미인이니까 일찍 죽을 것이다. - 의사는 의학 서적을 보면서 수술하고, 변호사는 법전과 서류를 보면서 재판하고, 건축가는 설계도를 보면서 건물을 짓는다. 그러므로 학생도 책을 보면서 시험 보도록 허락해야 한다.

그러면 일반화할 때 논리적 오류를 범하지 않도록, 주어진 자료에 의거하여 가설을 검증하여 일반화된 지식을 형성해보자.

자료 (1)에 의거하면, 가설 (1)은 타당한 것으로 검증된다. 자료 (1)에 의거하여, "1997년부터 2001년까지 남자 청소년이 여자 청소년보다 5~10배 정도 더 많이 범죄를 저질렀다"라고 일반화할 수 있다. 그러나 이런 일반화는 자료 (1)에 나타난 '1997년부터 2001년'이라는 조건에서만 정당화될 수 있는 결론이다.

자료 (2)는 청소년 범죄와 다른 청소년 비행과 관련된 자료이므로, 가설 (2)

를 검증하는 데 적합하지 않다. 따라서 가설 (2)를 검증하는 데 적합한 자료를 다시 찾아서 검증해야 할 것이다.

자료 (3)에 근거해 볼 때 가설 (1)은 기각된다. 오히려 본래의 가설과 달리, 자료 (3)에 따르면, '1997년부터 2001년 사이에' 청소년의 범죄는 대체로 감소하는 추세를 나타냈다고 일반화할 수 있다. 그러나 이런 일반화는 주어진 자료에 의거하여, '1997년과 2001년'이라는 조건에서만 타당한 결론이다. 2002년 이후에는 청소년 범죄가 증가할 수 있다.

또한 자료 (3)에 의하면, '1997년과 2001년' 사이 전체 범죄는 증가하지만, 청소년 범죄는 대체로 감소하고 있다. 그러나 이 통계자료에는 '1997년과 2001년' 사이 전체 청소년 인구의 증감에 대한 자료가 나타나지 않았기 때문에, 실제로 청소년 범죄 발생률이 감소한 것인지, 아니면 전체 청소년의 인구가 감소한 결과로 청소년 범죄율이 감소한 것인지 확인할 수 없다. 그러므로 통계자료를 분석하고 그 자료를 해석할 때는 '**통계의 함정**'에 빠지지 않고, 최대한 정확하게 해석하도록 노력해야 한다.

가설의 검증은 단지 수집된 자료에 의거하여 사실로 증명된 결론일 뿐이고, 그 결론은 불확실한 것으로서 개정될 여지가 있다. 따라서 교사는 학생들이 도출한 결론이 절대적 진리가 아니고, 다른 타당한 증거가 제시되면 개정될 수 있다는 점을 인식시켜야 한다.

4. 탐구 학습의 전략

최근 사회과에서 탐구 학습이 강조되고 있다. 하지만 실제의 사회과 수업에서는 대부분 교사가 혼자 일방적으로 설명하고, 학생들은 수동적으로 듣는 형태의 강의식 수업이 주로 실시되고 있다. 그 이유는 입시 위주 교육 환경 때문이기도 하지만 사회 교과서가 탐구 학습에 적합하게 구성되지 않았기 때문이다. 또한 많은 사회 교사가 탐구 학습을 진행할 수 있는 지식과 능력이 부족하기 때문이다.

탐구 학습을 하기 위해서는 먼저 사회 교과서를 탐구 학습에 적합하게 구성하고, 탐구 학습을 수행할 수 있는 교육 환경과 교육 자료를 제공하는 것이 필요하다. 다른 한편으로 교사가 탐구 학습의 절차와 방법을 충분히 습득하고 탐구 학습을 진행할 수 있도록 연수 기회를 제공할 필요가 있다.

탐구 학습에서 탐구의 과정은 원칙적으로 학생이 스스로 탐구할 문제 또는 가설을 세우고, 그 가설을 증명하기 위한 자료들을 수집하고 분석하여 스스로 일반화된 지식을 도출하는 것이다. 하지만 학생들의 지적 수준이나 경험이 부족한 경우, 교사는 학생들이 가설을 세우는 것을 도와주고 다양한 자료들을 대신 제공해 줄 수도 있다. 그 경우에도 교사가 자료의 분석과 결론까지 제시하면 안되고, 학생들이 스스로 자료들을 분석하고 결론을 맺을 수 있도록 해야 한다.

탐구 학습을 수행할 때 교사와 학생이 지켜야 할 지침은 다음과 같다:

| 탐구 학습의 지침 |

교사의 역할
• 학생이 스스로 문제를 제기하고 해답을 찾도록 도와주라. • 학생의 다양한 관점을 인정하고 잘못된 대답을 했다고 야단치지 말라. • 개방적이고 관용적인 분위기에서 의사소통(토론)하라. • 서로 다른 관점을 지닌 자료들을 고르게 제공하라. • 학생의 능력에 맞게 탐구 활동을 구성하라. • 필요할 때마다 자주 학생들을 격려(칭찬)하라. • 학생이 스스로 탐구할 기회를 제공하라. • 탐구의 과정(방법)을 가르치라.
학생의 역할
• 문제를 제기하고 해답을 찾는 활동에 적극 참여하라. • 여러 가지 대안과 가능성에 대해 개방적 태도를 취하라. • 관련 증거를 충분히 검토하기 전에는 판단을 유보하라. • 스스로 탐구하도록 노력하라. • 친구들과 정보를 공유하고 같은 모둠에서 협동하라. • 문제의 해답을 찾도록 지속적으로 노력하라. • 탐구의 과정을 배우라.

(표: Woolever & Scott, 1988: 293)

제 9 장 문제 해결 학습

우리는 매일 많은 문제에 부딪힌다. 개인부터 사회와 국가가 직면한 문제에 이르기까지 다양한 문제들이 발생한다. 그래서 K. Popper는 「모든 삶은 문제 해결이다」(All Life is Problem Solving)라는 책에서 우리는 매일 생활 속에서 많은 문제에 직면하고, 모든 삶은 그런 문제를 해결하는 것이라고 주장하였다.

이처럼 우리의 삶은 문제의 연속이다. 문제를 해결해 가는 과정이 곧 삶이다. 그래서 우리는 문제를 합리적으로 해결하는 방법이나 능력을 체계적으로 배울 필요가 있다. 문제의 성격과 종류에 따라 그 문제를 해결하는 방법과 과정이 다르기 때문이다. 어떤 문제의 원인이나 이유 등 사실적 부분을 검증하는 방법을 가르치고자 할 때는 '탐구 학습'이 적합하다. 탐구 학습에 대해서는 앞 장에서 다루었다.

그러나 사실과 가치가 혼합되어 있는 문제의 해결 방안을 가르치고자 할 때는 다른 교수 방법을 적용해야 한다. 사회과에서 '사실과 가치가 혼합된 문제'의 합리적인 해결 과정을 가르치는 교수·학습 방법으로 **'문제 해결 학습'**, **'의사 결정 학습'**, **'논쟁 문제 학습'** 등이 개발되었다. 각 교수 방법이 해결하고자 하는 문제가 어떻게 다른지, 그리고 그 문제를 해결하는 과정과 방법의 차이에 대하여 각각 살펴보고자 한다.

먼저 문제 해결 학습과 문제 중심 학습에서 다루는 '문제'가 무엇이고, 문제 해결 과정이 어떻게 다른지 비교하며 살펴볼 것이다.

1. '문제'의 성격과 종류

1) 문제의 성격

우리는 일상생활에서 다양한 문제에 직면하고 있다. '문제'(problem)는 우리가 어떤 것을 필요로 하거나 해결해야 하는데 그것을 획득하거나 해결하기 위해 무엇을 해야 하는지 모를 때 직면하는 것이다. 문제는 우리가 해결해야 할 필요성을 느끼지만 어떻게 해야 하는지 잘 모르는 경우에 발생된다.

문제가 무엇인가에 대하여 다양한 견해가 있지만, 문제는 두 가지 공통된 특성을 지닌다. 즉, '문제'는 사람들이 아직 알지 못하는 것이고, 해결할 필요가 있다고 인식하는 것이다. 이런 특성을 종합하여 D. H. Jonassen은 "문제란 사람들이 어떤 맥락에서 해결할 가치가 있다고 믿는 미지의 실재(unknown entity)이다"라고 정의하였다(Jonassen, 2004: 39). 사람들이 어떤 것에 대하여 인식하지 못하거나 해결의 필요성을 느끼지 못하면, 그것은 문제가 되지 않는다. 예를 들면 서구 사회에서도 불과 백 년 전만 해도 여성에게 투표권을 부여하지 않는 것을 사람들이 문제라고 생각하지 않았고 해결해야 할 필요성을 인식하지 못했기 때문에, 그 사회에서 문제가 되지 않았다.

2) 문제의 종류

우리가 해결해야 할 문제는 그것의 구조적 특성, 맥락, 복잡성 등에 따라 다양하다. 문제의 유형이 다양하기 때문에, 문제의 유형에 따라 그것을 해결하는 방법과 과정은 달라지고, 따라서 그 문제 해결의 과정과 방법을 가르치는 수업 방법도 달라져야 한다. 그러므로 어떤 문제를 해결하기 위해서는 먼저 해결해야 할 문제가 어떤 유형인지 파악하는 것이 필요하다.

D. H. Jonassen은 구조성, 복잡성, 역동성, 영역 특수성 또는 추상성에 따라 문제의 종류를 다음과 같이 분류했다(Jonassen, 2004: 45-48).

(1) 논리 문제(logical problem)
(2) 알고리듬 문제(algorithm problem)
(3) 이야기 문제(story problem)
(4) 규칙 사용 문제(rule-using problem)
(5) 의사 결정 문제(decision making problem)
(6) 결함 해결 문제(trouble shooting problem)
(7) 진단 해결 문제(diagnosis solution problem)
(8) 전략 수행 문제(strategic performance problem)
(9) 사례 분석 문제(case analysis problem)
(10) 딜레마 문제(dilemmas)

그러나 Jonassen은 문제의 유형을 너무 세분화하였기 때문에, 문제들이 서로 중첩되거나 실제 초·중등학교에서 가르치기 어려운 문제들이 많다. 예를 들면 '의사 결정 문제', '사례분석 문제', '딜레마 문제' 등은 합리적 대안을 찾아 해결할 문제라는 점에서 서로 중복되는 문제들이다. 또한 '결함 해결 문제', '전략 수행 문제', '설계 문제' 등은 공장이나 생산 현장에서 발생하는 문제로서 학교 교육에서 실제적으로 다루기 어려운 문제이다.

이런 점에서 필자는 문제의 발생 맥락, 발생의 원인과 결과, 해결 방법 등에 따라 학교 교육에서 다룰 수 있는 문제를 다음과 같이 분류하고자 한다.

❙ 문제의 유형 ❙

문제의 유형	문제의 특성	관련 학문
과학적 문제	• 과학적 문제는 기본적으로 인간이 아니라 자연적으로 발생되는 현상이고, 시간과 장소에 관계없이 유사하게 발생된다. • 같은 유형의 문제는 시간과 장소에 관계없이 유사한 원인과 결과에 의해 발생된다. • 이 문제의 해결 방법은 특정한 시간과 장소, 사회에 관계없이 모든 시대와 사회에 일반적으로 적용될 수 있는 객관적인 해결 방법이 제시될 수 있다. • 그래서 자연과학적·수학적 문제의 해결 방법으로 일반적 법칙, 공식 등이 제시될 수 있다.	자연과학 수학

문제의 유형	문제의 특성	관련 학문
기술적 문제	• 기술적 문제는 기계 또는 컴퓨터 시스템, 생산 과정 등에서 발생하는 문제와 관련된다(기계 결함, 전산 장애 등). • 이 문제의 해결은 기계 또는 컴퓨터 시스템에 대한 공학적 지식뿐만 아니라 실제적인 기술과 노하우를 필요로 한다. • 그래서 기술적 문제를 해결하기 위해서는 전문적 지식과 함께 실습 및 훈련이 요구된다.	공학 기술과학
철학적 문제	• 철학적 문제는 존재, 인식, 도덕에 대해 탐구하는 것과 관련된 문제이다. • 이 문제는 사람들의 관점, 가치관, 입장 등에 따라 해답이 달라진다. • 그래서 이 문제에 대한 보편적 해답이나 법칙은 제시되기 어렵다.	철학 인문학 신학
사회적 문제	• 사회적 문제는 기본적으로 인간에 의해 발생되는 현상이다. • 구성원이 잘못되었고 해결해야 한다고 인식할 때 문제로 받아들여진다. • 같은 유형의 사회 문제일지라도, 시기와 사회에 따라 발생 원인과 결과가 달라질 수 있다. • 이 문제의 해결 방법은 특정한 시기와 사회에 따라 달라진다. 즉, 모든 시기와 사회에 일반적으로 적용될 수 있는 객관적인 해결 방법이 제시되기 어렵다. • 그래서 사회적 문제의 해결 방법을 일반화하여 객관적 법칙, 규칙으로 제시하기 어렵다.	사회과학 인문학 윤리학
개인적 문제	• 개인적 문제는 특정한 개인에게 발생되는 현상이다. 개인마다 해결해야 한다고 인식하는 문제가 다르다. • 같은 유형의 문제라도, 개인마다 발생 원인과 결과가 달라질 수 있다. • 이 문제의 해결 방법은 특정한 개인의 사회적, 경제적 조건 등에 따라 달라진다. 즉, 모든 사람에게 일반적으로 적용될 수 있는 객관적인 해결 방법이 제시되기 어렵다. • 그래서 개인적 문제의 해결 방법을 일반화하여 모든 사람에게 동일하게 제시하기 어렵다.	사회과학 윤리학

2. 문제 해결 학습의 의미와 목표

사실이나 개념을 먼저 설명하고 그와 관련된 사례를 제시하는 강의식 수업과 달리, 문제 해결 학습은 먼저 일상적 문제를 제시하고 그 문제를 분석하여 해결책을 찾게 하는 과정과 방법을 가르친다.

1) 문제 해결 학습의 의미

앞에서 살펴본 것처럼, 다양한 문제의 유형에 따라 그 문제를 해결하는 방법과 과정이 다르고, 문제를 해결하기 위한 자료와 근거도 달라진다. 이러한 문제의 해결책을 찾기 위한 일련의 인지적 활동을 '**문제 해결**'이라고 할 수 있다. 문제의 유형에 따라 그것을 해결하고자 하는 인지적 활동과 사고 능력이 달라진다. 따라서 문제 해결의 과정과 방법을 가르치는 교수·학습 방법이 달라져야 한다.

그런데 초·중등 사회과에서 다양한 문제의 유형과 해결 방법을 모두 가르치기 어렵다. 사회과에서 가르치고자 하는 문제는 주로 '사회적 문제'이고 그 문제의 해결 방법과 능력을 가르치는 데 초점을 맞춘다. 사회과는 사회 문제를 합리적으로 해결할 수 있는 시민의 자질을 길러주는 것을 목표로 하기 때문이다.

'**문제 해결 학습**'(Learning to Solve Problems)은 학생이 직면하는 '**일상적 문제**'를 해결하는 과정을 가르치는 데 초점을 맞춘다. 문제 해결 학습은 일상생활에서 학생이 직면하는 사회 문제를 다루고, 관련된 정보를 활용하여 문제를 해결하는 능력을 가르치는 수업 방법이다. 요약하면, 문제 해결 학습은 학생이 경험하는 일상적 문제를 합리적으로 해결하는 방법이나 능력을 가르치는 교수·학습 방법이다.

2) 문제 해결 학습의 목표

'문제 해결 학습'은 학생의 경험에 의해 쉽게 풀기 어려운 문제 사태를 해결하는 경험을 교육의 장에 도입하여 조직한 학습이다(최용규 외, 2005: 149-150). 문제 해결 학습은 우리 지역의 사회 문제와 해결 방안, 우리 지역의 문제와 해결 방안, 가족 문제 또는 청소년의 문제와 해결 방안 등 학생이 일상생활에서 부딪히는 문제를 다룬다. 문제 해결 학습은 학생들이 직면하는 일상적 문제를 합리적으로 해결하는 '**문제 해결력**'의 신장을 목표로 한다.

3. 문제 해결 학습의 방법

1) 문제 해결 학습의 교수 원리

문제 해결 학습은 J. Dewey의 '반성적 사고' 개념에 기초하여 발달하였다. 전통적 학문에서는 이성(정신)과 육체(몸), 지식과 행위를 별개의 것으로 구분하고 이성이나 지식을 후자보다 더 우월한 것으로 간주해왔다. 즉, 이성이 시대와 상황에 관계없이 보편적인 것을 인식하여 객관적 지식을 형성하고, 반면에 육체와 관련된 것들은 시대와 상황에 따라 다르고 감정에 좌우되는 것으로 여겨졌다. 행위는 그런 육체와 감정의 산물이거나 이성의 지시에 따르는 결과물로 간주되었다.

이러한 전통적인 이분법을 거부하고, Dewey는 지식 또는 과학은 사회적 행위 또는 실천에서 파생된다고 보고, '앎'과 '행함'의 통합성을 강조했다(Dewey, 1952: 317, §15:14). 실용주의적 관점에서 듀이는 우리가 무엇을 '해 보는 것'(doing)과 '반성적으로 생각하는 것'(undergoing)이 결합된 것을 '경험'이라고 보았다. 경험은 무엇을 해보는 것이 어떤 변화를 가져오고, 그 변화는 해보는 것에서 나오는 결과와 '의식적으로' 연관되어 있다. 즉, 활동에 의해 생긴 변화가 우리의 정신에서 의식적으로 일어난 변화와 결합될 때, 비로소 '학습'이 일어난다. 경험은 단순한 활동이 아니고 그 활동에 대해 반성적 사고가 작동해야 한다(Dewey, 1952: 227–229, §11:1–2, 11–12, 20).

반성적 사고는 우리가 해 보는 것과 그 결과로서 일어난 것 사이의 관계를 구체적으로 파악함으로써 양자가 연속적인 것이 되도록 하는 의식적인 사고의 활동이다. 경험은 실제로 무엇을 '해보는 것'과 그것에 대해 '반성적으로 생각하는 것'이 융합된 과정을 의미한다.

요약하면 듀이에 따르면, 행함과 그에 대한 반성적 사고가 결합된 것이 '경험'이고, 그래서 듀이의 경험은 항상 '반성적 경험'을 의미한다. 또한 교육은 경험의 지속적인 재구성 과정이다(Dewey, 1952: 122–126, §6:14–17). 학생이 흥미를 갖는 주변 세계나 지식을 활용하여 문제를 해결해 가는 '반성적 경험'을 제공하는 것이 교육의 목적이다. 또한 문제의 해결 과정이나 반성적 경험의 과정에서 교사와 학생, 학생 사이의 상호작용과 의사소통을 통해 타인의 경험과 지식을 공유하고 문제를 해결하는 능력이 발달한다는 것이다.

이러한 듀이의 반성적 사고에 기초하여 학생이 주변 생활에서 직면하는 '일상적 문제'를 해결하는 경험을 통해 문제 해결력을 신장시키는 것이 문제 해결 학습이다.

수업 목표: 우리 지역의 환경문제를 해결하는 능력을 기른다.

2) 문제 해결 학습의 과정과 방법

앞에서 살펴본 것처럼, 문제의 유형에 따라 그 문제를 해결하는 방법과 과정이 다르고, 따라서 문제 해결의 과정과 방법을 가르치는 교수·학습 방법이 달라져야 한다.

문제 해결의 방법과 과정은 학자들마다 다양하다. A. Newell과 H. Simon (1972)이 제시한 '일반적 문제 해결자 모형'(General Problem Solver)은 문제 해결의 과정을 다음과 같이 제시하였다(Jonassen, 2004: 30).

(1) 문제의 이해 과정	(2) 문제의 탐색 과정

반면에 J. Bransford와 B. S. Stein(1993)이 제시한 'IDEAL 문제 해결자'(IDEAL Problem Solver) 모형은 문제 해결의 과정을 다음과 같이 제시하였다(Jonassen, 2004: 30).

(1) 문제와 해결 기회의 확인(Identify problem and opportunities)
(2) 해결 목표의 정의(Define goals)
(3) 가능한 전략의 탐색(Explore possible strategies)
(4) 결과의 예측과 행동(Anticipate outcomes and act)
(5) 문제 해결의 반성과 평가(Look back and learn)

다른 한편 최용규 등은 문제 해결 학습의 교수·학습 과정을 다음과 같이 제시하였다(최용규 외, 2005: 153-155).

| 문제 해결 학습의 교수 · 학습 과정 |

단 계	교수 · 학습 활동
1. 문제 사태의 파악	• 당혹스러운 문제 상황의 제시: 인지적 불일치 또는 생활에 불편을 주는 문제 사태의 제시 • 문제에 공감하기: 문제의 심각성 및 개인과 사회에 미치는 영향을 토의하기
2. 문제 원인의 확인	• 문제의 본질적 원인에 대한 브레인스토밍 • 문제의 원인에 대한 잠정적 가설의 수립
3. 정보 수집	• 자료 수집: 문제 해결과 관련된 정보의 수집 및 수집된 자료의 가공 • 자료를 통해 결론 얻기
4. 대안 제시	• 문제 해결책에 대한 브레인스토밍 • 평가 기준을 작성해 문제 해결책의 평가
5. 검증 (적용 및 정리)	• 행동 계획의 수립: 문제 해결책을 실천하는 계획의 수립 • 결과의 정리 및 보고

이러한 문제 해결 모형은 모든 문제의 해결에 일반화할 수 있는 문제 해결 이론을 제시하고자 했다. 그러나 우리가 해결해야 할 문제는 다양하고, 각 문제를 해결할 때 작동하는 인지적 능력과 해결 방법은 다양하다. 따라서 문제의 유형과 특성에 따라 문제 해결 학습의 형태는 달라져야 한다.

학자들마다 견해가 다르지만, 문제의 성격과 문제 해결의 과정은 몇 가지 공통된 특성을 갖는다. 즉, 우리가 직면하는 문제의 유형은 매우 다양하다. 다양한 문제의 해결 과정에는 각각 그에 적합한 인지적 능력이 작동한다. 그리고 문제는 매우 복잡하게 얽혀 있기 때문에 그 문제의 해결 방안을 찾는 인지적 활동은 학제적 성격을 갖는다. 요약하면, 다양한 문제의 유형에 따라 해결 방안이 다양하고, 각 문제를 해결하는 과정에서 작동하는 인지적 능력이 다르기 때문에, 문제 해결을 가르치기 위한 교수·학습 방법이나 전략도 달라져야 한다.

여러 학자들이 제시한 문제 해결의 과정을 종합하여, 필자는 문제 해결 학습의 과정을 다음과 같이 제시하고자 한다.

| 문제 해결 학습의 과정 |

단 계	교수·학습 활동
1. 문제의 확인	• 문제 해결과 관련된 시청각 자료를 제시한다. • 무엇이 문제이고 왜 문제가 되는지 질문하고 발표하게 한다.
2. 문제의 잠정적 해결책 설정	• 문제의 원인이나 결과가 무엇인지에 대하여 토의한다. • 문제의 원인들에서 사실과 가치 부분을 구분하여 정리하게 한다. • 가능한 문제의 해결 방안에 대해 토의하여 '잠정적 해결책'을 선정한다.
3. 자료 수집	• 잠정적 해결책을 지지해 줄 자료와 근거를 수집한다. • 자료의 신뢰성과 타당성, 가설 증명에의 적합성을 검토한다.
4. 문제의 해결책 결정	• 자료에 의거하여 잠정적 해결책의 결과를 비교·분석한다. • 분석 결과에 기초하여 가장 합리적인 해결책을 결정한다. • 자료와 분석 결과에 의거해 결정된 해결책을 정당화한다.
5. 문제 해결의 실천	• 결정된 해결책에 따라 실제 생활 속에서 실천한다. • 문제 해결 과정을 평가하여 문제 해결책의 효과를 검증하고 수정한다.

4. 문제 해결 학습의 적용

1) 문제 해결 학습의 적용

필자가 제시한 문제 해결 학습 모형에 따라 '도시의 환경문제 해결'을 가르치는 과정을 살펴보면 다음과 같다.

문제 해결 학습의 과정

▣ 단원: 통합사회 1 '5. 생활공간과 사회'
▣ 목표: 도시화로 인한 환경 문제를 해결하는 능력을 기른다.

1. 문제의 확인
   - 우리 도시의 환경문제와 관련된 뉴스 동영상을 보여준다.
   - 뉴스와 관련하여 도시의 환경오염이 얼마나 심각한가, 환경오염이 시민들의 건강에 어떤 영향을 미치는가에 대해 질문하고 발표하게 한다.

2. 문제의 잠정적 해결책 설정
   - 도시 환경오염이 발생하는 원인이나 이유가 무엇인지에 대하여 자유롭게 발표하고 토의한다.
   - 토의에서 제시된 문제의 원인들에서 사실 부분과 가치 부분을 구분하여 해결책을 찾아보게 한다.
   - 학생들이 자유롭게 토의한 환경오염의 원인을 종합하여, 환경오염의 잠정적 해결책, 즉 가설을 만들게 한다.

     ※ 가설: 우리 도시의 수질오염을 해결하기 위해 생활 폐수를 줄여야 할 것이다.
     우리 도시의 토양오염을 해결하기 위해 생활 쓰레기를 줄여야 할 것이다.

3. 자료 수집
   - 잠정적 해결책을 지지해 줄 자료를 수집한다.
     - 조사 내용: 환경오염 통계 조사 결과, 실제 사례 등
     - 조사 방법: 인터넷, 도서관 등
   - 수집한 자료가 신뢰할 수 있는지 타당한지, 가설을 지지하는 데 적합한지에 대하여 검토한다.
     - 누가 언제 어떻게 조사했는가?
     - 자료가 사실이고 객관적인가?
     - 자료가 가설을 지지하는 데 적합한가?

4. 문제의 해결책 결정
   - 자료에 의거해 잠정적 해결책의 결과를 비교 분석한다(해결책의 장점과 단점 또는 비용 편익 분석 등).
   - 분석 결과를 비교하여 가장 합리적인 해결책을 결정한다.

     ※ 문제의 해결책 결정
     - 수질 오염을 줄이기 위해 샴푸와 세제의 사용량을 줄여야 한다.
     - 토양 오염을 줄이기 위해 생활 쓰레기의 양을 줄여야 한다.

- 대기오염을 줄이기 위해 자가용의 운행을 줄이고 대중교통의 이용을 늘려야 한다.
• 자료와 분석 결과에 기초하여 결정된 해결책을 정당화한다.

5. 문제 해결의 실천
• 결정된 해결책에 따라 실제 생활에서 문제를 해결하기 위해 실천한다.
- 일상생활에서 샴푸, 세제, 생활 쓰레기를 줄이기 위한 구체적 계획을 세워서 실천한다.
- 출・퇴근, 등・하교 시 자가용 대신에 대중교통을 이용하기 위한 계획을 세워 실천한다.
• 문제의 해결 과정에 대하여 평가하여 문제 해결책의 효과를 검증하고 수정한다.

2) 문제 해결 학습의 한계

문제 해결 학습은 일상생활의 문제를 해결하는 데 유용한 지식을 학습하고 문제 해결력을 신장시킨다는 점에 의의가 있지만, 몇 가지 한계를 지녔다(최용규 외, 2005: 152-153).

첫째, 문제 해결 학습은 일상생활의 문제를 해결하는 과정이기 때문에 문제를 과학적으로 조사하는 탐구력을 발달시키기 어렵다.

둘째, 문제 해결 학습은 학생이 일상생활에서 직면한 문제를 다루고 학생의 상식과 경험을 토대로 문제 해결책을 찾기 때문에, 문제와 관련된 일반적 원리나 구조를 파악하도록 가르치기 어렵다.

셋째, 일상적 문제의 해결에 유용한 지식의 진위를 교실에서 밝혀내지만, 문제 해결의 과정이 너무 열려 있다.

제 10 장 의사 결정 학습

현대사회는 빠르게 변동하고 미래 사회가 어떻게 전개될지 불확실하다. 세계화를 통해 지구촌의 상호 의존성은 매우 증가하고 여러 민족과 인종이 활발하게 교류하면서 다문화사회로 나아가고 있다. 정보화, 세계화, 다문화의 물결을 타고 우리 사회가 급속하게 변하면서 다양한 사회 문제나 쟁점이 증가하고 사회적 갈등이 급증하고 있다. 그렇기 때문에 사회 문제나 쟁점을 둘러싼 사회적 갈등을 민주적으로 해결할 수 있는 시민이 요구된다.

사회 문제나 쟁점을 민주적으로 해결하기 위해서는 우선 문제의 성격을 파악하는 것이 중요하다. 사회 문제 또는 쟁점은 대부분 객관적으로 확인하고 증명할 수 있는 **'사실 문제'**와 객관적으로 증명하기 어렵고 개인의 가치 판단에 따라 달라지는 **'가치 문제'**가 혼재되어 있다. 따라서 문제를 해결하기 위해서는 관련된 사실이나 지식을 탐구하는 것뿐만 아니라 관련된 가치를 분석하고 명료화하는 것이 필요하다.

사회과에서 사회 문제 또는 쟁점을 합리적으로 해결할 수 있는 능력을 함양하기 위해서는 **'사실 탐구'**와 **'가치 탐구'**를 통해 적절한 대안을 선택하는 과정이 결합되어야 한다. 이처럼 문제와 관련된 사실의 탐구와 가치의 탐구를 통해 문제를 합리적으로 해결할 수 있는 의사 결정력이 최근 사회과의 주요 목표로 제시되고 있다(Woolever & Scott, 1988: 17-19, 286-295; Banks, 1990: 4-7; NCSS, 1994: 3; 차경수 · 모경환, 2008: 267-270).

1. 의사 결정 학습의 의미와 목표

1) 의사 결정 문제의 성격

우리는 사회생활에서 다양한 '개인적 · 사회적 문제'에 직면하게 된다. 개인적 문제에는 학교 선택과 진로, 직업 선택과 취업, 배우자 선택과 결혼, 주택 구입, 자녀 출산과 교육 등이 있다. 사회적 문제에는 학교 폭력, 체벌, 비정규직, 지역 격차, 양극화, 환경 보호 문제 등이 있다.

이러한 개인적 · 사회적 문제는 기본적으로 '사실과 가치가 혼재'되어 있다. 문제를 둘러싼 갈등은 사실 부분보다는 가치(관)가 다르기 때문에 발생하는 경우가 많다. 그래서 개인적 · 사회적 문제를 합리적으로 해결하기 위해서는 문제와 관련된 사실의 탐구뿐만 아니라 가치의 탐구를 종합하여 합리적 대안을 선택해야 한다.

2) 의사 결정 학습의 의미

앞에서 간략히 살펴본 것처럼, 사회과에서 다루는 '문제의 성격'이 다르기 때문에, 그 문제를 해결하기 위한 과정이나 방법을 가르치는 교수 방법이 달라진다.

사회 문제의 원인이나 이유같이 과학적으로 검증 가능한 '사실 문제'의 해결을 다루는 경우에 '탐구 학습'이 적합하다. 하지만 '사실과 가치가 혼재된 문제'의 해결책을 선택하는 경우에는 의사 결정 학습 또는 논쟁 문제 학습이 적절하다. '의사 결정 학습'은 '개인적 · 사회적 문제' 모두를 다루지만, 논쟁 문제 학습은 개인적 문제는 제외하고 사회 문제 중에서 사회적으로 찬, 반 논란이 되는 논쟁 문제 또는 쟁점의 해결 방법을 다룬다는 점에서 의사 결정 학습과 다르다.

요약하면, 의사 결정 학습은 사실과 가치가 혼재된 개인적 · 사회적 문제를 합리적으로 해결하는 방법과 능력을 가르치는 교수 방법이다. 그래서 의사 결정 학습은 사실의 탐구와 가치의 탐구를 종합하여 여러 가지 대안을 비교 · 검토한 후 합리적 대안을 선택하는 과정과 방법을 가르친다.

3) 의사 결정 학습의 목표

현대사회가 매우 복잡하고 빠르게 변동하면서, 우리는 날마다 선택해야 될 많은 문제에 직면하게 된다. 그런 선택은 우리 자신뿐만 아니라 다른 사람들의 삶에도 영향을 미친다. 그래서 우리는 심사숙고하여 합리적으로 결정할 책임이 있다. 또한 민주 사회는 유능한 자질을 갖춘 대표자를 선출하고 공공의 정책결정에 능동적으로 참여하는 시민을 필요로 한다.

이런 측면에서 민주 사회는 사회 문제와 갈등을 합리적으로 해결할 수 있는 시민의 자질을 요구한다. 그래서 오늘날 사회과는 사회 문제와 갈등을 합리적으로 해결하고 사회에 능동적으로 참여하는 시민을 기르는 데 초점을 맞추고 있다. 사회과는 '반성적 의사 결정력'(ability to make reflective decisions)과 문제를 해결하는 행위 능력의 발달을 주요 목표로 제시하고 있다(Banks, 1990: 4, 32).

그래서 사회 문제를 합리적으로 해결하는 과정과 방법을 가르치는 의사 결정 학습은 **'의사 결정력'**의 발달과 **'행위의 실천'**을 핵심 목표로 제시하고 있다.

의사 결정 학습이 중점적으로 발달시키고자 하는 목표는 의사 결정력과 행위이지만, 사회 문제와 관련된 사실 탐구와 가치 탐구의 과정에서 다음과 같은 교육적 효과를 거둘 수 있다.

첫째, 의사 결정 학습은 사회 문제와 관련된 사실 문제의 과학적 탐구를 통하여 사회 문제와 관련된 지식의 이해를 증대시킬 수 있다.

둘째, 의사 결정 학습은 사회 문제와 관련된 대립 가치들을 명료화하고 가치와 대안을 비교 분석하는 과정을 통하여 가치 탐구력을 향상시킬 수 있다.

셋째, 의사 결정 학습은 사회 문제를 합리적으로 해결하기 위해서는 사실 문제와 가치 문제를 구분해서 검증해야 하고, 사실과 가치를 종합하여 문제의 해결책을 찾는 종합적 안목과 통찰력을 길러주는 데 기여할 수 있다.

넷째, 의사 결정 학습은 사회 문제에 대한 관심을 갖고 그것의 해결에 참여하는 태도를 형성할 수 있다. 또한 사회 문제를 해결하기 위해 다른 사람과 토론하고 상호작용하면서 의사소통 능력과 상호 협력하는 가치와 태도를 형성할 수 있다.

4) 의사 결정 학습의 유형

합리적 의사 결정력과 행위의 실천을 목표로 하는 의사 결정 학습은 엥글과 오초아, 울레버와 스콧, 뱅크스 등에 의해 제시되었다.

엥글과 오초아는 사회과에서 학생들이 민주주의－민주적인 정책 결정의 과정－를 체험할 기회를 제공해야 한다고 보았다. 그런 기회를 제공하기 위한 방안으로 2가지 의사 결정 과정을 제시하였다. 그들에 의하면, 사회 문제를 합리적으로 해결하기 위한 의사 결정의 과정은 '진리에 대한 의사 결정'과 '공공 정책에 대한 의사 결정'으로 분류된다(Engle & Ochoa, 1988: 95-107).

진리에 대한 의사 결정은 학생이 진리에 대한 주장의 타당성을 평가하도록 가르치는 것이고, 객관적 자료의 수집과 평가를 통해 진리에 대한 주장의 타당성을 검증하는 것이다. 반면에 공공 정책에 대한 의사 결정은 학생이 공공 정책과 관련된 문제를 합리적으로 결정하도록 가르치는 것이고, 사회 문제와 관련된 사실과 가치를 확인하고 대안을 검토한 후 합리적인 정책을 결정하는 것이다.

다른 한편 뱅크스는 사실 문제와 가치 문제가 혼재되어 있는 사회 문제를 합리적으로 해결하기 위해서 사실 탐구와 가치 탐구를 종합하여 의사 결정하고 그에 따라 행동하는 의사 결정의 과정을 제시하였다. 그가 정교화했던 의사 결정 학습의 과정은 다음과 같다(Banks, 1977: 38-43, 467-477, 1990: 32-33, 457-458).

(1) 문제 확인: 의사 결정할 문제의 확인
(2) 사회 탐구: 대안의 확인과 예측에 필요한 지식의 도출
(3) 가치 탐구: 문제와 관련된 대립 가치의 명료화
(4) 의사 결정: 대안의 확인, 대안의 결과 예측, 대안의 평가
(5) 행동: 의사 결정에 따른 행위의 실천

뱅크스와 비슷하게 울레버와 스콧은 의사 결정의 과정을 6단계로 제시했다(Woolever & Scott, 1988: 69, 287-292). 다만 뱅크스와 달리, 문제와 관련된 지식의 탐구와 가치의 탐구를 '문제의 정의' 단계에 같이 포함시켰다.

(1) 문제 인식
(2) 문제의 정의: 문제의 진술 → 과학적 지식의 탐구 → 가치의 탐색
(3) 대안 개발
(4) 대안의 평가와 선택: 가장 좋은 대안의 선택
(5) 사회적 행위
(6) 결과의 평가

차경수 · 모경환은 뱅크스, 울레버와 스콧의 모형을 참고하여 의사 결정 학습의 단계를 다음과 같이 제시하였다(차경수 · 모경환, 2008: 186-187):

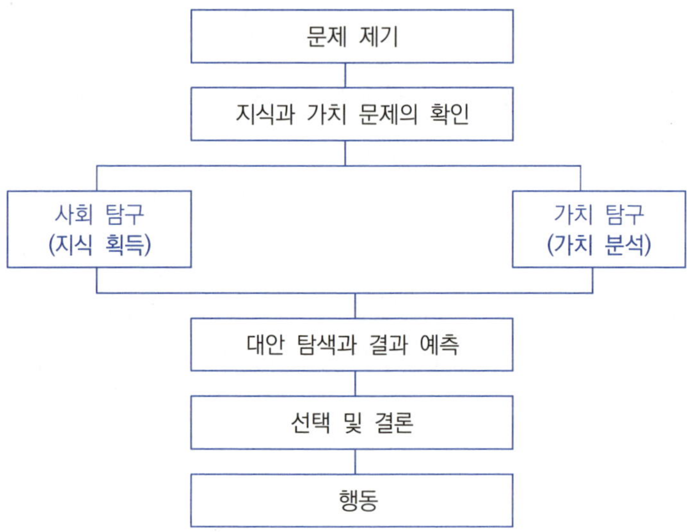

이러한 의사 결정 학습은 학생 개개인이 사회 문제와 관련된 사실과 가치를 탐구하고 그것을 종합하여 합리적 대안을 결정하고 그에 따라 행동하는 과정으로 구성된다. 그래서 이런 모형들은 **'개인적 의사 결정 모형'**으로 분류될 수 있다. 의사 결정 학습 모형의 공통점은 다음과 같다.

의사 결정 학습 모형의 공통점

(1) 사회 문제는 '사실 문제'와 '가치 문제'가 혼재되어 있다.
(2) 사회 문제의 해결을 위해서 '사실 탐구'와 '가치 탐구'를 종합하는 탐구의 과정이 필수적이다.
(3) 사실 탐구와 가치 탐구를 종합하여 여러 대안들을 탐색하고 좋은 대안을 선택하는 것을 '합리적 의사 결정'으로 간주한다.[1)]
(4) 의사 결정에 따른 '행위의 실천'이 강조된다.

수업 목표: 사회문제를 합리적으로 해결하고 실천하는 능력을 기른다.
※ 자료: '기초노령연금' 관련 뉴스

1) 의사 결정 모형에서는 개인이 사회 문제를 해결하는 절차와 방법을 충분히 따른 후에 결정했을 때, 그 결정이 '합리적인 의사 결정'으로 간주된다. 그래서 이 모형에서 '합리적' 의사 결정은 반드시 '옳은' 결정을 의미하는 것은 아니다. 정보와 지식을 충분히 가지고 같은 탐구의 절차를 거친 사람도 서로 다른 결정을 내릴 수 있다(Woolever & Scott, 1988: 78).

2. 개인적 의사 결정 학습의 방법

1) 개인적 의사 결정의 방법

개인적 의사 결정 모형은 학자들마다 다양하기 때문에, 여기서는 의사 결정 과정을 정교화시키고, 널리 알려져 있는 뱅크스와 울레버 · 스콧의 의사 결정 모형을 중심으로 살펴보고자 한다.

(1) Banks의 개인적 의사 결정 모형

뱅크스는 개인적 · 사회적 문제를 합리적으로 해결하는 의사 결정의 과정을 크게 5단계로 제시했다.

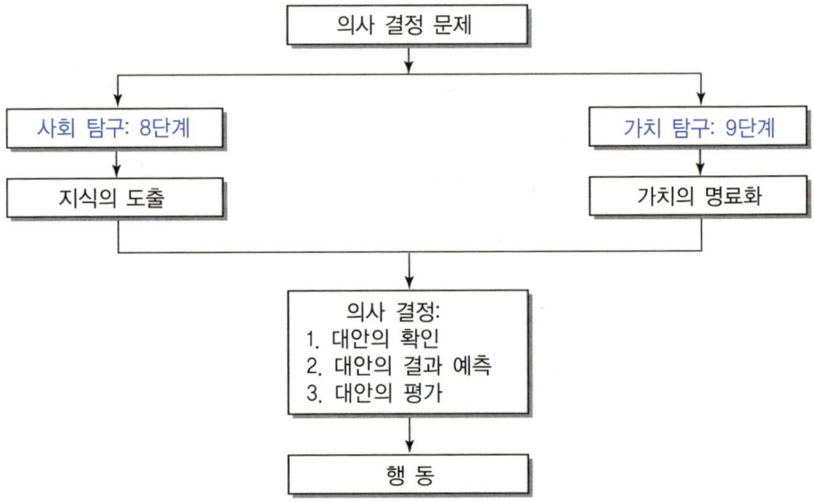

(그림: Banks, 1990: 32, 457, 인용)

뱅크스에 따르면, 사회 문제는 사실과 가치가 혼재되어 있기 때문에, 문제를 합리적으로 해결하기 위한 의사 결정의 과정은 '사회 탐구'에 의해 도출된 지식과 '가치 탐구'에 의해 분석된 대립 가치의 명료화를 필요로 한다.

사회 탐구는 과학적 탐구의 과정을 통해 사회 문제와 관련된 사실 또는 지식을 도출하는 것이다. 사회 탐구는 단지 새로운 사실이나 지식을 확인하는 것이 아니라 복잡한 사회 문제를 더 정확하게 이해하여 합리적으로 해결하는 것을 도와주는 데 있다. 사회 탐구는 사회 문제에 대해 학생이 스스로 조사하고 해결하는 과정과 능력을 학습하도록 가르치는 과정이다. 사회 탐구의 과정에서 학생은 과학적 방법과 절차를 통하여 문제의 해결에 필요한 '일반화된 지식'을 형성한다. 일반화된 지식은 사회 문제를 더 과학적으로 이해하여 합리적으로 해결하는 토대를 제공한다.

뱅크스는 사회 문제와 관련된 사실이나 지식을 형성하기 위한 '사회 탐구'의 과정을 8단계로 제시했다(Banks, 1990: 74-86):

(1) 문제 제기	(2) 주요 용어의 정의
(3) 가설의 설정	(4) 관련 자료의 수집
(5) 자료의 분석과 평가	(6) 가설의 검증
(7) 결론 도출	(8) 새로운 문제의 탐구

그리고 대부분의 사회 문제는 사실보다는 가치의 대립에서 발생하기 때문에, 문제를 합리적으로 해결하기 위해서는 대립 가치에 대한 분석도 필요하다. 가치 분석은 학생들이 2가지 이상의 가치들이 대립하는 갈등 상황, 가치 선택의 결과, 가치 선택의 이유 등을 과학적으로 분석하고 결정하는 것을 강조한다(Banks, 1977: 425-440, 1990: 432-435). 가치 갈등을 분석하는 방법은 여러 학자들에 의해 제시되었지만,[2)] 사회과에서 가장 널리 알려진 가치 분석의 방법은 뱅크스의 가치 탐구 모형이다.

뱅크스는 가치 문제에 대한 반성적 탐구와 자유로운 선택을 강조하는 '가치 탐구 모형'(value inquiry model)을 제시했다. 그에 의하면, 가치 탐구의 주요 목표는 학생들이 정의, 평등, 인간 존엄성 같은 '민주적 가치'들을 확신하도록 도와주는 것이다(Banks, 1990: 435-437). 가치 탐구는 학생들로 하여금 가치 갈

2) 가치 갈등의 분석 방법은 Hunt & Metcalf의 의사 결정 모형, Oliver & Shaver, Newmann (1970)의 논쟁 문제의 해결 모형, Kohlberg & Turiel의 도덕발달 모형, H. Taba의 가치 탐구 모형, Banks의 가치 탐구 모형 등에서 제시되었다(Woolever & Scott, 1988: 395; Banks, 1977: 425-440, 1990: 432-435).

등의 원천과 갈등의 이유를 확인하고, 가치 갈등을 해결하기 위한 대안들의 결과를 예측한 후에 자유롭게 선택하고, 민주적 가치의 측면에서 정당화하는 과정으로 진행된다.

사회 문제와 관련된 가치를 분석하고 대립 가치를 명료화하는 '가치 탐구'는 9단계의 과정으로 이루어진다(Banks, 1990: 437-445):

(1) 가치 문제를 정의하고 인식하기: 관찰-구별
(2) 가치 관련 행동을 서술하기: 서술과 구별
(3) 서술된 행동에 의해 예시되는 가치에 이름 붙이기: 확인-서술, 가설 설정
(4) 서술된 행동에 포함된 대립 가치를 확인하기: 확인-분석
(5) 분석된 가치의 원천에 대해 가설 세우기: 가설 설정, 가설을 증명할 자료 제시
(6) 관찰 행동에 의해 예시되는 가치의 대안적 가치에 이름 붙이기: 회상
(7) 분석된 가치들의 결과에 대해 가설 세우기: 예측, 비교, 대조
(8) 가치 선호를 선언하기: 가치 선택
(9) 가치 선택의 이유, 원천, 결과를 서술하기: 정당화, 가설 설정, 예측

이처럼 학생들은 사회 탐구와 가치 탐구를 통해 사회 문제에 대한 지식을 형성하고, 관련된 가치들을 분석하여 명료화한 후에, 그것을 종합하여 합리적으로 의사 결정하며, 그 결정에 따라 행동하는 것이다. 사회 문제를 합리적으로 해결하기 위한 '사회 탐구'의 방식과 적용 사례는 7장에 제시되었고, 가치 탐구의 방식과 적용 사례는 13장에 자세하게 제시되어 있다.

(2) Woolever & Scott의 개인적 의사 결정 모형

다른 한편 J. Hurst, M. Kinney, S. Weiss는 여러 학자들의 의사 결정 과정을 검토한 후 종합하여 새로운 의사 결정 모형을 제시하였는데, 울레버와 스콧은 그들의 모형을 수정하여 '개인적 의사 결정 모형'을 6단계로 제시했다(Woolever & Scott, 1988: 68-78).

| 개인적 의사 결정 모형 |

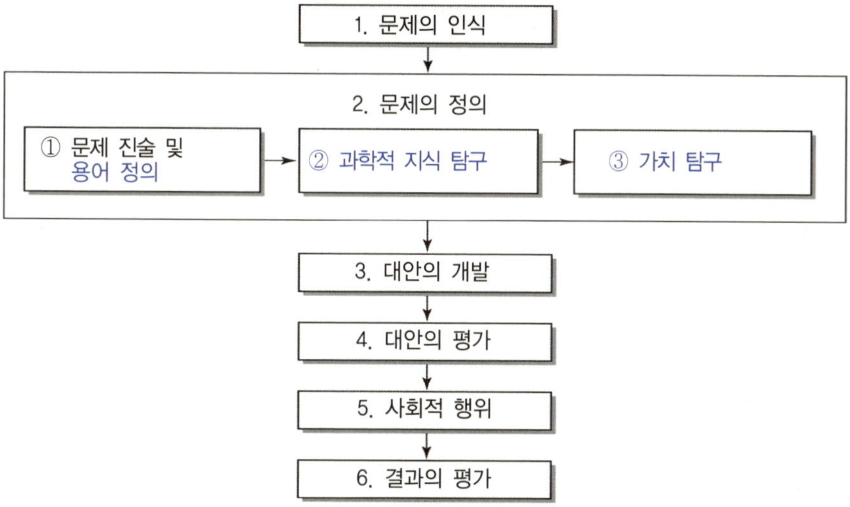

(Woolever & Scott, 1988: 69, 인용)

뱅크스와 울레버 · 스콧의 의사 결정 모형을 비교해 보면, '개인적 의사 결정 과정'은 문제를 해결하기 위해서 사회 탐구를 통한 사실 또는 지식의 도출 그리고 가치 탐구를 통한 대립 가치의 명료화를 종합하여, 가장 합리적인 대안을 선택하고 사회적 행위를 실천하는 과정으로 구성된다. 또한 의사 결정의 합리성은 이 모형에서 제시한 단계와 방법에 따라 결정하는 '절차적 합리성'을 의미한다. 즉, 최종적으로 서로 다른 대안을 선택할지라도, 의사 결정의 단계와 방법에 따라 이루어진 결정은 모두 '합리적' 결정으로 간주된다.

그러나 울레버와 스콧은 뱅크스의 2~4단계를 '문제의 정의' 한 단계로 묶었고, 대안 선택과 사회적 행위가 가져온 결과에 대해 토론하는 '결과의 평가'를 의사 결정 과정의 마지막 단계로 새로 추가했다.

2) 개인적 의사 결정 학습의 적용

울레버와 스콧이 제시한 개인적 의사 결정의 교수 · 학습 과정을 살펴보면 다음과 같다(Woolever & Scott, 1988: 68-78).

| 개인적 의사 결정의 과정 |

개인적 의사 결정의 과정

1. 문제의 인식
   - 가치 함축적인 문제 상황을 제시하고 학생의 마음에 "무엇을 어떻게 해야 하는가"에 관한 의문과 혼란을 일으키게 한다. 그래서 학생이 해결해야 할 문제를 갖게 되었다는 것을 인식시킨다.
   - 문제의 이해를 증진하기 위해 아동 문학, 교과서, 신문 등에서 찾은 역사적 사건, 현재 사건 등을 활용한다.

2. 문제의 정의
   (1) 문제 진술 및 용어 정의
   - 학생이 문제를 진술하는 것을 도와줌으로써 문제 상황을 철저히 조사하게 한다.
   - 학생이 '지식 문제'(knowledge questions)와 '가치 문제'(value questions)를 구별하도록 가르친다.
   - 문제와 관련된 주요 용어를 정확하게 정의하는 방법을 가르친다.
   - 일반적으로 받아들여진 정의를 찾기 위해 사전, 교과서 같은 자료를 활용하는 방법을 가르친다.

   (2) 과학적 지식의 탐구
   - 문제 해결을 위해 과학적 지식을 필요로 하는 구체적 질문을 제기하는 방법을 가르친다.
   - 문제 해결과 관련된 사회과학적 지식의 구조에 대해 가르친다.
   - 과학적 탐구에 기초한 정보와 개인적 의견에 기초한 정보를 구별하도록 가르친다.
   - 문제 해결에 적합한 정보를 찾는 자료 조사 방법과 기능을 가르친다.
   - 학생에게 자료를 분석하고 종합하여 결론을 도출하는 방법을 가르친다.

   (3) 가치 탐구
   - 학생이 '자기 성찰'을 통해 몇 가지 가치 문제에 대하여 대답할 기회를 제공한다.
     - 내가 가치롭게 평가하는 것(선호하는 것)은 무엇인가?
     - 내 가치(선호)의 원천은 무엇인가?
     - 어떤 가치 갈등이 발생하는가?
     - 내 가치들 중에서 나에게 가장 중요한 것은 무엇인가?
   - 자신이 가진 가치의 위계서열을 정하게 하고 공유된 기본적 가치를 확인하게 한다.

3. 대안의 개발
   - 학생이 토론이나 브레인스토밍을 통해 다양한 대안적 해결책을 찾게 한다.
   - 역사적 사건이나 현재 사건이 대안적 해결책을 찾기 위한 토대로서 활용될 수 있다.

4. 대안의 평가
   - 각 대안의 긍정적·부정적 결과(장·단점)의 목록을 확인함으로써 적합한 대안에 대해 토론한다.
   - 학생은 문제와 관련된 적합한 정보에 의거해 개인적으로 의사 결정을 한다.

5. 사회적 행위
   - 대안을 결정했다면, 문제 해결을 위한 사회적 행위－투표, 타인의 설득, 홍보 활동, 자원봉사, 캠페인 등－의 다양한 형태에 대해 가르친다.
   - 학생이 의사 결정에 따라 행동할 기회를 제공한다. 하지만 학생은 자신의 양심에 따라 행동할 자유가 있고 자신의 가치와 맞지 않는 방식으로 행동하도록 강요하면 안 된다.

6. 결과의 평가
- 일련의 사회적 행위들이 각자 기대한 결과를 가져왔는가에 초점을 맞추어 토론한다.
- 기대된 결과가 실제의 결과로 나타나지 않는 상황의 예들을 확인한다.

3. 집단적 의사 결정 학습의 방법

1) 집단적 의사 결정의 방법

사회 문제는 대부분 개인보다는 집단과 집단 사이의 가치 갈등으로 인해 발생하고, 사회 문제를 해결하기 위한 의사 결정은 구성원과 소속 집단에 의해 영향을 받는다. 따라서 사회 문제는 개인의 결정에 의해 해결되기 어렵고, 관련 집단 사이의 협상과 합의를 통해 해결될 수 있다. 이런 이유에서 사회 문제를 합리적으로 해결하기 위한 방법으로 집단적 의사 결정 모형이 제시되었다.

'집단적 의사 결정 모형'은 집단의 구성원이 사회 문제에 대해 개인적 결정을 한 후에 다른 구성원과의 협상과 타협을 통해 집단적 결정을 한다고 가정한다(Woolever & Scott, 1988: 78). 한 개인보다는 집단 구성원들이 사회 문제에 대해 토론하고 협상하면서 보다 합리적인 대안을 찾을 수 있다는 것이다. 이런 측면에서 집단적 의사 결정은 토론과 협상의 과정을 통해 '집단 지성'이 작동하게 하는 과정이다.

또한 민주 사회에서 사회 구성원들은 충분한 대화와 토론을 통해 문제를 해결하는 것이 바람직하다. 그 문제를 해결하는 과정에서 합의가 안 될 경우에, 불가피하게 다수결의 원칙과 투표가 사용된다. 이런 점에서 민주 시민의 자질을 육성하고자 하는 사회과에서는 사회 문제에 대해 집단 간 토론과 협상을 통해 문제를 해결하는 집단적 의사 결정의 과정을 가르칠 필요가 있다.

집단적 의사 결정의 과정을 가르치기 위해 울레버와 스콧은 B. Massialas와 J. Hurst(1978)의 의사 결정 모형을 수정하여 '집단적 의사 결정 모형'(model for group decision making)을 제시했다(Woolever & Scott, 1988: 79-81). 집단적

의사 결정 모형은 개인적 의사 결정 과정과 집단적 의사 결정 과정으로 구성된다.

먼저 개인적 의사 결정의 과정은 (1) 문제의 인식~(4) 대안의 평가와 선택으로 진행되는데, 울레버와 스콧이 제시한 개인적 의사 결정 단계와 동일하다. 다만 개인의 의사 결정 후에 다른 사람들과 협상 및 타협을 통해 집단 전체의 의사를 결정해야 하기 때문에, (5) 사회적 행위와 (6) 결과의 평가는 실시하지 않는다. 그다음 집단적 의사 결정은 자신과 유사한 결정을 한 사람들이 같은 집단을 조직하고 다른 집단과 협상 및 타협을 통해 합의점을 찾고 투표를 통해 집단의 최종적 의사를 결정하는 과정이다.

| 집단적 의사 결정 모형 |

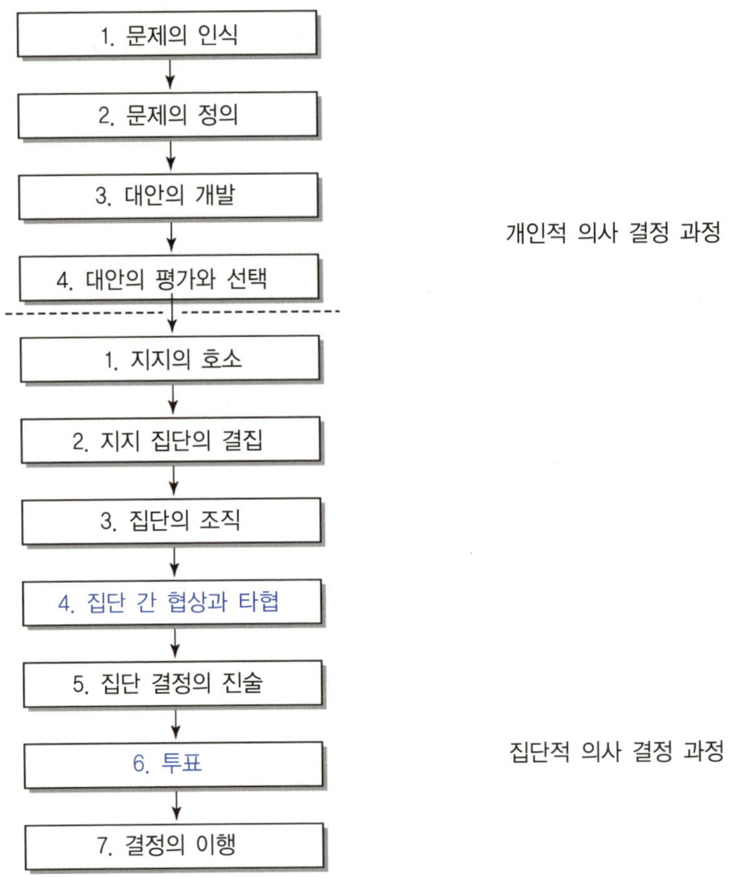

(Woolever & Scott, 1988: 80, 인용)

2) 집단적 의사 결정 학습의 과정

개인적 의사 결정의 과정을 거친 후 집단적 의사 결정을 하는 과정은 다음과 같다(Woolever & Scott, 1988: 79-81).

집단적 의사 결정의 과정

▣ 개인적 의사 결정의 과정: 1. 문제의 인식 ~ 4. 대안의 평가와 선택
▣ 집단적 의사 결정의 과정:

1. 지지의 호소
   - 개인적 의사 결정 이후에, 비슷한 대안을 선택한 학생들끼리 함께 모여 하나의 집단을 형성한다.
   - 유사한 대안을 선택한 집단이 자신의 결정과 근거를 제시하면서 다른 집단의 학생들이 결정을 바꾸도록 설득한다.
2. 지지 집단의 결집
   - 각 집단은 충분한 정보에 근거하여 다양한 행동 방식과 그것의 결과를 예측하여 가장 합리적인 행동 방식을 선택한다.
   - 그다음 각 집단의 구성원들은 다른 집단의 학생들이 자기 집단의 대안과 행동 방식을 지지하여 입장을 바꾸도록 설득한다.
3. 집단의 조직
   - 설득의 과정을 거쳐 각 학생들은 각자 자신의 입장을 결정한다.
   - 유사한 입장을 선택한 학생들이 한 집단을 조직하고, 집단의 토론과 활동을 용이하게 만들기 위해 대표자를 선출하고, 구성원의 역할을 분담한다.
4. **집단 간 협상과 타협**
   - 각 집단은 객관적인 정보와 자료를 제시하면서 합리적인 문제의 해결책을 찾기 위해 대화와 토론을 통해 협상하거나 타협안을 만들어 간다.
5. 집단 결정의 진술
   - 충분한 토론과 협상의 과정을 거친 후 합의에 도달하지 못했다면, 각 집단은 자신의 입장과 결정을 최종 정리하여 다른 집단의 학생들에게 설명한다.
6. **투표**
   - 문제 해결을 위해 집단 간 협상에서 합의에 도달하지 못했을 경우에, 불가피하게 투표를 통해 다수결로 최종적 대안을 결정한다.
     (시간이 촉박하다는 이유로 문제 해결을 위해 충분한 대화와 협상의 과정을 거치지 않고, 바로 다수결에 의해 결정하는 것은 민주적인 의사 결정이 아니고 다수에 의한 폭력이다.)
7. 결정의 이행
   - 투표를 통해 집단 전체의 최종적인 대안이 결정되면, 그 결정을 이행하기 위한 구체적인 행동 방식, 이행을 위한 규정 등을 만든다.
   - 각 학생은 구체적인 행동 방식과 규정 등에 의거해 최종 결정한 대로 실천한다.

4. 의사 결정 학습의 한계

의사 결정 학습은 문제에 대한 사실 탐구와 가치 탐구를 통해 합리적 대안을 선택하는 능력, 즉 '의사 결정력'을 향상시키는 데 기여할 수 있지만, 몇 가지 한계를 지니고 있다.

첫째, 의사 결정 학습 모형이 전제했던 '인지주의적 가정'은 잘못되었다. 이 모형은 학생들에게 의사 결정력을 길러주면, 그에 따라 사회 문제를 합리적으로 해결하고 실천하는 시민이 될 것이라고 가정하였다.

그러나 이 모형이 가정했던 인지주의적 가정(사고-행위의 일치 가정)은 사실로 입증된 것이 아니라 그 자체가 증명하기 어려운 전제일 뿐이다(박상준, 2002: 18-22). 의사 결정 학습이 학생의 합리적 의사 결정력을 신장시키는 데 기여할 수 있겠지만, 그런 의사 결정력의 발달이 실제 상황에서 행위로 실천되는 것을 확실히 보장하기 어렵다.

실제로 도덕적 사고와 도덕적 행위의 관계에 대한 17개의 연구들을 검토해보면, 7개의 연구들은 '도덕적 추론과 도덕적 행위가 관련되어 있다'는 가설을 지지해주었지만, 나머지 7개의 연구들은 그 가설을 부정하였고, 3개의 연구들은 행위에 따라 다른 것으로 나타났다(Blasi, 1980: 20, 37). 또한 도덕적 추론 능력의 발달을 강조하였던 콜버그는 수년 동안의 실험을 통해 증명하고자 했지만 실패하였고, 후기에 개인의 도덕적 판단 능력이 발달할지라도 반드시 개인의 도덕적 행위가 향상되는 것은 아니라는 사실을 인정했다(Kohlberg, 1975: 109-110).

둘째, 의사 결정 학습에서 선택된 '합리적' 결정이 항상 '옳은' 결정은 아니다. 이 수업모형에 따르면, 의사 결정의 절차와 단계에 따라 결정된 대안은 모두 '합리적' 의사 결정으로 간주된다. 그런데 지적이고 합리적인 사람들이 한 문제에 대하여 같은 과학적 지식을 갖고 같은 의사 결정의 과정을 거치더라도, 서로 다른 결정과 행동에 도달할 수 있다. 하지만 그들이 의사 결정의 단계에 따라 결정했다면, 그 결정들은 모두 합리적 결정으로 간주된다. 이런 이유에서 의사 결정 모형에서 '합리적' 결정이 항상 '옳은' 결정으로 간주될 수 없다.

셋째, 개인적 의사 결정 모형은 '절차적 합리성'을 추구하기 때문에, '공동체적 합리성'을 달성하기 어렵고 결국 사회 문제를 실질적으로 해결하기 어렵다. 의사 결정에서 개인이 자신의 목적과 이해관계에 기초하여 사회 문제를 해결하는 절차를 거쳐 선택한 것은 모두 합리적 결정으로 간주된다. 그래서 개인적 의사 결정 모형은 공동체 전체의 이익-공공선, 사회 정의, 약자의 보호 등-을 실현할 수 있는 공동체적 합리성을 달성하기는 어렵다.

의사 결정 학습

문제의 성격	• '개인적 문제 · 사회적 문제' • '사실과 가치가 혼재된 문제'
목 표	• 의사 결정력의 발달 / 사회적 행위의 실천
교육적 효과	• 사회 문제와 관련된 지식의 이해 • 가치 분석력의 향상 • 문제 해결에 대한 종합적 안목과 통찰력의 육성 • 의사소통 능력과 상호 협력 태도의 형성 • 사회 문제에 대한 관심과 참여 태도의 형성
방 법	• 개인적 의사 결정 과정: 문제 확인 → 사회 탐구 → 가치 탐구 → 의사 결정 → 행동 • 집단적 의사 결정 과정: 개인적 의사 결정 과정 + 집단적 의사 결정 과정 (지지 호소 → 지지 집단의 결집 → 집단의 조직 → 집단 간 협상과 타협 → 집단 결정의 진술 → 투표 → 결정의 이행)
비 판	• 인지주의적 가정의 잘못: 의사 결정력이 행위의 실천으로 연결되지 않음. • '합리적' 결정이 항상 '옳은' 결정을 담보하지 못함. • 개인적 의사 결정 모형은 '공동체적 합리성'을 달성하기 어려움.

제 11 장 논쟁 문제 학습

세계화와 다문화에 의해 여러 인종과 민족의 교류가 증가하고 다양한 문화가 전파되면서, 인종 간, 민족 간 대립과 충돌이 증대되고 있다. 또한 국민소득과 학력의 증가로 의식 수준이 높아지고 집단의 의견 표출이 증가하면서 개인 간 또는 집단 간 이해관계의 대립도 증가하고 있다.

그래서 우리 사회에서도 여러 가지 사안에 대하여 서로 찬・반 의견 대립이 팽팽히 맞서는 쟁점들이 증가하고 있다. 이러한 논쟁 문제 또는 공공의 쟁점을 합리적으로 해결할 수 있는 시민이 요구된다. 논쟁 문제나 공공의 쟁점을 합리적으로 해결하는 방법과 능력을 가르치는 교수 방법이 '논쟁 문제 학습'이다.

1. 논쟁 문제 학습의 의미와 목표

1) 논쟁 문제의 성격

의사 결정 학습과 논쟁 문제 학습은 사실과 가치가 혼재된 문제의 해결 과정을 다룬다는 점에서 유사하다. 하지만 두 수업에서 다루는 문제의 성격은 다르다. 의사 결정 학습은 개인적 문제와 사회적 문제를 모두 다룬다. 반면에 논쟁 문제 학습은 사회적 문제 중에서 찬・반 의견 대립이 팽팽히 맞서서 해결책을 결정하기 어려운 쟁점들을 주로 다룬다. '논쟁 문제' 또는 '공공의 쟁점'은 사실과 가치가 혼재된 문제로서 찬・반 의견 대립이 팽팽히 맞서고, 사회 다수에게 영향을 미치는 문제이다.

그래서 논쟁 문제를 해결하기 위해서는 먼저 논쟁 문제의 특성을 명확하게 밝혀내는 것이 필요하다. 논쟁 문제는 보통 '사실 문제', '가치 문제', '용어 정의 문제'와 관련되어 있기 때문에, 3가지 측면을 구분하여 비교·분석하는 과정이 필요하다.

올리버와 셰이버는 쟁점과 관련된 용어나 개념이 명확하지 않고, 기본적 가치들이 충돌하기 때문에 공공의 쟁점이 발생된다고 보았다. 그들은 공공의 쟁점에는 3가지 형태의 불일치, 즉 **'개념 정의 문제'**(definitional problems), **'가치 문제'**(value problems), **'사실 문제'**(factual problems)가 혼합되어 있다고 제시했다(Oliver & Shaver, 1966: 91-112).

또한 뉴만은 논쟁 문제는 보통 '윤리적-가치적 문제'(moral-value issue), '개념 정의의 문제'(definitional issue), '사실 설명의 문제'(fact-explanation issue) 3가지 요소를 포함한다고 제시했다(Newmann, 1970: 42-44):

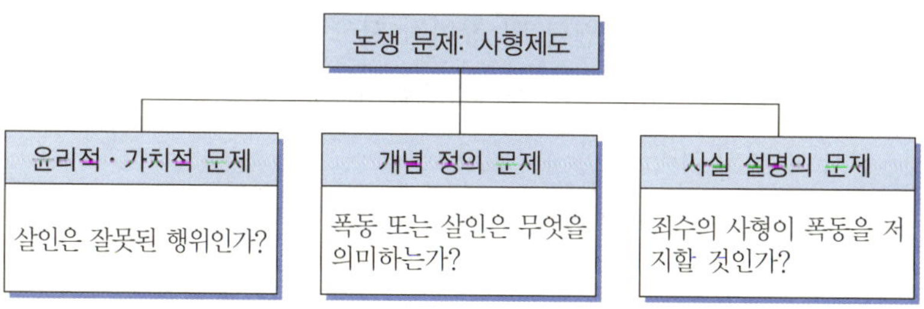

(그림: Newmann, 1970: 43, 인용)

2) 논쟁 문제 학습의 의미

1960년대 미국 사회는 인종 문제와 흑백 갈등, 환경오염, 베트남전 반대, 워터게이트 등 사회적 쟁점들이 증가되었다. 이런 사회적 쟁점들이 급증하면서, 논쟁 문제와 쟁점을 합리적으로 해결할 수 있는 시민을 필요로 하였다. 이런 논쟁 문제와 쟁점을 합리적으로 해결할 수 있는 능력, 즉 '의사 결정력'이 시민의 자질로 간주되었다. 그래서 공공의 쟁점이나 논쟁 문제를 합리적으로 해결할 수 있는 의사 결정력의 발달을 목표로 하는 논쟁 문제 학습 모형이 개발되었다.

올리버와 셰이버는 1966년 공공의 쟁점(public issues)에 대해 토론을 통해 합리적 대안을 선택하는 능력을 가르치는 수업모형을 체계화했다. 그들은 논쟁 문제를 해결하는 근거를 미국인의 신조와 헌법에 규정된 기본적 가치에서 찾았다. 이런 이유에서 올리버와 셰이버가 개발한 논쟁 문제 학습 모형을 **'법리 모형'**(jurisprudential framework)이라고 부른다(Oliver & Shaver, 1966: 114-115).

'논쟁 문제 학습'은 논쟁 문제와 관련된 입장이나 주장의 타당성을 객관적 자료에 의거해 검증하고, 대립 가치들의 우선순위를 비교·분석한 후, 그것을 종합하여 합리적 대안을 선택하는 능력과 과정을 가르치는 수업이다.

3) 논쟁 문제 학습의 목표

논쟁 문제 학습은 찬·반 의견 대립이 팽팽히 맞서는 쟁점이나 논쟁 문제에서 사실적 검증과 가치의 비교를 통해 합리적 대안을 선택하는 과정과 방법을 가르치고자 한다. 이 과정에서 사실적 자료와 근거를 경험적으로 확인할 수 있는 탐구력이나 여러 대안들을 확인할 때 창의적 사고력이 요구되기도 한다. 하지만 논쟁 문제의 해결 과정과 방법을 가르침으로써 최종적으로 발달시키고자 하는 목표는 **'의사 결정력'**이라고 할 수 있다.

논쟁 문제 학습이 최종적으로 발달시키고자 하는 목표는 '의사 결정력'이지만, 사회적 쟁점과 관련된 사실과 가치를 조사하고 해결 방안에 관하여 토론하는 과정을 통하여 다음과 같은 교육적 효과를 거둘 수 있다.

첫째, 논쟁 문제 학습은 쟁점을 해결하기 위해 사실적 자료를 경험적으로 확인하는 과정에서, 논쟁 문제와 관련된 사실의 이해를 증가시킬 수 있다.

둘째, 논쟁 문제 학습은 쟁점과 관련된 대립 가치들을 비교·분석하여 어느 가치가 우선하는가를 선택하는 과정을 통하여 가치 판단력을 향상시킬 수 있다.

셋째, 논쟁 문제 학습은 쟁점을 해결하기 위해 다른 사람과 토론하고 상호작용하는 과정에서 의사소통 능력과 상호 협력 태도를 형성할 수 있다. 또한 논쟁 문제 학습은 쟁점에 대한 관심을 높이고 그것의 해결에 참여하는 태도를 형성할 수 있다.

2. 논쟁 문제 학습의 방법

1) 논쟁 문제의 해결 방법

논쟁 문제를 해결하기 위해서는 논쟁 문제와 관련된 사실 문제와 가치 문제를 구분하고, 관련된 용어를 명확하게 정의하고, 여러 가지 대안과 결과를 예측하고, 그것을 종합하여 가장 합리적인 대안을 선택해야 한다. 사실 문제와 가치 문제를 구분하는 이유는 사실과 가치 문제를 비교·분석하고 검증하는 방법과 과정이 다르기 때문이다. 또한 논쟁 문제는 대부분 기본적 가치들 사이의 대립으로 발생하기 때문에, 사실 문제와 가치 문제를 확인하는 것만으로 해결되지 않는다. 따라서 사실과 가치를 종합하여 여러 가지 대안들을 탐색하고 가장 좋은 대안을 선택하는 과정이 필요하다.

이러한 논쟁 문제의 해결 과정에서 주의해야 될 요소가 있다. 미르달(G. Myrdal, 1944)의 입장을 따르면서 올리버와 셰이버는 논쟁 문제의 해결 과정에서 주의할 요소를 제시하였다(Oliver & Shaver, 1966: 23-24):

1. 사실 문제와 가치 문제를 구별해야 한다. '사실 문제'는 객관적으로 증명할 수 있는 것이고, '가치 문제'는 사실과 다른 분석과 정당화를 요구한다.
2. 가치는 서로 다른 일반성의 수준에서 작동한다. 어떤 가치는 모든 상황에서 모든 사람들에게 적용되지만, 어떤 가치는 특정한 상황에서 특정한 집단에 적용된다. '일반적 가치'(general values)와 '특수한 가치'(specific values)가 비교·분석되어야 한다.
3. 우리는 가치와 관련된 사실들을 제시함으로써 그 가치를 정당화하려고 노력해야 한다.
4. 우리가 다루어야 할 2가지 불일치(대립)가 있다: (1) 사실과 가치 사이의 불일치, (2) 일반적 가치와 특수한 가치의 불일치
5. 일반적 가치는 특수한 가치보다 고차원적이고 지속적인 특성을 가진다.

6. 가치 갈등에 직면하면, 우리는 자신의 행동을 지지해주는 가치를 두드러지게 만들고 다른 가치는 의식 뒤에 감추어둔 채 가치 갈등을 해결하려는 경향이 있다.
7. 열린 토론은 사회 구성원들이 모든 사실과 가치를 다루도록 만든다.
8. 대부분의 사람들은 **'기본적 가치'**(basic values)를 공유하고 있다.
9. 공공의 토론이 논쟁 문제에 대한 우리들의 불일치를 드러내면, 우리는 그 문제를 다루어야 한다고 느낀다.
10. 시민들은 어떤 가치를 지지해주는 사실들이 틀릴 수 있다는 점을 인식하게 될 때, 그 가치를 변경할 수밖에 없다.

이러한 요소들에 주의하면서 가치 갈등을 해결하기 위한 대안은 2가지 도덕적 단계(수준)에 기초하여 제시될 수 있다. 올리버와 셰이버는 보다 높은 도덕적 단계는 '인간의 존엄성'이라는 **'궁극적 가치'**에 의해 표현되고, 두 번째 도덕적 단계는 미국인의 신조에 포함된 **'일반적 가치'**로 구성된다고 보았다(Oliver & Shaver, 1966: 24-26). 합의, 정당한 절차, 언론과 양심의 자유, 법 앞의 평등, 자아 존중, 공정한 대우, 공정성 등은 인간 존엄성의 본질적 측면을 포함하고 있는 '일반적 가치'로 간주된다. 이러한 일반적 가치들이 서로 갈등을 일으킬 때, 그 가치 갈등의 해결책은 '궁극적 가치'인 인간 존엄성에 비추어 찾을 수 있다는 것이다.

올리버와 셰이버는 인간 행위의 궁극적 표준-즉, 인간의 존엄성-에 일치되게 행동하도록 도와주는 원리 또는 지침을 3가지 제시했다(Oliver & Shaver, 1966: 59-60):

1. 사람들은 자신의 행위를 안내해주는 행위의 일반적 원리를 발전시키려고 노력한다. 가장 일반적 원리는 '인간 존엄성'에 대한 헌신이다.
2. 인간 존엄성과 개인의 권리가 논쟁 문제를 해결하는 본질적 토대가 되겠지만, 그 원리에만 기초하여 대안의 결정이 갖는 정당성을 이해하기는 어렵다.

3. 역사적으로 볼 때, 사람들은 인간 존엄성이란 궁극적 가치를 증대시키는 특수한 가치를 발전시켜 왔다. 이런 특수한 가치들은 기본적 가치로 인도하는 다리로 간주될 수 있다.

2) 논쟁 문제 학습의 과정

논쟁 문제 학습의 교수 · 학습 단계는 학자마다 다르다. 뉴만은 논쟁 문제를 해결하는 토론의 과정을 다음과 같이 제시했다(Newmann, 1970: 71-79):

(1) 쟁점을 인식하기	(2) 쟁점을 명료하게 진술하기
(3) 쟁점을 연속적으로 탐색하기	(4) 새 문제로 전환하여 토론하기
(5) 주장과 쟁점의 적합성을 결정하기	(6) 입장을 정하고 토론을 정리하기

다른 한편 차경수 · 모경환은 논쟁 문제 학습의 단계를 다음과 같이 제시했다(차경수 · 모경환, 2008: 353-359):

(1) 문제 제기
(2) 가치 문제의 확인
(3) 분석
  (가) 정의와 개념의 명확화
  (나) 사실 확인과 경험적 증명
  (다) 가치 갈등의 해결
  (라) 비슷한 다른 경우와의 비교
  (마) 대안 모색과 결과의 예측
(4) 선택 및 결론

여러 학자들의 의견을 종합하여, 필자는 논쟁 문제 학습의 과정을 다음과 같이 제시하고자 한다:

| 논쟁 문제 학습의 교수 · 학습 과정 |

(1) 문제 인식	(2) 가치 문제의 명료화
(3) 용어의 정의	(4) 사실 확인과 객관적 검증
(5) 대립 가치의 분석	(6) 대안 탐색 및 결과 예측
(7) 대안 선택 및 정당화	

수업 목표: 공공 쟁점을 합리적으로 해결하는 능력을 기른다.
※ '사형제' 관련 뉴스

3. 논쟁 문제 학습의 적용

1) 논쟁 문제 학습의 방법

우리나라의 '비정규직 노동자'와 관련된 논쟁 문제 학습의 교수 · 학습 단계를 구체적 사례를 통해 살펴보면 다음과 같다.

(1) 문제 인식

논쟁 문제 학습에서는 학생들이 흥미를 갖고 충분히 토론할 수 있는 논쟁 문제를 선택하는 것이 필요하다. 논쟁 문제 학습의 첫 단계에서 학생들은 토론하고자 하는 문제가 무엇이고, 그 문제가 발생한 이유와 배경, 문제에서 쟁점이 되는 핵심 내용 등이 무엇인지에 대해 인식하는 것이 필요하다. 그렇게 함으로써 학생들이 문제에 흥미를 갖고 토론에 적극 참여하게 될 것이다.

헌트와 멧캐프는 사회과에서 다루어야 할 '문제 영역 또는 폐쇄된 영역'(closed areas)을 권력과 법, 종교와 도덕, 인종과 소수집단, 사회계급, 성과 결혼, 민족주의와 애국심, 경제 7가지 영역으로 제시했다(Hunt & Metcalf, 1968: ch.1). 헌트와 멧캐프의 영역 분류를 응용하여, 넬슨과 마이클리스는 사회과에서 다루어지는 논쟁 문제로서 권력 및 법 문제, 경제 문제, 민족주의와 애국심 문제, 사회계급 문제, 종교와 도덕 문제, 인종과 소수집단 문제, 성과 결혼 문제 등으로 제시하였다(Nelson & Michaelis, 1980: 213-214). 뱅크스는 인권, 지구촌, 핵 문제, 인종, 성차별, 장애, 법 질서 등으로 제시하였다(Banks, 1990: 207-230).

논쟁 문제는 그 사회 구성원들이 해결해야 할 문제라고 인식하고 찬·반 대립이 맞서는 문제이기 때문에, 논란이 되는 쟁점은 사회와 시대마다 다르다. 현재 우리 사회에서 쟁점이 되는 문제를 고려할 때, 사회과에서 다룰 수 있는 논쟁 문제는 다음과 같이 제시될 수 있다:

- 교육 문제: 교사의 학생지도, 작은 학교 통폐합, 교육 격차 등
- 지역 문제: 지역 개발과 환경 보호, 혐오 시설의 설치, 지역 소멸 등
- 정치 문제: 선거 제도, 개헌, 선거권 연령 문제 등
- 경제 문제: 양극화, AI와 실업, 저출산과 고령화 문제 등
- 환경 문제: 기후 위기, 화력 발전소 폐쇄, 재생 에너지 문제 등

(2) 가치 문제의 명료화: 사실과 가치의 구분, 대립 가치의 명료화

논쟁 문제를 해결하기 위해서는 먼저 그 문제와 관련되어 있는 사실과 가치를 구분해야 한다. 그 이유는 사실 문제와 가치 문제를 해결하고 검증하는 방식과 과정이 서로 다르기 때문이다. 그래서 사실 문제와 가치 문제는 구별하여 검토해야 한다.

논쟁 문제에서 찬·반 의견이 대립하는 것은 사실 문제보다는 가치 문제 때문이다. 따라서 쟁점과 관련된 대립과 논쟁의 이유를 확인하기 위해서 대립 가치를 찾아내고 갈등의 원천을 확인하는 것이 필요하다.

예컨대 '비정규직 노동자의 신분 보장과 동일노동 동일임금 지급'이 옳은가 그렇지 않은가에 대해서 정부, 정당, 경제단체, 노동조합, 시민단체 등이 상당한 논쟁을 벌이고 있지만, 아직까지 해결책을 찾지 못하고 있다. 비정규직 노동자와 관련된 논쟁 문제를 해결하기 위해서는 사실 문제와 가치 문제를 구분하고, 논쟁의 원인이 결국 가치의 대립 때문이라는 점을 확인하는 것이 필요하다.

비정규직 노동자의 신분 보장과 동일노동 동일임금 지급을 옹호하는 노동조합과 시민단체는 노동자의 인권, 동등한 대우, 분배의 평등 같은 가치를 주장한다. 반대하는 경제단체는 기업의 자율성과 이익, 자유와 경쟁 같은 가치를 주장한다. 비정규직 노동자와 관련된 논쟁 문제는 사실보다는 가치의 대립에서 발생한다.

(3) 용어의 정의: 관련 용어와 개념의 정의

논쟁 문제에 대해 토론하기 위해서는 먼저 논쟁 문제와 관련된 용어와 개념을 명확하게 규정해야 한다. 똑같은 용어나 개념이지만 당사자들이 서로 다른 의미로 사용하면, 의사소통과 토론이 이루어지기 어렵고, 합의에 도달하는 것이 어려워진다. 그러므로 교사와 학생들은 전문 서적이나 백과사전 등을 찾아서 일반적으로 받아들여진 용어의 의미를 정의한다.

예컨대 '비정규직 노동자'와 관련된 쟁점에 대해 토론하기 위해서는 '비정규직이란 무엇인가', '어떤 노동자가 비정규직 노동자인가', '동일노동 동일임금 지급이란 어떤 의미이고 누구에게 해당되는 것인지' 등 관련된 용어를 명확하게 정의해야 한다. 논쟁 문제와 관련된 용어와 개념의 정의가 달라지면, 그와 관련된 사실이 달라질 수 있다.

비정규직 노동자 문제와 관련하여, 2004년 민주노총은 비정규직 노동자를 임시 계약직·기간제·일용직 등 기간을 정해 일하는 노동자, 단시간 노동자, 파견·용역 등 간접고용 노동자, 형식상 개인사업주로 위장된 특수고용노동자 등으로 규정했다. 반면에 정부는 비정규직 노동자를 한시적 근로자 또는 기간제 근로자, 단시간 근로자, 파견·용역·호출 등의 형태로 종사하는 근로자 등으로 정의했다. 한국경영자총협회(경총)는 비정규직 노동자의 범위를 기간노동자, 단시간노동자, 파견 노동자로 한정했다(한겨레신문, 2004. 6. 2.).

이처럼 비정규직 노동자의 개념을 서로 다르게 규정함으로써, 실제로 비정규직 노동자의 인원과 구성 비율이 매우 달라진다. 민주노총의 개념 정의에 따르면, 2003년 말 현재 전체 임금노동자의 57%인 780만 명이 비정규직 노동자이고, 정규직 노동자 임금의 40~50% 정도를 지급받는다. 하지만 정부의 정의에 따르면, 전체 노동자의 32.6%인 461만 명이 비정규직이고, 경총의 정의에 따르면, 전체 노동자의 25%인 325만 명이 비정규직 노동자이고, 정규직 노동자 임금의 75% 수준을 지급받고 있다.

(4) 사실 확인과 객관적 검증: 사실 확인과 객관적 자료에 의한 검증

논쟁 문제를 합리적으로 해결하기 위해서 당사자들이 지지하는 입장이나 주장을 관련된 사실들과 '객관적 자료'를 수집하여 증명하는 것이 필요하다. 당사자들이 제시한 주장을 검증할 수 있는 객관적 자료를 수집하고 분석하여 그것의 타당성을 검증하는 것이다.

예컨대, 민주노총은 비정규직 노동자의 권리 보장, 동등한 대우라는 가치를 제시하며 비정규직의 정규직 전환, 동등한 임금 지급 등을 주장할 것이다. 반면에 경총은 기업의 자율성과 경쟁이란 가치를 제시하며 비정규직 노동자의 확대를 주장할 것이다.

그러면 학생들은 '제3자의 입장'에서 비정규직 문제와 관련하여 민주노총과 경총이 제시한 사실이 진짜인지 아닌지를 경험적으로 확인하고, 객관적 자료를 수집하여 각 집단의 주장이 타당한지 아닌지를 검증한다. 객관적 자료에 의거하여, 학생들은 각 집단이 제시한 사실과 주장의 타당성을 공정하게 검토한다.

(5) 대립 가치의 분석: 대립 가치의 비교 · 분석과 우선순위의 결정

각 집단이 제기한 주장을 객관적 자료에 의거하여 검토할지라도, 거기에서 바로 쟁점의 해결 방안이 분명하게 도출되는 것은 아니다. 대부분의 논쟁 문제는 사실보다는 가치의 대립 때문에 발생되기 때문이다. 논쟁 문제는 단지 사실들을 확인하고 경험적 자료를 통해 검증하는 것으로 해결되기 어렵다.

따라서 논쟁 문제와 관련하여 각 집단이 추구하는 가치들이 무엇인지 확인하고, 그 가치들 중에 어느 것이 더 기본적 가치인지 또는 특수한 가치인지, 어느 것이 사회적 가치인지 또는 개인적 가치인지를 비교하며 분석하는 것이 필요하다. 예컨대, '공공시설에서 금연을 강제할 것인가'라는 문제가 쟁점이 된다면, 개인의 흡연권과 국민 다수의 건강권과 환경권이란 가치가 충돌하는 것이다. 흡연은 개인의 취향이고 흡연자 개인에게 중요한 가치이다. 하지만 흡연하지 않는 사람도 있고, 간접 흡연이 폐암 등 여러 가지 질병을 유발할 수도 있다. 따라서 흡연권은 '개인적 가치'에 해당되지만 국민의 건강권과 환경권은 '사회적 가치'에 해당된다. 그래서 개인적 가치보다 사회적 가치를 보호하기 위해 국민건강증진법을 제정하여 공공시설에서 금연 구역을 지정하고 위반자에게 과태료를 부과하는 제도를 시행한다.

그런데 논쟁 문제와 관련된 가치 갈등은 대부분 기본적 가치 사이의 대립에서 발생된다. 그래서 대립 가치들 중 어떤 가치가 우선하는지를 분명하게 판정하기 어렵다. 이러한 가치 갈등을 해결하기 위한 일반적 기준 또는 원리는 다음과 같다(Oliver & Shaver, 1966: 23-24, 59-60):

가치 갈등의 해결 기준

① 논쟁 문제에서 '사실 문제'와 '가치 문제'를 구별해야 한다.
② 가치와 관련된 증거자료를 제시함으로써 그 가치를 정당화한다.
③ 특수한 가치보다는 '일반적 가치', 개인적 가치보다는 '사회적 가치'가 더 고차원적이고 지속적인 특성을 갖기 때문에, 가치 갈등의 해결에서 일반적 가치와 사회적 가치가 더 중요하다.
④ 가치 갈등은 대부분의 시민이 공유한 기본적 가치와 '궁극적 가치'(인간 존엄성)에 의거해서 해결될 수 있다.
⑤ 가치 갈등은 개방적 '토론'을 통해 해결되어야 한다.

(6) 대안 탐색 및 결과 예측

그런데 논쟁 문제에서 가치 갈등은 대부분 기본적 가치들 또는 사회적 가치들 사이에서 발생하기 때문에, 대립 가치의 비교・분석을 통해서 가치의 우선순위를 결정하기 어렵다. 그렇기 때문에 논쟁 문제와 관련된 사실과 가치를 종합하여, 여러 가지 대안들을 찾아보는 과정이 필요하다.

앞에서 분석한 사실 및 객관적 자료, 가치를 종합하여, 학생들은 쟁점을 해결하기 위해 가능한 대안들을 모두 생각해본다. 그다음 여러 가지 대안들이 가져올 긍정적 결과와 부정적 결과 또는 장점과 단점을 예측하여 비교・분석한다.

예컨대, 민주노총의 주장처럼 비정규직 근로자의 정규직 전환과 정규직 노동자와 동일한 임금 지급을 선택했을 때, 어떤 결과가 초래되는지를 예측한다. 그 결과는 근로자의 소득수준 향상, 소비 증가, 근로자의 근로조건 향상, 근로자의 정신적 안정과 건강 증진 등이 예상될 수 있다. 반면에 경총의 주장처럼 비정규직을 더 확대했을 경우에, 어떤 결과가 초래되는지를 예측한다. 그 결과는 기업의 경영난 해소, 기업의 순이익과 투자 증가, 노조의 파업 증가와 생산성 감소, 다국적 기업과의 경쟁력 강화 등이 예측될 수 있다. 그다음 이런 예측 결과의 장점과 단점을 고려하여, 어느 대안이 장기적으로 볼 때 우리 사회의 기본적 가치를 보장하는 데 더 중요한지 등을 검토한다.

❙ 대안 탐색 및 결과 예측표 ❙

대 안	결과 예측(긍정적 · 부정적 결과 / 장 · 단점)
비정규직의 정규직 전환	
비정규직의 확대	
비정규직의 축소	
기타 ( )	

(7) 대안 선택 및 정당화: 합리적 대안의 선택과 정당화

여러 가지 대안들의 결과를 비교 · 분석했다면, 학생들은 최종적으로 어떤 대안이 기본적 가치와 궁극적 가치를 달성하는 데 더 효과적이고, 장기적으로 바람직한 결과를 가져오는가를 판단하여 선택한다. 그리고 객관적 자료와 기본적 가치에 의거하여 선택된 대안을 정당화한다.

대안을 선택하고 정당화하는 과정에서 학생들은 일관성을 유지해야 하고, 자신의 선택을 실제의 사회생활에서 행동으로 실천하도록 노력해야 한다. 논쟁 문제 학습의 과정에 따라 합리적으로 결정된 것을 실제의 사회생활에서 실천하지 않으면, 사회적 쟁점과 갈등이 해결되기 어렵다.

2) 논쟁 문제 학습의 과정

논쟁 문제 학습의 과정

1. 문제 인식
   - 학생이 흥미를 갖고 토론할 수 있는 쟁점을 선택한다.
   - 학생은 논쟁 문제의 발생 이유, 발생 배경, 핵심 내용 등이 무엇인지 파악한다.
2. 가치 문제의 명료화
   - 쟁점과 관련된 사실과 가치를 구분한다.
   - 쟁점의 원천인 대립 가치들을 비교 · 분석한다.
3. 용어의 정의
   - 쟁점과 관련된 주요 용어나 개념을 전문 서적이나 백과사전 등에서 찾아 명확히 규정한다.
4. 사실 확인과 객관적 검증
   - 당사자들이 제시한 사실들을 객관적으로 확인한다.
   - 당사자가 제시한 주장을 객관적 자료를 수집하여 검증한다.

5. 대립 가치의 분석
- 기본적 가치와 사회적 가치에 의거해, 대립 가치들을 비교한다.
- 어떤 가치가 더 기본적 가치인지 또는 사회적 가치인지를 비교·분석하여 우선순위를 정한다.

6. 대안 탐색 및 결과 예측
- 객관적 자료와 가치 분석에 의거해, 여러 가지 대안들을 찾고, 각 대안이 가져올 긍정적·부정적 결과를 예측한다.
- 대안의 예측된 결과를 비교·분석한다.

7. 대안 선택 및 정당화
- 기본적 가치를 실현하고, 장기적으로 바람직한 결과를 가져오는 대안을 선택한다.
- 객관적 자료와 기본적 가치에 의거해 선택된 대안을 정당화한다.

4. 논쟁 문제 학습에서 교사의 역할

사회과에서 논쟁 문제를 해결하는 절차와 방법을 가르칠 때, 교사의 역할은 매우 중요하다. 교사는 대체로 중립적이고 공정한 입장을 취하고 학생이 자율적으로 문제를 해결해 가도록 안내하는 것이 좋다.

1) Kelly의 분류

T. E. Kelly는 논쟁 문제 학습에서 교사가 자신의 입장을 표현하는 정도와 가르치는 방식에 따라 교사의 역할을 4가지 유형으로 분류하였다(Kelly, 1986: 113-138; 이광성, 2002: 234-236).

(1) 배타적 중립형

배타적 중립형(exclusive neutrality)의 교사는 학교에서 논쟁 문제를 가르치는 것 자체를 반대한다. 이 유형의 교사는 학교가 과학적 탐구와 가치중립적 지식을 가르치는 곳이고, 다양한 사회집단들에 대하여 객관적이고 공정한 입장에서 다루어야 할 책임이 있다고 믿는다. 따라서 학교와 교사는 논쟁 문제를 수업에 도입해서는 안 된다. 왜냐하면 교사가 모든 문제에 대해 객관적이고 공정한 입장에서 가르치기 어렵고, 찬반 논쟁으로 인해 기존의 규범과 질서를 무너뜨릴 위험이 있기 때문이다.

그러나 이 유형의 교사가 믿고 있는 것과 달리, 교사는 교과서 지식을 단순히 그대로 전달하는 자가 아니고 자신의 철학, 관점, 가치관 등에 따라 해석하고 재구성해서 가르친다. 또한 교과서 지식이 모두 가치중립적인 것은 아니고, 학교에서는 교과서뿐만 아니라 다양한 잠재적 교육과정을 통해 전통적인 규범과 가치를 전달하고 있다.

(2) 배타적 편파형

배타적 편파형(exclusive partiality)의 교사는 논쟁 문제와 관련해 한쪽 입장만 가르치고 다른 입장에 대해서는 소홀히 다룬다. 이 유형의 교사는 논쟁 문제 학습에서 한쪽 입장만 가르침으로써 학생을 특정한 입장이나 가치로 유도한다. 교사는 자신의 입장과 견해에 대한 강한 확신을 가지고 있으며, 그런 입장과 견해에 의거해 논쟁 문제에 대하여 자신과 일치하는 입장을 옳다고 가르치고 자신과 다른 입장을 반대한다.

하지만 교사가 가르치는 입장과 견해만이 옳다고 주장하기 어렵고, 여러 가지 입장과 견해를 객관적 기준에 의해 비판적으로 분석하고 평가할 수 있어야 한다. 또한 교사는 자신의 입장과 견해를 학생에게 맹목적으로 주입함으로써 학생의 자율성과 비판적 사고력의 발달을 저해한다. 학생은 교화의 대상이 아니라 자율적이고 주체적인 존재이다.

(3) 중립적 공정형

중립적 공정형(neutral impartiality)의 교사는 자신의 견해를 밝히지 않고 논쟁 문제와 관련된 다양한 관점을 제시하고, 학생이 토론을 통해 다양한 입장들을 분석하고 자율적으로 결정하도록 한다. 배타적 중립형과 달리 이 유형의 교사는 논쟁 문제를 수업에서 중요하게 다루고, 배타적 편파형과 달리 논쟁 문제와 관련된 다양한 입장을 모두 제시하고 자신의 견해를 밝히지 않는다. 교사는 논쟁 문제 학습에서 중립을 유지하고, 학생이 자유로운 토론과 비판을 통해 논쟁 문제를 해결하고 자신의 입장을 선택하도록 한다. 이 유형은 공적 신분으로서 교사의 중립성, 절차의 공정성 유지, 가치 상대주의 등의 측면에서 지지를 받고 있지만, 지나친 중립성의 유지는 교육적 목적을 달성하기 어렵다는 비판을 받는다. 즉, 교사가 자신의 견해를 밝히지 않고 중립을 유지하는 것이 학생의 사고력과 판단력을 향상시킨다는 경험적 증거가 부족하다.

(4) 신념을 가진 공정형

신념을 가진 공정형(committed impartiality)의 교사는 논쟁 문제를 가르칠 때, 교육적으로 바람직한 방향을 제시한다. 이 유형의 교사는 논쟁 문제 학습에서 학생과 동등한 위치에서 다양한 정보를 제공하고 자신의 의견을 표현하면서 문제 해결의 바람직한 방향을 제시한다.

그러나 문제 해결의 '바람직한' 방향이 객관적으로 분명하지 않고, 교사의 관점과 견해에 의해 주관적으로 정해질 가능성이 많다. 또한 교사는 권위를 통해 학생에게 교사의 입장과 견해를 강요할 수 있고, 그에 따라 학생의 비판적 사고와 합리적 판단을 방해할 수 있다고 비판받는다.

Kelly의 교사 역할 유형

유형	내용
배타적 중립형	교사는 학교에서 논쟁 문제를 가르치는 것 자체를 반대함
배타적 편파형	교사는 한쪽 입장만 가르치고 다른 입장에 대해서 소홀히 다룸
중립적 공정형	교사는 자신의 견해를 밝히지 않고 다양한 관점을 제시하고, 학생이 토론을 통해 다양한 입장들을 분석하고 결정하도록 함
신념을 가진 공정형	교사는 학생과 동등한 위치에서 다양한 정보를 제공하고 자신의 의견을 표현하며 문제 해결의 바람직한 방향을 제시함

2) Hawood의 분류

Kelly와 달리, D. Hawood는 논쟁 문제 학습에서 교사가 자신의 견해를 표현하는 정도에 따라 교사의 역할을 6가지 유형으로 구분했다(차경수 · 모경환, 2008: 347, 인용).

① 신념형: 교사가 자신의 의견을 자유롭게 제시함
② 객관형: 교사가 자신의 의견을 밝히지 않고 다양한 관점들을 객관적으로 설명함
③ 악마 옹호형: 교사 자신의 의견과 관계없이 좌충우돌하며 학생의 의견에 대해 반대 입장을 취하면서 토론을 진행함
④ 관점 옹호형: 교사가 다양한 관점들을 제시하고 그것을 종합하여 자신의 의견을 제시함
⑤ 공정한 의장형: 교사와 학생이 다양한 관점들에 대해 토론하는데, 교사의 의견은 말하지 않고 토론을 공정하게 진행함
⑥ 선언적 관심형: 교사가 먼저 자신의 입장을 밝히고 다양한 견해를 객관적으로 소개해 줌

6가지 교사의 역할 중에서 Hawood는 **'공정한 의장형'**이 가장 바람직한 교사의 역할이라고 주장하였다. 하지만 공정한 의장형으로서 교사는 교사의 역할을 너무 소극적 부분으로 축소하고 교육의 목표를 달성하기 어려운 한계점을 지닌다는 비판을 받는다.

우리 사회의 전통과 학교 문화를 고려할 때, 논쟁 문제 학습에서 교사는 **'신념을 가진 공정형'**의 역할을 수행하는 것이 가장 적절한 것으로 간주된다(차경수 · 모경환, 2008: 348; 노경주 외, 2001: 37-38, 72). 경험적 연구들도 '신념을 가진 공정형'이 사회과의 논쟁 문제 학습에 적합하다는 사실을 보여준다. 문인화의 연구에 의하면, 초등학교 사회과의 논쟁 문제 학습에서 교사가 신념을 가진 공정형의 입장에서 가르칠 때 학생의 의사 결정력이 더 신장된 것으로 나타났다(문인화, 2001: 43-47). 또한 이광성의 연구에 따르면, 논쟁 문제 학습에서 교사의 역할에

따라 학업 성취도에 차이가 나타났다. 즉, 교사가 '설명식 수업'보다는 '신념을 가진 공정형'이나 '중립적 공정형'의 입장에서 논쟁 문제를 가르칠 때 학생의 학업 성취도가 더 높게 나타났다(이광성, 2002: 245-247).

5. 논쟁 문제 학습의 한계

논쟁 문제 학습 모형은 논쟁 문제나 공공 쟁점에 대해 과학적 방법으로 탐구하고 토론하여 해결할 수 있는 의사 결정력을 발달시키는 데 기여할 수 있다. 하지만 사회과의 목표와 관련시켜 볼 때, 몇 가지 한계점을 지니고 있다.

첫째, 의사 결정 학습 모형과 마찬가지로 논쟁 문제 학습 모형이 전제했던 **'인지주의적 가정'**은 잘못되었다. 이 모형은 논쟁 문제에 대한 탐구와 토론을 통해 쟁점을 합리적으로 해결하는 의사 결정력을 길러주면 그에 따라 쟁점을 합리적으로 해결하는 시민이 될 것이라고 가정하였다.

그러나 이 모형이 가정했던 인지주의적 가정은 입증된 사실이 아니라 그 자체가 증명하기 어려운 전제이다(박상준, 2002: 18-22). 실제로 사고와 행위의 연관성을 확인하려는 연구들은 둘 사이의 상호 연관성을 과학적으로 입증하지 못하고 있다.

둘째, 논쟁 문제 학습 모형은 쟁점과 관련된 가치 갈등은 일반적 가치와 궁극적 가치－인간의 존엄성－에 의거해 해결될 수 있다고 낙관적으로 보았다. 그러나 이런 낙관적 기대와 달리, 대부분의 논쟁 문제는 일반적 가치들 사이의 대립에서 발생하기 때문에, 일반적 가치에 의거해 해결될 수 없다. 왜냐하면 일반적 가치들의 경우에, 보편화된 위계 구조가 존재하지 않고, 인간의 존엄성이라는 궁극적 가치는 너무 추상적이어서 일반적 가치들의 우선순위를 결정하는 객관적 기준을 제시해 주지 못하기 때문이다. 그래서 논쟁 문제를 합리적으로 해결하기 위해서는 일반적 가치와 궁극적 가치 이외에 더 보편적 가치와 원리가 필요하다. 하지만 모두가 인정할 수 있는 보편적 기준과 원리를 찾기는 쉽지 않다.

셋째, 논쟁 문제 학습에서 교사는 사회에 대한 부정적 시각이나 보수적 가치와 규범을 주입할 위험을 안고 있다. 보수 세력들의 우려처럼, 논쟁 문제 학습은 그 사회의 어두운 부분을 드러내어 학교 수업에서 다루기 때문에, 본래 의도와 달리 학생들이 그 사회의 긍정적 부분보다는 부정적 측면을 더 많이 접하게 되고, 결국 사회에 대한 부정적 시각이나 태도를 갖도록 만들 수 있다. 반면에 진보 집단들에 의하면, 논쟁 문제의 해결 기준으로 제시된 일반적 가치는 기득권 집단이 공유하고 있는 가치에 기초하고 있기 때문에, 논쟁 문제 학습이 보수적 가치와 규범을 전달하고, 결국 기존 사회의 질서를 계속 유지하고 재생산할 위험이 있다.

논쟁 문제 학습

문제의 성격	• 사실과 가치가 혼재된 문제 • 찬·반 의견 대립이 팽팽히 맞서는 쟁점 • 사회 다수에게 영향을 미치는 문제
목 표	• 의사 결정력의 발달
교육적 효과	• 논쟁 문제와 관련된 사실의 이해 • 가치 판단력의 향상 • 의사소통 능력과 상호 협력 태도의 형성 • 논쟁 문제에 대한 관심과 참여 태도의 형성
방 법	• (1) 문제 인식 → (2) 가치 문제의 명료화 → (3) 용어의 정의 → (4) 사실 확인과 객관적 검증 → (5) 대립 가치의 분석 → (6) 대안 탐색 및 결과 예측 → (7) 대안 선택 및 정당화
비 판	• 인지주의적 가정의 잘못: 의사 결정력이 행위의 실천으로 연결되지 않음 • 논쟁 문제는 기본적 가치에 의거하여 명확하게 해결되기 어려움 • 사회에 대한 부정적 시각이나 보수적 가치를 주입할 위험이 있음

6. 문제 해결 학습, 의사 결정 학습, 논쟁 문제 학습의 비교

문제의 성격과 문제를 해결하는 방식은 다르지만, 문제의 해결 과정을 가르치고 문제를 합리적으로 해결하는 능력을 기르고자 한다는 점에서 문제 해결 학습, 의사 결정 학습, 논쟁 문제 학습은 유사하다. 그러나 세 교수 방법은 문제에 접근하는 관점, 문제의 성격, 문제를 해결하는 방식에 있어서 중요한 차이가 난다.

첫째, 세 가지 교수법은 문제에 접근하는 '관점'에서 서로 다르다. 문제 해결 학습과 의사 결정 학습은 당사자의 관점에서 실제로 자신이 문제에 직면했다고 가정하고 당사자로서 그 문제를 합리적으로 해결하는 과정과 방법을 배우는 것이다. 반면에 논쟁 문제 학습은 사회적 쟁점이나 논쟁 문제에 대하여 제3자의 관점에서 객관적으로 검증하고 합리적으로 해결하는 과정과 방법을 배우는 것이다.

둘째, 세 가지 교수법은 해결하고자 하는 문제의 성격이 다르다. 문제 해결 학습은 학생이 일상생활에서 직면하는 '일상적 문제'를 다룬다. 의사 결정 학습은 학생이 문제를 합리적으로 해결하는 의사 결정력을 기르는 것을 목표로 하기 때문에, 학생이 직면하는 개인적 문제와 사회적 문제(논쟁 문제 포함)를 모두 다룬다. 다만 학교 수업에서 개인적 문제는 사생활 노출의 우려가 있고, 수업에서는 모든 학생들이 공통적으로 경험하는 문제를 다루는 것이 좋기 때문에, 주로 사회적 문제를 다루고 있다. 반면에 논쟁 문제 학습은 사회 문제 중에서 사회적으로 찬반 의견이 나뉘어 서로 대립하는 논쟁 문제 또는 사회적 쟁점을 다룬다.

셋째, 문제에 접근하는 관점과 해결할 문제의 성격이 다르기 때문에, 세 가지 교수법은 문제를 해결하는 방식이 서로 다르다. 문제 해결 학습은 당사자가 직면한 일상적 문제를 해결하는 과정에 초점을 맞추기 때문에, 일상적 문제와 관련된 정보나 자료를 수집하고, 문제의 대안을 검토하여 그중에 적절한 해결책을 찾는 방식으로 이루어진다. 반면에 의사 결정 학습은 개인적·사회적 문제에 직면한 당사자가 문제를 합리적으로 해결하는 과정을 강조하기 때문에, 문제에 대하여 과학적 사실과 지식을 탐구하고 관련 가치를 명료화한 후 2가지를 종합하여 합리적 대안을 결정하고 그에 따라 '행동'하는 방식으로 이어진다. 논쟁 문제 학습은 공공의 쟁점에 대하여 제3자의 관점에서 관련된 사실과 가치를 객관적으로 검증하고 2가지를 통합하여 가장 합리적인 대안을 선택하는 방식으로 이루어진다.

넷째, 세 가지 교수법은 문제의 해결 과정에서 활용되는 자료의 성격이 서로 다르다. 문제 해결 학습은 학생이 '일상적 문제'의 해결 방안을 찾는 것이기 때문에, 과학적 자료뿐만 아니라 신문 기사, 여론 조사 결과 등 일상적 정보와 자료를 사용할 수 있다. 반면에 의사 결정 학습과 논쟁 문제 학습은 문제를 합리적으로 해결하는 과정을 강조하기 때문에, 문제 해결의 근거로서 객관적 사실과 과학적 자료를 주로 사용한다.

| 문제 해결 학습, 의사 결정 학습, 논쟁 문제 학습의 비교 |

구 분	문제 해결 학습	의사 결정 학습	논쟁 문제 학습
관점	• 당사자	• 당사자	• 제3자
문제의 성격	• 일상적 문제	• 개인적 문제 • 사회적 문제(논쟁 문제 포함)	• 논쟁 문제(쟁점)
문제의 해결 방식	• 정보의 수집/분석 • 대안 제시 • 문제의 해결책 선택	• 사실의 탐구 • 가치의 탐구 • 대안의 개발/선택 • 행동(실천)	• 가치의 명료화 • 사실의 객관적 검증 • 대립 가치의 분석 • 대안의 탐색/결과 비교 • 대안의 선택
자료의 성격	• 일상적 정보/자료	• 객관적 사실과 과학적 자료	• 객관적 사실과 과학적 자료

제 12 장 토론 학습

역사적으로 토의 또는 토론은 민주 사회에서 시민들이 공동체 문제를 함께 논의하고 결정하는 방법으로 발전해 왔다. 또한 현대사회에서는 다양한 문제와 갈등이 발생하는데, 물리적 힘이나 법보다는 당사자들의 상호 대화와 토론을 통해 합리적으로 해결하는 것이 민주적이고 바람직하다. 그렇게 할 때 사회 문제와 갈등으로 인한 사회적 비용의 지출을 줄이고 혼란을 줄일 수 있을 것이다.

이런 이유에서 민주 사회에서 요구되는 시민의 자질로서 토론 능력이 강조되고 있다. 특히 민주 시민의 자질을 육성하고자 하는 사회과에서 토론 학습은 매우 중요하다.

하지만 우리나라 학교 현장에서 토론 학습은 잘 이루어지지 않고 있다. 사범대학생 50명의 조사 결과에 의하면, 토론 학습이 잘되지 않는 이유는 (1) 학교에서 토론 학습의 훈련을 받지 못한 것, (2) 편하게 강의 들으려는 학생의 습성, (3) 타인 앞에서 발표하기 꺼리는 문화적 풍토, (4) 교사의 교과서 내용 전달과 학생의 교과서 내용 학습에 충실하려는 태도, (5) 규칙에 따라 어떤 주제에 대해 토론하는 능력의 부족 등으로 나타났다(차경수, 2006: 143-144).

그러나 다원화된 민주 사회는 토론을 통해 사회 문제와 갈등을 해결하는 시민을 요구한다. 그래서 최근 민주 시민의 자질을 육성하고자 하는 사회과에서 토론 학습이 강조되고 있다.

1. 토의와 토론의 의미

역사적으로 토의 또는 토론의 기원은 고대 그리스의 민주정치와 '소크라테스의 대화법'에서 찾을 수 있다. 고대 그리스의 민주정치 시기에 시민들은 공동체의 문제를 해결하기 위해 함께 토의하였다. 소크라테스는 사람들이 무지를 깨닫게 하고 참된 진리를 인식하게 하는 방법으로서 토의를 사용하였다. 그 이후 토의 또는 토론은 로마 공화정의 원로원과 평민회 회의 등에서 활성화되었고, 근대 민주정치가 도입되면서 의회에서 의사 결정의 과정으로서 제도화되었다. 민주사회에서는 어떤 문제에 대하여 구성원들이 서로 의견을 나누고 문제 해결의 정당성을 논의하는 토론 문화가 일상화되었다. 그러면서 일상적으로 토의와 토론은 비슷한 의미로 사용되고 있다.

그러나 학문적으로 엄밀하게 구분하면, 토의와 토론은 다르다. 토의는 둘 이상의 사람들이 모여 공통의 주제에 대하여 서로 가진 정보와 생각을 나누는 의사소통의 방식이다. 반면에 토론은 둘 이상의 사람들이 모여 공통의 주제에 대하여 각자 서로 다른 주장을 하면서 자기 주장에 적합한 증거, 논리, 가치 분석을 통해 주장을 정당화하거나 상대방을 설득하는 의사소통의 방식이다(구정화, 2009: 26).

J. T. Dillon은 "토의(discussion)는 공동의 관심사에 대하여 서로 다른 관점에서 의견을 교환하고 그 문제와 관련된 지식과 이해, 판단과 의사 결정, 해결 방안 등을 발전시키려는 집단적 상호작용의 형태이다"라고 정의하였다(Dillon, 1994: 8). 정문성은 "토의는 어떤 주제에 대해서 여러 사람들이 정보와 의견을 교환하여 그 주제에 대해 학습하거나 문제를 해결하려는 말하기와 듣기 활동이다"라고 규정하였다(정문성, 2013: 14).

여러 학자들의 정의를 종합해 보면, '토의'는 사람들이 어떤 주제에 대하여 자신이 알고 있는 정보나 견해를 상호 교환하면서 그 주제에 대한 이해를 높이고 문제의 해결 방안 등에 대해 의사소통하는 과정이다.

반면에 토론(debate)은 논의의 목적과 방법에 있어서 토의와 다르다. 정문성은 "토론은 어떤 주제에 대해 서로 다른 주장을 하는 사람들이 논증과 설증을 통해 규칙에 따라 자기 주장을 정당화하여 다른 사람을 설득하려는 말하기와 듣기 활동이다"라고 규정하였다(정문성, 2013: 17).

여러 학자들의 정의를 종합해 보면, '토론'은 어떤 주제에 대한 자신의 견해나 주장을 객관적 근거를 제시하며 정당화하거나 타인을 설득하는 의사소통의 과정이라고 할 수 있다. 어떤 주제에 대한 정보나 의견을 교환하는 것을 넘어서, 토론은 객관적 근거를 제시하면서 자신의 견해나 주장의 정당성을 논증하여 상대방을 설득하려는 의사소통의 과정이다.

토의와 토론은 어떤 주제에 대하여 여러 사람들이 함께 논의하는 상호적인 의사소통의 과정이라는 점에서는 공통적이다. 하지만 토론은 어떤 주제에 대한 자기 주장의 정당성이나 문제 해결책의 정당성에 대하여 논증하면서 상대방을 설득하는 것을 목표로 한다. 또한 토론은 자기 주장의 정당성을 입증하기 위해 '객관적 근거'를 제시하여 '논증'하고 상대방을 '설득'하고자 한다는 점에서 토의와 다르다.

토의와 토론의 비교

토 의	• 의미: 주제에 대한 의견의 교환 • 과정: 정보의 교환
토 론	• 의미: 주장의 정당성에 대한 논증 • 과정: 객관적 근거에 의한 논증 → 상대방의 설득

이처럼 학문적으로 엄밀하게 구분하면, 토의와 토론은 논의의 목적, 과정, 방법이 다르다. 그러나 일상생활에서 토의와 토론은 엄밀하게 구별되지 않고 혼용되고 있으며, 학교 현장에서도 토의 수업과 토론 학습이 비슷한 의미로 사용되고 있다. 또한 실제로 어떤 주제에 대하여 논의하는 과정에서, 토의와 토론이 엄격하게 구별되기보다는 함께 활용되는 경우가 많다.

이런 이유에서 이 책에서는 교수·학습 방법으로서 토의 수업과 토론 학습을 엄격하게 구별하기보다는 학교 현장에서 쉽게 활용할 수 있는 '토론 학습'에 초점을 맞추어 살펴보고자 한다.

2. 토론 학습의 목표와 효과

1) 토론 학습의 의미와 목표

앞의 논의를 종합하면, '토론 학습'은 학생들이 어떤 주제에 대한 자신의 견해나 주장을 객관적 근거에 기초해 논증하고 상대방을 설득하는 방법과 능력을 가르치는 교육적 활동이다. 토론 학습은 사실적 지식을 가르치기보다는 학생들이 객관적 근거를 제시하면서 자신의 주장이나 견해가 타당하다는 것을 논증하고 상대방을 설득하는 방법과 능력을 신장시키는 데 초점을 맞춘다.

그래서 학생들이 토론 학습에서 어떤 주제를 분석할 때 비판적 시각을 가지고 접근하는 것이 필요하다. 학생들은 서로 다른 관점에서 기존에 당연시된 사실이나 현상 또는 견해에 의문을 제기하면서 비판적으로 이해하도록 노력해야 한다. 이런 점에서 토론 학습은 **'비판적 사고력'**의 신장을 목표로 한다.

비판적 사고가 무엇인가에 대하여 R. H. Ennis, J. E. McPeck, M. Lipman, B. Beyer 등이 다양하게 정의하였다(박상준, 2006: 20-36). 여러 학자들의 견해를 종합해 보면, '비판적 사고'는 객관적이고 합당한 근거에 의거하여 자신이나 타인의 진술, 신념, 정보, 지식, 사태, 현상, 행위, 정책, 제도 등의 신뢰성, 진실성, 적합성 등을 합리적으로 분석하고 평가하는 사고 기능과 사고 성향이다(박상준, 2006: 36-38). 한마디로 비판적 사고는 '객관적 근거'에 의거해 합리적으로 '분석하고 평가하는' 사고 기능과 사고 성향이다.

'비판적 사고'는 다른 고차적 사고와 구별되는 몇 가지 특징을 지닌다(박상준, 2006: 41, 2023: 241-242).

- 평가의 대상에 언어적 자료뿐만 아니라 비언어적 자료를 모두 포함하는 사고 과정
- 대상을 당연한 것으로 판단하지 않고 의문을 제기하는 것
- 대상에서 오류-비일관성, 비합리성, 부적합성, 비현실성 등-를 찾는 활동
- 더 완전한 것을 실현하기 위해 오류를 개선해가는 사고의 과정
- 대상을 객관적 기준에 의거해 논리적으로 분석하고 합리적으로 평가하는 활동

다른 한편 토론 학습에서 학생들은 자신의 주장이나 견해를 논증하고 설득하는 과정에서 상대방의 말을 경청하고 자기와 다른 주장이나 견해를 존중해야 한다. 토론의 과정에서 학생들은 자신의 입장뿐만 아니라 반대쪽의 입장에서 그들의 주장과 근거를 꼼꼼히 생각하도록 노력하고, 자기와 다른 주장이나 견해를 존중하면서 논증하려는 태도가 필요하다. 이런 점에서 토론 학습은 의사소통 능력의 향상을 목표로 한다.

'의사소통 능력'은 공론의 장에서 공동체의 문제에 대하여 자유롭게 정보와 의견을 교환하고 민주적으로 토론하면서 합리적 해결책에 합의해 가는 능력이다(박상준, 2012: 20-21). 민주 사회는 공동체의 문제에 대하여 공공선과 보편적 가치에 의거해 자유로운 소통과 토론을 통하여 합리적으로 해결할 수 있는 시민의 능력을 필요로 한다. 이러한 의사소통 능력은 교과서 지식을 통해 습득되는 것이 아니라 실제로 교사와 학생이 민주적인 의사소통과 토론에 참여하여 자유롭게 소통하고 토론하는 경험을 통해 습득될 수 있다.

요약하면, 토론 학습은 사실적 지식을 가르치기보다는 어떤 주제에 대한 자신의 견해나 주장을 객관적 근거에 의거해 논증하여 설득하는 과정에서 필요한 비판적 사고력이나 의사소통 능력의 신장을 목표로 한다. 토론 학습은 민주 사회에서 서로 다른 입장을 가진 사람들이 토론을 통해 문제를 합리적으로 해결하는 시민의 역량을 기르는 데 기여할 것이다.

2) 토론 학습의 효과

강의식 수업은 교사가 중심이 되어 지식을 전달하지만, 토론 학습은 교사와 학생, 학생과 학생이 자유롭게 의견과 정보를 교환하면서 논증하는 의사소통의 과정으로 진행된다. 그래서 토론 학습은 여러 가지 면에서 교육적 효과가 크다. 실제로 연구 결과들을 보면, 토론 학습은 고차적 사고력의 신장, 도덕성의 발달, 수업 참여도의 증가 등에서 효과가 있는 것으로 나타났다(정문성, 2013: 24-33).

첫째, 토론 학습에서 활발한 대화와 상호작용은 지적 자극을 일으켜 인지 능력을 발달시킬 수 있고, 자기 생각을 논증하고 정당화하면서 인지와 사고가 정교화되는 효과를 나타낸다. 또한 토론 학습은 집단적인 의사소통과 논증의 과정을 통해 개인의 고립된 생각을 넘어 구성원의 다양한 생각을 공유하고 문제를 합리적으로 해결하려는 공동체적 사고와 집단 지성을 기르는 데 기여할 수 있다.

둘째, 토론 학습은 학생의 도덕성 발달과 도덕적 태도의 변화에도 영향을 미친다. L. Kohlberg와 제자들의 실험 결과에서 드러나듯이, 도덕적 딜레마 토론은 학생들이 도덕 문제를 판단하는 능력을 신장시키는 데 기여하였다. 또한 여러 사람들과 토론을 통해 타인의 인식, 감정, 행동에 도덕적으로 반응하는 태도의 변화를 가져올 수 있다.

셋째, 토론 학습은 교사보다 학생이 주체가 되어 소통하고 논증하는 수업이기 때문에, 학생들의 자발적 참여도를 높일 수 있다. 강의식 수업에서 교사는 일방적 전달자이고 학생은 수동적 청취자이기 때문에, 학생들의 수업 몰입도와 참여도가 낮고, 학습의 효과도 수업 시간이 흐르면서 떨어진다. 반면에 여러 가지 실험 결과에 의하면, 토론 학습은 학생의 자발적 참여와 소통을 통해 수업 몰입도를 높이고 주체적으로 사고하고 문제를 해결하도록 함으로써 학습의 효과를 높일 수 있다.

실제로 초등 교사 255명을 대상으로 조사한 구정화의 연구 결과에 의하면, 교사들은 토론 학습이 사회 현상에 대한 관심의 증가, 비판적 사고력 같은 고차적 사고력의 신장, 다양한 대립 가치의 발견, 사회 문제에 대한 자신의 입장 선택, 사회성 및 수업 태도의 향상, 지식의 적용 기회 등 여러 면에서 효과가 높은 것으로 평가하였다(구정화, 2009: 40-41).

| 토론 학습 |

의 미	어떤 주제에 대한 견해를 객관적 근거에 의거해 논증하고 설득하는 방법과 능력의 교육
목 표	비판적 사고력, 의사소통 능력의 신장
효 과	• 고차적 사고력의 신장 • 도덕성의 발달과 도덕적 태도의 변화 • 학생의 수업 참여도 증가

3. 토론 학습의 유형

토론 학습은 교사와 학생, 학생과 학생이 어떤 주제에 대하여 논증하고 설득하는 의사소통의 과정이다. 교사와 학생의 의사소통과 상호작용이 이루어지는 방식에 따라 토론 학습은 다양하게 진행될 수 있다. 토론의 목적에 따라 크게 5가지로 유형화될 수 있고, 각 영역에는 토론 학습의 다양한 방식들이 존재한다(정문성, 2013: 42-43, 83-349).

❙ 토론 학습의 유형 ❙

토론의 목적	토론 학습의 종류	
아이디어의 개발	• 모둠 문장 만들기 • 버즈 세션 • 브레인스토밍	• 브레인 라이팅 • 9 Windows • SCAMPER
지식의 습득	• Round Robin • 배심 토의 • 모둠 인터뷰	• 직소(Jigsaw) • 짝 토의 • 회전목마
쟁점의 분석	• SWOT 토론 • 가치 분석 • pro-con 토론	• 법리 모형 • 도덕적 딜레마 토론 • 찬·반 토론
의사 결정	• 만장일치 토론 • 집단 탐구(GI)	• 창의적 문제 해결 • 문제 중심 학습(PBL)
시합	• CEDA • Lincoln Douglass 토론	• Karl Popper 토론

이처럼 토론 학습의 유형은 매우 다양하지만, 실제로 사회과 수업에서 많이 활용될 수 있는 수업은 주로 배심 토의, 짝 토의, 찬·반 토론 등이다. 그래서 이 책에서는 주로 3가지 토론 학습의 방식을 중심으로 살펴볼 것이다.

4. 토론 학습의 방법

1) 배심 토의

'배심 토의'(Panel discussion)는 어떤 주제와 관련된 전문가 4~6명 정도로 구성된 토론 위원단(panel)이 여러 사람들 앞에서 토의하는 방법이다. 사회자의 진행에 따라 토론 위원들은 주제에 대하여 자유롭게 토의하고, 청중들은 토의 내용을 듣는다. 토의가 정리되면, 사회자는 청중으로부터 질문을 받고 토론 위원들이 답변하게 한다. 이런 방식으로 진행되는 것이 배심 토의이다.

배심 토의는 토론 학습에 익숙하지 않은 학생들에게 민주적인 토론의 방법을 익히게 하거나 어려운 주제에 대하여 토의할 때 유용하게 활용될 수 있다. 모든 학생이 토론에 익숙하지 않은 경우 또는 모든 학생이 토의하기에 어려운 주제일 경우에, 우수한 학생을 토론 위원단으로 구성하여 여러 학생들에게 토의하는 방법을 보여줌으로써 토론의 방법과 과정을 습득하게 할 수 있다. 즉, 배심 토의 수업은 학생들이 토론 위원들의 토의 모습을 보고 민주적이고 합리적인 토의 방법을 습득할 수 있다.

그러나 우수한 학생들을 중심으로 토론 위원단을 구성하여 토의를 진행하기 때문에, 다수의 학생들이 토의에서 구경꾼으로 전락하여 배심 토의 수업에 참여하지 않게 될 위험이 있다. 이런 문제를 해결하기 위해서 교사와 사회자는 나머지 학생들이 토의 주제와 관련된 주요 사실과 쟁점을 정리하여 제출하고, 자유롭게 질문할 수 있는 기회를 부여하는 것이 필요하다.

학자들마다 조금씩 다르지만, 배심 토의는 다음과 같이 진행될 수 있다.

(1) 토의 주제의 선정
(2) 사회자와 토론 위원단의 구성
(3) 사회자의 진행과 토론 위원단의 토의
(4) 청중의 질문과 토론 위원단의 답변
(5) 토의 내용의 정리

이러한 배심 토의에서 이루어지는 교수·학습 활동을 살펴보면 다음과 같다.

배심 토의의 과정

1. 토의 주제의 선정
   - 교사는 교육내용과 관련하여 배심 토의에 적합한 주제를 선정한다.
   - 교사가 토의 주제와 배심 토의의 방식에 대하여 설명한다.
2. 사회자와 토론 위원단의 구성
   - 토의 주제와 관련해 더 많은 지식을 갖고 있는 학생들 중에서 토론 위원 4~6명과 사회자 1명을 선발한다.
   - 토론 위원단과 사회자에게 토의 주제와 관련된 자료를 제공하고 미리 학습하여 토의를 준비하게 한다.
   - 토론 위원단과 사회자에게 토의의 규칙과 방식을 설명해 준다.
3. 사회자의 진행과 토론 위원단의 토의
   - 사회자는 주제와 관련된 질문을 제시하면서 토론 위원들이 자유롭게 토의하게 한다.
   - 토론 위원들이 자유롭게 답변하고 서로 반론을 제기한다.
   - 나머지 학생들은 토론 위원들의 토론 내용을 들으며 정리하고, 질문할 내용을 기록한다.
4. 청중의 질문과 토론 위원단의 답변
   - 사회자는 나머지 학생들에게 토의 주제와 관련하여 질문하게 한다.
   - 학생들의 질문에 대하여 토론 위원들이 답변한다.
5. 토의 내용의 정리
   - 사회자는 토론 위원들이 각 주제와 관련해 자신의 생각과 주장을 간략히 정리하도록 한다.
   - 사회자가 토의의 핵심 내용을 정리하고 마무리한다.

2) 짝 토의

'짝 토의'는 어떤 주제에 대하여 같이 앉아 있는 2명의 학생이 짝이 되어 토의를 진행하는 방법이다. 짝 토의에서는 2명의 학생이 마주 보고 자신의 의견을 말하고 다른 학생의 의견을 듣는 방식으로 진행되기 때문에, 모든 학생이 토의에 참여하게 된다.

짝 토의에서는 옆 또는 앞, 뒤 학생이 '짝'을 이룬다. 짝 토의가 효율적으로 진행되기 위해서는 학생의 인지적 수준과 배경지식 등을 고려하여 적합한 토의 주제를 선정하는 것이 좋다. 선정된 주제에 대하여 한 명씩 돌아가면서 자유롭게 말하고, 다른 학생은 상대방의 얘기를 듣고 주요 내용을 정리한다. 짝 토의에서 말하는 학생은 자신의 생각을 정리하여 상대방이 이해할 수 있도록 말하는 능력이 신장되고, 듣는 학생은 타인의 말을 정리하고 핵심 내용을 파악하는 능력이 향상될 수 있다.

학자마다 견해가 다르지만, 짝 토의는 다음과 같이 진행될 수 있다.

(1) 토의 주제의 선정	(2) 짝의 구성
(3) 짝 토의 실시	(4) 상대방의 의견 정리 및 확인

짝 토의에서 이루어지는 교수·학습 활동을 살펴보면 다음과 같다.

짝 토의의 과정

1. 토의 주제의 선정
   - 교사는 학생과 의논하여 짝 토의의 주제를 선정한다.
   - 토의 주제 및 짝 토의 방식에 대하여 설명한다.
2. 짝의 구성
   - 2명을 하나의 짝으로 구성한다(같은 책상에 앉아 있는 옆 학생 또는 앞뒤 학생과 짝을 구성한다).
   - 짝 토의 주제와 관련된 자료와 정보를 제공해 준다.
3. 짝 토의 실시
   - 한 학생이 먼저 토의 주제에 대하여 자신의 의견을 말하고, 다른 학생은 상대방 의견을 듣고 주요 내용을 정리한다.
   - 다른 학생이 토의 주제에 대하여 자신의 의견을 말하고, 학생은 상대방의 의견을 듣고 주요 내용을 정리한다.
4. 상대방의 의견 정리 및 확인
   - 각자 상대방이 말한 의견을 정리하여 상대방에게 말해 준다.
   - 각자 상대방의 의견을 정확하게 이해했는지 확인한다.

수업 목표: 어떤 주제에 대해 비판적으로 토론하는 능력을 기른다.
※ 주제: '선행학습금지' 법률의 제정

3) 모둠 토론

'**모둠 토론**'은 4명을 한 모둠으로 만들어 모둠별로 구성원들이 어떤 주제에 대해 심층적으로 토론하는 방법이다. 배심 토의나 전체 토의에는 일부 학생만 참여하고 특정 학생이 토론을 주도하는 문제가 생긴다. 반면에 모둠 토의는 4명 내외로 구성되기 때문에, 구성원 모두가 토론에 참여하고 토론이 활발하게 이루어질 수 있다. 먼저 모둠에서 모든 학생이 토론에 참여하고 자유로운 토론이 이루어지도록 교사는 학생들의 인지적 수준, 성격, 성별 등을 고려해 모둠을 고르게 편성해야 한다. 그다음 교사는 모둠 토론에서 특정 학생이 토론을 독점하지 않도록 각 구성원이 발언 기회, 발언 순서와 시간, 경청 등 토론의 규칙을 지키면서 토의하도록 훈련시켜야 한다.

토론 주제가 찬·반 의견이 대립하는 쟁점인 경우, 학생은 찬성과 반대 입장으로 나누어 찬·반 토론 방식으로 진행할 수 있다. 먼저 학생 2명씩 토론 문제에 대해 찬성과 반대 입장을 각각 선택하고, 찬·반 토론을 10~15분 정도 실시한다.

그다음 찬성과 반대 입장을 바꾸어 다시 찬·반 토론을 진행한다.

이렇게 찬·반 입장을 바꾸어 토론함으로써 각 학생은 자신과 다른 입장과 견해를 객관적으로 이해할 수 있다. 또한 자신과 다른 견해를 가진 사람들과 편견 없이 민주적으로 토론하면서 견해 차이를 좁혀 조율하거나 합의에 이르려고 노력하는 태도를 기를 수 있다. 이것이 모둠 토론의 목표이다. 내가 옳고 상대방이 틀렸다는 것을 증명하여 상대방을 말로 이기는 것이 토론의 목적은 아니다. 토론은 자기 주장을 논리적으로 제시하여 상대방을 이기는 말싸움이 아니다. 토론은 서로 다른 입장과 의견을 가진 사람들이 충분한 소통을 통해 다른 견해를 조율하거나 합의에 이르는 것을 목표로 한다. 이처럼 토론의 규칙에 따라 민주적인 소통을 하면서 서로 다른 견해를 조절하거나 합의에 도달하는 방법과 능력을 배우는 것이 모둠 토론의 목표이다.

학급의 특성과 토론 주제에 따라 모둠 토론은 다양한 방식으로 이루어질 수 있는데, 일반적으로 모둠 토론은 다음과 같이 진행될 수 있다.

(1) 토론 문제의 선정	(2) 모둠의 편성
(3) 토론 자료의 수집 및 이해	(4) 모둠 토론의 실시
(5) 토론의 정리 및 발표	

모둠 토론에서 이루어지는 교수·학습 활동을 살펴보면 다음과 같다.

모둠 토론의 과정

1. 토론 문제의 선정
   - 교사는 학생과 의논하여 토론의 주제를 정한다.
   - 교사와 학생이 서로 협의하여 주제와 관련해 토론할 세부 문제를 정한다.
2. 모둠의 편성
   - 학생 4명 내외로 모둠을 편성한다.
   - 모둠은 학생의 인지적 수준, 성격, 성별 등을 고려해 고르게 편성한다.
3. 토론 자료의 수집 및 이해
   - 교사는 토론에 필요한 자료를 찾아서 학생들에게 제공하거나 학생들이 인터넷 등에서 자료를 찾아오게 한다.
   - 학생은 토론 자료를 분석해 토론에 활용할 수 있는 자료를 정리하고, 내용을 파악한다.

4. 모둠 토론의 실시
- 각 모둠별로 토론을 실시한다.
- 각 학생은 발언 기회, 발언 순서와 시간 등을 동등하게 지키고, 다른 사람의 발언 내용을 경청하고 정리한다.
- 교사는 각 모둠을 순회하며 토론 활동이 민주적으로 진행되도록 지원한다.

5. 토론의 정리 및 발표
- 각 모둠은 문제별로 토의한 내용과 최종 합의한 내용을 정리한다.
- 각 모둠별로 한 문제씩 토론 내용을 정리해 발표한다.

4) 찬 · 반 토론

'**찬 · 반 토론**'(debate)은 쟁점과 관련하여 찬성과 반대 집단이 각자 자기의 주장이 옳음을 논증하고 반대쪽 주장을 반박하는 과정으로 진행된다. 찬 · 반 토론은 먼저 각 학생이 쟁점과 관련해 찬성이나 반대 입장을 정하고, 자기 입장을 지지해 줄 자료를 찾아 파악한다. 그다음 각 집단은 자료에 기초해 자신의 입장을 정당화하고, 상대방 주장과 근거를 반박한다. 학생은 자신의 진짜 입장과 관계없이 처음에 정한 찬 · 반 입장을 한 시간 동안 계속 유지하고, 그 입장에서 주장을 제시하며 설득하고자 시도한다.

이처럼 찬 · 반 토론에서 각 집단은 상대방의 주장을 반박하고 설득하는 데 초점을 맞추기 때문에, 서로 합의를 시도하는 과정은 없다. 또한 찬 · 반 토론 과정에서 처음에 정한 입장과 견해가 바뀔 수 있지만, 토론의 마무리 단계에서 학생이 자신의 진짜 입장을 밝히는 기회가 없다. 찬 · 반 토론 학습은 객관적 자료에 근거하여 자기 입장과 주장을 정당화하고 반대쪽 주장의 문제점에 대해 비판하면서, 상대방을 설득하거나 이기는 것을 목표로 한다.

찬 · 반 토론 학습에서 모든 학생이 찬성 또는 반대 집단으로 참여하기 때문에, 교사는 모든 학생이 알고 있는 토론 주제를 선정해야 한다. 그다음 찬 · 반 토론 과정에서 특정 학생만 발표를 독점하지 않고 여러 학생이 고르게 말할 기회를 갖도록 토론 규칙을 정해야 한다. 또한 찬 · 반 집단이 각자 자신의 입장과 주장을 제시하고 상대방의 주장을 반박할 때, 인신을 공격하거나 감정을 상하게 하지 않도록 지도해야 한다.

찬·반 토론 학습의 과정과 방법은 학자마다 다양한데, 정문성은 찬·반 토론 학습의 단계를 다음과 같이 제시했다(정문성, 2008: 178-181).

(1) 준비 단계	(2) 찬성 측 발제	(3) 반대 측 발제
(4) 1차 작전 타임	(5) 찬성 측 1차 논박	(6) 반대 측 1차 논박
(7) 2차 작전 타임	(8) 찬성 측 2차 논박	(9) 반대 측 2차 논박
(10) 찬성 측 정리	(11) 반대 측 정리	

여러 학자들의 견해를 종합하여, 필자는 찬·반 토론 학습의 과정을 다음과 같이 제시하고자 한다.

찬 · 반 토론 학습의 교수 · 학습 과정

(1) 토론 문제의 선정	(2) 찬 · 반 집단의 구성
(3) 찬성 측의 주장 제시	(4) 반대 측의 주장 제시
(5) 찬성 측의 반론 제기	(6) 반대 측의 반론 제기
(7) 토론의 정리	

찬·반 토론에서 이루어지는 교수·학습 활동을 살펴보면 다음과 같다.

찬 · 반 토론의 과정

▣ 단원: 중학교 사회 2 '사회 변동과 사회 문제'
▣ 목표: 우리 사회의 문제를 합리적으로 해결하는 능력을 기른다.

1. 토론 문제의 선정
   - 교사는 학생들과 의논하여 학생의 수준에 맞는 토론 문제를 선정한다. (예시: 스마트폰 규제, 대학수학능력시험 개편 등)
   - 교사는 토론 문제와 관련된 자료와 정보를 제공한다.
2. 찬 · 반 집단의 구성
   - 교사는 학생들이 토론 문제와 관련된 주요 사실과 쟁점을 이해하도록 질문하고 토의한다.
   - 교사는 각 학생이 토론 문제에 대한 자신의 입장을 정하게 하고, 찬성과 반대 집단을 분류하여 구성한다.
3. 찬성 측의 주장 제시
   - 찬성 측에서 학생이 토론 문제와 관련된 쟁점을 정리하여 발표한다.

- 찬성 측에서 다른 학생이 쟁점별로 찬성의 이유를 제시하고, 객관적 사실과 근거를 제기하며 반대 측을 설득한다.

4. 반대 측의 주장 제시
   - 반대 측에서 학생이 토론 문제와 관련된 쟁점을 정리하여 발표한다.
   - 반대 측에서 다른 학생이 쟁점별로 반대의 이유를 제시하고, 객관적 사실과 근거를 제기하며 찬성 측을 설득한다.
5. 찬성 측의 반론 제기
   - 찬성 측에서 학생이 반대 측 주장의 문제점에 대하여 근거를 들어 비판한다.
   - 찬성 측에서 다른 학생이 추가 자료를 제시하며 자기 측 주장을 더 정당화하고 강화한다.
6. 반대 측의 반론 제기
   - 반대 측에서 한 학생이 찬성 측 주장의 문제점에 대하여 근거를 들어 비판한다.
   - 반대 측에서 다른 학생이 추가 자료를 제시하며 자기 측 주장을 더 정당화하고 강화한다.
7. 토론의 정리
   - 찬성 측과 반대 측의 대표자가 각자의 최종적인 입장을 정리해 발표한다.

5. 토론 학습의 규칙과 교사의 역할

1) 토론 학습의 규칙

토론 학습은 학생들이 어떤 주제에 대한 자신의 견해나 주장을 객관적 근거에 의거해 논증하면서 상대방을 설득하는 과정이다. 따라서 토론에서 학생들은 기본적으로 상대방의 말을 경청하고 자기와 다른 주장이나 견해를 존중하면서 자신의 주장을 논증하고 설득하는 것과 관련된 규칙과 절차를 지켜야 한다.

교사는 토론 학습을 할 때마다 학생들에게 토론의 규칙을 알려주고 이 규칙에 따라 토론하는 습관과 태도를 기르도록 훈련시켜야 한다. 이런 토론의 규칙 준수와 습관의 형성이 토론 학습을 하는 이유 중의 하나이다.

여러 학자들의 논의를 종합해 보면, 일반적으로 토론이 민주적으로 진행되기 위해서 학생들이 지켜야 할 토론의 규칙들은 다음과 같다.

토론의 규칙

(1) 토론에서 발언할 기회는 모든 학생에게 동등하게 부여되어야 한다.
(2) 다른 사람의 주장과 발언을 끝까지 경청해야 한다(다른 사람의 발언을 중간에 끊으면 안 된다).
(3) 나와 다른 사람의 견해와 주장을 존중해야 한다.
(4) 다른 사람의 견해나 주장에 대하여 객관적 근거를 제시하며 반박한다(다른 사람의 인신을 공격하면 안 된다).
(5) 감정이나 권위에 호소하지 않고, 객관적 근거에 의거해 자신의 주장이나 입장을 논증해야 한다.
(6) 토론자는 정해진 발언 시간과 순서를 지켜야 한다.

2) 토론 학습에서 교사의 역할

토론 학습은 기본적으로 학생들이 주제에 대해 자율적으로 논의하는 방식으로 진행되지만, 여전히 교사가 수업의 시작과 종료, 토론의 주제 선정, 토론의 진행 방식 등을 결정한다. 그렇기 때문에 토론 학습에서도 교사가 어떤 입장과 역할을 취하느냐가 매우 중요하다. 어떤 교사는 사회과 수업에 토론을 도입하는 것을 꺼리기도 하고, 어떤 주제에 대하여 토론을 하지만 교사가 원하는 방향으로 유도하기도 하고, 다른 교사는 공정한 사회자로서 토론을 진행하기도 한다.

이처럼 교사가 어떤 입장을 취하는가에 따라 토론 학습이 다르게 진행될 수 있다. 토론 학습에서 교사의 역할은 여러 가지로 분류될 수 있다.[3)]

T. E. Kelly는 토론 학습에서 교사가 자신의 입장을 표현하는 정도와 수업 방식에 따라 교사의 역할을 (1) 배타적 중립형, (2) 배타적 편파형, (3) 중립적 공정형, (4) 신념을 가진 공정형으로 분류하였다(Kelly, 1986: 113-138; 이광성, 2002: 234-236).

반면에 D. Hawood는 교사가 자신의 견해를 표현하는 정도에 따라 교사의 역할을 (1) 신념형, (2) 객관형, (3) 악마 옹호형, (4) 관점 옹호형, (5) 공정한 의장형, (6) 선언적 관심형으로 분류했다(차경수 · 모경환, 2008: 347, 인용).

3) 토론 학습에서 교사의 역할은 논쟁 문제 학습에서 교사의 역할과 유사하다. '교사의 역할' 분류는 제11장 '4. 논쟁 문제 학습에서 교사의 역할' 부분을 참고.

여러 가지 경험적 연구 결과에 의하면, 토론 학습에서 교사는 '**신념을 가진 공정형**' 또는 '**공정한 의장형**'의 역할을 하는 것이 바람직한 것으로 나타났다(차경수·모경환, 2008: 348; 노경주 외, 2001: 37-38, 72; 이광성, 2002: 245-247; 문인화, 2001: 43-47).

'신념을 가진 공정형'의 경우에도, 교사가 수업의 어느 단계에서 어떻게 자신의 입장과 견해를 제시하느냐에 따라 학생들의 견해와 토론 학습의 흐름에 영향을 미칠 수 있다. 교사가 수업의 처음이나 중간 단계에서 자신의 입장이나 견해를 제시하면, 교사의 권위와 영향력으로 인해 학생들이 자유롭게 토론하기 어렵고 교사의 의견을 따를 가능성이 높다. 그러므로 신념을 가진 공정형의 교사는 학생들이 자유롭게 토론하게 한 이후에, 토론의 마무리 단계에서 한 개인으로서 자신의 입장과 견해를 표현하는 것이 바람직하다.

6. 토론 학습과 논쟁 문제 학습의 비교

수업이 진행되는 겉모습만 보면, 논쟁 문제 학습과 찬·반 토론 학습이 비슷한 것으로 혼동될 수 있다. 두 가지 교수 방법은 토론을 통해 문제의 해결 방안을 선택하는 과정이라는 점에서 유사하지만, 문제에 접근하는 방식과 자료의 수집과 분석 방식에 있어서 다르다.

'**찬·반 토론 학습**'에서 학생은 쟁점에 대하여 먼저 '**자기 입장**'을 정하고, 자신의 입장을 지지해 줄 자료와 근거를 찾고, 그에 의거해 반대쪽 주장을 반박한다. 그래서 이 토론 학습에서 학생은 자기의 입장과 주장을 정당화하는 데 필요한 자료만 수집하고 검토한다. 또한 이 토론 학습은 쟁점에 대한 자신의 입장과 주장을 정당화하기 위해 객관적 자료를 제시하고, 반대쪽 주장의 모순과 타당성에 대해 비판하고, 최종적으로 자신의 입장을 정당화하는 절차로 진행된다.

반면에 논쟁 문제 학습은 '**제3자의 관점**'에서 객관적으로 쟁점에 접근하여 합리적 대안을 선택하는 과정이다. 학생들은 쟁점에 대한 자신의 찬, 반 입장을 떠나 '제3의 객관적 입장'에서 쟁점과 관련된 사실들과 주장들을 확인하고 대립 가치들의 우선순위를 비교하여 여러 가지 대안을 비교·분석한 후에 가장 합리적 대안을 선택한다. 따라서 논쟁 문제 학습에서 학생은 한쪽 집단의 주장과 관련된 자료가 아니라 쟁점과 관련된 각 집단의 주장을 검증하기 위해 필요한 자료를 모두 수집하고 객관적으로 검토한다.

찬·반 토론 학습과 논쟁 문제 학습의 비교

구분	찬·반 토론 학습	논쟁 문제 학습
관점	• **당사자의 입장**: 자신의 찬, 반 입장을 정하고, 자기 주장을 정당화하고 반대쪽 주장을 반박하는 과정	• **제3자의 입장**: 제3자의 입장에서 쟁점과 관련된 사실, 주장, 대립 가치, 대안을 객관적으로 분석하고 합리적 대안을 선택하는 과정
쟁점 해결 과정	• **자기 주장을 정당화하는 자료**를 수집하고 검토함 • 자료에 근거해 반대쪽 주장을 반박함 • 반대쪽에서 제시한 자료와 근거를 비판함	• 각 집단이 제시한 사실과 주장을 검증하는 **모든 자료**를 수집하여 검토함 • **대립 가치를 비교**하여 가치 갈등의 해결책을 검토함 • '객관적 자료'와 '기본적 가치'에 의거해 대안을 비교·분석하고 합리적 대안을 선택함

제13장 협동 학습

최근 협동 학습이 유행하면서, 많은 교사들이 협동 학습을 실시하려고 한다. 많은 교사들이 4~6명씩 소집단(모둠)을 만들어 과제를 부여하거나 활동을 수행하도록 수업하면, 협동 학습이 된다고 생각하는 경향이 있다.

하지만 그런 수업은 협동 학습이 아니라 전통적인 소집단 학습에 가깝다. 소집단을 형성하여 모둠별로 학습 활동을 실시한다는 점에서 유사하지만, 협동 학습과 전통적 소집단 학습(모둠학습)은 구별되어야 한다. **'전통적 소집단 학습'**에서 집단은 임의로 구성되고 구조화되지 않기 때문에, 소집단 활동에서 협동이 효과적으로 이루어지지 않는다.

반면에 **'협동 학습'**에서 집단은 구성원의 역할과 임무, 학습 과제가 매우 구조화되기 때문에, 소집단 활동에서 구성원의 적극적 상호작용과 협력이 효율적으로 이루어진다.

협동 학습이 성공적으로 이루어지기 위해서는 교사가 먼저 협동 학습에 대하여 정확하게 이해하고, 협동 학습의 조건과 구조를 만들어야 한다. 또한 학생들이 협동 학습의 방법과 규칙 등을 습득하도록 훈련시키는 것이 필요하다.

1. 협동 학습의 등장 배경

근대 초반 시작된 공교육은 자본주의의 필요에 따라 실시되었기 때문에, 시장의 논리에 따라 경쟁 학습을 강조하였다. 자본주의는 경쟁을 통한 이윤 추구를 기본 원리로 하는 경제 체제였기 때문에, 자본주의 사회에서 성공하기 위해서는 다른 개인이나 집단과의 경쟁에서 이기는 능력을 습득해야 했다.

그래서 근대 공교육에서는 학생의 경쟁력을 향상시키기 위한 수업, 즉 **'경쟁 학습'**이 주류를 이루었다. 하지만 경쟁 학습은 학생의 잠재능력을 충분히 계발시키지 못하고, 학생들을 줄 세워 우수한 학생과 열등한 학생을 가려내는 수단으로 전락되었다. 또한 소수의 학생을 승자로 만들고 대다수 학생을 패자로 만듦으로써 학업 성취도가 낮은 학생들에게 많은 좌절감을 안겨주었다.

이런 경쟁 학습에 대한 비판이 쏟아지면서, 그 대안으로 개별 학습이 제시되었다. **'개별 학습'**은 아동의 잠재능력을 최대한 발달시키기 위해 개인에게 적합한 학습 환경을 제공하는 것에 초점을 맞추었다. 아동의 지적 능력에는 기본적으로 차이가 없지만 학습 능력은 개인별로 다를 수 있기 때문에, 개인별로 각자의 지적 수준과 학습 능력에 맞게 적절한 학습 환경을 제공해야 한다.

하지만 개별 학습에서 학생은 다른 학생과 상호작용하지 않고 혼자 공부하기 때문에, 사회성, 협동 정신, 도덕적 책임감이 결여되기 쉽고 자신만의 생각과 편견에 사로잡힐 가능성이 높았다. 개별 학습은 사회성이 결여된 이기적 개인주의자를 양성하는 한계를 드러냈다.

이처럼 경쟁 학습과 개별 학습이 한계를 드러내면서 아동의 인지적 능력과 정의적 특성을 동시에 발달시킬 수 있는 협동 학습이 새롭게 제시되었다. 아동의 인지 발달에 관한 이론과 집단 구성원의 상호작용에 관한 사회 심리학 이론에 기초하여 1949년 도이치(M. Deutsch)가 협동 학습의 이론적 기초를 제공했다. 그 이론에 기초하여 1970년대 이후 D. W. Johnson & R. T. Johnson, S. Kagan, R. E. Slavin 등이 협동 학습 모형을 체계적으로 발전시켰다(정문성 · 김동일, 1999).

'협동 학습'(cooperative learning)은 소집단을 구조화함으로써 구성원의 적극적 상호작용과 협력을 통해 학습 활동이 이루어지는 수업모형이다. 협동 학습은 학생의 학업 성취도, 고차적 사고력, 협동 능력, 사회성의 발달 등에 있어서 경쟁학습이나 개별 학습보다 더 효과적이라는 점이 밝혀졌다. 그에 따라 오늘날 협동 학습은 거의 모든 교과에서 새로운 교수 방법으로 주목받고 있다. 특히 사회과는 다른 시민들과 상호 공존하면서 문제를 민주적으로 해결할 수 있는 시민의 자질을 기르는 것을 목표로 하기 때문에, 사회과에서 협동 학습이 강조된다.

| 경쟁, 개별, 협동 학습의 비교 |

구분	경쟁 학습	개별 학습	협동 학습
학습 구조	• 학업 성취도 평가를 통한 경쟁의 유도	• 개인의 지적 수준과 학습 능력에 맞게 학습 활동을 실시	• 지식과 사고 능력의 습득을 위해 소집단이 협력하여 학습 활동을 실시
교수 목표	• 지식이나 기능의 효과적인 습득	• 아동의 잠재능력의 계발	• 지식과 사고 능력의 획득과 구성원의 상호작용, 협동, 사회성 등의 장려
학습 활동	• 교과서 및 교사의 교수 내용을 습득하는 활동	• 개인의 지적 수준과 학습 능력에 맞는 개별적인 학습 활동	• 교사의 수업 안내와 집단 구성원의 상호작용과 협동에 의한 학습 활동
평가	• 지필평가에 기억과 이해도의 평가 • 개인의 학업 성취도의 공개와 서열화	• 개인의 지적 수준과 학습 능력에 맞는 개별 평가의 실시	• 소집단 보상
학습 원천	• 교사	• 개별 학생	• 교사/소집단 구성원
한계	• 학생의 잠재 능력을 개발하지 못하고, 개인차를 고려하지 못함 • 성적에 의한 서열화로 인한 폐해	• 다른 학생과 상호 작용하지 않음 • 사회성, 협동심 등의 결여	• 우수 학생의 학업 성취도 향상에 불리함 • 개별화 학습의 곤란

2. 협동 학습의 목표와 필요조건

1) 협동 학습의 의미

최근 협동 학습이 강조되면서, 교사들이 협동 학습을 활용하려는 시도가 증가하고 있다. 그러나 많은 교사들이 협동 학습에 대한 이해가 부족하고 협동 학습을 체계적으로 배우지 못했기 때문에, 실제로는 전통적인 소집단 학습(모둠학습)을 하면서 협동 학습을 한다고 착각하는 경우가 많다.

4~6명씩 소집단을 형성하여 모둠별로 학습 활동을 한다는 점에서 유사하지만, 협동 학습과 전통적 소집단 학습(모둠학습)은 구별되어야 한다. **'전통적 소집단 학습'**에서 집단은 비체계적으로 구성되고 구조화되지 않기 때문에, 소집단 활동에서 협동이 효과적으로 이루어지지 않는다. 반면에 **'협동 학습'**(cooperative learning)에서의 집단은 구성원의 역할과 임무, 학습과제가 매우 구조화되기 때문에, 소집단 활동에서 구성원의 적극적 상호작용과 협동이 효율적으로 이루어진다.

이처럼 '집단의 구조화', '상호작용 및 협동', '교사의 관리 · 감독'의 측면에서 전통적 소집단 학습과 협동 학습은 구별된다.

▎전통적 소집단 학습과 협동 학습 ▎

구분	전통적 소집단 학습	협동 학습
집단의 구조화	• 집단의 임의적인 구성 • 구성원 개인의 역할과 임무가 부여되지 않음	• 이질적 집단으로 구성 • 개인의 역할과 임무의 부여
상호작용과 협동	• 구성원의 활동이 적극적 상호 의존성을 갖지 않음 • 우수 학생의 주도/무임승차자 • 사회적 기능의 발달이 어려움	• 구성원의 활동이 적극적 상호 의존성을 가짐 • 구성원의 상호 협력과 소통을 통해 학습 활동이 이루어짐 • 사회적 기능의 발달에 기여함
교사의 관리 · 감독	• 소집단 활동에 대한 교사의 관리 · 감독이 소홀함	• 소집단 활동에 대한 교사의 관리 · 감독의 강화(집단의 구성, 개인별 역할과 임무의 부여, 집단 활동의 규칙 제시, 소집단 활동의 감독)

2) 협동 학습의 목표

전통적 소집단 학습과 달리, 협동 학습은 소집단의 구성원들이 상호작용하고 협력하여 학습 과제를 수행함으로써 '지식의 이해'뿐만 아니라 문제 해결력, 의사소통 능력 같은 '사고력'을 신장시킬 수 있다. 또한 협동 학습은 구성원의 역할과 임무, 학습 과제가 매우 구조화되어 있기 때문에, 적극적으로 상호작용하고 협력하는 사회성, 협동 능력, 타인 존중 같은 '사회적 기능과 가치'를 형성할 수 있다.

협동 학습은 소집단을 구조화함으로써 각 학생들에게 책임감을 부여하고, 적극적인 상호의존성을 증대시킨다. 또한 협동 학습의 구조는 학생들에게 소집단 활동을 위한 역할과 규칙을 부여함으로써 사회적 기능을 발달시키는 것을 도와준다(Duplass, 2004: 341).

실제로 많은 연구 결과에 따르면, 협동 학습은 구성원들의 적극적인 상호작용을 최대화시켜 학생의 '인지적 능력'과 '정의적 특성'을 함께 발달시키는 데 효과가 있는 것으로 나타났다. D. W. Johnson과 R. T. Johnson 등이 1924년부터 1984년까지의 협동 학습 관련 논문을 조사한 결과에 의하면, 협동 학습이 경쟁 학습이나 개별 학습보다 학업 성취도의 향상에 효과가 큰 것으로 나타났다. 특히 협동 학습은 모든 연령과 모든 교과목에서 개념의 이해, 문제 해결력, 판단 능력 등 과제 해결에서 더 효과적인 것으로 드러났다. 그 밖에 협동 학습은 고차적 사고력, 협동 정신, 사회성 발달, 자아 존중감, 동료에 대한 태도 형성에 긍정적 영향을 미치는 것으로 알려졌다(정문성 · 김동일, 1999: 46-53; 정문성, 1995: 269-270, 1999: 140-145).

3) 협동 학습의 필요 조건과 특징

협동 학습은 겉보기에 전통적 소집단 학습과 비슷한 것 같지만, 집단의 구조화와 학습 활동이 이루어지는 과정이 매우 다르다. 전통적 소집단 학습에서 발생하는 우수한 학생의 주도, 열등한 학생의 소외, 무임승차 같은 문제를 해결하고, 협동 학습이 성공적으로 이루어지기 위해서는 다음과 같은 필요 조건이 충족되어야 한다(Duplass, 2004: 341-342):

(1) **이질적 집단(heterogeneous groups)의 구성:** 교사는 서로 다른 능력과 배경-성적, 성별, 성격 등-을 가진 학생들을 4~6명씩 소집단으로 구성해야 한다. 이질적인 배경과 능력을 가진 학생들이 소집단을 구성함으로써 서로 협력해서 학습과제를 완성할 수 있도록 만드는 것이다.

(2) **개별적 책무성(individual accountability)의 부여:** 교사는 소집단의 구성원 모두에게 각자 역할과 임무를 명확히 부여하고 책임을 지도록 훈련시킨다. 소집단의 목표 달성을 위해 구성원에게 부여되는 개인의 역할과 임무는 다음과 같다: 이끔이(사회자), 기록이, 섬김이(자료관리자), 낭독

이, 칭찬이, 시간이(시간조정자)

(3) **적극적 상호 의존성(positive interdependence)의 강화:** 교사는 이질적 집단을 구성하고 각자에게 역할과 임무를 부여함으로써 소집단의 구성원들이 목표를 달성하기 위해 적극적으로 상호 의존하는 구조를 만든다. 교사는 각 소집단에게 같은 학습과제와 목표 부여, 개인별 역할과 임무 수행, 소집단 보상을 통해 구성원들이 적극적으로 상호작용하고 상호 의존하게 만든다.

(4) **교사의 관리·감독(teacher supervision)의 강화:** 소집단이 협력해서 목표를 달성하도록 만들기 위해 교사의 관리·감독이 필요하다. 교사는 각 소집단에서 모든 학생들이 학습 활동에 참여하고 서로 협력하도록 감독해야 한다. 학생들이 임무를 수행하지 않거나 잘못된 행동을 할 경우에, 교사는 소집단의 활동 규칙을 지키도록 감독해야 한다. 학생이 지켜야 할 소집단 활동의 규칙을 제시하면 다음과 같다:

- 각자 역할과 임무를 교대로 수행하라.
- 자신의 발언 기회와 시간을 지키라.
- 다른 사람의 말에 귀를 기울이라.

⋮

(5) **평가(evaluation)－소집단 보상:** 구성원들의 협동을 유도하는 방법은 소집단 보상이다. 소집단 활동이 끝나면, 교사는 평가를 통해 소집단 전체에게 보상한다. 우수 학생 개인이 아니라 소집단 전체에게 보상함으로써 구성원들이 적극적으로 상호작용하고 협력하도록 만드는 것이다. 소집단 보상은 학습과제의 완성과 우수한 평가를 위해서 상위 집단 학생이 하위 집단 학생을 도와주고 협력하게 만들 수 있다.

(6) **사회적 기능(social skills)의 발달:** 교사는 소집단 구성원이 각자의 역할과 임무를 수행하고 서로 협력하여 학습과제를 수행하도록 지도한다. 이처럼 상호 의존적이고 협력하는 소집단 활동은 학생들의 의사소통 능력, 문제 해결력, 협동 능력, 사회성 같은 사회적 기능을 발달시킬 수 있다.

(7) **집단 활동 과정(group processing)의 반성:** 학생들은 모두 소집단 활동에 참여하고 협력하였는지, 상호 협력과 상호작용을 통해 학습과제를 완성했는지, 상호 협력과 상호작용을 효과적으로 증대시키는 방안은 무엇인지 등에 대하여 반성하면서 토의한다.

| 협동 학습 |

목 표	• 지식의 이해 • 사고력의 신장 • 사회적 기능과 가치의 형성
필요 조건	• 이질적 집단의 구성 • 개별적 책무성 부여 • 적극적 상호 의존성의 강화 • 교사의 관리 · 감독의 강화 • 평가(소집단 보상)
효 과	• 개별적 책무성의 증가 • 적극적 상호 의존성과 협력의 증대 • 대면적 상호작용의 증가 • 사회적 기능과 가치의 형성

이러한 협동 학습의 필요 조건을 잘 형성하고 소집단 활동이 구조화되려면, 교사는 몇 주 동안 쉬운 내용으로 학생들이 협동 학습의 방법과 규칙을 습득하도록 훈련시켜야 한다. 그다음 각 교과목에 적용하여 협동 학습을 효과적으로 실시할 수 있다.

이러한 협동 학습의 필요 조건이 곧 협동 학습의 특징과 효과로 나타난다. 협동 학습의 필요조건이 충족되고 학습 활동이 이루어졌을 때, 다음과 같은 특징을 지닌다(정문성 · 김동일, 1999: 39-40).

(1) 집단은 **'이질적 집단'**으로 구성된다. 협동 학습에서는 지적 능력, 문화적 배경, 성별 등이 서로 다른 학생들을 한 집단으로 구성한다. 이질적인 집단 구성원들은 다양한 정보, 생각, 관점, 태도 등을 교환하기 때문에 긍정적인 상호작용의 효과가 극대화되고 학생들의 인지적 능력과 정의적 능력이 고르게 발달될 수 있다.

(2) 집단 구성원 사이에 **'개별적 책무성'**이 존재한다. 집단 구성원은 각자 자신의 역할과 책임을 갖는다. 각 개인이 갖는 책임의 이행은 곧 개인과 집단의 점수와 보상에 반영된다.

(3) 집단 구성원 사이에 **'적극적 상호의존성'**이 존재한다. 협동 학습의 집단은 구조적으로 구성원들이 서로 협력해서 목표를 달성할 수 있기 때문에, 실제적으로 상호의존되어 있다.

(4) 집단 구성원 사이에 **'대면적 상호작용'**이 존재한다. 집단 구성원은 얼굴을 서로 마주 보고, 시선을 교환하면서 작은 목소리로 대화한다. 그렇게 함으로써 구성원들은 정서적으로 공동의 목표를 달성하기 위해 밀접한 상호작용을 하게 된다.

(5) 협동 학습은 **'집단 활동의 과정'**을 중요시한다. 한 수업이 끝나거나 여러 시간에 걸쳐 과제가 완료되었을 경우에, 각 집단은 자신의 활동을 반성하는 시간을 갖는다. 이런 기회는 학생들이 사회적 기능을 발달시키고 향후 효율적인 소집단 활동이 가능하도록 만든다.

(6) 협동 학습은 집단 구성원의 **'협력'**을 강조한다. 협동 학습은 집단 간에 경쟁을 도입함으로써 집단 내 구성원들의 협력과 단합을 촉진할 수 있다.

(7) **'구체적 수업 목표'**가 제시되고 '구성원의 과제를 세분화'한다. 각 아동은 자신이 달성해야 할 수업 목표를 분명하게 제시받고, 그 목표를 달성하기 위해 구체적인 활동을 수행해야 한다. 협동 학습은 소집단의 구성원이 과제를 분담해서 수행하도록 함으로써 모든 학생이 학습에 참여하게 하는 효과가 있다.

(8) **'집단 목표'**와 '집단 보상'이 부여된다. 집단 구성원은 개인의 역할과 임무의 이행뿐만 아니라 집단의 목표를 달성하기 위해 서로 협력하고 상호작용하게 된다.

3. 과제 분담 학습 모형(Jigsaw)

과제 분담 학습 모형은 아동이 여러 가지 조각들을 서로 협력하여 완성하는 조각 그림 맞추기 퍼즐(Jigsaw puzzle)에서 유래한 것이다. 이 모형은 학업 성취뿐만 아니라 다양한 인종과 문화를 가진 학생들이 사회적 관계를 형성하는 데 초점을 둔다. 이 모형은 학습 내용을 4~6개의 하위 주제로 나누어서, 학생들이 한 주제를 집중적으로 학습하여 전문가가 된 후에 서로 가르치고 배우는 협동 학습의 형태이다.

애런슨(E. Aronson) 등이 전통적인 경쟁 학습의 구조를 협동 학습의 구조로 바꾸기 위해 직소 모형(Jigsaw)을 개발했다(Aronson et al., 1978). 그들은 전통적인 학습의 구조를 협동 학습의 구조로 전환하기 위한 조건을 2가지 제시했다. 첫째로, 1명의 교사와 다수의 학생으로 구성된 경쟁 학습의 구조를 4~6명으로 구성된 소집단의 협동 학습 구조로 바꾸어야 한다. 학습의 원천은 교사가 아니라 소집단의 구성원이고, 학습의 성공은 구성원의 협동에 의해서 얻을 수 있다. 둘째로, 소집단 활동은 다른 학생의 도움 없이는 학습이 어렵도록 구성되어야 한다. 각 구성원은 '학습 단원의 일부'를 학습 자료로 제공받기 때문에, 구성원들은 학습 단원 전체를 배우기 위해서 서로 협력할 수밖에 없다.

이런 방식으로 구조화된 학습 방식이 과제 분담 학습 모형(Jigsaw)이다. 직소 모형은 (1) 고안된 전문가 학습지, (2) 전문가 집단 및 모집단의 활동과 의사소통, (3) 학생 전문가에 의한 학습 등으로 특징지어진다.

E. Aronson 등이 개발한 Jigsaw I에서 학생들은 학습 내용의 전체를 파악하지 못하고 개별 보상으로 인해 다른 학생들과 적극 협력하지 않는 문제를 드러냈다. 이런 문제점을 해결하기 위해 R. E. Slavin은 학습 내용의 전체를 알려주고, 집단 성취 분담 모형(STAD)의 평가 방식을 결합한 Jigsaw II를 개발하였다. 그런데 Jigsaw II는 전문가 집단의 학습 이후에 학습 내용을 정리하고 퀴즈(형성평가)에 대비해 공부할 시간이 없는 문제점을 갖고 있다. 그래서 J. E. Steinbrink와 R. J. Stahl은 과제 분담 협동 학습이 끝난 후 모집단별로 학습의 기회를 주고 일정 기간이 지난 후에 평가하는 Jigsaw III를 제시했다.

1) 과제 분담 학습 모형 I(Jigsaw I)

과제 분담 협동 학습의 수업단계는 학자들마다 약간 차이가 있다. Slavin (1990), Jacobs(1997: 5-6), 정문성(2006: 199) 등의 견해를 종합하여, 필자는 Jigsaw I의 교수·학습 과정을 다음과 같이 제시할 것이다:

(1) 모집단 형성하기 및 전문가 학습지 배부

교사는 이질적인 학생들 4~6명씩 모집단(원모둠)을 구성한다. 다음에 교사는 모집단의 각 학생에게 학습 내용과 관련된 하위 주제와 문제(탐구 문제 또는 토론 문제)가 기록된 전문가 학습지를 각각 하나씩 나누어 준다. 모집단의 각 학생은 전문가 학습지를 통해 학습 내용의 일부만을 배부받는다.

❙ 전문가 학습지(예시) ❙

전문가 학습지 1

- 하위 주제: 청소년 흡연의 원인과 해결 방안은 무엇인가?
- 탐구 문제:
  ① 요즘 청소년의 흡연이 증가하는 이유는 무엇인가?
  ② 청소년의 흡연을 줄이는 방안은 무엇인가?

전문가 학습지 2

- 하위 주제: 청소년 게임중독의 원인과 해결 방안은 무엇인가?
- 탐구 문제:
  ① 요즘 청소년의 게임중독이 증가하는 이유는 무엇인가?
  ② 청소년의 게임중독을 해결하는 방안은 무엇인가?

(2) 전문가 집단에서 학습하기

각 학생은 모집단을 떠나 같은 전문가 학습지를 가진 학생들끼리 모여서 전문가 집단(전문가 모둠)을 형성한다. 전문가 집단은 1가지 하위 주제와 문제에 대해 서로 협력해서 집중적으로 학습한다. 그다음 학생들은 모집단으로 돌아가

하위 주제를 다른 학생들에게 가르칠 준비를 한다.

(전문가 집단의 학생 수가 너무 많으면 하위 주제에 대한 협동 학습이 잘 이루어지기 어렵다. 따라서 모집단이 6개 이상 될 경우에, 교사는 모집단을 A, B 팀으로 나누어서 각 팀에서 4~5명 정도가 전문가 집단을 구성하도록 만들어야 한다.)

(3) 모집단에서 다른 학생 가르치기

전문가 집단의 학습 활동이 끝나면, 각 학생은 원래의 집단으로 돌아가서 다시 모집단을 형성한다. 그다음 각 전문가 학생이 돌아가면서 전문가 집단에서 학습한 하위 주제와 문제를 다른 학생들에게 가르쳐준다. 이때 교사는 각 전문가 학생이 전문가 학습지에 기록된 내용을 그대로 읽지 말고 자기의 말로 다른 학생들에게 설명하고, 다른 학생들은 잘 듣고 내용을 이해하도록 지도한다.

(4) 전체 학습지 작성 및 정답지 확인하기

각 모집단의 학생들은 전문가 학습지의 하위 주제 4~6개를 서로 결합하여 전체 학습지를 만든다. 그다음 교사는 각 모집단에 정답지를 제공한다. 학생들은 전체 학습지와 정답지를 비교하여 채점하고, 틀린 문제의 경우에 왜 틀렸는가에 대해 토론한다.

(5) 개별 평가와 개별 보상

교사는 학생들이 전문가 집단과 모집단의 협동 학습을 통해 학습 내용을 얼마나 이해했는지 퀴즈(형성평가)를 통해 개인별로 평가한다. 다음에 교사는 개인별 점수를 산출하여 우수한 학생을 개인별로 보상한다.

앞에서 간략히 살펴본 것처럼, Jigsaw I은 전문가 학습지를 통해 각 학생에게 학습 내용의 일부만을 제공하기 때문에, 학생들은 학습 내용의 전체를 알지 못한 채 학습에 임하는 한계를 지닌다. 또한 Jigsaw I은 개인별로 보상하고 소집단 전체에 대해 보상하지 않는다. 그 결과 전문가 집단에서의 학습 활동과 모집단에서 다른 학생들을 가르칠 때, 다른 학생을 적극 도와주지 않고 학생들 간에 협력이 이루어지지 않는 문제점을 지닌다.

Jigsaw I은 학습과제의 해결을 위한 상호 의존성은 높지만 보상을 위한 상호 의존성은 매우 낮다. Jigsaw I이 성공하기 위해서는 학생들이 전문가 집단에서 하위 주제와 문제를 충실하게 탐구하는 능력, 다른 학생들에게 열심히 가르치고 다른 학생의 설명을 경청하는 의사소통 능력을 기르도록 사전에 훈련을 시켜야 한다.

2) 과제 분담 학습 모형 II(Jigsaw II)

Jigsaw I은 학습 내용을 하위 주제와 문제로 세분화하고, 학생들이 모집단과 전문가 집단 활동을 통해 협력하여 학습하도록 만드는 장점이 있지만, 학습결과에 대해 소집단 보상을 하지 않는다. 이런 측면에서 슬라빈(R. E. Slavin)은 Jigsaw I의 평가 방식으로는 협동 학습의 효과를 제대로 거두기 어렵다고 주장하면서, 기존의 Jigsaw I에 STAD 모형의 평가 방식을 결합한 Jigsaw II를 제시하였다(Slavin, 1980). Jigsaw II는 향상 점수에 의한 소집단 보상, 성취 결과의 균등 배분을 도입함으로써 과제 분담 협동 학습이 더 효과를 거둘 수 있도록 만들었다.

케이건(S. Kagan)에 따르면, Jigsaw II는 '학습 내용의 전체 제공', '자율적인 소집단 활동', '향상 점수에 의한 소집단 보상' 등에서 Jigsaw I과 다르다(정문성, 2006: 197-198). Jigsaw II에서는 교사가 학습의 전체 계획과 내용을 설명해주고, 학생이 하위 주제를 자율적으로 선택하여 공부하도록 한다. 또한 Jigsaw II에서는 소집단 활동의 성공과 개인의 책무성을 더 높이기 위해서 향상 점수에 의한 소집단 보상을 새로 추가한다.

그래서 Jigsaw II는 Jigsaw I보다 구성원의 역할과 책무성이 더 명확하고, 과제 해결뿐만 아니라 보상의 상호의존성이 매우 높고, 사회적 관계의 증진에 효과적이라는 장점을 갖는다.

Jigsaw II의 수업단계도 학자들마다 조금씩 다르다. Slavin(1990), Jacobs

(1997: 27-28), 정문성(2006: 200-202) 등의 견해를 종합하여, 필자는 Jigsaw II의 교수·학습 과정을 다음과 같이 제시한다:

(1) 모집단 형성하기 및 학습 단원 전체 읽기

교사는 이질적인 학생들 4명씩 모집단을 구성한다(학습 단원의 내용을 여러 가지 하위 주제로 분류하고 전문가 집단 활동이 효과적으로 진행되도록 하기 위해서 소집단을 4명으로 구성하는 것이 좋다). Jigsaw I과 달리, 교사는 학습 내용 전체가 기록된 전체 학습지와 자료를 학생들에게 배부한다. 교사는 학생이 교과서의 학습 단원 전체를 읽고 학습의 전체적인 맥락과 흐름을 파악하게 하고 학습 내용과 소집단 활동의 방법에 대해 자세하게 안내한다. 그다음 학생들이 의논하여 전체 학습지의 하위 주제와 문제들 중에 어느 문제를 담당할 것인가를 자율적으로 정한다.

| 전체 학습지(예시) |

전체 학습지

모둠 이름: ________

- 학년/단원: 중학교 사회 2 '12. 지속가능한 세계와 글로컬 시민'
- 학습 목표: 환경문제의 원인과 해결책을 제시할 수 있다.
- 하위 주제와 탐구 문제
  1. 대기오염의 원인과 해결책은 무엇인가?
     ① 대기오염을 일으키는 주요 원인은 무엇인가?
     ② 대기오염을 줄이기 위한 방안은 무엇인가?
  2. 토양오염의 원인과 해결책은 무엇인가?
     ① 토양오염을 일으키는 주요 원인은 무엇인가?
     ② 토양오염을 줄이기 위한 방안은 무엇인가?
  3. 수질오염의 원인과 해결책은 무엇인가?
     ① 수질오염을 일으키는 주요 원인은 무엇인가?
     ② 수질오염을 줄이기 위한 방안은 무엇인가?
  4. 지구온난화의 원인과 해결책은 무엇인가?
     ① 지구온난화를 일으키는 주요 원인은 무엇인가?
     ② 지구온난화를 감소시키기 위한 방안은 무엇인가?

(2) 전문가 집단에서 학습하기

각 학생은 모집단을 떠나 같은 하위 주제를 선택한 학생들끼리 모여서 전문가 집단을 형성한다. 각 전문가 집단은 전체 학습지의 하위 주제와 문제 중 자신들이 선택한 문제에 대해 서로 협력해서 집중적으로 학습한다. 그다음 학생들은 모집단으로 돌아가서 하위 주제와 문제를 다른 학생들에게 가르칠 준비를 한다.

(3) 모집단에서 다른 학생 가르치기

전문가 집단의 학습 활동이 끝났으면, 각 학생은 원래의 모집단으로 돌아가서 다시 모집단을 형성한다. 그다음 각 전문가 학생이 돌아가면서 전문가 집단에서 학습한 하위 주제와 문제를 다른 학생들에게 가르쳐준다. 각 구성원이 돌아가면서 하위 주제에 대한 자기 의견을 발표하고, 나머지 학생들은 그 의견을 잘 듣고 질문하면 해당 학생이 답변한다. 이 과정에서 교사는 학생들이 하위 주제에 대해 서로 질문하고 토론하는 의사소통 기능과 협동 기능을 실천할 기회를 갖도록 지도해야 한다.

(4) 정답지 확인하기

모집단에서 전체 학습지에 대한 토론과 학습이 끝나면, 교사는 정답지를 제공한다. 각 모집단은 전체 학습지와 정답지를 비교하여 채점하고, 틀린 문제의 경우에 왜 틀렸는지에 대하여 토론한다.

(5) 개별 평가

전문가 집단과 모집단의 학습 활동이 끝나면, 교사는 학습 내용과 관련된 퀴즈(형성평가)를 실시한다. 각 학생은 개별적으로 퀴즈를 푼다.

(6) 향상 점수에 의한 소집단 보상

교사는 과거 퀴즈에서 각 학생이 받은 기본 점수와 현재 퀴즈의 점수를 비교하여, 각 학생의 향상 점수를 계산한다. 각 개인과 소집단의 향상 점수가 산출되면, 교사는 향상 점수가 높은 소집단에 대해 보상한다.

Jigsaw II는 Jigsaw I과 STAD 모형의 평가 방식을 결합했기 때문에 학습 과제의 해결과 보상을 위한 상호 의존성을 더 높여준다. 그러나 Jigsaw II에 따른 수업은 학생이 학습 내용을 정리하고 형성평가에 대비할 시간이 부족한 문제점을 안고 있다.

과제 분담 학습 모형의 특징과 한계

모형	특 징	한 계
Jigsaw I	• 전문가 학습지를 통한 학습 내용의 제공 • 개별 평가와 개별 보상	• 학습의 전체 내용을 파악 못 함 • 개별 보상으로 책무성, 협동, 상호 의존성의 약화
Jigsaw II	• 전체 학습지 및 학습 내용의 전체 제공 • 향상 점수에 의한 소집단 보상	• 학습 내용을 정리하고 평가 대비할 시간의 부족

수업 목표: 모둠별 활동을 통해 서로 협력하여 학습한다.
※ 주제: 청소년 문제의 원인과 해결 방안

4. 집단 성취 분담 모형(STAD)

1) 이론적 배경

협동 학습에서 가장 오래되고 널리 사용되는 수업 모형이 집단 성취 분담 모형(Student Teams-Achievement Division)이다. STAD 모형은 존스 홉킨스대학에서 개발한 학생 집단 학습(Student Teams Learning) 프로그램 중의 하나이다. STL의 특징은 소집단 구성원들이 함께 학습하면서 서로의 학습에 대해 책임지고, 구성원들이 학습 목표를 함께 달성함으로써 얻는 집단의 성공(소집단 보상)을 강조하는 것이다. 즉, STL은 개별적 책무성, 소집단 보상, 성공 기회의 균등이라는 특징을 갖고 있다.

STAD 모형은 **'소집단 보상'**을 통해 열등한 학생들에게 학습의 동기를 부여함으로써 학습의 효과를 높이고자 한다. 협동 학습의 보상에는 3가지 방식이 있다. 첫째, 소집단의 성공에 가장 기여도가 크거나 학업 성취 결과가 가장 향상된 학생에게 최대의 보상을 해 준다. 둘째, 학생의 기여도와 점수에 관계없이 소집단 구성원 모두에게 동일하게 보상을 한다. 셋째, 학습자의 능력이 아니라 필요에 따라 차별적으로 보상해 준다. 이런 3가지 보상체제를 적절하게 조화시켜 학습 동기를 유발하는 데 성공하는 협동 학습이 집단 성취 분담 모형이다.

STAD 모형은 (1) 교사의 수업안내, (2) **'소집단 학습과 토론'**, (3) **'향상 점수에 의한 소집단 보상'** 등으로 특징지어진다. 이 모형은 수업절차가 비교적 간단하고 소집단 보상을 통해 협동 학습의 효과를 쉽게 달성할 수 있는 장점을 지닌다. 반면에 교사가 사전에 소집단 학습지와 정답지를 만들어야 한다.

2) STAD의 교수 · 학습 과정

STAD 모형의 수업 단계는 학자들마다 다르다. Slavin(1990), Jacobs(1997: 78-79), 정문성(2006: 247-251) 등의 견해를 종합하여, 필자는 STAD 모형의 교수 · 학습 과정을 다음과 같이 제시할 것이다.

(1) 교사의 수업 안내

먼저 교사는 이질적인 학생들 4~6명씩 소집단(모둠)을 구성한다. 교사는 강의, 토론, 시청각 자료 등 다양한 방법을 통해 학습 내용을 학생들에게 소개한다. 그리고 교사는 소집단 활동의 방법과 활동 규칙, 형성평가와 소집단 보상에 대해 안내한다.

(2) 소집단 학습과 토론

교사는 각 소집단에게 학습지와 학습 자료를 배부한다. 각 학생은 학습 자료를 읽고 학습 문제에 대해 잠정적으로 자신의 답을 적는다. 그다음 소집단별로 학생들이 각각 돌아가면서 학습 자료를 읽고 함께 협력해서 학습 문제를 해결한다. 즉, 한 학생이 첫 번째 학습 문제를 읽고 자기가 생각한 해답을 말하면, 거기에 대해 다른 학생들이 의견을 제시한다. 만약 학생들의 의견이 서로 다르면, 토론을 통해 1가지 해답에 합의해야 한다. 이런 방식으로 하나의 학습 문제를 해결한 후에, 다른 학생이 두 번째 학습 문제를 읽고 자기가 생각한 해답을 말하면, 거기에 대해 구성원들이 토론을 통해 1가지 해답에 도달한다.

소집단 학습지

모둠 이름: ________

- 학년/단원: 중학교 사회 1 '10. 정치과정과 시민 참여'
- 학습 목표: 다양한 정치 주체의 역할을 조사할 수 있다.
- 학습 자료: 첨부
- 학습 문제:
  1. 정치과정에서 국회, 행정부, 법원은 각각 어떤 역할을 하는가?
  2. 정치과정에서 정당은 무슨 역할을 하는가?
  3. 정치과정에서 이익집단과 시민단체는 어떤 역할을 하는가?
  4. 정치과정에서 언론과 소셜 미디어는 어떤 역할을 하는가?
  5. 민주주의에서 시민이 정치과정에 참여해야 하는 이유는 무엇인가?
  6. 우리나라에서 시민이 정치과정에 참여하는 방법에는 무엇이 있는가?

(3) 정답지 확인

학생들이 학습 문제를 모두 풀었다면, 교사는 각 소집단에게 정답지를 제공한다. 각 소집단은 정답지와 비교하여 자신의 학습지를 채점하고, 틀린 문제의 경우에 왜 틀렸는지에 대해 토의한다.

(4) 개별 평가

소집단의 학습 활동이 끝나면, 교사는 학생들이 학습 내용을 얼마나 이해했는가를 평가하는 퀴즈(형성평가)를 실시한다. 각 학생은 개별적으로 퀴즈를 풀어야 하고, 소집단 구성원이라고 도와주면 안 된다(소집단 학습과 토론에 많은 시간이 소요될 경우에, 퀴즈 평가는 다음 시간에 실시될 수 있다).

(5) 향상 점수에 의한 소집단 보상

교사는 각 학생이 과거 퀴즈에서 받은 기본 점수와 현재 퀴즈 점수를 비교하여, 각 학생의 향상 점수를 산출한다. '기본 점수'는 과거 학생들이 받은 퀴즈 점수들의 평균 점수이다. '향상 점수'는 과거의 기본 점수를 기준으로 현재의 점수가 얼마나 향상되었는가를 비교하여 산출된 점수이다. 교사는 구성원들의 향상 점수를 합하여 소집단 전체의 향상 점수를 산출한 후, 향상 점수가 우수한 소집단에게 보상하고, 또한 향상 정도가 뛰어난 개인도 보상할 수도 있다.

▌향상 점수 산출표(예)▐

퀴즈 점수	향상 점수
기본 점수보다 하락하거나 동점인 경우	0점
기본 점수에서 1~10점 상승한 경우	5점
기본 점수에서 11~20점 상승한 경우	10점
기본 점수에서 21~30점 이상 상승한 경우	15점
기본 점수에서 31점 이상 상승한 경우 또는 모두 100점인 경우	20점

5. 집단 탐구 모형(Group Investigation)

1) 이론적 배경

집단 탐구(GI) 모형은 학생들이 탐구할 주제를 자유롭게 선택한 후 집단적으로 탐구 계획을 수립하고 주도적으로 수행하는 학습 모형이다. 집단 탐구는 민주적인 환경에서 학생이 주도성을 갖고 집단적으로 탐구를 계획하고 수행하는 과정이다. 그래서 집단 탐구는 민주적인 수업 환경에서 자유로운 소통과 상호작용을 통해 조사하고 지식을 형성하는 사회적 과정을 강조한다.

이런 사상은 듀이(J. Dewey)에서 찾을 수 있다. J. Dewey(1910)는 학교를 민주 사회의 축소판으로 조직함으로써 학생이 민주적인 환경 속에서 반성적 사고의 과정을 경험하도록 가르쳐야 하고, 그렇게 함으로써 민주 사회에서 요구되는 시민을 기를 수 있다고 주장했다. 그 후 사회적 구성주의에서 지식은 교사가 일방적으로 전달하는 것이 아니라 교실 맥락에서 교사-학생이 상호작용을 통해 구성하는 것임을 드러냈다. 지식은 사회적 맥락에서 구성된 결과물이고, 사회적 과정을 통해 재구성된다.

이러한 이론적 토대에 기초하여 H. Thelen(1960)이 집단 탐구 모형을 개발하였다. 작은 사회로서 교실 속에서 학생들은 사회에서 요구되는 타협의 과정과 방법을 배운다. 사회적 타협의 과정으로서 탐구는 어떤 문제에 대해 다른 사람들과 소통하면서 관련된 견해와 입장을 재구성하여 새로운 결론에 도달하는 과정이다. 집단 탐구에서 학생들은 문제를 과학적으로 해결하는 방법뿐만 아니라 구성원들과 함께 탐구를 계획하고 수행하면서 다른 견해를 접하고 의사소통을 통해 견해 차이를 조정하는 방법을 배운다. 그래서 탐구는 혼자 하는 것보다는 집단적으로 수행하는 것이 더 효과적이다.

학생은 자신이 관심을 갖는 하위 주제를 '**자유롭게 선택**'하고, 같은 주제를 선택한 학생들이 한 모둠을 구성하여 '**집단적으로**' 탐구 계획을 세우고 자료를 수집하고 분석하며 구성원들과 '**민주적인 의사소통**'을 통해 탐구 결과를 '**종합**'한다. 이것이 집단 탐구 모형의 특징이다. 여러 연구 결과에 의하면, 집단 탐구는 전통적인 교사 중심 수업보다 학업 성취도와 고차적 사고력을 더 향상시키는 것으로 나타났다.

2) 집단 탐구의 교수 · 학습 과정

집단 탐구는 다양한 방식으로 이루어질 수 있는데, Y. Sharan과 S. Sharan (1994: 257-276), 정문성(2006: 216-217)은 비슷하게 집단 탐구의 과정을 6단계로 제시하였다.

(1) 소주제와 모둠 조직	(2) 탐구 계획 수립 및 역할 분담
(3) 모둠별 탐구 실행	(4) 모둠별 발표 준비
(5) 발표	(6) 활동 평가

집단 탐구에서 학생은 '자유로운 주제 선택', '집단적인 탐구 계획의 수립과 역할 분담', '탐구 결과의 종합'을 공통적으로 수행한다. 이런 특성을 반영하여, 필자는 집단 탐구의 교수 · 학습 과정을 다음과 같이 제시할 것이다.

(1) 교사의 탐구 안내

먼저 교사는 탐구할 주제에 대해 간략히 소개한다. 그리고 하위 주제의 선택, 탐구 계획의 수립, 역할 분담, 자료 수집과 분석 방법, 탐구 결과의 종합 등 집단 탐구의 과정과 방법에 대해 안내한다.

(2) 하위 주제별 소집단 구성

탐구 주제와 관련해 학생은 각자 탐구하고 싶은 하위 주제를 발표한다. 교사는 학생이 얘기한 하위 주제들을 비슷한 것끼리 묶어 주제별로 정리한다. 그다음 각 학생은 자신이 탐구하고 싶은 주제를 자유롭게 선택한다. 같은 하위 주제를 선택한 학생들이 한 모둠을 구성한다. 많은 학생이 한 주제를 선택할 경우, 협동학습을 위해 한 모둠에 4~5명 이내로 모둠을 분리해 구성한다.

(3) 탐구 계획의 수립과 역할 분담

각 소집단별로 구성원들이 민주적으로 소통하여 하위 주제를 어떻게 탐구할 것인지 계획을 세운다. 학생들은 어떤 자료를 어디에서 수집하여 분석하고, 어떻게 결과를 도출할 것인지 협의하여 탐구 계획을 수립한다. 그다음 탐구를 수행하기 위해서 각 구성원이 담당할 역할을 나누어 배정한다.

(4) 집단 탐구의 수행

소집단별로 각 학생은 자신이 맡은 역할에 따라 하위 주제와 관련된 자료를 수집하고 분석한 후 탐구 주제에 대한 답을 정리한다. 그다음 학생들이 함께 모여 집단적으로 탐구한 결과를 종합하여 탐구 주제에 대한 답을 협의하여 정한다.

(5) 소집단 발표와 피드백

각 소집단은 탐구의 결과를 정리하여 보고서를 작성하고, 전체 학생들에게 발표한다. 학생들은 다른 소집단에서 탐구한 주제의 발표를 잘 듣고 내용을 요약해 정리한다. 그렇게 함으로써 자기 소집단에서 탐구하지 않은 주제에 대해서도 이해할 수 있다. 그리고 소집단의 발표가 끝나면, 그 모둠의 탐구 계획과 탐구 결과에 대하여 질문을 하거나 피드백을 제공한다. 학생들은 다음에 집단 탐구 활동을 계획하고 수행할 때 피드백의 내용을 반영한다.

(6) 소집단 활동의 평가

교사는 소집단별로 탐구 계획의 수립, 역할 분담과 이행, 집단적인 탐구의 수행 등 집단 탐구의 과정이 협력적으로 잘 이루어지는지 평가한다.

6. 찬반 논쟁 협동 학습 모형(PCCL)

1) 이론적 배경

'찬반 논쟁 협동 학습'(Pros and Cons of Cooperative Learning)은 협동 학습의 구조에서 미니 집단별로 쟁점에 대해 찬·반 논쟁을 하는 학습 모형이다. 쟁점의 해결 방안에 대해 토론한다는 점에서 의사 결정 학습, 논쟁 문제 학습, 토론 학습 등과 유사하지만, PCCL은 쟁점의 토론 방식과 해결 과정에 있어서 차이가 있다.

의사 결정 학습은 쟁점과 관련된 '사실 문제'와 '가치 문제'를 구분해 탐구하고 두 개의 탐구 결과를 종합해 여러 대안들을 검토한 후 합리적 대안을 선택하고 그에 따라 '행동'하는 방법과 능력을 배우는 과정이다. 논쟁 문제 학습은 쟁점과 관련된 사실과 가치를 확인하고 '대립 가치'들의 우선순위를 분석한 후 그것을 종합해 여러 대안들 중에서 합리적으로 선택하는 방법과 능력을 배우는 과정이다. 찬·반 토론 학습은 쟁점과 관련하여 '찬성, 반대 입장'을 먼저 정한 후 객관적 자료에 기초해 자기 주장을 정당화하며 다른 사람을 '설득'하는 방법과 능력을 배우는 과정이다.

반면에 찬반 논쟁 협동 학습은 협동 학습의 구조에서 2명씩 '미니 집단'을 구성해 쟁점에 대해 '찬·반 입장을 바꾸어' 가며 토론하는 과정이다. 그래서 모둠의 구성원들이 찬성과 반대 입장을 모두 경험하면서 객관적으로 쟁점을 이해하고, 토론의 마무리 단계에서 '자신의 진짜 입장'을 발표하고 서로 '합의'에 이르고자 노력하게 된다. 이것이 PCCL의 중요한 특징이다.

이 모형은 D. W. Johnson과 R. T. Johnson(1987)에 의해 시도되었다. 그들은 개인이 경험하는 논쟁 과정으로부터 소집단에서의 찬·반 토론의 과정을 도출했다. 논쟁(論爭)은 그 특성상 협동 학습의 구조에서 민주적으로 진행될 수 있기 때문이다. 협동 학습의 구조에서 학생들은 2명씩 찬·반 입장으로 나눠 미니 집단을 구성하고, 토론에 능동적으로 참여하며, 열린 마음을 갖고 적극적으로 찬·반 논쟁을 한다. 이런 측면에서 사회과에서 쟁점을 해결하는 다른 교수·학습 모형보다 PCCL이 쟁점을 해결하는 데 더 민주적이고 효과적인 방법이다.

2) 찬반 논쟁 협동 학습의 교수 · 학습 과정

앞에서 살펴본 것처럼, 찬반 논쟁 협동 학습은 2명씩 **미니 집단**을 구성해 쟁점에 대해 **찬 · 반 입장을 바꾸어** 가며 토론하는 과정이다. PCCL은 다양한 방식으로 이루어질 수 있다. D. W. Johnson과 R. T. Johnson은 찬반 논쟁 협동 학습의 과정을 6단계로 제시했다(Johnson & Johnson, 1994: 306-331).

(1) 정보의 조직과 잠정적 결론의 도출
(2) 자기 입장의 발표와 지지 호소
(3) 반대 관점에 의한 비판의 경험
(4) 개념 갈등과 불확실성의 경험
(5) 인지적 호기심과 관점의 채택
(6) 재개념화, 종합, 통합

다른 한편 정문성은 찬반 논쟁 협동 학습의 과정을 다음과 같이 제시하였다(정문성, 2006: 389-392).

(1) 토론 문제의 부여와 미니 모둠의 구성
(2) 미니 모둠별 입장의 발표 준비
(3) 미니 모둠별 입장 발표
(4) 상대방 주장의 반박
(5) 미니 모둠의 찬 · 반 입장 바꾸어 토론
(6) 모둠 의견의 종합 및 발표

여러 학자들의 의견을 종합하여, 필자는 찬반 논쟁 협동 학습의 교수 · 학습 과정을 다음과 같이 제시할 것이다.

(1) 토론 문제의 안내

교사는 토론 문제에 대해 간략히 소개한다. 그리고 토론 문제와 관련된 자료를 제공하고 토론의 방법에 대해 안내한다.

(2) 미니 집단의 구성과 토론 준비

먼저 학생 4명씩 소집단을 구성한다. 그다음 소집단 안에서 각 학생 2명씩 찬성과 반대 입장으로 나누어 '미니 집단'을 만든다. 각 미니 집단은 자기 입장을 정당화하는 데 필요한 자료를 읽고 토론을 준비한다.

(3) 미니 집단의 찬 · 반 토론

미니 집단별로 돌아가면서 쟁점과 관련하여 토론을 실시한다. 이때 다른 학생은 상대방이 제기하는 주장과 근거를 요약하고, 이해하지 못한 부분에 대해 질문할 수 있다. 미니 집단별로 돌아가면서 자신의 주장을 정당화하고 상대방을 설득하고자 시도한다.

(4) 미니 집단의 찬 · 반 입장 바꾸어 토론하기

미니 집단은 찬 · 반 입장을 바꾸어 처음과 다른 입장에서 토론할 준비를 한다. 즉, 처음에 찬성 입장에서 토론한 학생들은 반대 입장에서, 반대 입장에서 토론한 학생들은 찬성 입장에서 토론할 자료를 읽고 준비한다. 그다음 3단계에서 했던 토론처럼, 찬 · 반 입장을 바꾸어 다시 미니 집단별로 돌아가면서 자신의 주장을 정당화하고 상대방을 설득한다.

(5) 자기 입장의 발표 및 합의 시도

미니 집단에서 찬 · 반 입장을 바꾸어 토론을 진행하기 때문에, 학생들은 찬 · 반 입장을 모두 경험하면서 쟁점의 해결 방안에 대해 더 객관적으로 이해하게 된다. 토론이 마무리되면, 각 학생은 쟁점과 관련해 자신의 진짜 입장과 주장을 제시한다.

그다음 학생들은 민주적인 소통을 통해 쟁점의 해결 방안에 대해 합의를 시도한다. 억지로 합의에 도달할 필요는 없으며, 찬 · 반 입장을 바꾸어 토론하면서 상호 합의에 도달하고자 노력하는 것이 중요하다. 이것이 협동 학습의 구조에서 찬・반 토론을 하는 목적이기 때문이다.

(6) 소집단 활동의 평가

교사는 소집단별로 쟁점에 대한 소통과 경청, 합의 시도 등 찬・반 논쟁의 과정이 민주적이고 협력적으로 이루어지는지 평가한다.

3) 찬・반 토론 학습과 찬반 논쟁 협동 학습의 차이

얼핏 보면 쟁점에 대하여 찬성과 반대 입장으로 나누어 토론한다는 점에서 일반적인 찬・반 토론 학습과 찬반 논쟁 협동 학습(PCCL)이 유사한 것처럼 보인다. 그러나 두 가지 학습 모형은 토론의 목표, 찬・반 토론의 방식, 자기 입장의 발표, 합의 시도 등에 있어서 차이가 있다.

첫째, 찬・반 토론 학습에서 학생은 상대방의 주장을 반박하고 자기 주장을 정당화함으로써 상대방을 설득하거나 이기는 것을 목표로 한다. 반면에 PCCL에서 학생은 찬성과 반대 입장을 바꾸어 토론한 후 서로 합의에 이르려고 시도한다. 찬・반 토론 이후 합의에 도달하려는 노력이 PCCL의 중요한 부분이다.

둘째, 찬・반 토론 학습에서 학생은 쟁점과 관련해 먼저 찬성이나 반대 입장을 정하고, 한 시간 동안 계속 그 입장에서 자기 주장을 정당화하고 상대방을 설득하는 방식으로 토론을 진행한다. 반면에 PCCL에서 학생은 쟁점에 대한 찬성과 반대 입장을 바꾸어 가며 두 번 토론한다. 즉, 학생은 먼저 2명씩 쟁점에 대해 찬성이나 반대 입장을 정해서 토론하고, 그다음 찬・반 입장을 바꾸어 토론한다.

셋째, 찬・반 토론 학습에서 학생은 토론의 마무리 단계에서 쟁점과 관련해 자신의 진짜 입장과 주장을 밝히는 기회가 없다. 반면에 PCCL에서 학생은 찬성과 반대 입장을 바꾸어 가며 토론한 후, 각 학생이 자신의 진짜 입장을 정해서 발표한다.

❙ 찬반 토론 학습과 찬반 논쟁 협동 학습의 비교 ❙

구분	찬·반 토론 학습	찬반 논쟁 협동 학습
목표	• 반대쪽 주장을 반박해서 상대방을 '설득'하거나 이기는 것	• 찬·반 입장을 바꾸어 토론 후 '상호 합의'에 도달하는 것
찬·반 토론방식	• 먼저 찬·반 입장을 정함 • 처음 입장을 계속 유지하며 토론을 진행함	• 미니 집단에서 찬·반 입장을 정해 토론함 • 미니 집단의 찬·반 입장을 바꾸어 토론함
자기 입장	• 자신의 진짜 입장을 제시할 기회 없음	• 자신의 진짜 입장을 정리해 발표함
합의	• 합의의 시도 없음	• 상호 합의의 노력

제14장 가치 수업

사회 문제와 갈등은 사실 문제뿐만 아니라 가치 문제를 함께 포함하고 있으며, 최종적으로 문제의 해결 방안을 결정할 때 중요한 요소는 가치(관)이다. 사회 문제나 갈등은 사실의 탐구만으로 해결될 수 없고, 결국 어떤 가치가 더 중요하고 타당한지에 대한 가치 판단에 의거해 결정된다.

따라서 사회 문제를 합리적으로 해결하기 위해서는 문제와 관련된 사실 문제와 가치 문제를 함께 조사해 두 가지를 종합하여 해결 방안을 찾아야 한다. 사회 탐구는 문제와 관련된 사실들을 확인하는 것을 도와줄 수 있지만, 가치 판단이나 선택에 대해서는 구체적 해답을 제시해 주기 어렵다.

그래서 사회 문제를 합리적으로 해결하기 위해서는 사회 탐구뿐만 아니라 가치 탐구도 필요하다. '가치 탐구'(value inquiry)는 사회 문제와 관련된 가치들을 분석하고 명료화하는 과정이고, 대립 가치들과 대안의 결과를 예측하여 선택하는 것을 도와줌으로써 문제를 합리적으로 해결하는 데 기여할 수 있다. 이런 점에서 사회과에서 가치 탐구를 위한 교육이 필요하다.

1. 가치 수업의 의미와 목표

1) 가치 수업의 의미

사회과에서 가치 수업은 민주 시민으로서 기본적 가치를 습득하여 사회 문제를 합리적으로 해결하도록 도와주는 것이다. 민주 사회에는 모든 시민이 자유롭고 평등하게 살 수 있는 정의 사회를 실현하기 위해 기본적으로 지켜야 할 가치가 있다. 사회과의 가치 수업은 이러한 민주 사회의 기본적 가치를 가르치는 것이 요구된다.

민주 사회에서 일반적으로 인정되는 '기본적 가치'(basic values)에는 정의, 자유, 평등, 박애, 정직, 충성, 경쟁, 협동, 관용, 타협, 타인 존중, 개인주의 등이 포함된다(Woolever & Scott, 1988: 390-391). 이런 기본적 가치는 추상적인 것이기 때문에, 교사는 그 가치의 구체적 사례와 속성, 역사적 배경, 다른 가치와의 관계 등을 제시함으로써 가르칠 수 있다.

1992년 사회과와 시민교육 분야의 대표자 29명이 콜로라도의 애스펀(Aspen)시에서 미국 사회의 전통적인 보편적 가치가 무엇인지 토론을 한 후 핵심적 가치를 제시하는 '애스펀 선언문'을 발표하였다. 이 선언문은 미국 사회의 핵심 가치를 존중, 책임, 신뢰, 배려, 정의와 공정, 시민으로서의 덕과 시민성으로 제시하였다(Josephson, 1992).

우리 사회에서 기본적으로 인정되는 가치들도 비슷하다. 1998년 서울대 손봉호, 황경식 교수 등이 우리 사회의 지도층 100여 명을 대상으로 설문조사한 결과에 의하면, 한국인이 미래에 가져야 할 가치 또는 덕목은 정직과 진실, 공정성과 준법, 사랑과 배려, 책임, 근면과 절제, 신의, 애국, 관용과 인내, 존중과 명예, 예의와 겸손, 절약 등이다(손봉호 외, 1999a: 103-105).

또한 1999년 손봉호, 이승종 교수 등은 우리나라 시민들의 의식조사를 통해 한국 시민사회에 적합한 시민 윤리를 참여 의식, 공동체 의식, 개방 의식, 민주 의식, 중용 정신으로 제시하고, 시민 윤리 또는 가치의 세부 항목을 책임 의식, 충성심, 비판의식, 공익정신, 정의감, 이타주의, 준법정신, 정직과 성실, 관용, 합리주의, 진취성, 전통의 창조적 수용, 절차 존중, 상대주의, 대화와 타협 등으로 제시했다(손봉호 외, 1999b: 8-14).

다른 한편 여러 학자들의 견해를 종합하여 박상준은 우리 헌법이 추구하는 기본적 가치를 '자유 민주주의, 국민 주권, 법치주의, 복지, 평화 통일, 국제 평화, 사회 정의, 자유, 평등, 인권, 의무와 책임'으로 제시했다(박상준, 2013).

▌민주 사회의 기본 가치와 덕목▐

민주 사회의 기본적 가치 (Woolever & Scott, 1988)	정의, 자유, 평등, 박애, 정직, 충성, 경쟁, 협동, 관용, 타협, 타인 존중, 개인주의
미국 사회의 핵심 가치 (Aspen Declaration, 1992)	존중, 책임, 신뢰, 배려, 정의와 공정, 시민으로서의 덕과 시민성
한국인의 가치와 덕목 (손봉호 외, 1998)	정직과 진실, 공정성과 준법, 사랑과 배려, 책임, 근면과 절제, 신의, 애국, 관용과 인내, 존중과 명예, 예의와 겸손, 절약
한국 사회의 시민 윤리 (손봉호 외, 1999)	참여 의식, 공동체 의식, 개방 의식, 민주 의식, 중용 정신: 책임 의식, 충성심, 비판의식, 공익정신, 정의감, 이타주의, 준법정신, 정직과 성실, 관용, 합리주의, 진취성, 전통의 창조적 수용, 절차 존중, 상대주의, 대화와 타협
헌법의 기본 가치 (박상준, 2013)	자유 민주주의, 국민 주권, 법치주의, 복지, 평화 통일, 국제 평화, 사회 정의, 자유, 평등, 인권, 의무와 책임

2) 가치 수업의 목표

사회과는 사회 문제를 합리적으로 해결하는 시민의 자질을 육성하고자 하기 때문에, 가치 수업에서는 사회 문제와 관련된 가치를 분석하고 가치 갈등을 합리적으로 해결하는 능력을 발달시키는 것을 목표로 한다. 이런 가치 수업의 목표를 달성하기 위해서는 민주적인 교실 환경과 분위기 속에서 학생들이 자율적으로 가치를 분석하고 선택하는 방법 또는 과정을 가르쳐야 한다.

또한 가치 수업이 성공하기 위해서는 아동 발달의 3가지 측면, 즉 '감성', '사고', '행위'가 모두 고려되어야 한다(Woolever & Scott, 1988: 389-390). 아동의 감성은 도덕적으로 사고하고 행동하는 능력을 위한 토대를 제공한다. 그래서 가치 수업의 목표 중 하나는 아동이 긍정적인 자아 개념, 감정 이입 능력, 타인의 감정에 대한 이해력을 발달시키도록 도와주는 것이다. 자아 존중감은 학생들이 자신을 돌보고, 감정 이입 능력과 타인의 감정 이해력은 타인을 배려하는 능력과 태도를 발달시킨다.

가치 판단이나 선택의 문제들은 매우 복잡하고 여러 가치들이 대립되기 때문에, 현명한 가치판단을 하기 위해서는 합리적 사고 능력도 요구된다. 대부분의 가치 문제와 관련해서 명확하게 옳거나 명확하게 틀린 해답이 정해져 있지 않기 때문에, 학생들은 복잡한 문제들과 대립 가치들을 체계적으로 분석하고 명료화하는 사고 능력이 필요하다.

현명한 가치 판단과 선택은 실제 사회생활에서 행위(실천)로 나타나야 한다. 가치 수업의 목표는 단순히 추론 능력이나 판단 능력을 발달시키는 것이 아니라 가치 문제를 합리적으로 해결하는 판단 능력과 그에 따라 행동하는 시민의 자질을 기르는 것이다. 따라서 가치 수업에서는 학생들에게 자신의 가치 판단과 선택에 따라 행동하는 프로그램과 자신의 선택 및 행위의 결과를 반성적으로 평가할 기회를 제공해야 한다.

2. 가치 주입의 방법과 적용

1) 가치 주입의 의미

사회과에서 오랫동안 이루어져 온 가치 교육의 방법은 가치의 '주입'(inculcation) 또는 '교화'(indoctrination)이다. 주입 또는 교화는 사회에서 전통적으로 중시하는 가치나 도덕을 학생들에게 반복해서 가르치거나 마음에 새기도록 하는 것이다. 전통적인 가치 교육은 과장된 역사, 영웅의 전기, 교훈적 이야기, 보상, 교정 등을 활용하여 전통적인 가치와 도덕을 학생들에게 주입하고 내면화하는 데 초점을 맞추었다.

하지만 최근 주입과 교화에 대하여 신랄한 비판이 쏟아지면서, 주입과 교화는 역사 자료, 시청각 자료, 문학 작품, 봉사 프로그램 등을 통해 전통적 가치와 도덕을 간접적으로 은밀하게 전수하는 방식으로 이루어지고 있다.

2) 가치 주입의 방법

전통적 가치를 주입하기 위해 일반적으로 사용되는 방법은 설명, 교화와 훈계, 보상, 교정 등이다(Kirschenbaum, 1995: 147-166).

(1) 설명

설명은 사회에서 중요하게 여기는 가치, 규범, 기대 수준 등을 학생들에게 이해시키는 것이다. 설명은 전통적 가치와 규범을 지켜야 할 이유 또는 근거를 제시한다. 교사가 주입하고자 하는 전통적 가치나 규범의 준수 이유를 들어 설득력 있게 제시함으로써 학생들이 받아들이도록 하는 데 초점을 맞춘다.

(2) 교화와 훈계

설명은 나름대로 합리적 주장에 의거하고 있지만, 교화와 훈계는 교사의 도덕적 설득과 권위에 의존한다. 교사는 격언, 도덕적 이야기, 도덕적 모델 등을 제시하면서 관련된 가치와 규범을 지키도록 설득하거나 교사의 권위에 의거해 전통적 가치를 지키라고 직접 훈계한다. 교화와 훈계는 학생들에게 전통적 가치와 규범을 전달하는 데 가장 효과적인 방법으로 간주된다.

| 격언(예시) |

- 무엇이든지 다른 사람이 네게 해주기를 바라는 대로, 네가 다른 사람에게 행하라.

  \- 성경 마태복음 7장 12절(황금률) -

- 무엇보다도 너 자신에게 진실하라. ... 그런 후에 다른 사람에게도 거짓이 없어야 한다.

  \- 셰익스피어 -

- 모든 사람은 평등하게 창조되었고, 창조주(The Creator)에 의해 양도할 수 없는 권리를 부여받았고, 그 권리에는 생명, 자유, 행복의 추구가 있다는 것을 우리는 자명한 진리라고 생각한다.

  \- 미국 독립선언 -

(3) 보상

보상은 학생들에게 칭찬, 시상, 상품 등으로 특정한 규범과 행동 방식에 '긍정적 피드백'을 제공하여 강화시키는 방법이다. 보상은 특정한 규범이나 행동을 반복적으로 행하려는 경향을 더 강화한다는 **'행동 수정 이론'**(behavior modification theory)에 의거하고 있다.

행동 수정 이론에 기초하여 보상은 다양한 방식으로 이루어질 수 있다. '칭찬과 인정'은 특정한 가치를 실천하거나 규범을 잘 지키는 학생들에게 교사의 말로 강화시키는 것이다. '시상'은 스티커, 간식, 휴식 시간 부여, 과제 면제, 상장, 장학금 등으로 강화하는 방법이다. '상품'은 메달, 트로피, 자격증, 문화 상품권 등으로 강화시키는 수단이다.

(4) 교정

보상과 달리, 교정은 어떤 가치와 규범, 행동 방식이 옳지 않다는 **'부정적 피드백'**을 제공하여 특정한 행동이 반복되지 않도록 강화시키는 방식이다. 교정은 부정적 피드백을 통해 어떤 말과 행동이 옳지 않고 사회적으로 인정받지 못한다는 사실을 학생들에게 주입하는 것이다. 이러한 교정과 부정적 피드백은 보상 및 긍정적 피드백과 함께 그 사회의 전통적 가치, 규칙, 기대 수준이 일상생활에서 지속되고 다음 세대에 계속 전수되도록 만든다.

| 부정적 피드백(예시) |

- "그런 행동은 안 된다. 그것은 남의 것을 훔치는 것이다."
  → (부정적 피드백: 도둑질은 나쁘다. 도둑질하지 마라.)
- "다른 학생을 욕하지 마라."
  → (부정적 피드백: 타인을 존중하라. 타인을 배려하라.)
- "그 행동은 공정하지 않다."
  → (부정적 피드백: 공정성이 옳은 가치이다. 공정하게 행동하라.)

3) 가치 주입의 비판

가치 주입은 보편적 가치가 아니라 '상대적 가치'를 전수하고, 학생의 자율적인 가치의 분석과 선택을 배제한다는 점에서 신랄하게 비판받았다. 콜버그는 전통적 가치 교육이 일종의 덕목 교육으로서 '관습적인' 덕의 주머니(bag of virtues)를 주입시켰다고 비판했다(Kohlberg, 1981: 39-40).

또한 뱅크스는 전통적 가치 교육이 '성인들에 의해 옳다'고 간주되는 가치를 교화시켰다고 비판했다(Banks: 1990: 431-432). 정의, 자유, 평등 같은 민주적 가치를 가르치더라도 주입(교화)의 방법을 사용해서는 안 된다. '교화'의 방법은 민주적 가치 자체에 위반되고, 학생이 자신의 가치를 분석하고 도출하는 능력을 발달시키는 기회를 주지 않기 때문이다. 가치 교육은 반성적 가치 탐구와 자유로운 선택의 방법을 통해 민주적 가치에 대해 확신하고 실천하는 방향으로 이루어져야 한다.

이와 같이 가치 주입법은 가치문제와 갈등이 '좋은' 가치와 '나쁜' 가치를 구별하지 못하기 때문에 발생한다고 가정한다. 그러나 이 가정은 잘못되었다. 가치문제와 가치 갈등은 대부분 2개 이상의 '좋은 가치' 또는 '기본적 가치' 사이의 충돌에서 발생하는 것이다. 예컨대 무상보육과 관련된 문제는 구성원의 '평등'을 실현하기 위해 복지 제도를 확대할 것인가 또는 '개인의 자유'(재산권)를 보장하기 위해 복지 제도를 축소할 것인가의 대립이다.

또한 민주 사회에서 각 개인은 기본적 가치의 틀 안에서 자유롭게 선택하고 행동할 권리가 있지만, 가치 주입법은 관습적인 가치를 학생들에게 일방적으로 주입시킴으로써, 개인이 가치를 선택할 자유를 원천적으로 차단하는 문제를 지니고 있다.

가치 주입의 특징과 비판

특 징	• 목표: '특정한' 가치와 신념의 **주입** 및 내면화 • 교수 · 학습과정: (1) 교훈적인 자료의 제시(생략 · 과장된 자료) (2) 자료의 읽기 및 설명 (3) 상대적 가치와 태도의 주입
비 판	• 교육내용: **'상대적 가치'와 '덕목'** • 교육 방법: 상대적 가치와 덕목을 일방적으로 **'주입'(교화)** • 교화의 문제점: - 교화는 민주적 가치 자체에 위반 - 가치의 분석과 선택의 자유를 배제

3. 가치 명료화의 방법과 적용

1) 가치 명료화의 의미

라스 등(L. E. Raths, M. Harmin, S. B. Simon)은 1966년 「가치와 교수(Values and Teaching)」에서 전통적 가치 교육은 주입 또는 교화의 위험을 내포하고 있기 때문에, 다원적인 사회의 가치 교육으로 적합하지 않다고 비판하면서(Raths et al., 1978: 63-67), '가치화'와 **'가치 명료화'**를 가치 교육의 대안으로 제시하였다.

라스 등은 '가치'는 견고한 진리가 아니라 환경 속에서 삶의 스타일로 산출된 결과이고, 그러므로 어떤 삶의 스타일이 모두에게 적합한 것인지에 대해 확신할 수 없다고 보았다(Raths et al., 1978: 26). 모든 사람이 인정하는 보편적 가치, 원리, 진리는 존재하지 않는다는 **'가치 상대주의'** 입장에 의거하여 라스 등은 "사람들이 선택, 존중, 행동이라는 일련의 **'가치화 과정'**(valuing process)을 통하여 자신의 고유한 가치에 도달할 수 있다"라고 가정하고, 이러한 가치화 과정에 대해 학습한다면, 아동들은 더 합리적이고 더 적극적이고 더 결단력 있게 행동할 것이라고 주장하였다(Raths et al., 1978: 8-9, 26).

이런 가정과 가치 상대주의에 기초하여, 라스 등은 개인이 '선택', '존중', '행동'의 과정을 거쳐 자신의 고유한 가치에 도달하는 '가치 명료화 모형'을 제시하였다.

2) 가치 명료화의 방법

'**가치 명료화**'(value clarification)는 학생이 자신의 가치를 분명하게 드러내어 여러 가지 대안들 중에서 하나의 가치를 선택하고, 선택한 가치를 소중하게 여기고, 선택에 따라 행동하는 과정이다.

가치 명료화는 7개의 하위 과정으로 구성된다(Raths et al., 1978: 27-28).

1. 선택하기(Choosing): (1) 자유롭게 선택하기
   (2) 대안들로부터 선택하기
   (3) 대안들의 결과를 심사숙고한 후 선택하기
2. 선택을 소중히 하기(Prizing): (4) 선택을 즐거워하고 소중히 여기기
   (5) 선택을 공개적으로 발표하기
3. 행동하기(Acting): (6) 선택에 따라 행동하기
   (7) 삶의 패턴 속에서 반복적으로 행동하기

가치 명료화 과정에서 교사는 질문을 통하여 학생들이 자신의 가치를 찾고 대안들의 결과를 사려 깊게 검토한 후에 자유롭게 선택하도록 도와주어야 한다. 교사의 질문은 가치 명료화의 7가지 과정별로 다르게 제기된다.

가치 명료화를 위한 질문

(1) 자유롭게 선택하기

너는 처음에 그 아이디어를 어디에서 얻었는가?
너는 얼마나 오랫동안 그렇게 느꼈는가?

(2) 대안들로부터 선택하기

너는 이것을 선택하기 전에 그 밖에 다른 것을 생각했는가?
너는 결정하기 전에 얼마나 오랫동안 깊이 생각했는가?

(3) 대안들의 결과를 심사숙고한 후 선택하기

각 대안의 결과는 무엇인가?
네가 설명한 진술을 내가 이렇게 이해한 것이 맞는가?

(4) 선택을 즐거워하고 소중히 여기기

네가 선택한 것은 어떤 점이 좋은가?
그 선택이 왜 너에게 중요한가?

(5) 선택을 공개적으로 발표하기

네가 느끼는 것을 다른 학생들에게 말할 수 있는가?
다른 사람에게 너의 관점과 선택을 기꺼이 알릴 수 있는가?

(6) 선택에 따라 행동하기

네가 선택한 대로 행동하기 위한 계획은 무엇인가?
너는 선택을 실천하기 위해 기꺼이 돈을 지불할 수 있는가?

(7) 삶의 패턴 속에서 반복적으로 행동하기

너는 자주 그런 행동을 하는가?
너는 그것을 계속 실천하기 위해 어떤 계획을 하고 있는가?

(Raths et al., 1978: 64-65)

이러한 가치 명료화의 질문에 대한 응답은 몇 가지 특징을 지닌다(Raths et al., 1978: 55).

- 명료화의 응답은 옳거나 그른 응답에 초점을 맞추는 일을 피한다.
- 명료화 응답의 목표는 학생이 스스로 결정하도록 책임을 부과하는 것이다.
- 명료화 응답의 지향점은 행동의 변화가 아니라 기분의 조성이다.
- 명료화 응답은 학생을 면담하는 것이 아니라 사고를 자극하는 것에 사용된다.
- 명료화 응답은 학생이 소위 '올바른' 대답을 향하도록 시도하지 않는다.

라스 등은 가치 명료화를 위해 토론하는 과정에서 학생들이 자신의 응답을 가치 학습지에 쓰게 함으로써 자신의 가치를 명료화하도록 돕는 교수 전략으로 **'가치지'**(values sheets)를 제안하였다(Raths et al., 1978: 101).

가치지(예)

○ 가치 문제

1958년 국방교육규칙은 교육 목적으로 연방정부의 대부금을 받기 원하는 학생들은 "나는 무력이나 폭력 또는 불법적·위헌적 방법으로 미국 정부의 전복을 생각하거나 가르치는 조직에 대해서는 신뢰하지 않고, 그 구성원이 되지 않으며 그 조직을 지지하지 않는다"라고 진술한 서약서에 서명해야 한다고 명문화하였다.

○ 질문

1. 이런 요구 조건에 대하여 너는 어떻게 생각하는가?
2. 너는 왜 이 대학들이 충성 서약에 항의하였다고 생각하는가?

> 어떤 사람들은 이 충성 서약을 심각한 것으로 생각하였고 그것에 의거한 정부의 대부금을 거부하였다. 실제로 32개 주요 대학들이 위 요구 조건에 문제를 제기하며 해당 프로그램에 참여하는 것을 철회하거나 거절한다고 교육부에 통보하였다.

3. 시민이 반대할 경우에, 어떤 상황에서 정부가 법을 개정해야 한다고 생각하는가? (국방교육규칙은 1962년 의회에서 폐지되었다.)
4. 이 문제에 대한 너의 심정을 더 토론해보라.

> 너는 시민과 정부 간의 일반적 관계에 대해서, 위와 같은 특정한 상황에 처할 경우에 너라면 어떻게 할 것인지에 대해서, 또는 향후 이런 상황에 처하면 너는 어떻게 할 것인지에 대해서 토론하기 원할 것이다.

3) 가치 명료화의 비판

가치 명료화 모형은 학생 자신의 가치 선호를 확인하고, 자유로운 가치 선택을 강조한다. 하지만 이 모형은 가치 상대주의를 전제하기 때문에, 학생 개인이 가치 명료화의 과정에 따라 어떤 가치와 대안을 선택하고 행동했다면, 그 가치 선택과 행동은 모두 정당한 것이 된다. 그러나 이 모형은 개인의 가치 선택이 정당한지 객관적으로 판단하는 기준으로서 기본적 가치 또는 보편적 원칙을 제시하지 못한다.

이처럼 가치 명료화 모형에는 7가지 '가치화 과정'을 적용하는 데 있어서 명확한 기준이 결여되어 있다. 즉, "가치를 선택하기 전에 얼마나 많은 대안을 고려해야 하는가?", "어떤 결과를 얼마나 심사숙고하여 고려해야 하는가?", "행동은 얼마나 자주 반복해야 하는가?" 같은 문제를 해결할 명확한 기준을 제시하지 않았다. 이러한 가치화 과정의 문제점을 지적하면서, H. Kirschenbaum은 기존의 가치 명료화 과정을 5가지 과정으로 더 확장시켰다(Kirschenbaum, 1977).

▌가치 명료화의 과정▐

(1) 사고하기(thinking)	(2) 느끼기(feeling)
(3) 선택하기(choosing)	(4) 소통하기(communication)
(5) 행동하기(acting)	

또한 Raths 등이 제시한 가치 명료화 모형은 가치가 상대적인 것인데, 자신이 선호하는 가치 선택을 다른 학생들에게 공표하게 함으로써 개인의 사상의 자유 및 표현의 자유를 침해할 우려가 있다.

▌가치 명료화의 특징과 비판▐

특징	• 정의: 자신의 가치를 분명하게 드러내서 선택하고 소중히 여기고 선택에 따라 행동하는 과정 • 목표: 가치의 명료화 및 **가치 선택 능력**의 발달 • 교수 · 학습과정: (1) 선택 → (2) 선택을 소중히 하기 → (3) 행동하기
비판	• **가치 상대주의** 전제 • 회의론: 개인이 선택한 가치와 행동의 옳음을 객관적으로 평가할 기준으로 '기본적 가치와 보편적 원칙'을 제시하지 못함. • 개인의 사상 및 표현의 자유 침해 우려

4. 가치 분석의 방법과 적용

1) 가치 분석의 의미

1960년대 미국 사회의 혼란은 사람들의 가치관 혼란과 갈등을 증대시켰다. 이러한 혼란 상황에서 가치 상대주의에 기초한 가치 명료화 모형은 가치 갈등 문제를 해결하기 어려웠다. 가치 명료화의 한계를 비판하면서 가치 갈등을 해결하는 합리적 가치 판단 또는 가치 결정 능력을 강조하는 새로운 모형이 제시되었다. 가치 분석 모형은 인간의 존엄, 자유, 평등, 정의 같은 기본적 가치 또는 가치 원리를 수용하여 합리적 가치 판단을 내리는 방법을 제시하였다. 기본적 가치 또는 가치 원리는 절대적인 것이라기보다는 그것에 대한 해석이나 맥락에 따라 실현되는 방식이 달라질 수 있는 가치이다.

사회 문제는 사실 문제와 가치 문제가 섞여 있기 때문에, 사회 문제를 합리적으로 해결하기 위해서는 문제와 관련된 사실을 확인하는 것뿐만 아니라 관련된 가치를 분석하는 것이 필요하다. 그래서 J. R. Coombs와 M. O. Meux는 가치 문제를 해결하는 교수 방법으로 **'가치 분석 모형'**을 제시하였다(Coombs & Meux, 1971: 53-107).

Coombs와 Meux에 의하면, **'가치 분석'**(value analysis)은 가치문제와 관련된 사실적 근거와 가치 원리에 기초하여 합리적인 가치 판단 또는 가치 결정을 내리는 과정이다. 합리적인 가치 결정을 내리기 위해서는 '사실적 근거'와 그 결정을 정당화할 수 있는 '일반적인 가치 원리'를 제시해야 한다. 가치 분석의 목표는 학생들이 합리적인 가치 판단을 하는 데 필요한 능력과 성향을 습득하도록 가르치고, 또한 합리적 가치 결정을 통해 가치 갈등을 해결하는 방법을 가르치는 것이다(Coombs & Meux, 1971: 53). 가치 명료화와 달리, 가치 분석은 학생들이 가치 갈등을 해결하는 과정에서 합리적 가치 판단 또는 가치 결정을 하도록 도와주는 교수 방법이다.

가치 문제를 해결하는 과정에서 **'합리적 가치 판단'**의 기준은 4가지로 제시된다(Coombs, 1971: 50).

가치 판단의 기준

- 가치 판단을 지지하는 사실들은 진실이거나 충분히 확인되어야 한다.
- 사실들은 가치 판단과 진정으로 연관성이 있어야 한다.
- 가치 판단과 관련된 사실들의 범위가 클수록 더 적합한 판단을 할 수 있다.
- 가치 판단에 함축된 가치 원리는 판단자가 수용할 수 있어야 한다.

2) 가치 분석의 방법

Coombs와 Meux는 가치 판단의 기준에 의거하여 학생들이 가치 분석의 과정에서 합리적 가치 결정을 하기 위해 수행해야 할 과제 또는 절차를 6가지로 제시하였다(Coombs & Meux, 1971: 53-90).

| 가치 분석의 과제(절차) |

(1) 가치문제를 확인하기 및 명료화하기	(2) 주장된 사실을 수집하기
(3) 주장된 사실의 진위를 확인하기	(4) 사실의 연관성을 명료화하기
(5) 잠정적인 가치 결정하기	(6) 가치 결정에 함축된 가치 원리 검사하기

(1) 가치 문제를 확인하기 및 명료화하기

가치 문제는 애매모호한 용어로 서술되어 있으며, 판단의 관점이 명확하지 않거나 평가의 대상이 분명하지 않은 경우가 많다. 따라서 가치 분석을 위해서는 먼저 분석하고 평가해야 할 가치 문제가 무엇인지 문제의 대상, 쟁점, 관점 등을 명확하게 확인하고 명료화해야 한다.

(2) 주장된 사실을 수집하기

가치 판단은 사실에 근거를 두어야 하기 때문에, 합리적 가치 판단을 내리기 위해서는 먼저 관련된 사실들을 수집해야 한다. 사실을 수집하는 과정에서 학생들은 다음과 같은 과제를 수행해야 한다.

① 사실적 주장과 평가적 주장을 구별하기
② 관련된 사실들을 광범위하게 수집하기
③ 관련된 사실들의 복잡성을 해결하기
④ 사실 수집 도표를 작성하기

| 사실 수집 도표(예) |

기본적 관심	평가 대상: 복지 사업의 확대		보조적 가치 판단
	긍정적 사실	부정적 사실	
인권	• 사회적 약자의 생존권을 보장한다.		• 생명권, 건강권
경제	• 저소득층의 소득이 증가되어 경제활동이 안정화될 수 있다.	• 복지를 확대하기 위해 1조 원의 추가 비용이 필요하다. • 중 · 상류층이 세금 증가에 반발한다.	• 사회 정의 • 사유 재산 • 도덕성
효과	• 저소득층과 노인의 생존과 삶의 질이 향상된다.	• 무임승차자와 놀고먹는 사람이 증가할 수 있다.	

(3) 주장된 사실의 진위를 확인하기

합리적 가치 판단을 내리기 위해서 관련된 사실들을 수집했다면, 수집된 사실들에 관한 진술(주장), 즉 '사실 진술'이 참인지 거짓인지를 확인해야 한다.

학생이 수집한 사실들의 진위는 다음과 같은 질문에 의거하여 평가되어야 한다.

① 수집된 사실 진술이 참이라는 것을 어떻게 아는가?
② 수집된 사실 진술이 참이라는 것을 나타내는 증거는 무엇인가?
③ 수집된 사실 진술이 그것의 예라고 누가 말하는가?
④ 그 사람이 말한 것을 우리가 왜 사실로 믿어야 하는가?
⑤ 다른 전문가들은 그가 말한 것에 동의하는가?

(4) 사실의 연관성을 명료화하기

학생들은 일반적 관점 또는 기준에 의거해 사실 진술들의 연관성 또는 적합성을 판단해야 한다. 학생들이 사실 진술들의 연관성이나 적합성을 판단하기 위한 구체적 방안으로 '증거 카드'를 활용할 수 있다.

| 증거 카드(앞면) |

구 분	평가 대상	관 점
가치 판단	• 복지 사업은 도덕적으로 옳지 않다.	• 도덕적 관점
사 실	• 복지 사업은 일하지 않는 사람들에게 돈을 공짜로 준다.	
기 준	• 일하지 않는 사람들에게 돈을 주는 사업은 도덕적으로 옳지 않다.	• 도덕적 관점

| 증거 카드(뒷면) |

지지 증거(긍정적 증거)	반대 증거(부정적 증거)
• 2017년 기초생활보장 수급자는 163만 명(103만 가구)에 달한다. • 2012~2017년 복지 사업의 부정 수급 건은 185만 건에 4,600억 원에 이른다.	• 2017년 8월 19~29세 청년의 실업률은 9.4%이다. 취업하려고 해도 일자리가 부족하다. • '국민기초생활보장법'은 생계가 어려운 사람의 최저 생활을 보장하고 있다.

(5) 잠정적인 가치 결정하기

앞에서 수행한 4가지 과제를 종합하여 잠정적인 가치 판단 또는 결정을 내린다. 여기서 가치 판단은 다음 단계의 가치 원리의 수용성 여부를 검사하기 이전이므로, '잠정적인' 가치 판단으로 간주된다.

(6) 가치 결정에 함축된 가치 원리를 검사하기

잠정적인 가치 판단 또는 결정 속에 함축된 가치 원리를 일반적으로 받아들일 수 있을 때, '합리적인' 가치 판단이 될 수 있다. 가치 판단에 함축된 '가치 원리'의 수용 여부를 결정하기 위하여 4가지 검사가 활용될 수 있다.

① 새로운 사례 검사(new case test)

가치 원리를 명료하게 공식화한 다음에 평가자는 논리적으로 연관된 다른 사례에 그 원리를 적용했을 때, 그 경우에 나오는 가치 판단을 받아들일 수 있는지를 생각해 본다.

② 포섭 검사(subsumption test)

가치 원리를 명료하게 공식화한 다음에 평가자는 그 가치 원리가 자신이 받아들일 수 있는 보다 일반적인 가치 원리의 사례가 된다는 것을 보여주는 사실들을 제시한다.

③ 역할 교환 검사(role exchange test)

평가자는 가치 판단에 함축된 가치 원리를 적용했을 때 영향을 받는 다른 사람들의 역할과 교환해 본 다음에, 그 역할을 하는 사람들에게 적용했을 때에도 그 가치 원리를 계속 받아들일 수 있는지를 생각해 본다.

④ 보편적 결과 검사(universal consequence test)

평가자는 유사한 상황에 있는 모든 사람들이 자신이 판단한 행위를 한다면 어떤 결과가 발생할 것인가를 상상한 다음에, 그 결과를 모든 사람들이 받아들일 수 있는지를 생각해본다.

3) 가치 분석의 비판

가치 분석 모형은 가치문제와 관련된 사실들을 수집하고, 일반적인 가치 원리의 수용성 검사를 통해 가치 판단(결정)을 내리는 과정을 체계적으로 제시하였다는 점에 의의가 있다. 그러나 몇 가지 한계를 지닌다.

첫째, Coombs와 Meux의 가치 분석 모형은 인지주의적 가정에 기초하여 교실 안에서 합리적 가치 판단 능력을 길러주면, 교실 밖의 가치 갈등 상황에서 그렇게 합리적으로 판단하고 실천할 것이라고 믿었다. 하지만 교실 안에서 가치 분석의 과정과 방법을 배우면서 가치 판단력이 향상되었을지라도, 그런 가치 판단력이 실제 상황에서 가치 갈등을 합리적으로 해결하는 실천으로 직접 연결되지 않은 경우가 많았다.

둘째, 가치 탐구 모형과 마찬가지로, 가치 분석의 과정과 방법이 매우 복잡하기 때문에, 초·중등 학생들이 실제 상황에서 가치 갈등을 해결하는 데 적용하기 어렵다. 가치문제와 관련된 사실의 수집 및 평가, 사실들의 관련성의 명료화, 가치 원리의 수용성 검사 등 체계적인 가치 판단의 과정과 방법을 제시하였지만, 그것이 초·중등 학생들의 지적 수준에 적합하지 않았다.

❙ 가치 분석의 특성과 비판 ❙

특성	• 정의: 가치 문제와 관련된 **사실들과 가치 원리에** 의거하여 **합리적인 가치 판단 또는 가치 결정**을 내리는 과정 • 목표: **합리적인 가치 판단**의 **능력**과 **성향**을 습득 가치 결정을 통해 **가치 갈등**을 **해결하는 방법의 습득** • 교수 · 학습과정: **가치문제와 관련된 사실들**의 **수집 및 분석 + 가치 원리의 수용성 검사하기 → 합리적 가치 판단(가치 결정)**
비판	• 합리적 가치 판단력이 가치 갈등을 해결하는 행동으로 직접 연결되지 않음 • 합리적 가치 판단의 과정과 방법은 초·중등학생의 지적 수준에 적합하지 않음

5. 가치 탐구의 방법과 적용

1) 가치 탐구의 의미

가치 문제와 관련된 사실을 조사하고 분석하는 과정을 통해 합리적 가치 판단 또는 가치 결정 능력을 기르고자 한다는 점에서 가치 분석과 가치 탐구는 유사하다. 하지만 가치 분석과 가치 탐구는 가치문제를 해결하는 과정과 방식이 다르다. 가치 분석은 주로 가치문제와 관련된 '사실들의 진위를 확인하고' 그에 의거해 합리적 판단을 내리는 과정으로 이루어진다. 반면에 가치 탐구는 가치문제와 관련된 사실들을 확인할 뿐만 아니라 관련된 '대립 가치를 비교 · 평가하고' 여러 '대안의 결과'를 비교한 후 가장 합리적 가치와 대안을 선택하는 과정으로 이루어진다. 가치 탐구는 가치 갈등에 대한 **'과학적 탐구'**와 **'합리적 선택'**을 강조한다.

이러한 가치 탐구의 방법은 헌트와 맷캐프(M. P. Hunt & L. E. Metcalf: 1968)의 의사 결정, 올리버와 셰이버(D. W. Oliver & J. P. Shaver: 1966), 뉴만(F. M. Newmann: 1970)의 논쟁 문제 해결, 뱅크스(J. A. Banks: 1977, 1990)의 가치 탐구 등에서 제시되었다(Woolever & Scott, 1988: 395; Banks, 1977: 425-440, 1990: 432-435).

헌트와 맷캐프는 미국 문화에서 공적 토론이 이루어지지 않는 '폐쇄된 영역'(closed areas)과 관련된 가치 문제를 분석하는 교수법을 제시했다. 그들에 따르면, 가치 분석의 과정은 가치 개념을 규정하며, 대안의 결과를 예측하고 일반적 기준에 의거하여 결과를 평가하고, 그 일반적 기준을 정당화하는 단계로 이루어진다.

올리버와 셰이버, 뉴만은 논쟁 문제 또는 공공 쟁점을 해결하는 '법리 모형'을 제시했다. 그들에 따르면, 공공 쟁점은 대부분 일반적 가치들 사이의 갈등에서 발생되는데, 관련된 사실을 객관적으로 검증하고 대립 가치들을 비교 분석한 후에, 기본적 가치에 의거하여 해결된다.

수업 목표: 가치문제를 합리적으로 분석하는 방법을 배운다.
※ 문제: 학생 두발 제한 문제

2) 가치 탐구의 방법

과학적 탐구를 통하여 가치 갈등의 합리적 해결 능력을 기르는 가치 교육의 방법은 여러 학자들에 의해 제시되었는데, 사회과에서 널리 알려진 가치 탐구의 방법은 뱅크스의 '가치 탐구 모형'(value inquiry model)이라고 할 수 있다(Banks, 1990: 435-437). 가치 탐구는 학생이 가치의 원천과 갈등을 확인하고, 가치 대안들의 결과를 예측한 후에 합리적 대안을 선택하고, 민주적 가치의 측면에서 정당화하는 과정으로 이루어진다. 다시 말하면 '가치 탐구'는 가치문제와 관련된 대립 가치를 확인하고 가치 갈등을 해결하기 위한 대안을 비교 분석하여 합리적 대안을 선택하고 그것을 정당화하는 과정이다.

뱅크스가 제시한 '가치 탐구'는 9단계로 구성된다(Banks, 1990: 437-445):

| 가치 탐구의 과정 |

(1) 가치 문제를 정의하고 인식하기
(2) 가치 관련 행동을 서술하기
(3) 서술된 행동에 의해 예시되는 가치에 이름 붙이기
(4) 서술된 행동에 포함된 대립 가치를 확인하기
(5) 분석된 가치의 원천에 대해 가설 세우기
(6) 관찰된 행동에 의해 예시되는 가치의 대안적 가치에 이름 붙이기
(7) 분석된 가치들의 결과에 대해 가설 세우기
(8) 가치 선호를 선언하기
(9) 가치 선택의 이유, 원천, 결과를 서술하기

(1) 가치 문제를 정의하고 인식하기

교사는 가치 문제와 관련된 자료를 제시하고, "그 상황에서 무엇이 문제인가, 왜 사람들이 서로 갈등하고 있는가" 등에 대하여 질문한다. 학생들은 교사의 질문에 응답하면서 가치 문제를 인식한다.

(2) 가치 관련 행동을 서술하기

학생들은 가치 문제와 관련된 중요한 행동들이 무엇인지 서술한다.

(3) 서술된 행동에 의해 예시되는 가치에 이름 붙이기

학생들은 가치 문제에서 서술된 행동에 나타난 가치를 찾아서 이름을 붙인다.

(4) 서술된 행동에 포함된 대립 가치를 확인하기

학생들은 가치 문제에서 서술된 행동에 포함된 가치들 중에서 상호 대립하는 가치가 무엇인지 확인하고, 그리고 왜 서로 대립하는지를 분석한다.

(5) 분석된 가치의 원천에 대해 가설 세우기

학생들은 확인된 대립 가치들의 원천이 무엇인지를 조사한다. 그다음 그 가치에 의거해 가치 갈등을 해결하기 위한 잠정적 해결 방안, 즉 가설을 제시한다.

(6) 관찰된 행동에 의해 예시되는 가치의 대안적 가치에 이름 붙이기

학생들은 가치 문제에서 관찰된 행동의 대안을 찾아보고, 그 대안에 포함된 대안적 가치를 찾아서 이름을 붙인다.

(7) 분석된 가치들의 결과에 대해 가설 세우기

학생들은 관찰된 행동의 대안 및 대안적 가치를 선택했을 때, 어떤 결과가 발생하는지를 예측하여 각 대안의 결과를 비교·분석하는 가설을 세운다. 학생들은 가설을 세운 후 각 대안의 결과를 효과적으로 비교할 분석표를 작성한다.

가치의 비교 분석표

가 설(대 안)	결과의 예측	
	긍정적 결과	부정적 결과

(8) 가치 선호를 선언하기

학생들은 대안적 가치와 대안의 결과를 비교·분석한 후에, 가치의 비교 분석표에 기초하여 '자신이 선호하는' 가치와 대안을 선택한다. 그다음 학생들은 자신이 선호하는 가치와 대안을 다른 학생들에게 발표한다.

(9) 가치 선택의 이유, 원천, 결과를 서술하기

학생은 '자신이 선택한' 가치와 대안의 이유 또는 근거를 제시하고, 그 대안이 가져올 긍정적 결과를 설명하면서 자신이 선택한 가치와 대안을 정당화한다.

3) 가치 탐구의 방법

뱅크스의 가치 탐구 모형에 따라 '학생 두발 제한 문제'를 합리적으로 탐구하는 과정을 제시하면 다음과 같다.

가치 탐구의 과정

1. 가치 문제를 정의하고 인식하기
   - 시청각 자료의 제시와 질문: 가치 문제와 관련된 시청각 자료를 보여주고, '그 상황에서 무엇이 문제이고, 왜 사람들이 서로 갈등하고 있는가?'에 대해 질문한다.
     * 시청각 자료: '두발 제한 폐지'를 주장하는 학생들의 촛불집회와 관련된 뉴스 장면

2. 가치 관련 행동을 서술하기
   - 학생들에게 가치 문제와 관련된 중요한 행위들을 서술하도록 질문한다.
     - 학생들은 두발 제한 폐지를 위해 어떤 행동을 하였는가?
     - 두발을 제한하는 교육기관과 교사는 학생들의 행동에 대처하기 위해 어떤 조치를 취했는가?

3. 서술된 행동에 의해 예시되는 가치에 이름 붙이기
   - 학생들에게 서술한 각 집단의 행동들에 의해 예시되는 가치를 찾아서 이름을 부여하도록 질문한다.
     - 학생 집단에 의해 예시되는 가치: '신체와 표현의 자유'
     - 교육청과 교사에 의해 예시되는 가치: '학생의 지도권'

4. 서술된 행동에 포함된 '대립 가치'를 확인하기
   - 학생들에게 '각 집단의 행동에 포함된 가치들 중에 서로 대립되는 가치가 무엇인지 그리고 왜 서로 대립하는가'를 확인하도록 질문한다.
     - 학생의 신체와 표현의 자유를 보장하는 것이 더 중요한가?
     - 학생의 지도·감독을 위해 두발을 제한해야 하는가?('신체와 표현의 자유' vs. '학생의 지도권')

5. 분석된 '가치의 원천'에 대해 가설 세우기: 가설 설정, 가설을 증명할 자료 제시
   - 학생들에게 분석된 가치들의 원천이 무엇인지를 조사하도록 질문한다.
     - 학생들이 두발 제한 폐지의 근거로 제시한 신체와 표현의 자유는 무엇을 의미하고, 어느 범위까지 보장해야 하는가?
     - 교육청과 교사가 두발 제한의 근거로 제시한 학생의 지도권은 무엇을 의미하고 어느 범위까지 보장해야 하는가?

6. 관찰된 행동에 의해 예시되는 가치의 대안적 가치에 이름 붙이기
   - 학생들에게 두발 제한과 관련된 다른 대안들과 가치를 찾아보도록 질문한다.
     - 학생의 신체와 표현의 자유를 보장하기 위한 다른 대안에는 어떤 것이 있는가?
     - 교육청과 교사가 학생의 지도권을 행사하기 위해 두발 제한 이외에 다른 방안은 무엇인가?

7. 분석된 가치들의 '결과에 대해 가설 세우기'
   - 학생들에게 분석된 가치와 대안을 선택했을 때, 각각 어떤 결과가 발생하는지를 예측하

고, 각 대안의 결과들을 비교하도록 질문한다.
* 가치와 대안의 비교 분석표 작성

대 안	결과의 예측
두발 제한의 폐지	
두발 제한의 유지	
두발 제한의 폐지 & 생활지도의 강화	
두발 제한의 유지 & 교복 자율화	

8. 가치 선호를 선언하기:
   - 학생들에게 분석된 가치와 대안의 결과들을 예측한 후에 자신이 선호하는 가치와 대안을 선택하도록 요청한다.
   - 학생들은 자신이 선호하는 가치와 대안을 다른 학생들 앞에서 공개적으로 발표한다.
9. 가치 선택의 이유, 원천, 결과를 서술하기
   - 학생들에게 자신이 선택한 가치와 대안의 이유 또는 근거를 정당화하도록 질문한다.

4) 가치 탐구의 비판

가치 탐구 모형은 가치 문제와 관련된 대립 가치를 명료화하여 여러 가치들 중 합리적인 가치 결정 능력을 향상시키는 데 기여하지만, 몇 가지 한계를 지니고 있다.

첫째, 가치 명료화 모형과 마찬가지로, 가치 탐구 모형도 개인 간 또는 집단 간 가치 갈등을 실제적으로 해결하기 어렵다. 이 모형에 의하면, 개인 간 또는 집단 간 가치문제에서 대립 가치를 명료화하고, 가치들의 대안을 비교·분석한 후, '각자 선호하는 가치'를 선택하고 정당화한다. 최종적인 가치의 선택은 각 개인 또는 집단이 선호하는 가치에 근거해 선택하기 때문에, 개인이 서로 다른 가치를 선택했을 때 가치 갈등은 해결되기 어렵다. 각 개인이나 집단의 가치 선택을 객관적으로 평가할 '보편적 기준'이 존재하지 않기 때문에, 가치 갈등이 근본적으로 해결되지 않는다.

둘째, 사회에서 쟁점이 되는 가치 갈등은 기본적 가치와 특수한 가치 사이에서 발생하는 것이 아니라 대부분 기본적 가치 사이의 대립으로 발생되는 것이다. 따라서 가치 갈등을 합리적으로 해결하기 위해서는 대립하는 기본적 가치들의 우선순위를 결정할 보편적 가치 또는 원리가 필요하다. 그러나 가치 탐구 모형은 기본적 가치 사이의 갈등을 해결할 수 있는 '보편적 가치 또는 원리'를 제시하지 못했다.

셋째, 가치 탐구 모형은 모든 사람이 가장 합리적인 대안 가치를 선택할 것이기 때문에, 가치 갈등이 합리적으로 해결될 것이라고 가정하였다. 그러나 실제 상황에서 최종적인 결정에는 가치 이외에 여러 가지 요인들이 작용한다. 대립 가치의 명료화와 가치의 비교·분석의 과정을 거치더라도, 가장 좋은 가치를 선택하는 것이 아니라 각 개인 또는 집단이 선호하는 가치 또는 자신에게 이익이 되는 대안을 선택한다.

| 가치 탐구의 특징과 비판 |

특징	• 정의: 가치문제와 관련된 대립 가치를 확인하고 가치 갈등을 해결하기 위한 대안을 비교·분석하여 합리적 대안을 선택하고 그것을 정당화하는 과정 • 목표: **합리적 '가치 판단력'** 또는 **'가치 결정력'**의 발달 • 교수·학습과정: 가치문제의 인식 → 대립 가치의 확인 → 가치문제의 해결을 위한 가설 설정 → 대안의 결과 예측 → 선택의 이유 및 정당화
비판	• 개인의 가치 선택을 평가할 **'객관적 기준'** 없음 • 기본적 가치 사이의 갈등을 해결할 **'보편적 가치 또는 원리'를 제시 못함** • 실제 인간은 합리적이지 않고 실제의 선택에는 여러 가지 요인이 작용함

6. 도덕적 추론의 방법과 적용

1) 도덕적 추론의 발달: 인지 발달론적 접근

콜버그(L. Kohlberg)는 전통적인 가치 교육이 기존 사회의 규칙이나 가치를 '덕목 꾸러미' 측면에서 가르쳤다고 비판했다. 가치 주입법에서 덕목이나 가치는 '상대적인' 것이고, 학생이 그 가치에 대해 반성적으로 성찰하거나 선택할 기회를 주지 않고 교사가 '주입'하는 문제를 안고 있다. 이런 한계를 극복하기 위해 가치 명료화가 등장했다. 그러나 가치 명료화도 '가치 상대주의'에 의거해 학생이 소중히 여기는 가치를 분명하게 자각하는 것을 목표로 했고, 보편적 원리에 기초해 도덕적으로 판단(사고)하는 단계로 나아가지 못하는 한계를 지녔다(Kohlberg,

1976: 209-210).

이런 한계를 극복하기 위해 콜버그는 딜레마 상황에서 가치 갈등에 대한 소크라테스식 토론을 통해 도덕적 추론을 발달시키는 **'인지 발달론적 접근법'**(cognitive-developmental approach)을 제안했다. 인지적 접근법인 이유는 도덕적 추론 과정이 도덕적 쟁점과 토론에 대해 아동의 '능동적 사고'를 자극하는 것이기 때문이다. 발달론적 접근법인 이유는 '도덕적 추론 단계의 상승'을 도덕교육의 목표로 간주하기 때문이다(Kohlberg, 1976: 201).

인지 발달론의 관점에서 콜버그는 도덕 행위를 결정하는 요소 중 도덕적 추론(판단)이 지금까지 발견된 가장 중요하고 영향력 있는 요소라고 주장했다 (Kohlberg, 1976: 206). 이 주장 뒤에는 사람은 '도덕적 추론'을 거쳐 판단하고 그에 따라 행동한다고 믿고, 도덕적 추론이 도덕 행위로 연결된다는 가정이 놓여 있다. 콜버그는 "보다 성숙한 도덕적 사고는 더 성숙한 도덕적 행위를 예언해준다"고 가정했다(Kohlberg, 1981: 69-70, 239). 다시 말하면, 더 높은 수준의 도덕적 추론을 하는 사람은 더 도덕적으로 행동할 것이라고 가정했다.

이런 가정에 기초하여 콜버그는 아동의 도덕적 추론 능력은 일련의 단계를 거쳐 상승하고, 한번 상승한 추론 단계는 퇴행하지 않는다는 '도덕 발달론'을 주장했다. 도덕적 추론의 발달 단계는 다음과 같이 3수준 6단계로 구성된다 (Kohlberg, 1981: 56-59, 196-220).

Ⅰ. 관습 이전 수준
  1단계: 처벌과 복종 지향
  2단계: 도구적 상대주의 지향
Ⅱ. 관습적 수준
  3단계: 착한 소년 · 소녀 지향
  4단계: 법과 질서의 지향
Ⅲ. 관습 이후 수준
  5단계: 사회 계약과 법률적 지향
  6단계: 보편적 · 윤리적 원리의 지향

2) 도덕적 추론의 과정

콜버그는 인지 발달론의 관점에서 구체적인 도덕 행위를 가르치기보다는 딜레마 토론을 통해 보편적인 도덕적 추론(판단) 능력을 발달시키는 교육을 강조했다. **도덕적 추론**(moral reasoning)은 딜레마 상황에서 가치 갈등을 해결하는 도덕 판단을 내리고 합리적 이유에 근거해 정당화하는 사고 과정이다. 도덕적 추론의 단계는 학생이 무엇을 가치 있다고 생각하는지 그리고 왜 그것이 가치 있다고 생각하는지 그 이유에 의거해 정해진다.

이러한 **'도덕적 딜레마 토론'**(moral dilemma discussion)은 학생이 한 단계 높은 추론(판단)을 경험하면서 현 단계의 도덕 추론이 지닌 문제점을 느끼게 함으로써 도덕 추론 능력을 더 향상시키는 것을 목표로 한다(Kohlberg, 1976: 214).

이런 도덕적 딜레마 토론은 몇 가지 특징을 지닌다(Kohlberg, 1976: 210).

- 학생의 특정 신념이 아니라 '도덕적 추론의 방식'을 바꾸는 것이다.
- 모든 학생이 하나의 추론 패턴을 갖게 하는 것이 아니라 각 학생이 현재보다 '한 단계 높은 추론 능력'을 갖도록 돕는 것이다.
- 교사의 견해는 권위적으로 전달되지 않고, 단지 많은 견해들 중의 하나로 제시된다.
- 어떤 도덕 판단이 다른 판단보다 더 적합하다는 생각이 인식된다.

하지만 콜버그는 도덕적 딜레마 토론의 과정을 단계별로 체계화하여 제시하지 않았다. 다만 하인즈 딜레마를 제시하고 토론하는 사례만 제시했다. '하인즈 딜레마' 토론에서 유추해보면, 도덕적 추론의 과정은 먼저 도덕적 딜레마 상황을 제시하고, 그 상황에서 주인공이 어떻게 행동하는 것이 옳은지 학생이 도덕적 판단을 하고 그 이유를 설명한다. 그다음 교사는 학생의 현 수준보다 한 단계 높은 추론의 이유 또는 근거에 비추어 학생의 판단 및 이유의 문제점을 성찰하도록 질문하고, 학생들이 더 높은 단계의 도덕적 추론과 이유에 대하여 토론하게 한다. 딜레마 토론의 과정을 통해 각 학생은 자신보다 더 높은 단계의 도덕 판단 및 이유를 인식하면서 현재보다 더 높은 단계로 추론 능력이 향상된다.

딜레마 토론을 활용한 도덕적 추론의 과정을 정리하면 다음과 같다.

(1) 딜레마 상황의 제시
(2) 자신의 도덕 판단 및 이유의 설명
(3) 더 높은 단계의 도덕 판단과 이유에 대한 토론
(4) 현재 수준의 도덕 판단의 성찰 및 변경

콜버그는 사회과 수업에서 딜레마 토론을 통해 도덕적 추론 능력을 향상시키는 실험을 하였다. 보스턴과 피츠버그 지역의 교사 24명을 선정하여, 9학년과 11학년의 사회과 수업에서 도덕적 딜레마 토론 수업을 실시했다. 그 결과 딜레마 토론 없이 수업한 통제 학급에서는 도덕적 추론의 변화가 거의 없었지만, 도덕적 딜레마 토론 수업을 한 실험 학급에서는 학생들의 4분의 1에서 2분의 1이 추론 단계의 상승을 나타냈다(Kohlberg, 1976: 215).

3) 도덕적 추론 모형의 비판적 평가

콜버그의 도덕적 추론 모형은 상대적 가치나 구체적 행위를 직접 가르치지 않고, 정의, 인권 같은 보편적 원리에 기초한 도덕적 추론 능력을 발달시키는 가치 교육에 기여했다. 하지만 인지 발달론에 기초한 도덕적 추론 모형은 여러 가지 한계를 지녔다.

첫째, 콜버그는 도덕 추론이 도덕 행위를 결정하는 가장 중요한 요소라고 주장했지만(Kohlberg, 1976: 206), 실제로 도덕적 추론(판단)이 도덕적 행위로 곧바로 연결되지 않는다(박상준, 2002: 18-22). 자신의 이론을 증명하기 위해 여러 나라에서 많은 경험적 연구를 실시했지만, 콜버그의 도덕 발달론은 확실하게 입증되지 못했다.

그 결과 후기에 콜버그는 도덕적 추론 능력이 발달할지라도, 도덕 추론이 도덕 행위로 실천되지 않을 수 있다는 사실을 인정했다. 콜버그와 크레브스(R. Krebs)의 조사에 의하면, 관습적 수준의 학생 55%와 관습 이후 보편적 원리에 의거해 추론하는 학생의 15%가 시험에서 부정행위를 했다. 이런 사실은 도덕적 추론이 도덕 행위로 연결될 때, 상황의 압력, 동기, 감정, 의지력 등 여러 가지 다른 요소들이 작용한다는 사실을 말해준다(Kohlberg, 1976: 205-206).

둘째, 콜버그는 도덕적 추론과 행동에서 인지적 요소만 고려했기 때문에, 실제 도덕 판단과 행동에 큰 영향을 미치는 '정의적 요소'를 간과했다. 실제 상황에 처한 행위자는 다른 사람들과 복잡한 사회적 관계를 맺고 자신의 이해관계가 직접 얽혀 있기 때문에, 이해관심, 감정, 도덕적 분위기 등 정의적 요소가 개인의 도덕적 추론과 행위에 커다란 영향을 미친다.

그래서 후기에 콜버그는 도덕적 추론과 도덕 행위 사이의 간격을 메우기 위한 대안으로 '정의 공동체 접근'을 시도했다. 이 접근은 공동체의 도덕적 분위기와 문화, 정서, 공동체에 대한 인식 등이 개인의 도덕적 추론과 행위에 중요하다는 사실을 인정하고, 도덕적 추론의 발달뿐만 아니라 정의로운 문화를 가진 공동체를 만드는 것을 중요시한다. 실제로 콜버그는 케임브리지 공립 고등학교 안에 '정의 공동체 학교'(just community school) 프로그램을 운영했다. 이 실험 학교를 통해 그는 도덕적 행동의 변화가 도덕적 추론뿐만 아니라 가치 갈등이 민주적으로 공정하게 해결되는 과정을 경험하면서 형성된 도덕적 분위기와 공동체 의식에 영향을 받는다는 점을 인정했다(Kohlberg, 1976: 218).

❙ 가치 주입, 가치 명료화, 도덕적 추론의 비교 ❙

구분	가치 주입	가치 명료화	도덕적 추론
가치 특성	• '상대적' 가치/덕목	• '상대적' 가치 (가치 상대주의)	• '보편적' 가치/원리(정의, 인권)
교육 목표	• 관습적 가치의 '내면화'	• 나의 가치의 '명료화' 및 확신	• '도덕적 추론(판단)' 능력의 발달
교수 방법	• 교화와 훈계, 보상과 교정	• 토론: 질문과 응답	• 도덕적 딜레마 토론
비판	• '상대적' 가치의 '주입' → 가치의 성찰 없음	• 가치 상대주의 → '보편적 원리'에 의한 판단 없음	• 도덕 판단이 도덕 행위로 연결되지 않음 • 도덕 판단의 '정의적 요소' 간과

제15장 프로젝트 학습

4차 산업혁명 시대는 많은 지식을 기억하는 암기력이 아니라 지식을 활용하여 창의적으로 문제를 해결하는 사고 역량을 요구한다. 또한 초연결사회가 되면서 전문가라고 해도 혼자 문제를 해결하기 어렵고 여러 사람 또는 집단이 서로 협력해야 문제를 해결할 수 있는 네트워크와 사회 구조가 형성되었다.

이처럼 4차 산업혁명과 초연결사회가 되면서 프로젝트 기반 학습 또는 프로젝트 학습이 다시 주목받고 있다. 프로젝트 학습은 여러 사람이 주어진 과제(프로젝트)를 관련 지식과 사고력을 활용하여 상호 협력하여 해결하는 과정이기 때문이다. 그래서 선진국에서는 많은 학교들이 교사 중심의 수업 패러다임을 학생 중심 수업 패러다임으로 바꾸어 프로젝트 학습을 실시하고 있다.

1. 프로젝트 학습의 의미와 목표

1) 프로젝트 학습의 의미

전통적 교실 수업에서 '프로젝트'는 보통 교과 수업이 끝난 후 숙제로 부여되는 추가 과제를 의미하였다. 즉, 전통적 수업에서 프로젝트는 주로 방과 후 활동 과제로 제시되었다.

그러나 최근 실시되는 **'프로젝트 학습'** 또는 **'프로젝트 기반 학습'**(Project Based Learning: PBL)은 방과 후 활동 과제로서의 프로젝트와 달리, 교과 수업 시간에 교육내용의 학습이 효율적으로 이루어지도록 고안된 교수·학습 방법이다. 프로젝트 학습은 학습자가 스스로 교과 내용과 실제의 문제를 연결하여 조사함으로써 교과 지식과 사고력을 동시에 배우도록 만들어진 학습 방법이다. 프로젝트 학습은 교과 지식을 활용하여 실제의 문제를 조사하고 해결하는 사고력을 함께 기르도록 하는 방법이다.

이러한 교수·학습 방법으로서 프로젝트 학습은 1900년대 초반 J. Dewey가 주장한 실험 학교와 경험 학습, W. H. Kilpatrick의 논문 '프로젝트 방법'(1918)에서 시작되었고, 1980년대 후반 L. G. Katz와 S. C. Chard의 '프로젝트 접근법'으로 발전하였다. 그 후 프로젝트 학습은 각 학교 급별로 그리고 각 교과목에 따라 다양한 방식으로 활용되고 있다. 프로젝트를 수업 시간에 어떻게 활용하고 어떤 방식으로 운영하는가에 따라 프로젝트 학습은 매우 다양하게 실시된다.

L. G. Katz와 S. C. Chard는 "프로젝트 접근법(project approach)은 개인별 또는 모둠별로 학생들이 하위 주제에 대하여 깊이 탐구하는 것이다"라고 규정하였다(Katz & Chard, 2000: 3). 그들은 프로젝트 접근법을 하나의 '학습 방법'으로 간주하였고, 프로젝트의 핵심은 학생이 스스로 하는 '탐구'라고 보았다(Katz & Chard, 2000: 8-18).

프로젝트는 특정한 주제에 대하여 학생들이 스스로 질문하고, 조사하고, 탐구하고, 보고서를 작성하고 전시하는 일련의 탐구 활동으로 구성된다(Katz & Chard, 2000: 7-8). 프로젝트 학습은 토론 → 현장 조사 → 표현 → 탐구 → 전시 5가지 핵심 활동으로 구성된다(Katz & Chard, 2000: 128-132).

다른 한편 T. Markham, J. Larmer, J. Ravitz는 교과 내용의 성취기준을 중심으로 프로젝트 학습은 "복합적이고 실제적인 질문과 결과물을 해결하는 탐구 과정을 통하여 학생들이 지식과 사고 기능을 학습하도록 하는 체계적인 교수 방법이다"라고 정의하였다(Markham et al., 2003: 21). 다시 말하면, '프로젝트 학습'은 문제의 탐구 과정을 통하여 교과 지식과 사고력을 결합시키는 교수·학습 방법이다.

일반적으로 프로젝트 학습을 구성하는 핵심 요소는 3가지로 정리될 수 있다(김대현 외, 2001: 10-11).

(1) 학생이 프로젝트의 주제 선정과 수행 과정에 주체적으로 참여하고 학습의 전 과정을 책임진다.

(2) 학생은 주제 또는 문제 등에 관한 조사, 관찰, 탐구 활동을 실시하고, 그것의 결과에 대하여 여러 가지 형태로 표현하는 결과물을 제출한다.

(3) 프로젝트 학습은 새롭게 만들어 가는 교육의 과정이다. 학생이 교사와 함께 프로젝트를 계획하고 스스로 탐구하며 결과물을 표현한다는 점에서, 프로젝트 학습은 학생의 자기 주도성, 자율적 탐구, 표현 활동을 통해 교육과정을 새롭게 구성해 가는 학습의 과정이다.

2) 프로젝트 학습의 목표

지식 또는 사고력의 발달에 초점을 맞춘 다른 교수법과 달리, 프로젝트 학습(PBL)은 교과 지식을 활용하여 실제 문제를 해결하는 사고력을 함께 기르도록 하는 교수·학습 방법이다. 그래서 프로젝트 학습은 기본적 지식의 교육과 사고력의 교육을 균형 있게 통합하고, 프로젝트를 완성하기 위해 상호 소통하고 협력하는 능력을 기르는 것을 목표로 한다. 한마디로 프로젝트 학습은 구성원들이 지식과 사고력을 통합하여 상호 의사소통하고 협력함으로써 과제를 완성하는 능력을 기르는 것을 목표로 한다.

이러한 프로젝트 학습은 교과의 핵심 내용을 이해하고, 실제적인 문제의 심층적 탐구로 이끌어 준다. 여러 학생들과의 소통과 협력을 통하여 문제를 조사·탐구·해결하는 과정에서 결과물을 완성한다. 또한 이런 경험을 통해 지식과 사고력을 통합시키는 학습 기회를 제공하는 효과가 있다(Markham et al., 2003: 21-22). 이런 측면에서 프로젝트 학습은 다른 교수 방법보다 4차 산업혁명과 초연결사회에서 요구되는 창의적·협력적 인재를 기르는 데 적합하다.

요약하면, 수업의 초점, 학습의 동기, 교수·학습 과정, 교사/학생의 역할 측면에서 프로젝트 학습은 전통적인 강의식 수업과 구별된다.

❙ 강의식 수업과 프로젝트 학습 ❙

영 역	강의식 수업	프로젝트 학습
수업의 초점	• 교육내용의 빠른 전달 및 지식의 이해	• 학생이 학습한 지식과 사고력을 활용할 탐구 경험의 제공
학습의 동기	• 외재적 동기: 시험과 상급학교의 진학에서 우수한 성적을 획득하려는 동기	• 내재적 동기: 학생의 흥미와 참여를 통해 스스로 문제 해결에 도전하려는 동기
교수·학습 과정	• 교사가 수업의 전 과정을 계획하고 지식을 직접 가르침	• 교사는 프로젝트 수행의 과정을 안내하고, 학생이 스스로 탐구하며 학습함
교사/학생의 역할	• 교사: 수업의 전달자 • 학생: 수동적 학습	• 교사: 프로젝트의 안내자 • 학생: 자율적 탐구/능동적 학습

2. 프로젝트 학습의 방법

실제 수업에서 프로젝트 학습을 어떻게 하는 것인가에 대해서도 학자들마다 의견이 매우 다양하다. 또한 각 학교 급별, 각 교과의 특성과 교육내용에 따라 프로젝트 학습의 구체적인 과정과 방법은 달라진다.

L. G. Katz와 S. C. Chard는 프로젝트의 절차를 3단계로 간략하게 제시하였다(Katz & Chard, 2000: 122-127).

(1) 프로젝트의 시작: 탐구 주제에 대해 토론하기 및 경험 나누기 → 탐구 질문 만들기 → 탐구 계획하기
(2) 프로젝트의 전개: 탐구 자료 수집하기 → 관찰 및 현장 조사하기 → 자료 정리하기
(3) 프로젝트의 반성과 결론: 탐구 결과를 정리하기 → 탐구 결과물 제작하기(보고서, 그림, 책 등) → 탐구 결과물 발표하기 및 전시하기

반면에 T. Markham, J. Larmer, J. Ravitz는 프로젝트 학습의 과정을 5단계로 자세하게 제시하였다(Markham et al., 2003: 31-165).

(1) 결과물에서 시작하기: 아이디어 개발하기 → 프로젝트의 범위 정하기 → 프로젝트의 설계 기준 선정하기 → 설계 기준에 기초하여 작업하기
(2) 추진 질문을 제작하기: 추진 질문 안내하기 → 추진 질문 다듬기
(3) 평가 방안을 계획하기: 목표에 맞는 결과물 계획하기 → 평가 내용을 결정하기 → 평가표 활용하기
(4) 프로젝트를 개발하기: 과제 및 활동 조직하기 → 프로젝트 전개 방법 결정하기 → 다양한 교수·학습 자원 수집하기 → 스토리 보드 만들기
(5) 프로젝트를 관리하기: 문제 해결 도구 활용하기 → 체크리스트와 과정 점검표 활용하기 → 평가와 반성하기

다른 한편 김대현 등은 프로젝트 학습의 과정을 크게 6단계로 제시하였다(김대현 외, 2001: 15-19).

(1) 준비하기: 잠정적 주제의 결정 → 주제망 작성 → 자원 목록 작성
(2) 주제 결정하기: 주제 확정 → 아동과 함께 주제망 작성
(3) 활동 계획하기: 학습의 소주제 결정 → 활동 모둠의 구성 → 학습활동의 계획 → 자원의 확보 → 가정 통신문의 발송
(4) 탐구 및 표현하기: 탐구하기(문헌 조사, 현장 조사, 실험 등) → 협의하기 → 표현하기(언어, 그림, 신체 등)
(5) 마무리하기: 전시 및 발표하기(문집, 그림, 구성물, 멀티미디어 자료 등) → 반성하기
(6) 평가하기: 작품의 분석, 일화 기록, 체크리스트, 면접 등

학자들마다 다르고 학교 급별, 교과의 특성과 내용에 따라 다를 수 있지만, 일반적으로 학교에서 활용하는 프로젝트 학습의 과정을 제시하면 다음과 같다.

(1) 프로젝트 계획하기: 교과 내용 선정하기 → 프로젝트의 유형과 범위 정하기 → 프로젝트의 학습 환경 조성하기
(2) 프로젝트 문제 선정하기: 프로젝트의 주제 정하기 → 프로젝트의 문제 선정하기
(3) 프로젝트 수행하기: 프로젝트 활동 계획하기 → 기초 자료 수집하기 → 조사 또는 탐구하기 → 문제 해결 방안 선택하기
(4) 프로젝트 결과물 완성하기
(5) 프로젝트 평가하기

3. 프로젝트 학습의 적용

실제로 중학교 사회 1 'Ⅷ. 개인과 사회생활'의 '1. 사회화와 청소년기의 특징' 단원에서 프로젝트 학습을 실시하는 과정과 방법을 구체적으로 살펴보자.

1) 프로젝트 계획하기

프로젝트 학습에서 프로젝트는 각 교과의 핵심 내용과 연관 지어 만들어지고, 그와 관련된 문제에 대하여 학생이 스스로 조사하고 해결하는 것이어야 한다. 프로젝트는 교과서의 지식에 기초하여 관련된 문제를 해결하는 사고력을 함께 기르도록 고안되어야 한다.

(1) 교과 내용 선정하기

교사는 교과서의 내용을 분석하여 학생들이 프로젝트를 수행할 수 있는 단원의 내용을 선정한다. 교과 내용을 선정할 때, 교사는 교과서에서 배운 지식을 일상생활의 문제 해결에 활용할 수 있고, 학생이 충분히 수행할 수 있는 프로젝트를 정해야 한다. "학생이 무엇을 알고, 어떤 문제를 해결하도록 기대하는가"라는

질문에 대하여 교사는 명확한 해답을 가지고, 그에 맞게 프로젝트를 계획해야 한다.

예를 들면 교사는 중학교 사회 1 'Ⅷ. 개인과 사회생활' 단원의 '1. 사회화와 청소년기의 특징' 중에서 '청소년의 사회화', '사회화 기관' 등의 핵심 내용을 선정할 수 있다. 그러면 교사는 그 교과 지식에 기초하여 학생이 거주하는 '지역사회에서 청소년의 사회화에 나쁜 영향을 미치는 유해환경'에 대해 조사하고 해결하는 프로젝트를 계획할 수 있다.

(2) 프로젝트의 유형과 범위 정하기

교과서의 내용이 선정되었다면, 그와 관련하여 교사는 학생이 수행하게 될 프로젝트의 유형과 범위를 정한다. 즉, "학생이 현장 조사, 탐구, 실험, 자료 조사, 면접 조사 등 어떤 형태의 조사나 탐구를 수행해야 하는가?", "학생이 1~2주, 1~2개월, 3~4개월 등 얼마 동안 프로젝트를 수행해야 하는가?", "학생은 프로젝트 완료 후 보고서, 에세이, 영상, 그림 등 어떤 종류의 결과물을 제출해야 하는가?" 이러한 문제를 고려하여 학생이 수행할 프로젝트의 유형, 방법, 기간, 결과물의 제출 등을 정한다.

프로젝트의 조사 방법, 수행 기간, 결과물의 종류 등을 정할 때, 교사는 학생의 수준과 교육 환경을 고려하여 학생이 스스로 수행할 수 있는 프로젝트를 정해야 한다.

(3) 프로젝트의 학습 환경 조성하기

프로젝트의 유형과 범위를 정했다면, 교사는 실제로 학생이 프로젝트를 수행할 수 있는 최적화된 학습 환경을 만들어야 한다. 먼저 교사는 교과서에서 배운 지식을 지역사회의 문제 해결에 적용할 수 있는 환경을 만든다. 교사는 교과서 지식을 실제 사례와 관련하여 쉽게 설명하고, 그 지식을 지역사회의 문제를 해결하는 데 어떻게 활용할 수 있는가를 토론하는 기회를 부여한다.

또한 교사는 교실 공간을 프로젝트의 수행에 적합하게 배치해야 한다. 학생이 협력해서 프로젝트를 수행할 수 있도록 책상을 모둠별로 배치하고, 활동의 기록, 수집 자료, 결과물 등을 보관할 수 있는 공간을 모둠별로 제공한다.

2) 프로젝트 문제 선정하기

(1) 프로젝트의 주제 정하기

교사는 교과서의 내용과 관련하여 학생들이 어떤 문제에 대하여 관심이 있고 어떤 문제를 해결하고 싶어 하는지에 대해 토론하면서 프로젝트의 주제를 정하게 한다. 프로젝트의 주제는 한 단원뿐만 아니라 여러 단원 또는 다른 교과의 내용과 연결하여 정할 수 있다.

예컨대 중학교 사회 1 'Ⅷ. 개인과 사회생활' 단원의 '1. 사회화와 청소년기의 특징'에서 '청소년의 사회화', '사회화 기관' 등에 대해 학습한 후, 학생들이 주변 지역에서 청소년의 건전한 사회화에 나쁜 영향을 미치는 유해환경 문제를 어떻게 해결할 수 있는지를 토론하고 프로젝트 주제를 '청소년 유해환경의 해소'로 정할 수 있다.

(2) 프로젝트의 문제 설정하기

프로젝트의 주제를 정했으면, 학생들이 거주하는 지역에서 실제로 일어나고 있는 문제와 관련하여 어떤 것을 조사하고 해결할 것인지 구체적인 질문을 만든다. 이 질문은 교과서의 내용과 연결되고 학생이 실제로 자신의 동네 또는 지역에서 실제로 경험하는 문제들에서 도출되어야 한다. 그렇게 할 때, 학생들이 프로젝트 수행에 흥미를 갖고 적극적으로 참여할 것이다. 이 질문은 학생이 수행해야 할 프로젝트를 계획하는 것을 안내해 준다.

예컨대 '청소년 유해환경의 해소'를 주제로 정했다면, 이 주제와 관련하여 학생들이 자유롭게 토론하면서 다음과 같이 프로젝트에서 조사할 문제를 정한다.

- 우리 집이나 학교 주변에 청소년 유해환경(유해 매체물, 유해 물질, 유해 업소)이 얼마나 있는가? (현장 조사 질문)

- 우리 주변의 청소년 유해환경을 이용한 경험이 나의 사회화에 어떤 영향을 미쳤는가? (설문 조사 질문)
- 우리 지역의 공공기관은 청소년 유해환경을 없애기 위해 어떤 노력을 하고 있는가? (문헌 조사 질문)

프로젝트 학습에서 질문은 학습 내용과 관련하여 학생이 주변 지역에서 실제로 경험하는 문제들을 조사하고 해결하는 것에 초점이 맞추어져 있다. 이 질문은 학생들이 무엇을 어디에서 어떻게 조사할 것인가를 안내해 준다. 프로젝트 학습을 하기 위해서는 강의식 수업에서 지식을 배우는 데 초점이 맞추어진 질문을 다음과 같이 프로젝트 학습에 적합한 질문으로 바꾸어야 한다.

❙ 질문의 전환 ❙

강의식 수업의 질문 (객관적 지식의 이해에 초점)	⇨	프로젝트 학습의 질문 (실생활 문제의 탐구에 초점)
• 청소년의 사회화와 관련된 기관에는 어떤 것이 있는가?		• 우리 동네 또는 주변 지역에서 청소년의 사회화에 나쁜 영향을 미치는 청소년 유해환경에는 어떤 것들이 있는가?
• 사회화 기관이 청소년의 사회화에 어떤 영향을 미치는가?		• 우리 주변의 청소년 유해환경을 이용한 경험이 나의 사회화에 어떤 영향을 미쳤는가?

3) 프로젝트 수행하기

(1) 프로젝트 활동 계획하기

프로젝트의 주제와 조사 문제를 정했다면, 교사는 '프로젝트 활동 계획서'를 제공해 주고, 학생들이 프로젝트의 활동 계획을 체계적으로 세우도록 안내해 준다. 이 활동 계획서는 각 학생이 프로젝트 수행에서 해야 할 역할을 분담하고, 프로젝트의 수행 과정과 결과를 점검하고, 프로젝트를 체계적으로 수행하도록 도와준다.

학생들은 프로젝트 기간을 고려하여 구체적으로 프로젝트를 수행하기 위해 구체적인 활동 계획을 세운다. 프로젝트의 목표, 핵심 내용, 기초 자료 조사, 현장 조사 또는 탐구 방법, 결과물의 완성, 결과물의 발표와 전시 등에 대하여 기간별로 누가 어떤 역할을 맡아 수행할 것인가를 구체적으로 계획한다.

▎프로젝트 활동 계획서(예) ▎

요 소	활 동 내 용		
프로젝트의 목표	• 우리 지역에 있는 청소년 유해환경을 조사한다.		
프로젝트의 핵심 내용	• 청소년 유해환경의 의미, 유형, 종류에 대한 이해 • 우리 지역의 청소년 유해환경의 현장 조사 • 우리 지역의 청소년 유해환경을 줄이기 위한 방안의 선정과 실천		
	활동 주체와 방식	세부 활동 내용	날짜
기초 자료 조사	• 철수: 청소년기본법의 조사 • 영희: 인터넷의 조사	• 청소년 유해환경의 의미, 종류의 확인 • 청소년 유해환경 관련된 뉴스, 연구 결과의 조사	
현장 조사 / 탐구	• 모둠 전체: 동네 및 학교 주변의 조사 • 조사 자료의 분석 • 문제 해결 방안의 선정	• 현장 조사 및 사진 촬영/설문조사 • 자료의 분석 및 정리 • 문제의 합리적 해결 방안의 선택	
결과물의 완성	• 조사 결과의 정리 • 결과물의 완성 • 결과물의 발표	• 조사 결과의 분류와 종합 • 조사 결과물의 완성 • 모둠별 결과물의 발표	
결과물의 발표 / 전시	• 모둠별 결과물의 발표 및 전시	• 교실에 결과물 전시 및 동료 평가	

(2) 기초 자료 수집하기

프로젝트의 문제를 해결하기 위해서 어디에서 무엇을 어떻게 조사해야 하는가를 정하기 위해서 먼저 학생들은 문제와 관련된 기초적인 정보와 자료를 수집한다. 학생들은 인터넷, 도서관, 관련 전문가 등에서 문제 해결과 관련된 기초 정보와 자료를 수집하여 무엇을 어떤 방법으로 조사할 것인가를 정한다.

(3) 조사 또는 탐구하기

각 모둠별로 학생들은 프로젝트의 문제를 해결하기 위해서 주변 지역에 있는 현장을 방문하여 문제의 실태를 조사하고 관련 자료를 수집한다. 문제에 대해 조사할 때, 영상 또는 사진 촬영, 설문 조사, 면접 등을 활용하여 조사할 수 있다. 또한 학생들은 인터넷이나 도서관 등에서 관련된 자료를 검색해서 기존의 문헌이나 통계자료를 조사할 수 있다.

문제를 해결하기 위해 조사 또는 탐구를 할 때, 조사/탐구 일지를 작성하면 나중에 자료를 분석하고 결과물을 완성할 때 도움이 된다. 문제와 관련된 조사 또는 탐구가 완료되면, 조사 자료와 조사/탐구 일지에 기초하여 조사 결과를 분석한다.

▌조사/탐구 일지(예)▐

요 소	세부 내용	교사의 지원 사항	날짜
조사/탐구할 사항	• 우리 지역에 있는 청소년 유해환경의 의미, 유형, 종류	• 청소년기본법의 내용 제공	
조사/탐구의 장소	• 동네 및 학교 주변 지역	• 학생 교외 활동 관련 공문의 제출	
조사/탐구의 방법	• 현장 조사: 현장 방문, 사진 및 영상 촬영 • 설문 조사 또는 면접	• 카메라 대여 • 설문지 복사	
조사/탐구 내용 정리	• 조사/탐구한 내용: 청소년 유해환경 - 유해 매체물: - 유해 물질: - 유해 업소: • 새로 알게 된 것: - 술, 담배가 유해 물질에 포함된 사실 - 노래방, 단란주점 등이 유해 업소에 포함된 사실 • 조사 결과에 따라 프로젝트 수정할 사항: - 청소년 유해환경의 조사 범위의 확대 - 청소년 유해환경을 줄이기 위해 시・군・구청 및 경찰서와 연계하는 방안	• 민원 제출 방법의 안내	

(4) 문제 해결 방안 선택하기

각 모둠은 조사 자료의 분석 결과에 의거하여 문제의 해결 방안에 대해 구성원들끼리 토론한다. 토론에서 제시된 다양한 해결 방안을 수집된 자료와 조사 결과에 기초하여 평가한다. 조사 자료의 분석 결과와 해결 방안들의 평가를 종합하여 가장 적절한 문제 해결책을 최종적으로 선택한다.

4) 프로젝트 결과물 완성하기

문제 해결을 위한 조사와 자료 분석이 끝나면, 학생들은 프로젝트의 수행 결과를 종합하여 최종 결과물을 완성한다. 각 모둠별로 학생들이 협력하여 결과물을 만들어야 한다. 프로젝트의 결과물은 프로젝트 문제의 특성에 따라 보고서, 에세이, 영상, 그림, 팸플릿, 책자 등 다양한 형태로 만들 수 있다.

프로젝트 결과물이 완성되면, 학생들은 결과물의 주요 내용을 간략하게 요약한다. 결과물의 요약서에 기초하여 모둠별로 다른 학생들에게 프로젝트의 수행 결과를 발표하고, 프로젝트의 결과물을 교사에게 제출한다. 교사는 프로젝트의 결과물을 교실 또는 학교 행사에서 전시한다.

5) 프로젝트 평가하기

프로젝트 활동의 결과물을 완성하면, 각 모둠은 프로젝트의 수행 과정을 단계별로 반성적으로 성찰하면서 잘된 부분과 안된 부분, 개선할 사항 등에 대해 평가한다. 그다음 각 학생은 자신이 프로젝트 활동에 참여하면서 경험한 것을 성찰하면서 프로젝트에의 참여, 협력의 정도, 지식의 이해와 사고력의 향상, 프로젝트 학습의 개선 사항 등에 대하여 토론한다.

| 프로젝트 활동의 평가(예) |

요 소	세 부 내 용
프로젝트의 목표	• 우리 지역에 있는 청소년 유해환경을 조사한다. • 우리 지역의 청소년 유해환경을 줄이기 위해 노력한다.
프로젝트의 문제	• 우리 집이나 학교 주변에 청소년 유해환경(유해 매체물, 유해 물질, 유해 업소)이 얼마나 있는가? • 우리 주변의 청소년 유해환경을 이용한 경험이 나의 사회화에 어떤 영향을 미쳤는가? • 우리 지역의 공공기관은 청소년 유해환경을 없애기 위해 어떤 노력을 하고 있는가?

요 소	세 부 내 용
프로젝트의 조사 자료 및 분석 결과	• 우리 지역의 청소년 유해환경의 실태 - 유해 매체물 - 유해 물질 - 유해 업소 • 설문 조사 및 면접 결과의 분석: 유해환경이 청소년의 사회화에 미친 영향
프로젝트 활동에서 새로 배운 사항	• 청소년 유해환경의 유형과 종류가 다양하다. • 우리 주변에 청소년 유해환경이 많다.
프로젝트 활동에 대한 자기 반성	• 우리 주변에서 발생하는 문제에 무관심하였다. • 모둠에서 프로젝트를 수행하는 과정에서 구성원의 의사소통과 협력이 잘 이루어지지 않았다. • 주변 지역의 유해환경을 줄이기 위해 노력하지 않았다.

또는 각 학생이 프로젝트 수행에 얼마나 주체적으로 참여하였는지, 프로젝트 수행 과정에서 다른 학생들과 원만하게 소통하고 협력하였는지, 프로젝트 수행하며 무엇을 배웠는지 등 프로젝트의 수행 과정을 성찰하면서 스스로 평가하는 '자기 평가' 또는 '동료 평가'를 실시할 수 있다.

| 학생 동료 평가지(예) |

(평가 대상 학생: ____)

프로젝트	역 량	평가 내용	우수	보통	미흡
청소년 유해환경 조사/해결	주제 이해력	어떤 학생이 프로젝트 주제와 문제를 잘 이해하였는가?			
	자료 수집/ 자료 분석 능력	어떤 학생이 프로젝트 문제와 관련된 자료를 적극적으로 조사하였는가?			
		어떤 학생이 프로젝트 문제와 관련된 자료를 적절하게 분석하였는가?			
	의사소통 능력	어떤 학생이 프로젝트의 계획, 조사, 결과물의 완성 과정에서 다른 학생들과 원만하게 소통하였는가?			
	협동 능력	어떤 학생이 프로젝트의 수행 과정에서 다른 학생들과 적극적으로 협력하였는가?			
	창의적 사고력	어떤 학생이 프로젝트 문제를 창의적으로 해결하는 방안을 제시하였는가?			
종합 평가					

제16장 현장 학습과 체험 학습

대의 민주주의(representative democracy)에서 정책의 결정은 소수 정치인에 의해 독점되고, 선거 이외에 일반 시민들이 정책 결정 과정에 참여할 수 있는 통로는 매우 제한된다. 그에 따라 대의 민주주의는 참여의 위기와 대표성의 위기를 맞고 있다. 시민은 대표자의 선거 때만 주권을 행사하고, 그 후에 국가의 정책 결정에 영향을 미치기 어렵다. 중앙선거관리위원회의 통계자료에 의하면, 18대 총선의 245개 지역구 중 43곳의 당선자가 유권자의 25% 지지도 얻지 못하고 당선되었다. 또한 대표자가 정당의 공천을 받고 막대한 선거 비용이 드는 정치 현실에서, 대표자는 시민의 대리인보다는 특정 정당이나 집단의 이익을 옹호하는 대변인으로 전락하고 있다.

이러한 대의 민주주의의 위기를 극복하고 시민의 자유와 권리를 보장하기 위해서는 시민의 능동적 참여가 요구된다. 그래서 최근 지식, 기능, 가치·태도 이외에 행위·실천의 교육을 중요한 목표로 제시하고, 행위와 실천을 가르치기 위한 프로그램으로 현장 학습이나 체험 학습이 강조되고 있다. 문제 해결을 위한 능력과 실천은 교실보다는 교실 밖 생활 속에서 직접 체험해 봄으로써 효과적으로 습득될 수 있다.

1. 현장 학습의 의미와 목표

1) 현장 학습의 의미

최근 사회과에서는 지식, 기능, 가치 · 태도에 더하여 '행위 · 실천'이 중요한 목표로 제시되고 있다.[1] 이런 측면에서 최근 사회과에서는 실제 생활에서 문제를 해결하는 과정에 참여하는 경험을 통해 사회 참여와 실천을 가르치는 체험 학습이 강조되고 있다.

그런데 아직 사회과에서 체험 학습에 대한 연구가 체계적으로 이루어지지 않았고, 학교 현장에서 쉽게 활용할 수 있는 체험 학습의 수업모형과 프로그램이 개발되지 못했다.

이런 상황으로 인하여 학교 현장에서는 '현장 학습'과 '체험 학습'을 구별하지 않고 유사한 의미로 혼용하거나 2가지를 결합하여 '현장 체험 학습'이란 용어를 사용하고 있다. 교실 밖에서 이루어지는 활동은 모두 현장 체험 학습으로 이해되고 있다.

그렇기 때문에 현장 학습과 체험 학습은 각각 무엇이고 어떤 점에서 유사하고 다른지 살펴보는 것이 필요하다.

'현장 학습'(action learning)은 경험 학습, 현장 견학, 현장 교육, 현지 조사 등과 유사한 개념으로 사용되고 있다. 하지만 교사와 학생의 교수 · 학습 활동을 고려할 때, 사회과에서 현장 학습은 경험 학습과 현장 견학 정도만을 포함한다(김용신, 2003: 22-23). 경험 학습은 현실 사회를 직접 접촉하는 경험에 기초하여 학습하는 활동이고, 현장 견학은 야외 학습이나 수학여행처럼 학습의 장을 교실 밖의 실제 현장으로 옮겨서 하는 학습 활동이다. 학교에서는 현장 견학이 현장 학습과 비슷한 의미로 혼용되고 있다.

그러나 현장 학습은 교실 밖에 나가서 하는 활동뿐만 아니라 실제 사회 현장

1) 사회과학적 지식이나 의사 결정력 등이 실제 생활에서 행위의 실천으로 직접 연결되지 않는다는 비판이 많이 제기되면서, 최근 '사회적 행위의 실천'이 사회과의 중요한 목표로 강조되는 추세이다(Banks, 1990: 4-8; 차경수 · 모경환, 2008: 68-70; 정문성 외, 2008: 18-19; 차경수, 1997: 53-55; 한면희, 2002: 118-121; 박상준, 2002: 97-149; 장원순, 2003: 7-24, 80-115).

을 교실 안으로 가져와 이루어지는 교수・학습 활동－강사 초빙, 모의 게임 등－을 포함한다. 김용신은 현장 학습을 경험 학습과 현장 견학을 포함하는 포괄적인 개념이라고 보고, 현장 학습의 구성 요소를 3가지 제시하였다(김용신, 2003: 23-24).

① 현장 학습은 학교에서 배운 관념이나 사실들과 학교 밖 세계 사이의 연결을 요구한다.
② 현장 학습은 추상적이고 멀리 있는 것보다는 구체적이고 가까이 있는 것에 초점을 맞춘 학습을 요구한다.
③ 현장 학습은 학습 주제에 대해 학생이 수동적 학습자가 아니라 능동적 참여자가 될 것을 요구한다.

현장 학습은 교실 수업과 지역사회를 연결하고, 구체적 활동에 초점을 맞추고, 학생이 학습 과정에 능동적으로 참여할 때 효과를 거둘 수 있다는 것이다. 이런 측면을 고려하여 김용신은 사회과에서 "현장 학습은 사회 현상에 대한 이론적 지식을 구체적 실천과 연결 지어 사회과 교수・학습 과정에 도입함으로써 개인과 사회, 이론과 실천, 추상과 구체성 간의 대화를 가능하게 하여 학습자로 하여금 시민성을 형성하게 해주는 학습 방법이다"라고 정의하였다(김용신, 2003: 24).

김용신과 비슷하게 최용규 등은 사회과에서 현장 학습의 중요성을 인정하고, 현장 학습의 전략과 적용 사례를 제시하였다. "현장 학습이란 아동이 교실을 떠나 사회 현상을 관찰, 조사, 면접 등의 활동을 하는 학습 방법이다"라고 정의된다(최용규 외, 2005: 323).

2) 현장 학습의 목표

현장 학습은 교과서 내용과 실제 상황을 연결하여 지식을 생생하게 이해하도록 돕는 것을 목표로 한다. 이런 현장 학습의 특징은 교실 안에서 배운 '지식'과 교실 밖에서 일어나는 '실제 상황'을 연결함으로써 이론과 실천 간의 괴리 현상을 감소시키고, 교과서 지식의 사회적 유용성과 개인적 적합성을 증대시킨다.

2. 현장 학습의 유형과 방법

1) 현장 학습의 유형과 방법

김용신은 학습이 이뤄지는 공간의 특성에 따라 '실질 현장 학습'과 '가상 현장 학습'으로 구분하고, 실질 현장 학습을 '교내 현장 학습'과 '교외 현장 학습'으로 분류하였다. 그리고 사회과 수업에서 활용할 수 있는 현장 학습의 유형을 여러 가지로 제시하였다(김용신, 2003: 25-40, 167-268).

Ⅰ 현장 학습의 유형과 활동 사례 Ⅰ

<table>
<tr><th colspan="2">구 분</th><th>현장 학습의 유형</th><th>활동 사례</th></tr>
<tr><td rowspan="9">실질 현장 학습</td><td rowspan="5">교내 현장 학습</td><td>• 강사 초빙 현장 학습</td><td>학습 주제와 관련된 인사의 초빙 강의</td></tr>
<tr><td>• 학교 탐구 현장 학습</td><td>학교 조직의 특성에 대한 조사 활동</td></tr>
<tr><td>• 역할놀이 현장 학습</td><td>가상 상황에서의 역할 수행</td></tr>
<tr><td>• 모의 게임 현장 학습</td><td>모의 상황에서 실제 활동의 경험
(모의재판, 모의 국회 등)</td></tr>
<tr><td>• 시청각 자료 활용 현장 학습</td><td>학습 주제와 관련된 시청각 자료의 활용</td></tr>
<tr><td rowspan="4">교외 현장 학습</td><td>• 현장견학</td><td>학습 주제와 관련된 현장의 견학
(관공서, 의회, 박물관, 문화 유적지 등)</td></tr>
<tr><td>• 사회교육 프로그램</td><td>인턴처럼 다양한 직업의 경험 활동</td></tr>
<tr><td>• 사회조사 현장 학습</td><td>학습 주제에 대하여 직접 조사하기
(관찰, 설문조사, 면접, 문헌조사 등)</td></tr>
<tr><td>• 문화지 제작 현장 학습</td><td>지역사회의 생활모습에 대한 신문이나 잡지의 기획, 취재, 제작</td></tr>
<tr><td>가상현장 학습</td><td>인터넷 현장 학습</td><td>• 인터넷 현장 학습</td><td>학습 주제에 대하여 인터넷 사이트에서 검색하여 정보의 수집</td></tr>
</table>

(표: 필자가 김용신의 논의를 재구성하여 작성함)

이러한 현장 학습이 사회과에서 갖는 교육적 의의를 구체적으로 살펴보면 다음과 같다(최용규 외, 2005: 323-324).

① 아동이 구체적인 사회 현상을 직접 조사하고 관찰하는 것에서 학습을 시작한다.

② 사실과 관련된 1차 자료의 수집 능력을 발달시킬 수 있다.
③ 아동이 흥미를 갖고 주체적으로 학습과제를 해결할 수 있다.
④ 학교와 지역사회를 밀접하게 연계시킬 수 있다.
⑤ 교실에서 배운 지식을 실제의 생활환경에서 적용하기 때문에, 학습 결과와 학습자의 생활과의 정합성을 높일 수 있다.
⑥ 협동심, 사회 참여 기능의 신장 등 정의적 영역에서 바람직한 태도를 형성시킬 수 있다.

2) 현장 학습의 한계

현장 학습은 사회과 교실에서 학습한 지식과 실제 생활에서의 실천을 연결시키는 방법의 중요성을 부각시키고, 활동 중심의 사회과를 강조하였다는 점에 의의가 있다. 하지만 현장 학습은 몇 가지 한계를 지닌다.

첫째, 현장 학습은 **'경험'**(experience)의 의미를 좁게 해석하였다. 경험은 단지 교실에서 배운 지식을 실제의 생활에 적용하는 것만은 아니다. 듀이가 지적했듯이, 경험 또는 체험은 '무엇을 능동적으로 해보는 것'과 '그에 대해 반성적으로 생각하는 것'이 통합된 일련의 과정이다(Dewey, 1952: §11:1-2, 11-12, 20). 경험은 무엇을 해보고 그것에 대해 반성적으로 사고함으로써 의식적 변화가 일어나는 과정이다. 즉, 활동에 의해 생긴 변화가 정신의 의식적 변화에 반영되어 갈 때, 비로소 학습이 일어나는 것이다.

둘째, 현장 학습을 하기 위해서는 수업 계획과 준비에 많은 시간과 비용이 소요된다. 현장 학습은 교실 밖에서 활동을 중심으로 이루어지기 때문에 교사가 사전에 장소 섭외, 현장 확인, 강사의 초빙, 활동 프로그램 등에 대해 충분히 준비해야 하고, 많은 비용이 소요될 수 있다.

셋째, 보신주의(保身主義) 문화가 우리나라 학교에 만연되어 있기 때문에, 현장 학습이 효율적으로 실시되기 어렵다. 현장 학습을 실시하기 위해서는 교장의 허가를 받아야 하는데, 교장은 현장 학습에서 발생하는 안전사고에 대해 책임을 지기 싫어하고 무사안일하게 현 상태를 유지하기 원한다. 또한 현장 학습에서 안전사고가 발생할 경우에 지도교사에게 책임을 묻는 풍토이기 때문에 교사들도 꺼려한다.

넷째, 우리나라의 경우에 학교와 지역 공공기관의 연계와 협력 체계가 형성되어 있지 못하기 때문에, 현장 학습이 효과적으로 실시되기 어렵다. 현장 학습이 성공적으로 이루어지기 위해서는 지역의 공공기관이 학교의 현장 학습을 적극 지원하는 협력 체제와 지원 프로그램들이 개발되어야 한다.

우리나라의 학교 문화와 사회 풍토를 고려할 때, 둘째부터 넷째까지의 문제점은 현장 학습뿐만 아니라 체험 학습에서도 나타나는 한계이다. 이런 한계를 극복하고 일선 학교에서 현장 학습이 효율적으로 실시되도록 하기 위해서는 학교와 지역사회의 협력 및 지원 체제를 마련하고, 구체적인 현장 학습의 프로그램을 보급하는 것이 필요하다.

3. 체험 학습의 의미와 목표

1) 체험 학습의 의미

앞에서 살펴본 것처럼, 현장 학습은 교실 안에서 배웠던 내용을 교실 밖 세계에서 경험하게 한다는 점에서 체험 학습과 유사한 교수·학습 방법이다. 하지만 **'현장 학습'**(action learning)은 주로 현장에 가서 보고 듣고 조사하는 활동(action)을 통해 교과서에서 배웠던 지식을 생생하게 이해하도록 하는(learning) 방법이다. 그래서 현장 학습은 실제 현장에 가지 않고 강사 초빙, 모의 게임, 인터넷 등을 통해 교실 안으로 생활 현장을 가져옴으로써 간접 경험하게 하는 학습 방법을 사용하기도 한다.

반면에 **'체험 학습'**(experiential learning)은 현장 견학의 수준을 넘어서 사회 문제를 해결하는 과정에 참여하는 경험을 통하여 사회에 대한 인식, 가치 체계, 고차적 사고력, 사회적 기능을 체득해가는(learning) 과정이다. 한마디로 체험 학습은 실제 생활에서 겪는 사회 문제를 해결하는 과정에 참여하는 '경험을 통한 학습'이다.

예컨대 현장 학습에서 모의재판은 '가짜' 상황을 만들어서 그 상황에서 '가상 시나리오'에 따라 재판을 진행하는 것이다. 따라서 모의재판의 결정은 학생들에게 전혀 영향을 미치지 않는다. 모의재판의 목적은 가짜 상황에서 재판 활동을 통하여 '재판에 관한 지식'을 생생하게 이해시키는 것이다.

반면에 체험 학습에서 학생 자치 법정은 학교에서 '진짜' 법적 문제 상황이 발생했을 때 그 문제를 해결하기 위한 재판을 대본 없이 실제로 진행하는 것이다. 그래서 학생 자치 법정의 결정은 학생들에게 실질적으로 영향을 미친다. 학생 자치 법정의 목적은 학교에서 실제로 발생한 교칙 위반 사건을 해결하는 과정에 참여하는 경험을 통해 재판 과정에 대해 이해할 뿐만 아니라 법적 문제를 해결하는 능력과 효능감을 체득하게 하는 것이다.

체험 학습은 대의제의 위기를 극복하여 참여 민주주의를 발전시키기 위한 안전장치가 되고, 투명하고 공정한 사회를 만들 수 있는 토대가 된다. 그러하기에 1970년대에 미국사회과협회(NCSS)는 사회과에서 사회 참여가 매우 중요하다는 사실을 강조했다(Banks, 1977: 482-483). 또한 R. A. Hill은 시민교육을 "교실, 학교, 지역사회 등에서 학생들에게 효과적인 방식으로 시민의 복지를 존중하고, 동시에 개인적으로 만족을 느끼면서 민주 사회에 참여하도록 가르치고 안내하는 활동이다"라고 보았다(Hill, 1978: 16-18).

선진국에서는 이미 1970년대부터 정부와 교육청 차원에서 사회 참여를 통한 시민교육을 활성화하기 위한 프로그램을 실시하고 있다. 또한 미국, 영국, 프랑스, 네덜란드 등은 청소년 위원회를 구성하여 청소년과 관련된 정책의 결정에 참여시키는 제도를 실시하고 있다(김영지, 2004: 79-82).

이처럼 사회과에서 체험 학습을 실시하는 이유는 시민성을 육성하는 것뿐만 아니라 사회 참여 자체가 청소년의 권리이기 때문이다. '아동의 권리에 관한 국제협약'(1989) 제12조는 청소년이 자신에게 영향을 미치는 모든 문제에 대하여 자신의 의견을 자유롭게 표현할 권리를 보장하고, 제42조는 정부가 아동의 권리에 관한 국제협약의 내용을 청소년에게 널리 교육시킬 의무를 진다고 규정하고 있다.

사회 참여를 통한 학습은 자동적으로 이루어지는 것이 아니고 어릴 때부터 사회 문제를 해결하는 과정에 직접 참여하는 경험을 통해 이루어진다. 사회 참여의 태도와 성향은 교실 안에서 가르칠 수 있는 것이 아니라 실제 생활에서 문제해결의 과정에 참여하여 몸소 체험해 봄으로써 습득될 수 있다. 따라서 사회과는 초등학교부터 사회 참여의 태도와 성향을 습득할 수 있는 체험 학습 프로그램을 제공해야 한다.

D. A. Kolb에 따르면, 체험 학습은 교실과 실제 세계를 연결시키고 사회현실의 요구와 교육적 목표를 결합시키는 매개체의 역할을 한다. 체험 학습은 교육, 노동, 개인의 발달 사이의 중요한 연결 관계를 강화시키는 틀을 제공한다. 모든 학습은 체험의 변형 작용을 통해 지식을 습득하는 과정이고, 체험과 학습은 상호 밀접하게 연결되어 있다(Kolb, 1984: 3-4, 38).

이런 맥락에서 체험과 학습의 상호 불가분성을 강조하면서, C. Beard와 J. P. Wilson은 "**체험 학습**(experiential learning)이 개인의 내적 세계와 외부 세계 사이의 능동적인 상호작용 관계를 인식하는 과정이다"라고 정의했다(Beard & Wilson, 2007: 19). 체험 학습은 경험을 변형시켜서 그것을 보다 넓은 개념틀 안에서 통합시키기 때문에, 모든 형태의 학습 과정을 떠받치고 있는 기초적인 것이다.

그렇지만 전통적인 철학은 '이분법'의 틀 속에서 인간의 정신(이성)과 육체(몸)를 별개의 것으로 구분하고, 사고는 이성에, 행위는 몸과 관련된 것으로 간주했다. 같은 맥락에서 교육학자들도 대체로 교육은 몸과 행위가 아니라 이성에 의한 사고의 과정을 통해 이루어진다고 믿었다. 그러나 최근 많은 학자들의 이론과 연구결과에 따르면, 인간의 행위와 사고는 별개로 분리된 것이 아니라 상호작용하면서 서로에게 영향을 미친다. 행위와 사고는 서로 분리된 두 측면이 아니라 구체적인 행위와 그에 대한 반성적 성찰은 서로 밀접하게 연결되어 있다(박상준, 2002: 97-111, 114-116).

이런 논의를 종합하여, 필자는 "**체험 학습**은 실제 사회 문제의 해결 과정에 참여하는 경험을 통하여 민주 시민의 자질을 형성하고 재구성해가는 상호작용의 과정이다"라고 정의할 것이다.

이런 체험 학습은 민주주의에 대한 지식을 실제 생활에서의 실천으로 연결시키고, 사회의 의사 결정 과정에 참여하는 방법과 기회를 경험하는 것을 도와준다. 이런 측면에서 사회과는 지역사회의 문제를 해결하는 과정에 직접 참여하는 경험을 통해 민주 시민의 자질을 효과적으로 체득시키는 체험 학습의 모형과 프로그램을 제공해야 한다(박상준, 2008: 139-174).

2) 체험 학습의 목표와 효과

체험 학습은 사회 문제의 해결 과정에 참여하는 경험을 통한 학습이다. 그래서 체험 학습은 교과서 지식을 실제 생활에 적용하여 문제를 해결하는 과정에서 지식의 적용 능력, 고차적 사고력(문제 해결력, 의사 결정력 등), 사회적 기능(의사소통 기능, 협동 능력 등)을 통합적으로 신장시키는 것을 목표로 한다.

이러한 체험 학습은 사회과의 목표를 실질적으로 달성하는 데 있어서 다음과 같은 교육적 효과를 지니고 있다.

① 체험 학습은 교과서 지식과 실제 생활세계를 연결시킴으로써 지식을 실제적으로 체득하고, 지식의 적용 능력을 향상시킨다. 학생들은 실제 생활에 참여하고 실천하는 경험을 통해 교실에서 배운 교과서 지식과 기능을 실질적으로 이해하고 적용할 수 있다.

② 체험 학습은 여러 사람들이 함께 사회 문제를 해결하는 경험을 통해 고차적 사고력과 사회적 기능을 신장시킬 수 있다. 학생들은 사회 문제를 조사하고 해결하는 경험과 그에 대해 반성적으로 성찰함으로써 문제 해결력과 의사 결정력 등을 습득할 수 있다. 또한 학생들은 사회 문제를 해결하기 위해 동료 학생 및 지역 주민들과 대화하고 상호작용하는 과정에서 의사소통 기능과 협동 능력 등을 습득할 수 있다.

③ 체험 학습은 학생 자신이 사회 문제를 해결할 수 있다는 '정치적 효능감'을 신장시킨다. 체험 학습에 참여함으로써 학생들은 자신이 사회 문제의 해결에 영향을 미치고 변화시키는 경험을 할 수 있다. 이런 경험은 자신이 사회 문제의 해결에 영향을 미치고 사회의 변화에 기여할 수 있다는 인식과 효능감을 갖게 한다.

④ 체험 학습은 사회 문제를 해결하는 경험을 제공함으로써 사회 문제에 대한 관심을 증대시키고, 사회 참여의 태도와 성향을 형성시킬 수 있다.

⑤ 체험 학습은 사회 문제에 대한 '책임감'을 증대시킬 수 있다. 사회 문제를 해결하는 과정에 참여함으로써 사회에서 발생하는 문제를 인식하고 그 문제를 해결하는 데 개인이 해야 할 역할과 책임이 있다는 인식을 갖게 한다.

경험적 연구에 의하면, 체험 학습은 교실에서 민주주의에 대한 지식을 주입하는 것보다 민주적 의사 결정, 공동체 의식, 참여 의식 같은 시민성을 형성시키는 데 더 효과적인 것으로 나타났다(김원태, 2001: 59-61).

❙ 현장 학습과 체험 학습의 비교 ❙

구분	현장 학습	체험 학습
의미	• 사회 현상에 대한 이론적 지식을 구체적 실천과 연결하여 시민성을 형성하는 학습 방법 • 아동이 교실을 떠나 사회 현상을 관찰, 조사, 면접 등의 활동을 하는 학습 방법	• 개인의 내적 세계와 외부 세계 사이의 능동적인 상호작용 관계를 인식하는 과정 • 사회 문제의 해결 과정에 참여하는 경험을 통해 사회와 민주주의에 대한 인식, 민주적 가치와 태도, 사회적 기능을 형성하고 재구성해 가는 상호작용의 과정
목표	• 학습 주제와 관련된 지식의 습득	• 사회 문제의 해결과 관련된 고차적 사고력 및 사회적 기능의 체득
학습 활동	• 견학, 관찰, 조사, 면접, 정보 검색, 보고서 작성 등	• 문제의 파악 및 조사 • 문제 해결을 위한 실천과 참여 • 문제 해결 과정에 대한 반성

4. 체험 학습의 유형과 방법

1) 체험 학습의 유형과 방법

사회과는 사회에 대한 지식과 민주적 가치에 의거해 문제를 합리적으로 해결하는 데 참여하는 시민의 자질을 육성하는 것을 목표로 한다는 점을 고려할 때, 사회과에서 활용할 수 있는 체험 학습의 유형은 다음과 같다:

| 체험 학습의 유형 |

청소년 유해환경 감시단	유해환경 이해하기, 주변지역에서 유해환경의 조사, 유해환경의 해결 활동(서명 운동, 캠페인, 진정서 보내기 등)
환경 지킴이	환경오염 이해하기, 생활 주변에서 환경오염의 조사, 환경오염의 해결 활동(서명 운동, 캠페인, 진정서 보내기 등)
문화유산 지킴이	지역 문화유산의 이해, 지역의 훼손된 문화유산의 조사, 훼손된 문화유산의 보존 활동(캠페인, 진정서 보내기 등)
청소년 의회	청소년 의회의 조직, 청소년 관련 문제의 토의 및 결정, 청소년 문제 해결에의 참여(캠페인, 민원 제기, 입법 청원 등)
학생 자치 법정	학생 자치 법정의 조직, 교내 법적 문제의 재판, 재판 결과의 공지, 재판의 결과에 대한 토론과 반성
시민단체 참여 활동	시민단체의 활동 조사, 시민단체의 시민교육에 참가, 시민단체 활동에 참여(캠페인, 서명운동, 집회 등)
작은 권리 찾기 운동	나의 권리 이해하기, 생활 주변에서 침해된 권리의 조사, 침해된 권리 찾기 활동(서명 운동, 캠페인, 진정서 보내기 등)

2) 체험 학습의 한계

체험 학습은 사회 문제의 해결 과정에 능동적으로 참여하는 시민의 자질을 육성하는 데 효과적이다. 하지만 우리 사회의 보신주의 문화, 입시 위주의 교육 풍토는 체험 학습에 큰 장애물이 되고 있다.

보신주의(保身主義) 문화가 우리나라 학교에 만연되어 있기 때문에, 교장은 안전사고를 우려하여 체험 학습에 소극적인 태도를 보이고, 교사도 안전사고에 대한 책임 때문에 체험 학습을 꺼려하는 경향이 있다.

또한 우리 사회에는 청소년의 사회 참여를 위한 시민교육에 별로 관심을 갖지 않고, 학생은 공부만 열심히 해서 좋은 대학에 가면 된다는 생각이 만연되어 있다. 그래서 대부분의 학교들은 모든 교과에서 입시 위주의 교육을 하고 있으며, 대학 입시에 도움이 되지 않는 체험 학습은 무시되고 있다.

이런 사회 풍토와 학교 문화로 인해 시민성의 육성을 직접 목표로 하는 사회과도 실제 '사회생활과 괴리된' 교실 안에서 주로 교과서를 통해 민주주의에 대한 '박제된 지식'을 가르치고 있다. 그래서 사회과는 본래의 목표와 달리 교과서의 지식과 실제 행위(실천)를 연결시키지 못하고, 사회 문제를 합리적으로 해결하는 과정에 적극 참여하는 시민을 길러내는 데 한계를 드러냈다(박상준, 2002: 17-24).

5. 체험 학습의 모형

1) Kolb의 체험 학습 모형

D. A. Kolb는 J. Dewey의 '경험'과 J. Piaget의 '사회적 상호작용', K. Lewin의 '피드백 과정'을 수용하여 체험 학습의 모형을 제시하였다. J. Dewey는 경험을 행위와 그에 대한 반성적 사고가 결합된 과정으로 이해했다. J. Piaget는 아동이 주변 세계에서 타인과의 상호작용을 통해 자신의 인지를 발달시켜 간다고 보았다(Piaget, 1952). 아동의 사고 과정과 현상에 대한 개념 형성은 주변 세계에서 타인과의 상호작용에 의해 조정된다. 아동은 그런 경험에서 얻는 정보를 능동적으로 해석하고 그것을 세계에 대한 지식과 개념에 맞게 재구성한다. 이런 경험에 반응하고 재조직하는 방식이 바로 인지 구조, 즉 '스키마'(schemata)이고, 이것은 행위 패턴의 기초가 된다. 이처럼 실제 세계에서 타인과의 상호작용은 자신과 타인의 인지 구조의 차이를 깨닫는 인지적 불일치와 갈등을 경험하게 함으로써 자신의 인지 구조를 재구성하는 기회를 제공한다. 이런 경험이 인지를 발달시킨다.

Dewey, Piaget, Lewin 등의 이론들에 기초하여, Kolb는 체험을 학습과 지적 발달의 원천으로서 이해하였다(Kolb, 1984: 3-4, 38). 학습과 지적 발달은 경험과 반성, 개념의 형성과 일반화, 적용과 검증의 순환 과정을 거치면서 이루어진다는 것이다. 학습자는 어떤 문제나 현상을 실제로 경험함으로써 구체적 사실들을 인식하고, 그런 인식은 관찰과 성찰을 통해 일반화된 개념으로 형성된다. 그리고 그 개념을 새로운 상황에 적용하여 검증하는 과정을 통해 새로운 지식이나 문제의 해결책을 찾게 된다.

Lewin의 피드백 과정과 유사하게 Kolb는 '체험 학습의 순환 과정'을 다음과 같이 제시했다(Kolb, 1984):

(1) 경험하기/인식하기(experience/noticing)
(2) 해석하기/반성하기(interpreting/reflecting)
(3) 일반화하기/판단하기(generalizing/judging)
(4) 적용하기/검증하기(applying/testing)

| 체험 학습 순환 과정(D. A. Kolb) | [2]

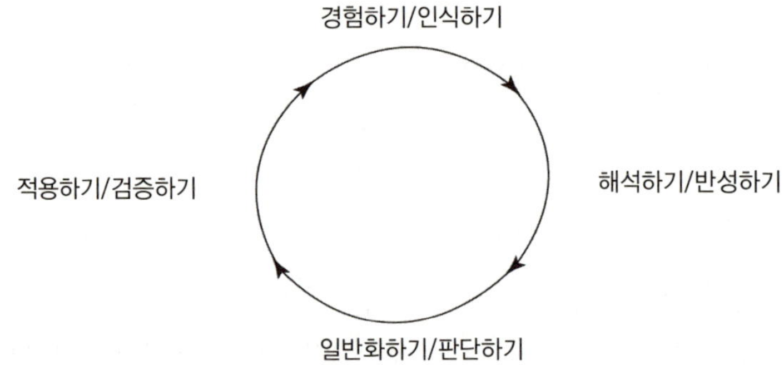

이 모형은 체험 학습을 통해 학교 교실과 실제 세계 사이를 결합시킬 수 있는 중요한 연결고리를 강조한다. 학습과 지적 발달은 이러한 체험의 연속적인 순환 과정을 통해 유의미하게 진행될 수 있다는 것이다.

이처럼 체험 학습은 지역사회에서 문제 해결을 위해 다른 사람들과 상호작용하면서 사회 현상이나 문제를 더 잘 인식하고, 그런 인식에 기초하여 문제를 합리적으로 해결하는 능력을 신장시키는 데 기여한다. 이런 점에서 체험 학습은 시민의 자질을 육성하려는 사회과에서 매우 중요한 교수 방법이다.

2) 최현섭의 체험 학습 모형

사회과에서 체험 학습의 중요성이 인식되면서, 학자들보다는 현장교사들이 체험 학습을 먼저 실시하였다. 1990년대 후반부터 초·중등 교사들이 주로 사회과 또는 특별활동을 이용하여 체험 학습을 시도했다. 교사들은 사회과 수업에서 노동운동에 대해 수업하고 노동단체의 활동에 참여하거나, 클럽활동으로 NGO 탐방반을 만들어 주말에 시민단체의 활동에 참여하는 체험 학습을 실시하였다(천희완 외, 2001: 12-45, 70-107, 110-141).

이 교사들은 선구적으로 사회과의 지식과 실천을 연결하기 위해 나름대로 체험 학습을 시도했다는 점에 의의가 있다. 그러나 그들은 체험 학습의 이론적

2) 그림은 Beard & Wilson(2007)의 책 19쪽에서 재인용한 것임.

토대에 기초하여 체험 학습을 체계적으로 실시하지 못했고, 학교와 지역사회에서 일반적으로 적용할 수 있는 체계적인 체험 학습의 모형과 프로그램을 제시하지 못했다.

체험 학습에 대한 이론적 연구가 부족한 상황에서 최현섭은 체험 학습의 의미와 유형을 체계적으로 분석한 후, 학교에서 실시할 수 있는 체험 학습의 과정을 5단계로 제시하였다(최현섭, 2000: 80-84):

최현섭의 체험 학습 모형

(1) 동기화 및 문제의 인식 단계
(2) 문제의 분석 단계
(3) 대책 탐색 단계
(4) 실천 단계
(5) 평가 단계

최현섭은 체험 학습의 유형을 체계적으로 분류하고 학교와 지역사회를 연계한 체험 학습 모형을 제시했다는 데 의의가 있다. 하지만 체험할 문제의 구체화, 문제의 조사 방법, 문제의 해결 방법과 절차-민원서류, 체험활동 보고서의 작성법-같은 실제적인 체험 학습 프로그램을 구체적으로 제시하지 못했다.

3) 체험 학습 모형

체험 학습은 단순한 현장견학의 수준을 넘어서 교사와 학생들이 사회 문제를 해결하는 과정에 직접 참여하여 긍정적 영향을 미치는 경험을 해보도록 구성되어야 한다. 또한 체험 학습의 문제와 방법을 제시함으로써, 교사와 학생들이 자기 지역에서 쉽게 활용할 수 있는 구체적인 체험 학습 프로그램을 제시해야 한다.

이런 이유에서 필자는 Aristotle의 덕목론, J. Dewey의 경험론, Kolb의 체험 학습 모형을 종합하여 체험 학습의 과정을 다음과 같이 제시하고자 한다.[3)]

3) 체험 학습의 이론적 토대인 Aristotle의 덕목론, J. Dewey의 경험론, Kolb의 체험 학습 모형에 대해서는 필자의 논문(2008) "사회 참여 체험학습의 모형과 프로그램의 개발"을 참고.

(1) 체험 학습 준비하기　　(2) 체험 문제 인식하기
(3) 체험 문제 분석하기　　(4) 사회 참여 체험하기
(5) 사회 체험 반성하기

수업 목표: 사회문제를 해결하기 위해 실천할 수 있다.
※ 문제: 청소년 유해환경의 해결

(1) 체험 학습 준비하기

체험 학습이 성공하기 위해서는 교사가 사전에 체계적으로 준비해야 한다. 먼저 교사가 체험 학습에 대해 충분히 이해하고, 자기 지역에서 실시할 수 있는 체험 학습의 유형과 방식에 대해 계획해야 한다.

Kolb의 지적처럼(Kolb, 1984: 3-4, 38), 교사는 교과서의 지식과 실제 사회의 문제 해결 과정이 밀접하게 연결되도록 계획함으로써 학습과 체험이 상호 유기적으로 결합되도록 만들어야 한다. 학생들의 관심과 수준, 지역사회의 필요, 교육 여건 등을 고려하여, 교사는 어떤 종류의 체험 학습을 실시할 것인가, 어떤 문제

를 조사하고 해결할 것인가, 학생들을 어떻게 지도할 것인가 등에 대한 계획을 구체적으로 세워야 한다. 구체적인 체험 학습의 계획을 세웠다면, 교사는 체험 학습의 의미와 목적, 체험 학습과 시민성 육성과의 연관성, 체험 학습의 절차와 방법 등을 학생들에게 자세히 안내한다.

(2) 체험 문제 인식하기

체험 학습이 준비되었다면, 교사는 학생들이 체험할 문제를 선정하여 파악하게 한다. 체험 문제는 일반적인 사회 문제보다는 학생들이 주변 지역에서 경험함으로써 흥미를 갖고 문제의 해결 과정에 직접 참여할 수 있는 지역사회의 문제가 더 적합하다. 학생들이 자신과 연관되어 있다고 느끼는 문제를 선정해야 참여의 동기와 흥미를 유발할 수 있다.

따라서 학생들은 자유로운 토의를 통하여 지역사회에서 경험했던 문제들 중에서 해결할 문제를 선정한다. 그다음 학생들은 체험할 문제가 무엇이고, 현재 실태는 어떠한가, 관련 법률에서 그 문제의 의미와 유형을 어떻게 규정하는가, 문제의 해결 방안은 무엇인가 등을 파악한다.

(3) 체험 문제 분석하기

체험할 문제를 파악했다면, 학생들은 실제로 그 문제를 해결하는 방법과 절차에 대해 분석한다. 토의를 통하여 학생들은 체험할 문제를 어떻게 조사하고 관련 자료를 수집할 것인가, 수집된 자료와 결과물을 어떻게 처리할 것인가, 문제를 어떻게 해결할 것인가 등에 대하여 구체적으로 분석한다.

Dewey의 주장처럼(1952: §11:1-2, 11-12), '체험'은 단순히 보고 듣는 수동적인 견학이 아니라 '능동적으로 해보는 것'과 그런 활동에 대해 '반성적으로 성찰하는 것'이 결합된 복합적인 상호작용의 과정이다. 따라서 체험 학습은 체험할 문제를 파악하여 조사 방법 및 해결 절차에 대해 분석하는 것과 실제 현장에 가서 조사하고 해결하는 활동이 통합되도록 구성되어야 한다. 체험 학습이 성공하기 위해서는 단순한 견학 수준을 넘어서 지역사회에서 문제를 조사하면서 여러 사람들과 상호작용하는 활동과 그에 대한 반성적 성찰이 유기적으로 통합되도록 구성되어야 한다.

(4) 사회 참여 체험하기

이제 학생들은 실제 지역사회에 가서 문제를 조사하고 관련 자료를 수집한다. 학생들은 지역사회에서 여러 사람들과 상호작용하면서 문제를 조사하고 발견되는 문제 사항들을 기록하고 사진이나 비디오로 촬영해둔다. 학생들은 조사한 사실과 자료를 정리하여 관련 감독기관에 문제를 해결하도록 요청한다.

Aristotle가 지적했던 것처럼(II.1, 1103a30-1103b2, 1103b 21-25), 사회 문제를 해결하는 과정에 참여하는 경험을 통하여, 학생들은 사회와 민주주의에 대해 더 잘 이해하고 사회의 의사 결정 과정에 참여하는 능력과 태도를 습득하게 된다. 민주 시민의 자질은 교실에서 교과서 지식으로 배우는 것이 아니라 실제 사회 속에서 문제의 해결 과정에 참여해 봄으로써 습득될 수 있다.

Aristotle에 따르면, 시민의 자질로서 덕목은 어떤 활동을 체험함으로써 획득될 수 있는 것이다(learning by doing). 예를 들면 우리는 정의로운 일을 해봄으로써 정의로운 사람이 되고, 절제하는 일을 해봄으로써 절제하는 사람이 되고, 용감한 일을 해봄으로써 용감한 사람이 된다. 한마디로 덕목은 반복적인 활동 또는 체험을 통해 학습된다(Aristotle, II.1. 1103a30, 1103b2, 1103b21-33).

Piaget(1952)가 주장한 것처럼, 체험 학습은 학생들이 실제 사회생활 속에서 다른 사람들과 상호작용하면서 문제 해결에 영향력을 미치는 경험을 통해 사회에 대한 지식과 개념을 재구성하고 자신의 인지 구조와 가치 체계를 재조정하는 것을 도와준다. 또한 Swinebart(1992: 11-13)가 제시했듯이, 사회 참여의 체험은 학생들의 개인적 능력뿐만 아니라 사회적 기능을 발달시키는 데 효과적이다.

이런 사실은 지난 2008년 5~6월 미 쇠고기 수입 반대 촛불집회에 참가한 학생들에게서 잘 나타났다. 많은 학생들이 자발적으로 촛불집회에 참여해 봄으로써 사회와 민주주의에 대해 더 잘 이해하고, 교과서에서 배웠던 민주주의에 대한 지식과 개념을 재구성하게 된다. 또한 학생들은 국가의 정책결정 과정에 자신의 의사를 반영하고 영향을 미칠 수 있다는 정치적 효능감과 사회에 대한 영향력을 자각하게 되고, 문제의 해결책을 합리적으로 결정하는 능력이 더욱 신장된다. 이런 사회 참여의 체험은 참가자의 사회적 기능을 신장시킬 뿐만 아니라 참여 민주주의를 발전시키는 계기가 된다.

(5) 사회 체험 반성하기

체험활동을 마친 후에, 교사와 학생들은 그 체험활동에 대해 반성적으로 성찰하고 토론한다. 교사는 학생들이 체험활동에서 느낀 점, 체험 학습을 통한 인식과 태도의 변화에 대해 자유롭게 의견을 교환하고, 체험활동에 대해 반성적으로 성찰하도록 한다. 그다음 학생들은 체험활동과 반성적 성찰의 결과를 정리하여 체험 학습 보고서를 제출한다. 최종적으로 학생들은 모둠별로 체험활동의 내용, 문제의 해결 결과, 체험 학습의 소감, 체험 학습 보고서 등을 종합하여 자료집을 만든다.

Dewey(1952)의 지적처럼, 사회 참여 체험에서 반성적 성찰은 체험 활동의 과정에서 연속적으로 이루어지는 것이다. 사회 문제를 조사하고 해결하는 활동과 그 활동에 대해 반성적으로 성찰하는 것은 유기적으로 결합되어 일어나는 연속적인 과정이다. 사회 문제를 해결하는 과정에 참여하면서 생긴 변화가 학생 내부의 의식적인 변화에 반영됨으로써 체험 학습이 일어나는 것이다.

이 단계는 체험활동의 과정에서 연속적이고 복합적으로 이루어졌던 체험활동과 그에 대한 반성적 성찰을 다시 체계적으로 정리하는 과정이다. Kolb(1984)의 제안처럼, 이러한 반성 과정을 통하여 학생들은 지역사회와 관련된 구체적 사실과 문제들을 인식하고, 사회의 문제 해결 과정과 민주주의에 대한 개념을 재구성한다. 그리고 체험 학습은 학생이 사회 문제의 해결 과정에 긍정적 영향을 미칠 수 있다는 효능감과 사회에 대한 영향력의 자각, 문제 해결을 위해 타인과 의사소통하고 협력하는 사회적 기능을 발달시킬 수 있다.

6. 체험 학습 프로그램의 적용

앞에서 개발된 체험 학습의 모형에 의거하여 학교 현장에서 쉽게 활용할 수 있는 구체적인 체험 학습 프로그램을 제시하면 다음과 같다.

1) 청소년 유해환경 감시단

(1) 필요성

지난 2008년 대구의 초등학교와 중학교에서 수십 명의 학생들이 음란 영상물을 모방하여 대낮에 운동장과 교실 등에서 집단적으로 성폭행하는 사건이 발생하였다(한겨레 2008. 4. 30.). 청소년들이 아무 죄의식 없이 장난삼아 음란 영상물을 따라 하거나 유해 약물을 남용하는 경우가 종종 발생하고 있다. 이처럼 최근 청소년들이 유해환경에 무방비로 노출되면서 신체적, 정신적 건강을 위협받고 있다.

청소년의 건전한 성장을 도와주기 위해서는 청소년 유해환경을 감시하고 개선하려는 노력이 필요하다. 청소년 유해환경 감시단은 청소년기본법 제5조와 제52조, 청소년보호법 제4~5조에 근거를 두고 있다. 이 법에 의하면, 청소년은 유해환경으로부터 보호받을 권리가 있으며 국가와 지방자치단체는 청소년 유해환경을 정화해야 할 의무를 지닌다. 그리고 모든 시민은 청소년에게 유해 매체물이나 유해 약물을 판매하거나 유해 업소에 출입시키는 것에 대해 신고해야 할 책임이 있다. 따라서 학교는 청소년 유해환경 감시단을 구성하여 학생들이 직접 유해환경을 조사하여 관계 기관에 신고하여 시정하도록 체험 학습 프로그램을 제공할 수 있다.

(2) 청소년 유해환경의 의미

청소년 유해환경 감시단이 조사할 유해환경은 청소년보호법 제2조에 따라 다음과 같이 유해 매체물, 유해 물질, 유해 업소로 구분될 수 있다:

① 유해 매체물: 등급제한으로 판매나 진열, 열람이 제한되는 음반, 비디오,

방송 등 음향 영상매체

② 유해 물질: 유해 약물(술, 담배, 마약류, 환각물질, 진해제, 항히스타민제, 합성 진통제), 유해 물건(성기구, 유해 완구류)

③ 유해 업소:

- 청소년 출입·고용 금지 업소:
  - 유흥 주점 영업, 단란주점 영업
  - 티켓 다방
  - 소주방·호프 등 주류 판매업소
  - 비디오물 감상실업, 노래연습장업(출입 허용 시설은 출입만 가능)
  - 무도 학원업, 무도장업
  - 음성(전화방) 또는 화상 대화 영업
  - 복표 발행업, 현상업, 기타 사행 행위업(회전판 돌리기, 추첨, 경품)
  - 청소년 유해 매체물, 청소년 유해 약물 및 물건을 제작/생산/유통하는 영업 업소
- 청소년 출입시간 제한 업소:
  - 노래연습장, PC방 및 복합 유통게임 제공업(오후 10시~오전 9시)
  - 찜질시설이 있는 목욕장업(오후 10시~오전 5시)

(3) 실시 방법

① 체험 학습 준비하기

교사는 먼저 청소년 유해환경 감시단을 몇 명으로 구성하여 어떻게 활동할 것인가에 대해 구체적인 계획을 세운다. 이 프로그램은 사회과 수업에서 체험 학습의 일종으로 유해환경 감시단 활동을 실시하는 것으로 구성될 수도 있고, 특별활동이나 동아리의 유해환경 감시반으로 구성될 수도 있다. 후자의 경우에, 교사는 유해환경 감시단 프로그램을 알리고 참여 학생을 모집한다. 그다음 교사는 청소년 유해환경의 의미와 종류, 유해환경의 감시와 자료 수집 방법, 관련 기관에의 민원 제기 방법, 체험 보고서 작성법 등에 대해 안내한다.

② 체험 문제 인식하기

학생들은 토의를 통해 학교와 주변 지역에 있는 청소년 유해환경을 찾고, 여러 가지 청소년 유해환경 중에서 어떤 유해환경을 조사할 것인가를 결정한다. 그다음 학생들은 관련 법률에서 청소년 유해환경의 의미와 유형을 어떻게 규정하고 있는가를 파악한다.

③ 체험 문제 분석하기

조사할 청소년 유해환경에 대해 파악했다면, 학생들은 청소년 유해환경의 조사 방법, 증거자료의 수집 방법, 정화 방법 등을 분석한다. 토의를 통해 학생들은 주변 지역에서 청소년 유해환경을 어떻게 조사하고 증거자료를 수집할 것인가, 조사된 자료와 결과물을 어떻게 처리할 것인가에 대해 구체적으로 분석한다.

④ 사회 참여 체험하기

청소년 유해환경을 파악하고 분석한 후에, 학생들은 주변 지역의 청소년 유해환경을 방문하여, 유해 매체물이나 유해 물질의 판매업소, 유해 업소 등을 관찰하면서 위법 사실이 발견되는 사항을 기록하고, 사진이나 비디오로 촬영한다. 그다음 교사와 학생은 수집된 자료에 기초하여 감독기관에 신고하여 시정을 요청한다.

⑤ 사회 체험 반성하기

유해환경의 감시 활동을 마친 후에, 교사는 학생들에게 체험활동에서 느낀 점, 사회 참여에 대한 인식과 태도 변화를 자유롭게 발표하게 한다. 학생들은 유해 매체물, 유해 물질, 유해 업소 등이 청소년의 신체적, 정신적 건강에 미치는 악영향과 그런 유해환경의 정화 방안에 대해 토론한다. 감시단이 지방자치단체에 제기한 민원에 대한 답변서가 왔을 경우, 교사는 학생들에게 민원 회신 내용을 알려준다. 만약 해당 기관이 그 문제를 해결하지 못했다면, 학생들은 다른 해결 방안을 찾아본다. 그다음 학생들은 감시단의 체험활동에 대해 반성하고 개선점을 토론한다. 또한 학생들은 유해환경 감시단의 활동 내용, 민원 회신 내용, 학생의 소감, 체험 학습 보고서를 종합하여 자료집을 만든다.

유해환경 감시단 관련 민원 서류(예시)

신 청 서

신청인:

(주소)

(전화)

1. 신청 취지(예시)

○○지역의 청소년 유해환경을 청소년기본법 제52조와 청소년보호법 제5조, 제17~19조, 제24~26조의 2에 의거하여 엄정하게 시정하여 주기를 신청합니다.

2. 신청 내용(예시)

(1) ○○지역의 □□PC방, ◇◇노래방이 오후 10시 이후 신분 확인 없이 청소년을 출입시키고 있습니다.

(2) ○○지역의 □□편의점, ◇◇슈퍼마켓이 신분 확인 없이 청소년에게 술, 담배를 판매하고 있습니다.

(3) ○○인터넷 사이트에서 청소년에게 음란 영상물을 판매 또는 유포하고 있습니다.

○○년 ○월 ○일

위 신청인: □□학교

학 생 ○○○(서명)

학 생 ○○○(서명)

지도교사 ○○○(서명)

※ 첨부: 입증 자료(사진, 비디오, 영수증 등)

○○ 시장(군수) 귀하

체험 학습 보고서

( )학년 ( )반 이름: ________

일시	년 월 일
장소	
조사 문제	• 조사할 청소년 유해환경의 유형, 명칭, 영업장소 등을 기록한다. • 청소년 유해환경의 조사 방법을 기록한다.
조사 활동의 내용	• 주변 지역을 방문하여 청소년 유해환경의 실태를 조사하고 사진 및 비디오 촬영한 내용을 기록한다. • 체험활동 사진 및 비디오 자료는 뒤에 첨부한다.
문제의 해결 방안	• 조사 자료와 관련 법률에 기초하여 청소년 유해환경의 정화 및 해결 방안을 제시한다.
체험활동의 평가	• 청소년 유해환경 감시단의 활동에서 느낀 점을 쓴다. • 청소년 유해환경 감시단의 활동의 개선점을 제시한다.
체험활동의 소감	• 청소년 유해환경 감시단의 활동에 참여한 이후에 사회 참여의 중요성 및 사회 참여에 대한 의식이나 태도가 어떻게 변했는가를 쓴다. • 첨부: 체험활동 사진, 유해환경 관련 사진이나 비디오 등

제17장 지역 학습

인간은 특정한 지역에서 거주하고, 그 지역의 지리적 특성은 인간의 생활방식에 영향을 미친다. 아무리 과학기술이 발달했다고 할지라도, 여전히 인간의 생활은 거주 지역의 지형, 기후 등에 의해 영향을 받으며 살 수밖에 없다. 예를 들면, 거주 지역의 지형(산지, 평야, 사막 등), 기후(열대, 온대, 아열대 등), 환경적 특성(지진, 홍수, 열대 저기압의 발생 등)은 인간의 의·식·주 생활, 교통, 산업, 문화 등에 영향을 미친다.

그러므로 지역의 지리적 특성이 인간의 생활방식에 미치는 영향을 파악하는 것이 필요하다. 그런 이해에 기초하여 지역마다 다른 인간의 생활방식이나 문화의 다양성을 이해하고 지리적 문제에 합리적으로 대응할 수 있는 능력을 길러주는 것이 요구된다. 그래서 지역에 대한 학습이 중요하다.

박선미의 조사 결과에 의하면, 지리 교육의 방향은 지리적 문제와 해결 과정을 학습하여 실생활에서 지리 교육의 유용성을 강조하거나(61%), 지역에 대하여 학습하여 국토관을 정립하고 세계 여러 지역에 대한 이해 능력을 함양하는 것으로 제시되었다(박선미, 2009: 94-97). 또한 세계화 시대에는 다른 나라의 지리적 특성을 파악하여 여러 나라 사람들의 문화적 다양성을 이해하고 세계의 지역 문제를 해결할 수 있는 능력을 함양하는 것이 필요하다.

이런 측면에서 지역의 학습은 지리 교육에서 매우 중요한 부분을 차지한다.

1. 지역 학습의 의미와 목표

1) 지역 학습의 의미

지리학은 기본적으로 지역의 지리적 특성을 연구하는 학문으로서 지역 지리가 중심이 된다. 이러한 지리학의 연구 결과에 기초하여 지역의 지리적 특성을 배움으로써 자연환경이 인간의 생활방식에 미치는 영향을 파악하고 지리적 문제를 합리적으로 해결하는 능력을 함양하는 활동이 지역 학습이다. 다시 말하면 '**지역 학습**'은 지역의 지리적 특성과 생활방식의 상관관계를 이해하고 지리적 문제를 합리적으로 해결하는 능력을 기르는 교육이다. 이런 측면에서 지역 학습은 지리 교육에서 가장 기본적이고 중요한 교육 방법이다.

지역에 대한 이해에 기초하여 지리적 문제의 해결 능력을 함양하는 데 초점을 맞춘다는 점에서 지역 학습은 지역 지리와 구별되어야 한다. 지역 지리는 지리적 관점에서 지역의 지리적 특성을 연구하는 학문이지만, 지역 학습은 교육적 관점에서 지역의 지리적 특성을 총체적으로 이해하기 위해 지역성을 종합적으로 탐구하는 주제를 가르치는 것이다(심광택, 2011: 117-118).

2) 지역 학습의 목표

지리 교육의 내용이 주로 지역 및 지리적 특성을 중심으로 구성되어 있기 때문에, 지역 학습은 지역에 대한 학습을 통하여 지역의 자연환경과 인문환경의 상관관계를 파악하는 지리적 안목, 여러 지역 간의 상호의존성을 파악하는 통찰력을 길러주는 것을 목표로 한다.

또한 지역 학습은 단순히 지리적 특성에 대한 지식이 아니라 지리적 특성에 대한 이해에 기초해 지리적 문제의 해결 능력을 신장시키는 것을 목표로 한다. 다시 말하면, 지역 학습은 단순히 지리적 특성에 대한 사실을 전달하기보다는 지리적 특성을 이해함으로써 자연환경과 인간 생활의 상관관계를 파악하고, 그에 기초해 지역의 지리적 문제를 합리적으로 해결하는 능력을 육성하는 것에 초점을 맞춘다.

2. 지역 학습의 내용

지역은 지리학의 가장 기본적인 연구 대상이고, 지역 학습의 주요한 내용이 된다. '지역'(region)이 무엇인가에 대하여 학자마다 의견이 다르다. N. M. Fenneman은 "지역이란 유사한 지리적 특성이 전반적으로 표출되어 나타나면서 다른 지역과는 대조를 이루는 장소이다"라고 규정하였고, R. S. Platt는 "지역은 토지의 특성과 거주를 지표로 하여 일반적으로 동질성을 나타내는 영역이다"라고 정의하였다. 비슷한 맥락에서 박선미는 한 지역이 다른 지역과 구분되는 독특한 지리적 특성을 지니고, 무엇을 기준 지표로 하느냐에 따라 지역의 분류와 경계가 달라진다고 지적하였다(박선미, 2009: 133-136, 인용).

여러 학자들의 의견을 종합해 보면, '지역'은 토지에 기초하여 다른 지역과 구별되는 유사한 지리적 특성을 공유하는 장소를 말한다. 지역에는 자연환경과 인문환경이 복합적으로 결합되어 있고, 두 환경이 어떻게 결합되는가에 따라 지역의 특성이 다르게 나타난다.

지역은 규모나 범주에 따라 마을, 고장, 지방, 국가, 대륙, 세계 등으로 구분될 수 있다. 그래서 지역 학습의 내용은 초등학교 1학년부터 중학교에 이르기까지 지역의 범위를 마을 → 고장 → 지방 → 국가 → 대륙 → 세계 순으로 학년에 따라 점차 확대하는 방식, 즉 '**환경 확대법**'에 따라 구성되어 있다.

따라서 각 학년에서 지역을 가르칠 때 이전 학년에서 배운 지역과 다음 학년에서 배울 지역의 지리적 특성과 연계시키고, 지역의 특성과 지역 간 상호 의존성 및 상호 연관성을 이해하도록 가르쳐야 한다. 또한 지역의 지리적 특성에 대한 이해에 기초하여 그 지역에서 발생하는 지리적 문제(지역 개발과 생태계 파괴, 환경오염, 자원 고갈 등)를 합리적으로 해결하도록 가르쳐야 한다.

구체적으로 지역 학습에서 가르쳐야 할 내용은 지역 지리의 연구 결과에서 찾을 수 있다. 지역 지리의 연구 내용인 입지와 공간의 설명, 사건과 장소의 이해, 발전과 환경 가치 판단은 지역 학습의 내용이 된다. 이러한 지역 지리의 내용에 근거하여, 심광택은 지역 학습의 주제를 다음과 같이 제시하였다(심광택, 2011: 120-125).

❙ 지역 학습의 주제 ❙

구 분	개념 정의	지역 학습의 규모	지역 학습의 주제
공간성	사회적으로 구성되고 재생산되는 사회적 공간의 구체적 내용	주변 지역, 지방, 국가, 세계	입지와 공간 설명
장소성	시·공간과의 지속적인 상호작용으로 형성된 삶의 현장에서의 경험과 의미	개인적 경험, 집단, 대중	사건과 장소 이해
환경적 특성	인간의 필요 충족을 위한 인간과 자연 간의 상호작용과 변화	단기, 중기, 장기 지속 계획	발전과 환경 가치 판단

(심광택, 2011: 120, 125)

지역 학습의 대상인 지역은 인간의 행동과 삶의 터전을 제공하는 공간, 장소, 환경으로 구성된다. 그에 따라 지역 학습의 내용은 공간 학습, 장소 학습, 환경 학습으로 구분될 수 있다(심광택, 2011: 150-163). 공간 학습은 지역의 공간적 특성(수리적 위치, 관계적 위치 등)에 대해 설명하는 것이다. 장소 학습은 지역의 자연적·인문적 특성(지형, 기후, 식생 및 인구, 산업, 문화 등)에 대해 설명하는 것이다. 환경 학습은 지역의 공간과 장소에 대한 지식에 기초하여 지역의 환경문제(지구 온난화, 토양의 산성화, 환경오염, 사막화, 개발과 생태계 파괴 등)에 대한 가치 판단을 배우는 것이다.

❙ 지역 학습의 유형과 내용 요소 ❙

지역 학습의 유형	지역 학습의 내용 요소
공간 학습	지역의 공간적 특성 (수리적 위치, 관계적 위치 등)
장소 학습	지역의 자연적·인문적 특성 (지형, 기후, 토양, 식생 및 인구, 산업, 문화 등)
환경 학습	지역의 환경문제에 대한 가치 판단

수업목표: 부산의 지리적 특성을 이해한다.
※ 지도: 경상남도

3. 지역 학습의 방법

지역 학습은 지역의 지리적 특성을 파악하여 자연환경과 인간 생활의 상호 관계를 이해시키는 수업이다. 지역 학습의 방법은 학자마다 다르지만, 공통적인 과정을 종합하여 지역 학습의 과정을 제시하면 다음과 같다.

| 지역 학습의 교수 · 학습 과정 |

(1) 문제 제기	(2) 지역의 특성 파악
(3) 지리적 특성의 이유 분석	(4) 지리적 일반화의 진술

이러한 지역 학습의 과정에서 이루어지는 교수 · 학습 활동을 살펴보면 다음과 같다.

지역 학습의 교수 · 학습 과정

1. 문제 제기
   - 지도 또는 시청각 자료를 통해 학습할 지역에 대하여 간략히 소개한다.
   - 해당 지역을 학습하는 이유와 목표를 설명한다.
     - 지역의 지리적 특성을 파악한다.
     - 지역의 지리적 특성과 생활방식의 상관관계를 이해한다.

2. 지역의 특성 파악
   - 지역의 공간적 특성을 파악한다(지역의 수리적 위치, 관계적 위치 등을 파악한다).
   - 지역의 자연적 특성을 파악한다(지역의 지형, 기후, 토양, 식생 등과 관련된 특징을 파악한다).
   - 지역의 인문적 특성을 파악한다(지역의 인구, 교통, 산업, 문화 등과 관련된 특징을 파악한다).
   - 지역의 환경문제를 파악한다.

3. 지리적 특성의 이유 분석
   - 지역에서 자연적 특성이 나타나는 이유를 분석한다.
   - 지역에서 인문적 특성이 나타나는 이유를 분석한다.
   - 지역의 환경문제의 발생 원인과 결과를 분석하고 해결 방안을 토론한다.

4. 지리적 일반화의 진술
   - 지역의 공간적 특성, 자연적 특성, 인문적 특성의 상관관계를 일반화하여 진술한다(지역의 위치와 자연환경이 지역의 생활방식에 어떤 영향을 미쳤는가에 대하여 일반화하여 진술한다).
   - 지역 학습의 일반화(예):
     - 지역의 위치와 자연환경이 인문환경에 영향을 미친다.
     - 지역의 지형, 기후가 교통, 산업, 문화 등에 영향을 미친다.

4. 지역 학습의 한계

지리학은 지역의 지리적 특성에 대해 연구하는 학문이고, 지리 교육은 지역의 지리적 특성이 지역의 생활에 미치는 영향을 파악하여 지리적 문제를 해결하는 능력을 신장시키는 것이다. 그래서 지리 교육에서 지역 학습이 중요한 부분을 차지한다.

그렇지만 현재 우리나라에서 지리 교육의 내용은 지역 관련 사실을 백과사전식으로 나열하는 형태로 구성되어 있고, 그래서 지역 학습은 지리적 지식을 단편적으로 전달하는 수준에 머물러 있다. 그에 따라 학생들은 지역 학습을 지역에 대한 정보를 단편적으로 암기하는 것으로 인식하고, 지리적 문제를 해결하는 데 적용하지 못하는 한계를 드러내고 있다.

또한 최근 엘니뇨(El Nino)와 라니냐(La Nina), 지구 온난화 등으로 지역의 기후가 변하고 있는데, 지역 학습은 변화된 기후의 특성을 반영하지 못하고 여전히 지역의 과거 기후와 특산물 등을 가르치는 문제점을 드러내고 있다.

제18장 지도 학습

최근 스마트폰이 일반화되면서 어린 학생들도 어떤 장소나 길을 찾기 위해 지도 관련 어플리케이션을 자주 사용한다. 자동차에도 내비게이션이 설치되면서 대부분의 사람들이 지도를 보며 운전한다. 또한 우리는 일상생활에서 지하철 및 버스 노선도, 영화관 자리 배치도부터 건물 배치도, 약도, 그림지도, 지형도, 주제도, 세계지도 등 다양한 형태의 지도를 접하게 되고, 그 지도를 활용해야 하는 상황에 직면한다.

이런 상황에서 사람들은 다양한 형태의 지도를 읽고 활용할 수 있는 능력이 필요하다. N. J. W. Thrower가 「지도와 인간(Maps and Man)」에서 강조했던 것처럼, 지도에는 그 시대의 문화와 문명이 반영되어 있으며, 지도를 아는 것은 매우 중요하고 지도에 대한 지식과 내용은 자연히 알게 되는 것이 아니라 학습이 필요하다.

그러므로 지리 교육에서 지도에 대한 이해, 지도를 읽는 기능(讀圖 技能)과 지도를 그리는 기능(作圖 技能)을 가르치는 것이 요구된다. 지리 교육에서는 단순히 지리적 사실을 전달하기보다는 일상생활에서 지도를 효율적으로 활용할 수 있도록 지도 학습을 강화해야 한다. 지도 학습은 지도에 표시된 지리적 정보를 파악하여 실제 생활에서 지도를 활용하는 능력을 신장시키는 지리 교육이다.

1. 지도 학습의 의미와 목표

1) 지도 학습의 의미

지도는 기호나 그림을 통해 지리적 현상을 표현하는 도식이기 때문에, 지역의 지리적 특성에 대하여 가르치는 지리 교육에서 지도를 활용한 수업은 매우 중요하다. 지도는 지역의 위치와 지리적 특성에 대한 정보를 제공해 주고, 그 정보에 기초하여 지역의 자연환경과 인문환경의 상관관계를 파악할 수 있도록 도와준다. 이런 측면에서 지도 학습은 지리 교육에서 기본적이고 중요한 수업 방법이다.

'**지도 학습**'은 지도에 나타난 지리적 특성과 정보를 파악하고 지도를 그리는 능력을 기르는 활동이다. 지도 학습은 지도에 대한 이해에 기초하여 지도 읽기와 지도 그리기 능력을 신장시킴으로써 지도에 나타난 자연환경과 인문환경의 상관관계를 파악하고 일상생활에서 지도를 활용하는 능력을 향상시키는 것이다.

여러 학자들의 견해를 종합해 보면, 지도 학습은 크게 '지도에 대한 학습'과 '지도를 통한 학습'으로 구분될 수 있다. '**지도에 대한 학습**'은 지도의 의미, 지도의 요소에 대한 이해, 지도 읽기, 지도 그리기 등에 대한 학습으로 구성된다. 지도에 대한 학습은 위치, 방위, 축척, 기호, 등고선 등 지도의 요소에 대하여 가르침으로써 지도를 읽고 이해하는 데 필요한 기초적 지식을 가르치는 것이다.

'지도 읽기 학습', 즉 독도 교육(讀圖 敎育)은 지도의 요소에 대한 이해에 기초하여 지도에 나타난 자연적 · 인문적 특성을 파악하는 능력을 가르치는 것이다. '지도 그리기 학습', 즉 작도 교육(作圖 敎育)은 지도의 요소를 활용하여 실제로 지도를 그리는 능력을 길러주는 것이다. 이런 지도에 대한 학습은 지도에 대한 이해에 기초하여 지도 읽기와 지도 그리기 능력을 신장시킴으로써 일상생활에서 지도를 활용할 수 있는 능력을 길러주는 것이다.

'**지도를 통한 학습**'은 지도를 통해 특정한 주제를 학습하거나 자연적 · 인문적 특성을 파악하고 두 요소 간의 상관관계를 파악하도록 가르치는 것이다. 지도를 통한 학습은 다양한 형태의 지도를 통하여 그 지역의 지리적 특성을 생생하게 파악하고, 그런 자연환경이 그 지역의 의·식·주 생활, 인구, 산업, 문화 등에 어떤 영향을 미쳤는지를 파악하게 하는 것이다. 학생들은 지도를 통해 어떤 지역의 자연환경과 인문환경의 상관관계를 생생하게 이해할 수 있다.

| 지도 학습의 유형 |

지도 학습의 유형	지도 학습의 내용
지도에 대한 학습	• 지도의 요소에 대한 학습 • 지도 읽기 학습(독도 교육) • 지도 그리기 학습(작도 교육)
지도를 통한 학습	• 자연환경과 인문환경의 상관관계를 파악하기 • 자연환경에 따른 문화적 다양성을 이해하기

2) 지도 학습의 목표

지도 학습은 일차적으로 '**지도 읽기 능력**'과 '**지도 그리기 능력**'을 가르치는 것이다. 그 다음 지도 학습은 지도 읽기와 지도 그리기 능력을 통해 지도에 나타난 지리적 특성을 파악하는 능력을 신장시키는 것이다. 한마디로 지도 학습은 '**지리 도해력**'(geo-graphicacy)의 함양을 목표로 한다. 지리 도해력은 '지도를 통한 정보 저장', '지도를 통한 정보 표현', '지도에 저장된 정보의 해석 능력'으로 구성된다(이경한, 2004: 175-176).

'지리 도해력'은 지도를 그리고, 지도에 표시된 지리적 정보를 읽고 해석하는 능력이다. 지도의 요소를 활용해 지표면의 특성을 축소해 지도로 그리고, 지도에 표시된 지리적 특성을 파악하며, 그 지리적 특성이 인간의 생활 방식에 미치는 영향을 해석할 수 있는 능력이다. 지리 도해력은 지도를 읽고 지리적 정보를 파악함으로써 지리적 문제를 합리적으로 해결하는 것을 도와준다.

2. 지도 학습의 내용

그러면 지리 도해력을 신장시키기 위해 지도 학습에서 가르쳐야 할 내용은 무엇인가? 현재 사회과 내용 체계에서 지도 학습의 내용은 학생의 공간 개념의 발달 시기를 고려하여 3학년부터 지도 읽기(독도) 및 지도 그리기(작도) 기능을 가르치도록 구성되어 있다. 지도의 계열은 그림 → 그림지도 → 평면적 · 추상적 지도 → 지구본으로 확대되고 있다(조철기 외, 2011: 24-25).

구체적으로 지도 학습에서 가르쳐야 할 주요 내용을 살펴보면 다음과 같다.

1) 지도의 요소

'지도'는 지표면의 일부 또는 전체를 일정 비율로 축소하여 평면에 표시한 도면이다. 실제 지표면을 축소하여 평면에 표시하기 위해서는 여러 가지 요소와 방법이 필요하다. 여러 학자들의 의견을 종합해 보면(최용규 외, 2008: 314; 강경원 외, 2001: 151-169), 지도의 요소에는 위치, 방위, 축척, 기호, 등고선 등이 있다.

'위치'는 어떤 사물이 지표면에 차지하는 장소 또는 자리이다. 지표면에서 차지하는 자리를 나타내는 방식에 따라 위치는 절대적 위치와 상대적 위치로 구분된다. 절대적 위치는 지표면에서 어떤 사물이 차지하는 자리를 좌표에 의해 숫자로 표시하는 '수리적 위치'이다. 지표면에서 사물이 차지하는 자리를 표시하기 위한 좌표로서 보통 위선과 경선이 사용된다. 위선은 적도에 평행하게 지구 둘레를 따라 그은 가상의 선이다. 경선은 지구의 남극과 북극을 연결하는 가상의 선이고 자오선이라고도 한다. 위도 1° 간의 거리는 약 111km이고, 경도 1°의 거리는 적도에서는 약 111km이지만 극에서는 0km이다. 예를 들면 '서울시는 동경 127°, 북위 37° 사이에 위치한다'라고 하는 것은 절대적 위치이다. 반면에 상대적 위치는 어떤 사물이나 장소의 위치를 다른 사물이나 장소와의 관계를 통해 나타내는 것이기 때문에, 기준으로 삼는 것과의 관계에 따라 다르게 표현될 수 있는 '관계적 위치'이다. 예를 들면 '전주교대는 한옥마을 오른쪽에 있다'라는 것은 상대적 위치이다.

'방위'는 어느 한 지점을 기준으로 삼아 어떤 곳의 위치와 방향을 나타내는 것이다. 일반적으로 지구의 남극과 북극을 연결하는 자오선을 기준으로 남쪽과 북쪽이 정해지고 이 자오선과 수직으로 만나는 선의 양방향이 동쪽과 서쪽으로 정해진다. 동・서・남・북의 4방위가 대표적이며, 이를 기준으로 32방위로 등분한다.

'**축척**'은 실제 지표면을 일정 비율로 축소하여 지도에 표시하는 정도를 나타낸 것이다. 즉, 축척은 지표상의 실제 거리와 지도상에 표현된 거리의 비율을 의미한다. 축소 비율을 오해할 수 있는데, 실제 거리를 많이 축소하여 작게 그린 지도가 소축척 지도이고, 실제 거리를 적게 축소하여 크게 그린 지도가 대축척 지도이다.

'**기호**'는 지표면의 자연적・인문적 특성을 표현하는 도식이다. 지표면의 지리적 특성과 인문적 특성을 표시하기 위해 여러 가지 부호, 그림, 문자 등이 기호로 사용된다. 지도에서 기호는 점, 선, 면으로 표시된다. 점 기호는 도시, 공장, 학교 등 위치 관계를 표시할 때 사용되고, 기호의 모양이나 색깔을 통해 대상의 특성을 나타낸다. 선 기호는 주로 행정 구역, 경선과 위선, 도로, 철도, 하천 등을 표시할 때 사용된다. 면 기호는 삼림, 논, 밭, 바다 등을 표시할 때 사용되고, 주로 색깔로 구별하여 나타낸다. 우리나라는 국토해양부에서 「지도 도식 규칙」을 만들어, 지도에 표기하는 지형・지물 및 지명 등을 나타내는 기호나 문자 등의 크기・모양・색상 등을 '도식'이라고 정의하였다.

'**등고선**'은 지표면에서 해발 고도가 같은 지점을 연결한 선이다. 등고선은 지형도에서 지형의 고저(高低)와 기복(起伏) 상태를 도면에 나타낼 때 사용된다. 등고선의 값은 해수면을 기준으로 하고 원칙적으로 폐곡선이다. 등고선은 경사가 급한 곳에서 간격이 좁고 완만한 곳에서는 넓어지기 때문에, 등고선의 간격에 의해서 지형의 경사도를 판별할 수 있다. 우리나라에서는 1:50,000 지형도에서 20m, 1:25,000 지형도에서 10m를 기본 간격으로 등고선을 표시하고 있는데, 이를 주곡선이라고 한다. 그리고 보다 쉽게 판별하기 위해 주곡선 5개마다 등치선을 굵게 표시하는데, 이를 수곡선이라고 한다. 평탄한 지형에서는 등고선 20m 간격에 나타나는 세밀한 지형적 특성을 보완하기 위해 점선으로 고도 10m 간격을 표시하는데, 이를 '간곡선'이라고 한다.

2) 지도의 분류

지도는 '축척'을 기준으로 소축척 지도, 중축척 지도, 대축척 지도로 분류된다(황홍섭, 2004: 165). 소축척 지도는 넓은 지역을 많이 축소한 지도로, 축척 비율이 1:600,000 축척과 이것보다 더 작은 비율로 제작된 지도를 말한다. 소축척 지도의 표준 축척은 1:1,000,000이다.

중축척 지도는 소축척과 대축척의 중간 정도로 축소한 지도로서, 축척 비율이 1:600,000 축척보다 크고 1:75,000보다 작은 비율로 제작된 지도를 말한다. 중축척 지도의 표준 축척은 1:250,000이다.

대축척 지도는 어떤 지역을 보다 적게 축소하여 지표면을 보다 자세하게 표현하는 지도로서, 축척 비율이 1:75,000 축척과 이것보다 큰 비율로 제작된 지도를 말한다. 대축척 지도의 표준 축척은 1:50,000이다.

3) 지도 읽기 기능(讀圖 技能)

위치, 방위, 축척, 기호를 통하여 지도에 나타난 어떤 지역의 자연환경과 인문환경의 특징을 파악하고, 그에 의거하여 지역의 자연환경이 인문환경에 미친 영향을 이해하는 것이 바로 **'지도 읽기'**, 즉 독도(讀圖)이다. 지도 학습은 단지 지도의 요소들을 가르치는 것이 아니라 지도의 요소를 통해 한 지역의 자연적·인문적 특성 및 그것의 상관관계를 파악하는 **'지도 읽기 능력'**(독도 능력)을 길러 주는 것이다.

지도 읽기 자료

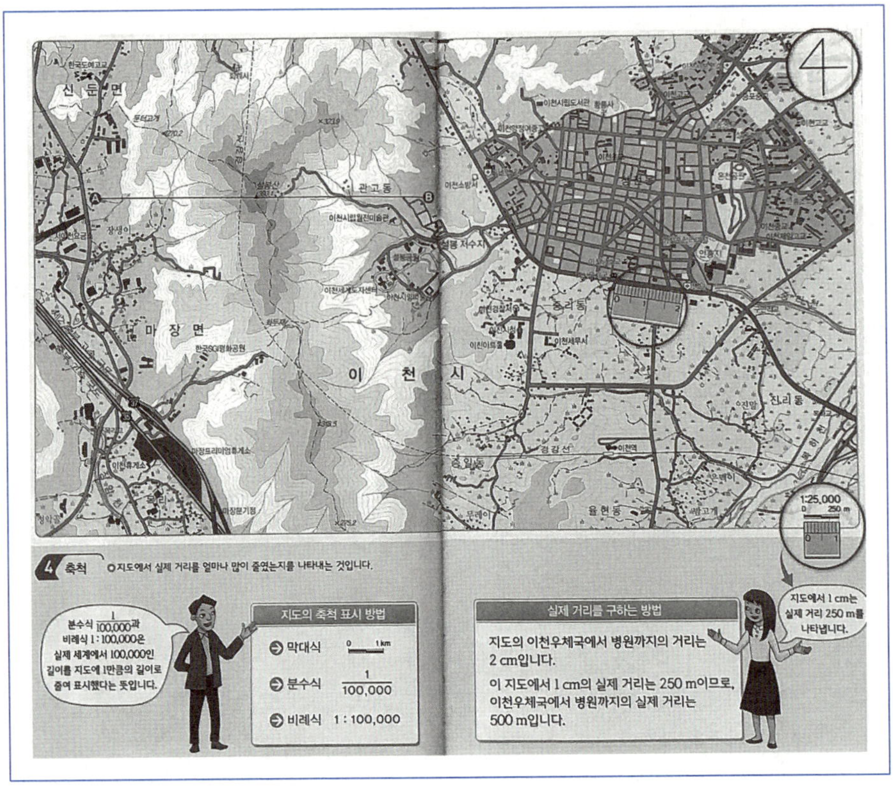

(출처: 교육부(2019). 초등학교 사회과 부도. 6-7쪽)

4) 지도 그리기 기능(作圖 技能)

지도의 요소들을 배운 후에 실제로 어떤 지역을 축소하여 그 지역의 자연적 · 인문적 특성을 지도에 표시하는 것이 '지도 그리기', 즉 작도(作圖)(mapping)이다. 지역 학습은 어떤 지역을 축소하여 자연환경과 인문환경을 지도에 표시하는 능력, 즉 '**지도 그리기 능력**'(작도 능력)을 길러주는 것이다. 지도 그리기 능력은 지도에 표시된 자연적 · 인문적 특성을 더 잘 이해하고, 자연환경이 인문환경에 미치는 영향을 생생하게 파악하는 것을 향상시킨다.

지도 그리기는 처음에 집이나 학교 주변을 축소하여 표시하는 그림지도 또는 약도를 그리는 것에서 시작하여 어떤 지역을 간략하게 축소하여 그리는 약지도를 그리게 하고, 다음에 우리나라 전도나 세계지도, 주제도 등을 그리게 하는 방식으로 진행될 수 있다.

❙ 지도 그리기 자료 ❙

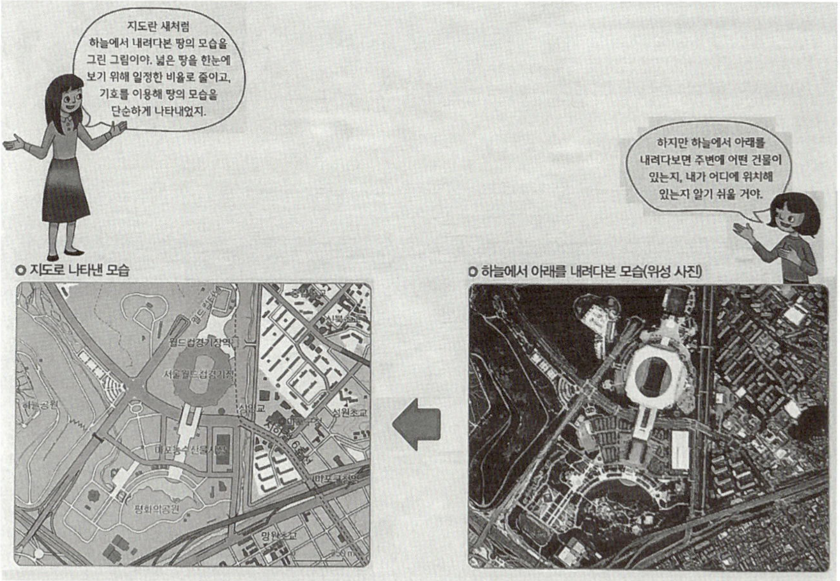

(출처: 교육부(2019). 초등학교 사회과 부도. 4쪽)

3. 지도 학습의 방법

지도 학습은 독도 기능과 작도 기능 중 어느 부분에 초점을 맞추느냐에 따라 교수·학습 과정이 달라진다. 지도 학습에서 지도 읽기 학습과 지도 그리기 학습의 단계를 살펴보면 다음과 같다.

❙ 지도 읽기 학습의 과정 ❙

(1) 문제 제기	(2) 지도 요소의 설명
(3) 지도 읽기 활동	(4) 지도 읽기 능력의 확인

| 지도 그리기 학습의 과정 |

(1) 문제 제기	(2) 지도 요소의 설명
(3) 지도 그리기 활동	(4) 지도 그리기 능력의 확인

이러한 지도 읽기 학습과 지도 그리기 학습의 과정에서 이루어지는 교수·학습 활동을 살펴보면 다음과 같다.

지도 읽기 학습의 과정

1. 문제 제기
   - 시청각 자료를 통해 일상생활에서 지도 읽기가 필요한 상황을 제시한다(길 안내, 길 찾기, 내비게이션에서 장소 찾기 등).
   - 지도 읽기의 중요성을 설명한다.

2. 지도 요소의 설명
   - 지도의 의미를 설명한다.
   - 지도의 이해에 필요한 지도의 요소(위치, 방위, 축척, 기호 등)를 설명한다.

3. 지도 읽기 활동
   - 공간적 특성 읽기:
     - 지도의 요소를 활용하여 지도에서 위치와 장소를 찾는 방법을 설명한다.
     - 다양한 지도에서 특정한 위치와 장소를 찾아보게 한다.
   - 자연적 특성 읽기:
     - 지도에 나타난 자연환경의 특성을 찾는 방법을 설명한다.
     - 다양한 지도에서 자연환경의 특성을 찾아보게 한다.
   - 인문적 특성 읽기:
     - 지도에 나타난 인문환경의 특성을 찾는 방법을 설명한다.
     - 다양한 지도에서 인문환경의 특성을 찾아보게 한다.

4. 지도 읽기 능력의 확인
   - 특정한 위치와 장소를 제시하여 지도에서 찾을 수 있는지 확인한다.
   - 새로운 지도를 제시하여 지도에 나타난 자연적 특성과 인문적 특성을 파악할 수 있는지 확인한다.

지도 그리기 학습의 과정

1. 문제 제기
   - 시청각 자료를 통해 일상생활에서 지도 그리기의 사례를 표시한다(길 안내, 약도 그리기 등).
   - 지도 그리기의 필요성을 설명한다.

2. 지도 요소의 설명
   - 지도의 의미를 설명한다.
   - 지도 그리기에 필요한 지도의 요소(위치, 방위, 축척, 기호 등)를 설명한다.
   - 축척이나 등고선을 활용하여 실제 지형을 평면으로 옮기는 방법을 설명한다.

3. 지도 그리기 활동
   - 지도의 요소를 활용해 주변 지역과 관련된 그림지도나 약도를 그리게 한다.
   - 축척, 위치, 기호 등을 활용하여 주변 지역의 지형도를 그리게 한다.
     - 축척에 맞게 기본 밑그림을 그린다.
     - 위치, 방위, 기호 등을 표시한다,
     - 지형(산, 하천, 바다 등)과 인문환경(건물, 도로, 주택, 논, 밭 등)을 표시한다.

4. 지도 그리기 능력의 확인
   - 학생이 그린 지도에서 위치, 방위, 축척, 기호 등이 제대로 표시되었는지 확인한다.
   - 학생이 그린 지도에 나타난 지리적 특성을 설명하게 한다.
   - 학생이 그린 지도를 어디에 활용할 수 있는지 발표하게 한다.

수업목표: 지도를 그리고 읽는 능력을 기른다.
※ 지도

4. 지도 학습의 한계

지리 교육에서 지도 학습이 매우 중요하지만, 실제 학교 현장에서는 지도 학습이 제대로 이루어지지 않는다. 그 이유는 여러 가지가 있겠지만, 지도 학습의 내용이 학생의 수준에 맞게 구성되지 않았고, 교사들이 지도 읽기와 그리기 능력이 부족하여 지도를 활용하지 못하기 때문이다.

학교 현장에서 지도 학습이 활성화되지 못한 이유를 찾아보면 다음과 같다(황홍섭, 2004: 190-192). 첫째, 초등학교 사회과에 제시된 지도 학습의 내용이 초등학생의 인지 발달 단계보다 높은 수준으로 제시되어 있기 때문에, 지도 학습이 어렵다. 둘째, 사회과의 지도 학습이 다른 교과와 연결되지 않은 채 제시되어 있어서 지도에 대해 효과적으로 가르치기 어렵다. 4학년 사회는 '축척'을 이용한 지도 그리기 활동을 제시하였는데, 축척의 개념은 6학년 수학에서 다루고 있는 개념이다. 셋째, 실제 학교 현장에서 사회과 부도와 다양한 지도를 활용하는 수업이 제대로 이루어지지 않는다. 그 이유는 초등학교의 경우에 교사들이 지도 읽기와 지도 그리기 능력이 부족하기 때문에, 사회과 부도와 다양한 지도를 활용하지 못한다. 중·고등학교의 경우에는 입시 위주 교육으로 인해 지도 학습보다는 지리적 지식을 빠르게 전달하는 강의식 수업이 주로 진행되기 때문에, 사회과 부도와 다양한 지도를 활용하지 못한다.

그러므로 대학 교육이나 교사 연수를 통해 교사들이 지도를 읽고 그리는 능력을 함양하도록 함으로써, 지도를 활용하여 생동감 있게 가르칠 수 있도록 만들어야 한다. 그래서 학생들이 스스로 지도 읽기와 그리기 능력을 향상시킴으로써 실제 생활에서 지도를 효과적으로 활용할 수 있도록 도와주어야 한다.

또한 지도 학습이 효과적으로 이루어지기 위해서는 최근 정보통신 기술의 발달을 반영하여 내비게이션과 스마트폰을 활용한 지도 학습의 방법과 프로그램의 개발이 요구된다.

제 19 장 이야기식 수업

역사란 무엇인가? L. von Lanke, J. E. E. Acton 같은 실증주의 역사학자들은 역사를 역사가의 주장을 개입시키지 않고 역사적 사실을 수집해 객관적으로 편찬하는 것으로 간주하였다. 그러나 인간의 인식론적 한계 때문에, 역사적 사실은 객관적 기록이 불가능하고 기록자의 관점, 가치, 해석이 개입되기 마련이다. 이런 이유에서 B. Croce, C. Becker, R. G. Collingwood 같은 해석주의 역사가들은 역사적 기록이 역사가의 상상적 이해를 통해 해석된 사실이라고 보았다. 이런 관점에서 최근 역사는 사실(史實)의 객관적 기록이라기보다는 역사가가 해석한 일종의 '내러티브'(narrative)로 이해된다. 내러티브는 역사 인식의 기본 도구이고, 역사 서술의 기본 방식으로 간주된다.

또한 기존의 역사 수업은 정치사를 중심으로 역사적 사건이나 사실을 연대순으로 전달하는 설명식 수업이 많았다. 설명식 수업은 역사에 대한 흥미를 떨어뜨리고, 많은 사실을 암기하는 과목으로 인식하게 만들었다.

그래서 최근 내러티브로서 역사를 가르치는 방법으로 '이야기식 수업'이 강조되고 있다. 이야기식 수업은 이야기를 통해 가르침으로써 역사 수업에 대한 흥미를 제공할 수 있고, 역사를 쉽게 이해하고, 이야기를 통해 역사적 사실들의 상관관계를 파악하도록 도와준다. 이런 수업 방법은 역사적 사실들을 단순 나열하는 것이 아니라 재미있는 이야기로 구성하여 전달함으로써 학생들의 관심과 참여를 높이고 어려운 역사를 쉽게 이해할 수 있도록 도와준다.

1. 내러티브로서 역사

최근 역사는 역사가가 해석한 일종의 내러티브로 이해된다. **'내러티브'**(narrative)는 역사가들이 일련의 역사적 사건을 말이나 글로 서술하는 것 또는 그런 말이나 글을 의미한다(김한종 외, 2012: 211-212). 다시 말하면 내러티브는 이야기와 담론으로 구성된다. '이야기'(story)는 역사적 사건, 인물, 상황 등에 대하여 해석한 말이나 글이고, '담론'(discourse)은 그 이야기를 말로 표현하거나 제시하는 것을 가리킨다. 즉, '내러티브로서 역사'는 '이야기로서 역사'와 '담론으로서 역사'를 모두 포함한다.

내러티브는 역사적 사건을 연대 순으로 서술하기 때문에, 내러티브 안에서 언급되는 사건들 간에는 상관관계가 제시된다. 예를 들면 '민란의 발생'에 대한 이기백의 내러티브 서술을 살펴보면 다음과 같다(김한종 외, 2012: 213. 인용).

역사의 내러티브 서술

… 여러 가지 노력에도 영세 소작농으로 몰락한 농민들의 생활은 가난에 쪼들렸다. 더구나 흉년이 되면 각지에 굶주린 사람의 수가 늘고 아사자가 속출하였다. …
농민들의 불만과 불평은 사회 내부에서 음성적인 형태를 띠고 나타나기도 하였다. 각지에서 오늘날의 벽보와 같은 괘서, 방서 등의 사건이 연거푸 일어나서 민심을 소란케 한 것은 그 하나의 표현이었다. …
농민들의 불만은 이러한 음성적인 것에만 그치지 않았다. 우선 도적의 무리가 되어 사방을 소란케 하였다. …
민란이 빈발하였다. 그 주체는 농민이었다. …

- 출처: 이기백, 「한국사신론」, 일조각, 1999, pp.275~276. -

이 내러티브를 살펴보면, "농민 생활의 곤란과 불만 → 사회 내부의 음성적 저항 → 농민의 도적화 → 민란의 발생" 순으로 여러 가지 역사적 사건의 상관관계가 내러티브 속에서 서술된다. '농민 생활의 곤란과 불만'이 필연적으로 '민란 발생'의 원인이 된다는 것(인과관계)이 아니라 민란 발생의 여러 가지 원인이나 이유 중 하나가 된다는 것(상관관계)을 서술하는 것이다. 이것이 내러티브 서술의 특징이다.

또한 내러티브는 하나의 이야기이기 때문에, 내러티브를 말하거나 쓰는 사람의 역사관과 역사 인식이 이야기 속에 반영된다. 역사 교과서에 나타난 내러티브에는 저자의 역사관과 역사 인식이 반영되어 있다. 예를 들면 '고려 사회의 건국'에 대한 국사 교과서의 내러티브를 살펴보면 다음과 같다(김한종 외, 2012: 215-218, 인용).

국사 교과서의 내러티브 서술

> … 고려 사회의 출발은 단순히 왕조 교체의 차원을 넘어 중세 사회로의 전환을 의미하는 것이다. 그리하여 고려 태조 왕건은 후삼국 시대의 혼란을 수습한 후, 통일국가의 기반을 확충하고 사회의 안정을 위하여 노력하였다. …
>
> - 출처: 교육부, 「고등학교 국사」(상), 1996, pp.105. -

이 내러티브는 '고려 사회의 출발 → 중세 사회로의 전환 → 왕건의 개혁 정치'이라는 순서로 서술되어 있다. 고려 사회의 출발을 중세 사회로의 전환이라고 서술한 것은 저자가 특정한 역사관에 기초하여 고려 사회의 성격을 해석한 역사 인식이 반영된 것이다.

2. 이야기식 수업의 의미와 목표

1) 이야기식 수업의 의미와 목표

연대기 순으로 역사적 사건의 전개 과정을 전달하는 설명식 수업과 달리, 이야기식 수업은 교사가 역사적 사건과 관련된 **'인물'의 의도와 목적, 행위** 등을 중심으로 하나의 이야기로 구성하여 전달하는 수업 방식이다(최상훈 외, 2013: 219-220). 예를 들면 설명식 수업은 '4·19혁명'이라는 역사적 사건의 발생 원인, 전개 과정, 결과 등을 연대순으로 제시한다. 반면에 이야기식 수업은 4·19혁명과 관련하여 중요한 '인물'인 이승만 대통령의 의도와 행위, 즉 장기 집권을 위한 야망, 3·15 부정 선거, 부정 선거에 대한 지식인과 시민의 저항의 이유

등을 중심으로 하나의 이야기를 구성해 들려주는 것이다.

이처럼 이야기식 수업 또는 내러티브식 수업은 일련의 역사적 사건들을 일정한 줄거리(이야기)를 가지고 시대 순서대로 이야기 하는 방식(담론)이다(김한종 외, 2012: 218-219). 이야기식 수업은 역사적 사건과 관련된 인물의 의도와 목적, 행위의 이유 등에 대한 이야기를 기승전결의 형태로 전달하는 방식이다. 내러티브는 이야기의 시작-전개-절정-종결이라는 구조(기승전결)를 가지고 시작부터 끝까지 하나의 통합된 줄거리를 갖는다.

이러한 이야기식 수업은 단순히 역사적 사실을 재미있게 전달하는 것이 아니라 역사 이야기 속에 나타난 인간의 본질적 측면을 파악하고 역사적 사건들의 연속성과 상관관계를 이해하는 **'역사적 사고력'**을 발달시키는 것을 목표로 한다. 특히 이야기식 수업은 인물의 관점에서 과거 사건과 상황을 맥락적으로 이해하는 역사적 상상력을 신장시키는 데 기여할 수 있다.

2) 역사 내러티브의 기능

이야기식 수업은 일련의 역사적 사건과 관련된 '인물'의 의도와 행위 등을 중심으로 하나의 내러티브로 구성하여 이야기로 전달하는 수업이다. 그래서 이야기식 수업에서 역사 내러티브는 다양한 기능을 할 수 있다(김한종 외, 2012: 224-234).

첫째 수업 소재로서 내러티브이다. 역사 수업에서 다루는 내러티브의 소재는 교과서 내용에 나오는 사건이나 인물과 관련된 이야기로 구성된다. 사료에 나오는 신화, 전설, 설화 등은 역사 수업에서 자주 활용되는 내러티브의 소재이다. 예를 들면, 고구려, 백제, 신라의 건국에 대한 수업을 할 때, 교사들은 「삼국사기」, 「삼국유사」 등에 나오는 신화나 설화를 이야기로 소개할 수 있다.

둘째, 전달 수단으로서 내러티브이다. 교사는 역사 교과서의 내용을 전달하는 수단으로 내러티브를 활용할 수 있다. 담론으로서 내러티브는 교사가 알고 있는 역사 이야기를 수업 내용으로 변환시키는 수단이 된다. 내러티브에는 역사 이야기의 내용과 그에 대한 교사의 해석, 그 해석의 기초가 되는 교사의 역사관과 역사 인식, 그리고 이야기를 전달하는 기법 등이 혼합되어 나타난다. 이렇게 교사가 자신의 역사관과 역사 인식에 의거해 구성한 이야기는 내러티브라는 수단을 통해 학생들에게 전달된다. 학생은 교사에 의해 해석되고 구성된 내러티브를 통해 역사적 사실을 배우게 된다.

셋째, 수업 내용으로서 내러티브이다. 교사가 해석하고 구성한 내러티브는 역사 수업의 내용으로 사용될 수 있다. 교사가 역사적 사건을 해석하고 구성할 때, 교사가 가진 역사에 대한 내용 지식과 교과 내용에 대한 믿음이 영향을 미친다. 많은 교사들이 자신이 잘 알고 있는 내용에서 선정한 이야기 또는 내러티브를 역사 수업에 활용하게 된다. 교사가 역사 수업에 활용할 내러티브 또는 이야기를 선정하고 구성할 때, 교사의 역사관과 역사 인식이 반영되고 교사의 해석이 포함된다.

넷째, 역사 인식 도구로서 내러티브이다. 최근 역사학의 성격에 비추어 볼 때, 내러티브는 역사 인식의 기본적인 도구이고 역사 서술의 방식이다. 역사적 사실이나 사건의 시간적 연속성과 상관관계를 결합하여 하나의 이야기로 만든 것이 내러티브이다. 이러한 내러티브를 통해 학생들은 일련의 역사적 사건들과 그것들의 상관관계를 하나의 이야기로 인식하게 된다. 내러티브에는 두 가지 이상의 역사적 사실이나 사건이 서술되어 있기 때문에, 일련의 역사적 사건의 상관관계를 이해할 수 있게 해준다.

이런 이유에서 최근에 이야기식 수업 또는 내러티브식 수업이 역사수업에서 강조되고 있다. 이야기식 수업은 내러티브로서 역사를 가르치는 효과적인 수업 방법으로 제시된다.

수업목표: 인물을 중심으로 역사적 사건의 상관관계를 파악한다.
※ 주제: 이성계와 조선의 건국과정

3. 이야기식 수업의 방법

1) 이야기식 수업의 방법

이야기식 수업은 역사적 사건과 관련된 인물의 의도와 목적, 행위 등을 중심으로 하나의 이야기로 구성하여 전달하는 수업 방법이다.

학자들의 다양한 의견을 종합하여, 이야기식 수업의 과정을 제시하면 다음과 같다.

| 이야기식 수업의 교수 · 학습 과정 |

(1) 이야기의 주제 제시
(2) 이야기의 전개(사건의 시작-전개-절정-종결)
(3) 이야기의 정리

2) 이야기식 수업의 교수 · 학습 과정

이야기식 수업의 교수·학습 과정을 살펴보면 다음과 같다.

이야기식 수업의 과정

1. 이야기의 주제 제시
   - 교사는 역사 수업에서 다룰 사건과 관련 인물을 선정한다.
   - 교사는 어떤 인물과 사건에 초점을 맞추어 이야기를 전개할 것인가에 대해 소개한다.
2. 이야기의 전개(사건의 시작-전개-절정-종결)
   - 역사적 사건의 발생 배경, 사회적 상황 등을 설명한다.
   - 역사적 사건과 관련 인물의 의도, 목적, 행위 등을 중심으로 사건의 발생-전개-갈등과 충돌-종결 등 사건의 전개 과정을 일련의 이야기로 들려준다.
   - 역사적 사건의 전개 과정에서 나타난 인물의 의도와 목적을 찾아보게 한다.
3. 이야기의 정리
   - 역사적 사건을 당시 사회적 상황, 인물의 의도, 행위와 상호 연관시켜서 역사적 맥락 속에서 파악하게 한다.
   - 이야기 속에 나타난 인간의 본질적 측면과 역사적 사건들의 상관관계를 이해하도록 정리한다.

4. 이야기식 수업의 효과와 한계

이야기식 수업은 역사를 하나의 이야기로 가르치기 때문에, 정치사를 중심으로 사건을 연대순으로 전달하는 설명식 수업보다 여러 가지 면에서 유용하고 효과적이다. 이야기식 수업은 다음과 같은 효과를 지녔다(최상훈 외, 2013: 220-222).

첫째, 이야기식 수업은 역사를 이해하는 능력을 기르는 데 효과적이다. 최근 역사가 하나의 이야기 또는 내러티브로 간주되고, 이야기는 학생들에게 친숙한 것이기 때문이다.

둘째, 이야기식 수업은 역사적 사고력을 신장시키는 데 기여한다. 교사가 들려주는 이야기를 통해 학생들은 당시의 사회적 상황을 파악하고 역사적 사건 속에서 공통적으로 나타나는 인간의 본성에 대해 이해하고, 역사적 사건의 연속성을 파악하도록 도와준다.

셋째, 이야기식 수업은 역사적 맥락 속에서 역사적 사실을 이해하도록 도와준다. 사건과 관련된 인물의 의도와 행위 등을 중심으로 여러 가지 사건들을 상호 연결하여 하나의 전체 이야기로 전달하기 때문이다.

넷째, 이야기식 수업은 과거 역사에 대한 상상력을 신장시키는 데 유용하다. 이야기는 역사적 인물의 입장에서 과거 사건과 시대적 상황을 이해하는 것을 도와주기 때문이다.

그러나 이야기식 수업에서 교사가 전달하는 이야기에 내재된 특정한 역사관과 역사 인식이 학생들에게 그대로 주입될 위험이 있다. 이야기식 수업은 교사가 자신의 관점에서 역사적 사건을 해석하여 구성한 이야기를 수업의 처음부터 끝까지 전달하는 수업 방식이기 때문이다. 교사의 특정한 역사관이나 역사 인식이 학생들에게 일방적으로 전달되고, 학생들이 편향되게 역사를 인식할 위험을 안고 있다.

교사가 자신의 역사관에 의거해 선정하고 해석한 이야기를 일방적으로 전달하기 때문에, 학생들은 역사적 사건이나 사료 등에 대하여 비판적으로 사고하고 객관적으로 해석할 수 있는 기회를 갖기 어렵다. 그에 따라 이야기식 수업을 받은 학생들은 교사가 들려준 특정한 역사관을 갖게 되고 편향된 역사 해석을 하게 될 위험이 있다.

이야기식 수업의 한계를 극복하기 위해서 수업의 정리 단계에서, 교사는 다양한 관점을 보여주는 자료를 제시하고, 다양한 자료의 해석이나 토론을 통해 교사의 이야기와 다른 해석들이 가능하다는 사실을 인식시켜야 한다. 즉, 교사는 자신의 이야기가 끝난 후에 다양한 자료를 제시하면서 자료를 비판적으로 평가하고, 같은 역사적 사건이나 인물에 대하여 다양한 해석 및 평가가 가능함을 깨닫게 한다. 교사는 자신이 전달한 이야기는 절대적 진리가 아니라 자신의 역사관과 역사 인식에서 해석한 '하나의' 이야기일 뿐이고, 다른 사료와 해석에 근거하여 '또 다른 이야기'를 다양하게 구성할 수 있다는 점을 알려주어야 한다.

제20장 사료 학습

기존의 역사 수업은 주로 정치사를 연대기 순으로 전달하는 설명식 수업으로 이루어졌다. 정치사 중심의 연대기적 설명은 역사에 대한 학생의 흥미를 떨어뜨리고 많은 사실들을 암기하는 과목으로 인식하도록 만들었다.

그러나 역사교육은 단지 과거의 역사적 사실을 전달하기보다는 역사적 사고력을 신장시키고 객관적인 역사 인식을 도와주는 것을 목표로 한다. 이런 목표를 달성하기 위해서는 교사가 역사적 사실을 전달하는 수업 방식보다는 학생들이 직접 역사적 자료를 탐구하면서 과거의 사회적 상황을 상상하며 이해하고, 과거의 역사적 문제에 대해 판단하도록 하는 수업 방식이 더 적절하다. 학생들이 사료를 직접 비판적으로 읽으면서 탐구하고 판단하게 함으로써, 역사적 사실을 생생하게 느끼며 배울 수 있다. 사료 읽기를 통해 학생들은 과거의 사람들 및 사건과 직면하여 역사적 사실을 생생하게 이해할 수 있고, 역사적 사실을 스스로 탐구하면서 역사적 사고력을 함양할 수 있다.

또한 사회가 변화하면서 역사에 대해 스스로 탐구하고 해석할 수 있는 능력이 요구되고 있다. 이런 사회적 요구를 반영하여 역사 수업은 역사적 사실의 수용자로 기르는 것이 아니라 학생이 스스로 사료를 분석하고 해석할 수 있는 역사가로서의 능력을 길러주는 것이 필요하다. 이런 측면에서 최근 역사 수업에서 사료 학습이 강조되고 있다.

1. 사료의 의미와 성격

사료는 과거에 있었던 일을 기록한 문서, 유물, 유적 등이다. 이런 사료는 역사를 연구하는 기본 자료이고 원천이다. 역사가는 사료를 통해 과거 역사적 사실을 탐구하고 해석한다.

우리는 흔히 사료가 과거를 객관적으로 기록한 사실이라는 편견을 갖고 있다. 하지만 **사료**는 과거에 있었던 일을 객관적으로 보여주는 것이 아니라 그것을 기록한 사람 또는 제작한 사람의 관점과 해석을 통해 만들어진 것이다(최상훈 외, 2013: 140). 예를 들면 같은 삼국시대에 대하여 기록한 것이지만, 「삼국사기」와 「삼국유사」의 내용과 서술 방식은 매우 다르다. 「삼국사기」(1145)는 국가의 정통성을 확립하려는 왕의 명령을 받고, 고위 관료였던 김부식이 유학자의 관점에서 기록하였기 때문에, 삼국시대의 역사에서 중요한 불교 문화를 소홀히 다루었다. 반면에 「삼국유사」(1281)는 승려인 일연이 고려인의 관점에서 기록한 것으로, 「삼국사기」에서 가치가 없다고 다루지 않거나 소홀히 다룬 사건에 대하여 자세하게 기록하거나, 「삼국사기」에서 볼 수 없는 내용도 있고, 서로 다르게 기술하거나 해석한 부분도 많다.

이처럼 사료는 기록한 사람의 관점과 해석을 통해 생산된 것이기 때문에, 그것에 대해 비판적으로 검증한 후에 역사 수업에 활용해야 한다. 역사 수업에서 사료를 활용하기 위해서는 '사료의 기록자가 누구인가?', '어떤 사회적 맥락에서 기록하였는가?', '사료를 기록한 목적은 무엇인가?', '사료의 내용은 사실인가?' 등 비판적 읽기를 통해 사료의 진위, 신뢰성과 타당성을 검증하는 것이 필요하다. 이렇게 검증된 사료를 역사 수업에서 활용해야 한다.

또한 같은 역사적 사건이나 인물에 대하여 서술의 차이가 나타난 경우도 있다(최상훈 외, 2013: 141). 예를 들면 고려 원종 때 몽골의 침략에 대항했던 삼별초의 항쟁, 조선 중종 때 급진적 개혁정책을 추진한 조광조, 임진왜란을 승리를 이끌었던 이순신에 대한 평가는 사료에 따라 다르다.

이처럼 같은 역사적 사건이나 인물에 대한 기록과 평가가 다를 경우에, 교사는 서로 다르게 기록한 사료를 동시에 제공하여, 학생들이 서로 다른 사료들을 비교하면서 역사적 사실을 객관적으로 이해하고 역사적 사실을 스스로 해석할 수 있도록 해야 한다. 교사가 사료를 선정할 때는 사료의 성격을 고려하여, 사료에 대해 비판적으로 검증하여 신중하게 선택해야 한다.

교사가 사료를 선택할 때 고려할 기준은 다음과 같다(최상훈 외, 2013: 141).

사료 선택의 기준

(1) 학습 목표를 달성하는 데 적합한 자료인가?
(2) 학습 내용과 관련이 깊은 자료인가?
(3) 학생의 인지 발달 단계와 사고 능력에 적합한 자료인가?
(4) 신뢰할 만하고 타당한 자료인가?

2. 사료 학습의 의미와 목표

1) 사료 학습의 의미

이미 19세기 후반부터 역사 수업에서 설명식 수업을 탈피하여 사료를 활용하는 방법이 강조되었다. 1899년 미국역사학회(AHA)의 7인 위원회는 사회과에서 역사적 사실을 기계적으로 전달하는 역사 수업을 비판하면서 학생이 스스로 사료를 분석하고 평가하는 '역사적 사고 기능'(the art of thinking historically)의 훈련을 강조하였다(Evans, 2004: 10-14). 그 후 역사 수업에서 사료를 활용할 수 있는 방안들이 제시되고 사료집이 제작되기 시작하였다. 그러면서 역사 수업에서 사료의 활용이 강조되었다.

'**사료 학습**'은 과거의 기록에서 역사적 사실을 확인하고, 그 내용에 대한 해석을 통해 당시의 사회상을 재구성하여 거기에 역사적 의미를 부여하는 학습 방법이다(정선영 외, 2012: 152-153). 사료 학습은 사료에서 사실과 견해를 구별하고, 사실에 대해 다양한 해석이 가능하며, 역사가 계속 다시 쓰일 수 있다는 것을 인식시켜 줌으로써 역사적 사고력을 길러줄 수 있다.

2) 사료 학습의 목표

사료 학습은 학생이 직접 사료를 비판적으로 분석하고 평가하는 활동을 통해 역사적 사실을 객관적으로 해석할 수 있는 역사적 사고력을 신장시키는 것을 목표로 한다. 역사가가 사료를 비판적으로 분석하고 해석하듯이, 사료 학습은 학생들이 직접 사료를 분석하고 탐구하면서 역사를 객관적으로 해석하고 판단하는 '역사적 사고력'의 육성을 목표로 한다.

'**역사적 사고력**'(historical thinking)은 어떤 문제에 처했을 때 역사적 지식을 활용하여 역사 문제에 대한 가설을 세우고 해결 방안을 모색하면서 역사를 이해하려는 복합적인 정신의 능력이다. 역사적 사고력은 보통 4가지 하위 범주로 구성된다(최상훈 외, 2010: 25).

① **연대기 파악력:** 시간에 따른 변화를 중시하고 인간의 삶과 여러 현상을 연대기 속에서 이해하는 능력

② **역사적 탐구력:** 사료를 근거로 과거 사건이나 행위에 대한 해석과 설명을 통해 이해를 도출하는 능력

③ **역사적 상상력:** 사료의 불완전성을 보완하기 위해 관련 근거를 토대로 증거의 간극을 채워가거나 과거 인물의 심적 상황을 추체험하는 능력

④ **역사적 판단력:** 증거의 중요성을 판별하고 자료를 해석하고 추론하는 과정에서 편견을 찾아내고 균형 잡힌 결론을 도출하는 능력

3. 사료 학습의 방법

1) 사료 학습의 방법

사료 학습은 사료를 비판적으로 읽고 해석하는 활동을 통해 역사적 사고력을 기르는 수업 방식이다. 사료를 읽고 해석하는 활동을 어떻게 진행하느냐에 따라 사료 학습의 교수·학습 과정은 학자마다 다양하게 제시되었다.

강선주는 사료에 대한 비판적 읽기를 '표면적 읽기', '분석적 읽기', '해석적 읽기'(인과적 읽기, 맥락적 읽기, 나의 관점으로 읽기)로 구체화하고, 사료 읽기를 통해 역사적 사고를 신장시키는 방안을 강조하였다. 강선주는 사료 읽기를 통해 역사적 사고력을 신장시키는 사료 학습의 과정을 4단계로 제시하였다(강선주, 2011: 8-19).

| 사료 학습의 단계 |

(1) 탐구 문제 결정하기(주어진 역사 지식 의심하기)
(2) 사료의 명시적 내용 파악하기(표면적 읽기)
(3) 사료의 증거 능력 평가하기(분석적 읽기)
(4) 사료를 비교 · 종합하고 해석하기(해석적 읽기)

다른 한편 최용규 등은 역사적 맥락 속에서 사료를 분석하고 추론하는 것을 강조하면서 사료 학습의 교수·학습 과정을 6단계로 제시하였다(최용규 외, 2011: 372-378).

| 사료 학습의 과정 |

(1) 사료의 출처 확인하기
(2) 사료의 내용 파악하기
(3) 사료에서 사실과 견해를 구별하기
(4) 역사적 맥락을 추론하기
(5) 역사적 맥락 속으로 들어가기
(6) 증거에 기초한 자신의 견해 진술하기

2) 사료 학습의 교수 · 학습 과정

사료 학습의 과정은 학자마다 다른데, 강선주가 제시한 사료 학습의 교수· 학습 과정을 살펴보면 다음과 같다(강선주, 2011: 8-19).

수업목표: 사료를 해석하는 능력을 기른다.

※ 사료: 조선왕조실록 중 일부

사료 학습의 교수 · 학습 과정

1. 탐구 문제 결정하기: 기존의 역사 지식을 의심하는 단계
   - 교과서에서 다루지 않는 자료 또는 다른 관점에서 다루는 사료를 제시한다.
   - 사료를 읽고 탐구할 문제를 선정한다.

2. 사료의 명시적 내용 파악하기(표면적 읽기): 사료의 표면적 내용을 파악하는 단계
   - 사료에 등장하는 인물, 인물의 생각과 행동, 시대적 상황 등을 파악한다.
   - 사료에 나타난 핵심 주장이나 주제를 파악한다.
   - 탐구 문제의 해결과 관련된 정보를 선택하고 수집할 자료에 대한 정보를 확인한다.

3. 사료의 증거 능력 평가하기(분석적 읽기): 사료를 비판적으로 읽으며 분석하는 단계
   - '누가, 무엇을, 왜 주장하는가?'에 대하여 분석한다.
   - 저자의 의도, 관점, 사료의 작성 이유 등을 분석한다.
   - 분석적 읽기의 과정

     ① 사료의 출처 확인: 저자의 특성, 저자의 의도, 저자와 사료에 기록된 사건과의 연관성, 사료의 독자 등에 대하여 분석한다.

     ▸관련 질문
     - 누가 어떤 상황에서 어떤 의도로 누구를 위해 썼는가?
     - 저자의 지위는 어떠한가? 또한 성별은 무엇인가?
     - 저자가 지닌 학문적, 사회적 당파성은 무엇인가?
     - 저자가 사료에서 말하지 않은 것은 무엇인가?

② 사료의 저작 상황 비판: 사료가 작성될 당시의 정치적, 경제적, 문화적 상황과 사료에 기록된 사건의 관련성을 비판적으로 분석한다.

▶ 관련 질문

- 사료가 저술될 당시의 정치적, 경제적, 사회적 상황은 어떠했는가?
- 사료가 당시의 정치적, 경제적, 사회적 상황을 어떻게 반영하고 있는가 또는 무엇을 비판하고 있는가?
- 사료의 주장이나 주제에 영향을 미쳤던 당시 사람들의 의식, 규범, 문화 등은 어떤 것인가?

③ 사료의 증거 능력 확인: 사료의 출처 확인과 사료의 저작 상황 비판에 기초하여 해당 사료가 탐구 문제에 해답을 제시해 줄 수 있는지 없는지에 대해 검증한다.

4. 사료를 비교 · 종합하고 해석하기(해석적 읽기): 사료에 나타난 사건들과 인물들을 비교하여 종합적으로 해석하는 단계

① 인과성 추론하기(인과적 읽기): 사료에 나타난 사건과 인물의 인과성을 파악하면서 인과적으로 사고하는 방법을 습득한다.

▶ 관련 질문

- 왜 사건이 발생했는가? 등장 인물은 왜 그렇게 행동했는가?
- 등장 인물의 행동이 다른 사람들에게 어떤 영향을 미쳤는가?
- 한 사건이 다른 사건에 어떤 영향을 미쳤는가?

② 맥락적으로 이해하기(맥락적 읽기)

- 사료에 나타난 상황, 제도, 사건, 사상, 인물 등에 대하여 당시 역사적 맥락 속에서 당시 사람들은 어떻게 평가하였는지에 대해 상상적으로 이해하고 파악한다.
- 다른 추가 자료를 제시하여 해당 사료에 제시된 사건이나 주장을 역사적 맥락 속에서 읽고 해석한다.

③ 의미 부여하기(나의 관점으로 읽기)

- 사료 읽기를 종합하여 사료에 나타난 사건이나 인물 행동의 역사적 의미를 자신의 관점에서 평가한다.
- 사료의 내용 파악과 해석적 읽기에 기초하여 사료에 나타난 사건, 인물의 행동, 저자의 주장이 지닌 역사적 의미에 대하여 자신의 해석을 서술한다.

반면에 최용규 등이 제시한 사료 학습의 과정을 살펴보면 다음과 같다(최용규 외, 2011: 372-378).

사료 학습의 과정

1. 사료의 출처 확인하기
   - 저자는 누구인가?
   - 문서의 형태는 어떠한가?
   - 언제 만들어졌는가?
   - 사료에 나타난 정보는 어디에서 얻을 것인가?

2. 사료의 내용 파악하기
- 사료에 나타난 주제는 무엇인가?
- 사료에 등장하는 인물은 누구인가?
- 사료가 어떤 역사적 사건에 대해 말하고 있는가?
- 사료의 배경이 되는 곳은 어디인가?

3. 사료에서 사실과 견해를 구별하기
- 사료에 나타난 사실은 무엇인가?
- 사료에 나타난 저자의 견해는 무엇인가?

4. 역사적 맥락을 추론하기
- 사료에 나타난 정치적, 사회적, 경제적 상황은 어떠한가?
- 사료에 나타난 당시 사람들의 인식, 규범, 문화 등은 어떠한가?

5. 역사적 맥락 속으로 들어가기
- 당시의 시기로 돌아가서 관련 인물의 입장이 된다면 어떻게 할 것인가?
- 역사적 맥락에서 관련 인물은 어떻게 결정했을 것이라고 생각하는가?

6. 증거에 기초한 자신의 견해 진술하기
- 사료와 사실에 의거해 학습한 역사적 사실을 정리하고, 사료에 나타난 역사적 사건이나 인물에 대하여 자신의 견해를 진술한다.

4. 사료 학습의 효과

사료 학습은 역사적 사실을 일방적으로 전달하는 설명식 수업보다는 여러 가지 면에서 효과를 지닌다(최상훈 외, 2013: 145).

첫째, 사료 학습은 학생들이 다양한 관점과 해석을 보여주는 사료들을 비교하여 분석함으로써 역사적 사실을 객관적으로 이해하도록 도와준다.

둘째, 사료 학습은 사료를 통해 다양한 역사적 관점과 해석을 비판적으로 분석함으로써 균형 잡힌 역사관을 형성할 수 있다.

셋째, 사료 학습은 학생들이 직접 사료를 분석하고 해석하는 활동을 하게 함으로써 역사적 탐구력, 역사적 상상력 같은 역사적 사고력을 신장시키는 데 기여할 수 있다.

이런 점에서 최근 역사 수업에서 사료 학습이 강조되고 있다. 하지만 사료 학습을 학교 현장에서 실시하기에는 현실적으로 몇 가지 어려움이 있다. 우선 사료를 비판적으로 읽고 분석하기 위해서는 사료와 관련된 역사적 맥락이나 사건에 대한 배경지식이 필요하지만, 학생들은 그런 배경지식이 부족하다. 그에 따라 학생들이 사료를 읽고 분석하는 데 어려움을 겪는다.

그리고 교사들이 역사 수업에 바로 활용할 수 있는 사료가 많지 않다는 것이다. 우리나라 사료는 어려운 한문으로 기록되었고 다른 나라의 사료는 외국어로 기록되었는데, 현재 우리말로 번역된 사료가 별로 없다. 그에 따라 교사가 역사 수업에서 활용할 수 있는 사료가 많지 않다.

참고문헌

강대현(2022). 사회과교육론. 동문사.

강선주(2011). "역사 수업에서 문자 사료 읽으며 역사적으로 사고하기 방안", 경인교대 『교육 논총』, 제31권 1호.

경기도교육청(2020). 2020 초등 원격수업 – 등교수업 병행 '블렌디드 러닝 예시자료'.

교육부(2022). 사회과 교육과정[별책 7], 고시 제2022-33호, 2022. 12. 22.

구정화(1995). "사회과 동위 개념의 효과적인 학습 방법 연구", 서울대학교 대학원 박사학위논문.

______(2009). 학교 토론수업의 이해와 실천, 교육과학사.

김대현 외(2001). 프로젝트 학습의 운영. 학지사.

김영석(2021). 사회과교육론(2판). 교육과학사.

김용신(2003). 사회과 현장 학습론(경험과 구성), 문음사.

김원태(2001). "고등학교에서의 사회 참여 체험교육과 시민성 형성에 관한 연구", 강원대학교 교육대학원 석사학위논문.

김재섭(1990). "문답식 수업형태와 설명식 수업형태가 사고력 신장에 끼치는 효과", 경기대학교 교육대학원 석사학위논문.

김주훈 외(2002). 학교 교육 내실화 방안 연구(II): 좋은 수업 사례에 대한 질적 접근, 한국교육과정평가원, 연구보고서 RR 2002-4-1.

김한종 외(2012). 역사교육과 역사인식. 책과함께.

남명호 외(2000). 수행 평가: 이해와 적용, 문음사.

노경주 외(2001). 논쟁 문제 교육의 이론과 실제, 원미사.

노은호 · 민경일(2004). 교수 · 학습 방법론, 동문사.

마이클 혼 · 헤더 스테이커 / 장혁 · 백영경 옮김(2017). 블렌디드. 에듀니티.

문인화(2001). "초등 사회과 논쟁학습이 의사결정능력 신장에 미치는 효과", 광주교육대학교 교육대학원 석사학위논문.

미래교실네트워크(2015). 거꾸로 교실 프로젝트. 에듀니티.

박도순 외(2012). 교육 평가-이해와 적용[수정 · 보완판]. 교육과학사.

박상준(2002). "행위성향 중심의 시민교육: 규칙 따르기로서의 사회적 행위를 중심으로", 서울대학교 대학원 박사학위논문.

______(2004). "사회 · 문화 교육에 대한 학생 인식의 조사 및 사회 · 문화 교육과정의 개

선 방향", 『초등교육연구』, 15(2).
______(2006). 비판적 사고와 문답식 수업, 한국학술정보.
______(2008). "사회 참여 체험 학습의 모형과 프로그램의 개발", 『사회과교육』, 47(2).
______(2012). "공적 시민성의 육성을 위한 사회과교육의 방안", 『사회과교육연구』, 19(3).
______(2013). "헌법 교육의 내용 구성 방안", 『법과인권교육연구』, 6(2).
______(2016). 거꾸로 교실을 넘어 거꾸로 학습으로, 교육과학사.
______(2020). 역사와 함께 읽는 민주주의 (2020 세종도서). 한울.
______(2021). 코로나 이후 미래교육: 학생 주도성, 메타버스 교육, 블렌디드 러닝(2판). 교육과학사.
______(2022). 메타버스 수업, 미래교육의 방향을 찾다. 교육과학사.
______(2023). 사회과 교육의 이해(제4판), 교육과학사.
박선미(2009). 한국의 지리 교육과정론, 문음사.
박성익(1998). 교수・학습 방법의 이론과 실제(I), 교육과학사.
백순근 편(1999). 수행 평가의 이론과 실제, 원미사.
변영계 외(2008). 교육 방법 및 교육공학, 제3판, 학지사.
변영계・이상수(2006). 수업 설계, 학지사.
성태제(2015). 교육 평가의 기초(2판). 학지사.
손봉호 외(1999a). 바람직한 한국인상 정립을 위한 기초연구, 교육부 인성교육정책자문위원회, 98 교육정책연구과제, 1999. 2.
________(1999b). "한국의 시민사회와 시민윤리", 『시민교육연구』, 제28집.
손승남(2005). "교사의 수업 전문성 관점에서 본 교사교육의 발전 방향", 『한국교원교육연구』, 22(1).
이경한(2004). 사회과 지리수업과 평가, 교육과학사.
이광성(1997). "고급 수준 질문의 활용 정도가 사회과 고급사고력과 학업성취에 미치는 효과 연구", 서울대학교 대학원 박사학위논문.
______(2002). "교사의 역할에 따른 논쟁 문제 학습의 효과 연구", 『시민교육연구』, 34(1).
이민경(2014). "거꾸로 교실의 효과와 의미에 대한 사례 연구". 「한국교육」, 41(1).
EBS(2009). 최고의 교사. 문학동네.
이성호(1999). 교수 방법론, 학지사.
이어진(2019). 백워드 설계를 적용한 거꾸로 교실이 고차 사고력에 미치는 효과. 강원대학교 대학원 박사학위논문.

이혁규(2005). 교과교육 현상의 질적 연구: 사회교과를 중심으로, 학지사.

______(2008). 수업, 비평의 눈으로 읽다. 우리 교육.

______(2013). 수업: 누구나 경험하지만 누구도 잘 모르는. 교육공동체 벗.

임태평(2000). 플라톤의 철학과 교육. 교육과학사.

장원순(2003). "사회적 실천 중심의 사회과 교육에 관한 연구", 서울대학교 대학원 박사학위논문.

정문성(1995). "사회과에서의 협동 학습 전략", 『사회와 교육』, 21집.

______(2001). "사회과 수행 평가의 의의와 전략", 『지식과 사고: 사회과 교육 인식의 전환』, 학문사.

______(2006). 협동 학습의 이해와 실천 (개정판), 교육과학사.

______(2013). 토의・토론 학습 방법 56, 교육과학사.

정문성 외(2008). 사회과 교수・학습법 (개정판), 교육과학사.

정문성・김동일(1999). 협동 학습의 이론과 실제, 형설출판사.

정선영 외(2012). 역사교육의 이해, 삼지원.

차경수(1997). 현대의 사회과 교육, 학문사.

차경수(2006). 사회과 교육과정과 지도법. 학문사.

차경수・모경환(2008). 사회과 교육, 동문사.

차경수・조대훈(2012). 사회과 교육의 도전과 전망, 동문사.

차조일(1999). "사회과 개념수업 모형의 이론적 문제점과 해결 방안", 『시민교육연구』, 제29집.

천희완 외(2001). 사회 참여 체험교육, 우리교육.

최상훈 외(2010). 역사교육의 내용과 방법, 책과 함께.

최상훈 외(2013). 역사교육의 내용과 방법, 책과 함께.

최용규 외(2005). 사회과, 교육과정에서 수업까지, 교육과학사.

최용규 외(2011). 살아 있는 역사수업, 교육과학사.

최정윤(2016). 초・중등교육에서 블렌디드 러닝의 학습 효과에 대한 메타 분석. 한국교원대학교 대학원 석사학위논문.

최현섭(2000). "어린이와 청소년의 사회 참여 체험 훈련 프로그램 개발 연구", 강원대학교 교육연구소, 「교육연구」, 제10집.

한국교육과정평가원(2013). 미래 사회 대비 국가 수준 교육과정 방향 탐색-사회(일사), 연구보고서 CRC 2013-20 (2013. 12).

한춘희(2009). 초등 사회과 교육의 이론과 실제, 한국학술정보.
황홍섭(2004). 초등 사회과 교재연구, 세종출판사.

Aristotle. *The Nicomachean Ethics*, S. Broadie & C. Rowe(2002). trans., N.Y.: Oxford Univ. Press.

Aronson, E. et al.(1978). *The Jigsaw Classroom*, CA.: Sage.

Banks, J. A.(1977). *Teaching Strategies for the Social Studies: Inquiry, Valuing, and Decision-Making*, 2th ed. / 최병모 외 공역(1989), 사회과 교수법과 교재 연구, 교육과학사.

Banks, J. A.(1990). *Teaching Strategies for the Social Studies*, (4th eds). N.Y.: Longman.

Barr, R., Barth, J. L., Shermis, S. S.(1978). *The Nature of The Social Studies* / 최충옥 외 공역(2001), 사회과교육의 이해, 서원.

Beard, C. & Wilson, J. P.(2007). *Experiential Learning* (2th ed.), London: Kogan Page.

Bergmann, J. & Sams, A.(2012). *Flip Your Classroom: Reach Every Student in Every Class Every Day*. ISTE & ASCD.

Blasi, A.(2005). 'Moral Character: A Psychological Approach', in D. Lappsley & C. Power, ed. *Character Psychology and Character Education*, Notre Dame: Univ. of Notre Dame Press.

Bloom, B. S.(1956). *Taxonomy of Educational Objectives: the Classification of Educational Goals*, N.Y.: Longmans.

Coombs, J. R.(1971). "Objectives of Value Analysis" in L. E. Metcalf, ed. *Value education* / 정선심 · 조성민 역(1994), 가치 교육: 가치 분석의 이론적 근거, 교수 전략, 교수 과정, 철학과 현실사.

Coombs, J. R. & Meux, M. O.(1971). "Teaching Strategies for Value Analysis" in L. E. Metcalf, ed. *Value education* / 정선심 · 조성민 역(1994), 가치 교육: 가치 분석의 이론적 근거, 교수 전략, 교수 과정, 철학과 현실사.

Dewey, J.(1910). *How to Think.* M.A.: Hearth.

Dewey, J.(1952). *Democracy and Education* / 이홍우 역(1987), 민주주의와 교육, 교육과학사.

Dick, R. M., Carey, L. Carey, J. O.(2005). *The Systematic Design of Instruction*, (6th ed.), Needham Heights: Allyn & Bacon.

Dillon, J. T.(1994). *Using Discussion in Classroom,* Buckingham: Open Univ. Press.

Duplass, J. A.(2004). *Teaching Elementary Social Studies*, Boston: Houghton Mifflin Co.

Engle, S. H. & Ochoa, A. S.(1988). *Education for Democratic Citizenship* / 정세구 역(1995), 민주시민교육, 교육과학사.

Evans, R. W.(2004). *The Social Studies Wars: What Should We Teach the Children,* N.Y.: Teachers College Press, Columbia Univ.

Fulton, K. P.(2014). *Time for Learning: Top 10 Reasons Why Flipping the Classroom can Change Education.* Thousand Oaks, CA.: Corwin.

Howard, R. W.(1987). *Concepts and Schemata*, London: Cassel.

Hunt, M. P. & Metcalf, L. E.(1968). *Teaching High School Social Studies*, N.Y.: Harper & Row Pub.

Jacobs, G. M. et al.(1997). *learning cooperative learning via Cooperative Learning*, San Clemente, CA.: Kagan Cooperative Learning.

Johnson, D. W. & R. T. Johnson(1987). *Creative Conflict,* CA.: Sage Publishing.

______________________(1994). "Pro-Con Cooperative Group Strategy Structuring Academic Controversy within the Social Studies Classroom", in *Cooperative Learning in Social Studies: A Handbook for Teachers,* ed. by R. J. Stahl, N.Y.: Addison-Wesley Publishing. Co.

Jonassen, D. H. & Grabowski, B. L.(1993). *Handbook of Individual Differences, Learning and Instruction*, N.J.: Lawrence Ewbaum Associates.

Jonassen, D. H.(2004). *Learning to Solve Problems* / 조규락, 박은실 공역(2009). 문제해결학습: 교수 설계 가이드, 학지사.

Josephson, M. ed.(1992). Joint Issue on Character Education,(includes further discussion and elaboration on the 'Aspen Declaration'), Ethics: Easier Said Than Done.

Katz, L. G. & Chard, S. C.(2000). *Engaging Children's Minds* (2th ed.) / 윤은주, 이진희 역(2013). 프로젝트 접근법. 아카데미 프레스.

Kelly, T. E.(1986). "Discussing Controversial Issues: Four Perspectives on the Teachers Role", *Theory and Research in Social Education*, 14(2).

Kirschenbaum, H.(1977). *Advanced Values Clarification*, La Jolla, Calif.: University Associates.

Kirschenbaum, H.(1995). *100 Ways to Enhance Values and Morality in School and* Youth Settings / 추병완 외 공역(2009), 도덕・가치교육을 위한 100가지 방법, 울력.

Kohlberg, L.(1975). The Cognitive Developmental Approach to Moral Education / 유현옥 편역(2000), 현대교육의 주제와 쟁점, 내일을 여는 책.

__________(1981). *The Philosophy of Moral Development* / 김민남 외 공역(2000), 도덕 발달의 철학, 교육과학사.

Kolb, D. A.(1984). *Experiential Learning: Experience as the Source of Learning and Development*, Englewood Cliffs: Prentice Hall.

Leeds, D.(2003). *The 7 powers of questions* / 노혜숙 역(2003), 질문의 7가지 힘, 더난.

Markham, T., Larmer, J., Ravitz, J.(2003). *Project Based Learning Handbook* (2th ed.) / 노선숙 외 공역(2007). 프로젝트 기반 학습 입문서. 교육과학사.

Martorella, P. H.(1991). *Teaching Social Studies in middle and secondary School*, N.Y.: Macmillan co.

Meyer(2004). *Was ist guter Unterricht?* / 손승남・정창호 역, 좋은 수업이란 무엇인가?, 삼우반.

National Education Association(2010). Preparing 21st Century Students for a Global Society: An Educator's Guide to the "Four Cs".

NCSS(1994). *Expectations of Excellence: Curriculum Standards for Social Studies*, Washington, D. C.: National Council for the Social Studies.

Nelson, J. L. & Michaelis, J. U.(1980). *Secondary Social Studies Instruction, Curriculum, Evaluation*, Englewood Cliffs: Prentice Hall Inc.

Newmann, F. M.(1970). *Clarifying Public Controversy: An Approach to Teaching Social Studies*, Boston: Little Brown and Co.

Newmann, F. M.(1991a). "Promoting Higher Order Thinking in Social Studies: Overview of a Study of Sixteen High School Departments", *Theory and Research in Social Education*, 19(4).

______________(1991b). "Classroom Thoughtfulness and Students' Higher Order Thinking: Common Indicators and Diverse Social Studies Courses", *Theory and* Research in Social Education, 19(4).

OECD(2005). Definition and Selection for Key Competency: Executive summary.

OECD(2018). The Future of Education and Skills, Education 2030.

Oliver, D. W. & Shaver, J. P.(1966). *Teaching Public Issues in the High School*, Boston: Houghton Mifflin Co.

Piaget, J.(1952). *The Origins of Intelligence in Children*, N.Y.: International Univ. Press.

P21(2015). P21 Framework Definitions. 2015.5.15.

Raths, L. E., Harmin, M. Simon, S. B.(1978). *Value and Teaching*, (2th eds.) Columbus: Charles E. Merrill.

Savage, T. V. & Armstrong, D. G.(2000). *Effective Teaching in Elementary Social Studies*, (4th eds.) N. J.: Prentice Hall Inc.

Sharan, Y. & Sharan, S.(1990). "What do we want to study? How should we go about it? Group Investigation in the Cooperative Social Studies Classroom", in *Cooperative Learning in Social Studies: A Handbook for Teachers,* R. J. Stahl, ed., N.Y.: Addison-Wesley Publishing. Co.

Slavin, R. E.(1980). "Cooperative Learning", *Review of Educational Research*, Vol. 50.

_____(1990). *Cooperative Learning: Theory, Research and Practice, Englewood Cliffs,* N.J.: Prentice Hall.

Smaldino, S. E., Lowther, D. L., Russell, J. D.(2012). *Instructional Technology and Media for Le*arning(10th), Boston: Pearson.

Stein, J. & Graham, C. R. / 김도훈 · 최은실 옮김(2016). 블렌디드 러닝: 이론과 실제. 한국문화사.

Swinebart, B.(1992). *Youth Involvement: Developing Leaders and Strengthening Communities*, Colorado: Partners for Youth Leadership.

Thelen, H.(1960). *Education and the Human Quest*, N.Y.: Harper & Row.

Trilling, B. & Fadel, C.(2009). *21st Century Skills: Learning for Life in Our Times* / 한국교육개발원 역(2013), 21세기 핵심 역량, 학지사.

U.S. Department of Education(2010). Evaluation of Evidence-Based Practices in Online Learning: A Meta-Analysis and Review of Online Learning Studies.

Vygotsky, L. S.(1986). *Thought and Language*, Cambridge: The MIT Press.

Wilen, W. W.(1996). "Thinking Skills Instruction in Social Studies Classrooms", B. G. Massialas & R.F. Allen, *Critical Issues in Teaching Social Studies K-12*, Belmont: Wadsworth Pub. Co.

Woolever, R. M. & Scott K. P.(1988). *Active Learning in Social Studies Promoting Cognitive and Social Growth*, Glenview, Ill.: Scott, Foresman and Co.

World Economic Forum(2015). New Vision for Education: Unlocking the Potential of Technology. October. 2015.

World Economic Forum(2016). New Vision for Education: Fostering Social and Emotional Learning through Technology. March 2016.

부록

1. 사회과 수업 분석표
2. 임용시험 문제 분석 및 해설

1. 사회과 수업 분석표

(　　)교육과 이름:

분석 요소	분석 기준	수업 비평	평가
학습자의 특성 반영	• 학급 전체의 특성과 학생의 인지적 · 사회적 특성을 사회 수업에 반영하는가?		• 우수 • 보통 • 미흡
학습의 동기 부여	• 학생의 동기와 흥미를 적절하게 유발하는가?		
수업의 구조화	• 사회 수업의 목표-내용-방법-매체 및 자료-평가를 체계적으로 구조화하는가?		
수업 내용의 명료화	• 교사가 사회 수업의 내용을 명확히 이해하여 쉽게 가르치는가? • 교사가 학생의 지식과 경험의 수준에 맞게 설명하는가?		
수업 내용과 실생활의 연계성	• 사회 수업의 내용을 학생의 일상생활 및 경험과 연계해 가르치는가? • 사회 수업의 내용을 일상생활에 적용하는 방법과 사례를 제시하는가?		
수업 방법, 매체, 자료의 적합성	• 사회 수업의 목표와 내용에 적합한 수업 방법을 적용하는가? • 사회 수업의 목표, 내용, 방법에 적합한 매체와 자료를 활용하는가?		
학생의 참여 유도와 배움의 격려	• 학생이 사회 수업의 과정에 적극 참여하도록 유도하는가? • 학생이 주도적으로 배우고 활동하도록 격려하는가?		
민주적 의사소통과 상호작용	• 교사-학생, 학생-학생 간에 민주적인 소통과 상호작용이 이루어지는가? • 자유로운 환경 속에서 학생이 능동적으로 학습하도록 지원하는가?		
다양한 평가의 실시	• 학생 수준과 사회 수업의 목표에 맞게 다양한 평가를 실시하는가?		
수업의 성찰과 피드백	• 학생의 수업 이해도, 교사 수업에 대한 성찰을 조사해 자기 수업을 개선하도록 노력하는가?		

2. 임용시험 문제 분석 및 해설

초등교사 임용시험 출제 경향 분석

출제 영역		연도								
		2015	2016	2017	2018	2019	2020	2021	2022	2023
사회과의 역사	시민의 역량 / 시민성		○					○		
사회과의 전통/모형	시민성 전달 모형 사회과학 모형 반성적 탐구 모형	○					○			
사회과 교육과정의 조직원리	환경확대법 통합적 접근법 교육과정의 지역화		○				○			
사회과의 교수 방법	개념학습		○					○		
	탐구학습			○		○				○
	의사결정 학습		○		○					
	논쟁문제 학습	○								○
	현장학습 / 체험학습			○						
	지리교육: 도해력, 장소감		○				○			
	역사교육: 사료학습, 연표				○				○	
사회과의 평가										
사회과의 내용 지식		○	○	○	○	○	○	○	○	○

2021학년도 초등교사 임용시험(A)

7. (가)는 예비 교사가 작성한 수업 구성안의 일부이고, (나)는 예비 교사와 지도 교수의 대화이다. 물음에 답하시오. [4점]

1) (나)의 ㉠과 ㉡에 들어갈 용어를 쓰시오. [2점]

㉠ ______________________________

㉡ ______________________________

2) (가)의 [자료 3]과 [자료 4]에 나타난 교통 발달에 따른 ㉢과 ㉣의 변화 양상을 서술하시오. (단, ㉢과 ㉣에 들어갈 용어를 모두 포함할 것) [2점]

| 문제 분석 |

1): 「사회 4-1」교사용 지도서 1. 3) '지역의 생활모습 살펴보기'

| 정답 안내 |

1) ㉠ 인구 집중 현상 (인구밀도 증가)　　　㉡ 행정 기능

2) 생활권이 확장되고, 시간 거리가 축소된다.
(㉢에 들어가 용어는 '생활권'이고, ㉣에 들어갈 용어는 '시간 거리'이다.)

8. (가)는 박 교사가 작성한 4학년 '필요한 것의 생산과 교환' 단원에 해당하는 교수 · 학습 과정안이고, (나)는 수업 협의회의 일부이다. 물음에 답하시오. [5점]

1) (가)의 [A]에서 ① 생산의 비예를 찾아 쓰고, ② 비예가 되는 이유를 ㉠에 근거하여 서술하시오. [2점]

① ______________________________

② ______________________________

2) (가)의 ㉡에 들어갈 생산과 소비 개념의 관계를 쓰시오. [1점]

3) ① (가)의 ㉠에 근거하여 ㉢을 서술하고, ② (나)의 ㉣에 들어갈 용어를 쓰시오. [2점]

① ______________________________

② ______________________________

| 문제 분석 |

1): 「사회 4-2」교사용 지도서 2. 1) '생산과 소비 살펴 보기'

1)~3): 「사회과 교재연구 및 교수법」 **6장 '1. 개념학습의 의미', '3. 원형 모형'**

| 정답 안내 |

1) ① 환자가 병원에서 치료받기 (환자가 치료받는 것은 '소비'이다.)
② 생산의 결정적 속성을 갖지 않은 사례로서 '소비'에 해당되기 때문이다.
(㉠에 들어갈 용어는 '결정적 속성'이다.)

2) 생산과 소비는 '동위 개념'이다.
(동위 개념이란 개념의 위계관계에서 동등한 위치를 차지하고, 비슷한 유형을 설명하는 개념이다.)

3) ① 원형 모형은 결정적 속성이 분명하지 않은 개념을 가르치는 데 적합하다.
② 가치 · 태도 (가치)

7. (가)는 김 교사가 작성한 교수 · 학습 과정안이고, (나)는 수업 협의회 내용의 일부이다. 물음에 답하시오. [5점]

1) 기후와 인간 간의 관계를 (나)의 ① ㉠과 ② ㉡의 관점에서 서술하시오. [2점]

① ______________________________

② ______________________________

2) (나)의 ㉢을 기준으로 ㉣을 순서대로 서술하시오.(단, ㉢을 포함하여 쓸 것) [1점]

3) ① (나)의 ㉤에 들어갈 용어와, ② (나)의 ㉥에 공통으로 들어갈 용어를 쓰시오. [2점]

① ______________________________

② ______________________________

| 문제 분석 |

1)~3): 「사회 6-2」교사용 지도서 1. 2) '세계의 다양한 기후 알아보기'
「사회 6-2」교사용 지도서 1. 3) '우리나라와 이웃 나라의 교류 모습 살펴보기'

| 정답 안내 |

1) ① 환경 결정론: 기후가 인간의 생활방식을 결정한다.
② 환경 가능론: 인간의 생활방식은 기후에 영향을 받지만, 인간의 노력과 과학기술 등에 의해 기후의 영향을 바꿀 수 있다.

2) 위도에 따라 세계 기후는 열대 기후-온대 기후-한대 기후-냉대 기후 순으로 분포한다. (쾨펜은 세계 기후를 A~E 5가지 형태로 구분했는데, A(열대 기후), C(온대 기후), D(한대 기후), E(냉대 기후)는 '기온'에 따라 구분했고, B(건조 기후)는 '건조도'에 의해 구분했다.)

3) ① 속성 정보 ② 공정 무역

8. (가)는 예비 교사가 작성한 교수 · 학습 과정안이고, (나)는 예비 교사와 지도 교사가 나눈 대화이다. 물음에 답하시오. [4점]

1) (가)의 [A]에 근거하여 ㉠에 들어갈 활동을 쓰시오. [1점]

2) '우리나라 최초의 근대적 조약'의 명칭을 포함하여 (나)의 ㉢의 이유를 서술하시오. [1점]

3) ① (나)의 ㉡에 해당하는 용어와, ② (나)의 ㉣에 공통적으로 들어갈 용어를 쓰시오. [2점]

① ______________________________

② ______________________________

| 문제 분석 |

1), 3) : 「사회과 교재연구 및 교수법」 **20장 '3. 사료 학습의 방법'**

2): 「사회 6-1」교사용 지도서 1. 1) '갑신정변에 참여한 사람들의 주장 알아보기'

| 정답 안내 |

1) 사료를 비판적으로 읽으며 분석한다.
(사료의 분석적 읽기 단계에서는 누가 언제 왜 작성했는지 사료의 출처를 확인하고, 어떤 상황과 문화를 반영하고 있는지 사료의 작성 상황을 분석하고, 사료가 사실로서 증거가 될 수 있는지 검증하는 활동을 한다.)
2) 갑신정변 개혁안은 강화도 조약 이후에 발생된 사건이므로, 사건의 '선후 관계'에 맞지 않는 질문이기 때문이다.
(강화도 조약은 1876년 2월에 체결됐고, 그 후 1884년 12월 갑신정변이 발생했다.)
3) ① 연표(Timeline)
(연표는 역사적 사건을 시간의 순서대로 배열한 표이고, 모양에 따라 선 연표, 그림 연표 등이 있다)
② 해석

2023학년도 초등교사 임용시험(A)

7. (가)는 위치 학습에 대한 예비 교사와 지도 교수의 대화이고, (나)는 예비 교사가 작성한 교수·학습 과정안이다. 물음에 답하시오. [5점]

1) (가)의 ㉠에 해당하는 용어를 쓰시오. [1점]

2) (가)의 ① A의 기준선의 명칭을 쓰고, ② ㉡과 관련하여 다음 도시들 중에서 GMT를 기준으로 '날짜와 시각'이 세 번째로 이른 도시의 위치 특성을 해당 도시가 속한 대륙 및 인근 대양의 이름을 모두 포함하여 쓰시오. [2점]

① ______

② ______

3) (나)의 ① ㉢에 공통으로 들어갈 단계의 명칭을 쓰고, ② 교수·학습 활동 내용에 따라 ㉣에 해당하는 구체적인 내용을 쓰시오. [2점]

① ______

② ______

❙ 문제 분석 ❙

1) 「사회 5-1」 교사용 지도서 <u>1. 1) 우리 국토의 위치와 영역의 '참고 자료'</u>
2) 「사회 6-2」 교사용 지도서 <u>1. 1) '세계 여러 나라의 지리 정보, 2) '세계 여러 나라의 다양한 삶의 모습'</u>
3) 「사회과교육의 이해」(제4판) **<u>10장 '3. 탐구 학습'</u>**

❙ 정답 안내 ❙

1) 관계적 위치
2) ① 적도
   ② 뉴욕은 북아메리카 동쪽 해안에 위치하고, 대서양에 인접해 있다.
   (영국 GMT를 기준으로 날짜와 시간이 빠른 순서는 ①서울-②도하-③뉴욕-④로스앤젤레스이다.)
3) ① 가설 설정
   ② 전통 음식, 전통 가옥, 도시 입지 같은 인문환경은 국가의 내륙, 해안, 섬의 위치에 따라 달라진다.
   (위치 학습에서 위치에 따라 인문환경이 달라지는 것을 탐구하는 수업이므로, 〔활동1, 2〕 자료에 근거하여 3가지를 종합한 결론을 도출하면 된다.)

8. (가)는 수업 협의회 내용의 일부이고, (나)는 교수 · 학습 자료이다. 물음에 답하시오. [4점]

1) (가)와 다음 글의 ㉠에 공통으로 들어갈 용어를 쓰시오. [1점]

2) ① 사회과의 3가지 목표 영역 중 (가)의 [A]에서 김 교사가 초점을 두고 있는 목표 영역의 명칭을 쓰고, ② (나)의 [자료 1], [자료 2], [자료 3]에 공통으로 나타난 현상을 지칭하는 용어를 포함하여 정보화 사회의 문제점을 쓰시오. [2점]

① ______________________________

② ______________________________

3) 다음은 (가)의 ㉡과 관련하여 김 교사가 작성한 수업 단계별 발문이다. 단계의 성격에 부합하도록 ⓐ에 들어갈 말을 발문 형식으로 쓰시오. [1점]

❙ 문제 분석 ❙

1)~2): 「사회 4-2」 교과서 <u>3. 1) '정보화로 발생하는 문제점'</u>
2): 「사회과교육의 이해」(제4판) **<u>3장 '2. 사회과의 목표 분류'</u>**
3): 「사회과교육의 이해」(제4판) **<u>10장 '6. 논쟁문제 수업'</u>**

❙ 정답 안내 ❙

1) ① 사회 변화 (사회 성취기준 [4사04-05] 참고)
2) ① 기능
   ② 디지털 격차(정보 격차)로 인해 노령층이 경제활동에서 소외된다.
   (〔자료1~3〕 공통점은 60세 이상 노령층이 디지털 격차로 인해 경제활동에서 어려움을 겪는 현상을 통계로 나타낸 것이다.)
3) '무인 운영'의 의미는 무엇인가? ('무인 운영'이란 무엇을 의미하는가?)

중등교사 임용시험 출제 경향 분석

출제 영역		연도								
		2015	2016	2017	2018	2019	2020	2021	2022	2023
1. 사회과의 역사	미국: 신사회과, 공통 핵심 표준	○						○	○	
	한국: 사회생활과, 통합사회 등							○		○
2. 사회과 교육과정	교수 요목기 ~ 2022 개정 교육과정	○	○	○	○	○	○	○	○	○
3. 사회과의 목표	민주 시민 / 시민성						○	○	○	
4. 사회과의 전통/모형	3가지 전통(모형)				○	○	○	○	○	○
	5가지 전통(모형)		○							
5. 사회과 교육과정의 조직 원리/조직 유형	환경 확대법									○
	나선형 교육과정			○	○					○
	통합적 접근(통합교육과정)		○		○		○			○
	교과/경험/학문 중심 교육과정	○							○	
6. 사회과의 교수 방법	강의식 수업					○				
	개념 학습	○	○		○	○	○		○	
	일반화 학습			○					○	
	탐구 학습			○	○					○
	의사 결정 학습	○							○	
	논쟁 문제 학습 / 교사 역할	○		○	○	○	○	○		
	가치 명료화	○	○	○			○	○		○
	가치 탐구		○	○		○		○		
	가치 주입(언어적 교훈주의)	○		○			○	○		
	도덕적 추론 / 배려 윤리			○						○
	협동 학습		○					○		
	고차적 사고력 (비판적 사고, 메타 인지)	○					○			○
7. 사회과의 평가	평가 도구			○	○		○	○	○	
	수행 평가		○		○	○	○		○	○
8. 교사 역할 / 전문성	전달자, 조정자, 이론가		○	○				○		
	PCK / 반성적 실천가		○	○						
9. 사회과의 통합 교육	다문화 교육							○		
	시민교육							○		
	미디어교육									

2021학년도 중등교사 임용시험 (일반사회 A)

1. (가), (나)는 미국과 우리나라 사회과의 발달 과정에 대한 설명이다. 괄호 안의 ㉠, ㉡에 해당하는 용어를 순서대로 쓰시오. [2점]

| 문제 분석 |

- ㉠: 「사회과교육의 이해」(4판) 2장 '2. 미국 사회과의 발전 과정'
- ㉡: 「사회과교육의 이해」(4판) 2장 '2) 한국 사회과의 발전과정'

| 정답 안내 |

- ㉠: 사회과학 ㉡: 사회생활과

5. (가)는 바, 바스와 셔미스(R. Barr, J. Barth, & S. Shermis)가 제시한 사회과 본질에 관한 3가지 전통에 대한 표이고, (나)는 2015 개정 사회과 교육과정의 일부 내용이다. 〈작성 방법〉에 따라 서술하시오. [4점]

〈작성 방법〉

- 괄호 안의 ㉠, ㉡에 해당하는 용어를 순서대로 쓸 것.
- (가)의 교육 방법에서 '과학적 탐구'와 '(㉡)' 탐구의 차이점을 탐구 영역과 관련하여 1가지 서술할 것.

| 문제 분석 |

- ㉠, ㉡: 「사회과교육의 이해」(4판) 6장 '3. 사회과학 모형', '4. 반성적 탐구 모형'
- 탐구의 차이점: 「사회과교육의 이해」(4판) 6장 '4. 3) 탐구의 성격 비교'

| 정답 안내 |

- ㉠: 의사 결정 ㉡: 반성적
- 탐구의 차이점: (가)의 과학적 탐구는 '사실문제'에 대해 '객관적 자료'에 기초하여 원인과 결과의 상관관계를 '과학적 방법과 절차'를 거쳐 검증하는 과정이다. 반면에 반성적 탐구는 '일상적 문제'에 대해 과학적 자료 및 '일상적 자료'를 수집하여 '문제의 해결 방안'의 타당성을 검증하는 과정이다.

6. 다음 글(올리버와 쉐이버 D. Oliver & J. Shaver의 논쟁문제 수업)을 읽고, 〈작성 방법〉에 따라 서술하시오. [4점]

〈작성 방법〉

- 괄호 안의 ㉠에 해당하는 용어를 쓰고, ㉠ 모형이라고 명명한 이유를 서술할 것.
- 밑줄 친 ㉢이 밑줄 친 ㉡의 어느 차원에 해당하는지 쓸 것.
- 밑줄 친 ㉣의 이유를 '사회의 기본적 가치'라는 용어를 활용하여 1가지 서술할 것.

문제 분석

- ㉠~㉢: 「사회과 교재연구 및 교수법」 11장 '1. 논쟁문제 수업의 의미와 목표'
- ㉣: 「사회과 교재연구 및 교수법」 11장 '2. 논쟁문제 수업의 방법'

정답 안내

- ㉠은 법리 모형이다. 그 이유는 '법적 · 윤리적 가치'를 가치 갈등의 해결 기준으로 제시했기 때문이다.
- ㉢: 가치문제
- ㉣의 이유는 논쟁문제 수업 모형은 '사회의 기본적 가치'를 기준으로 논쟁문제와 가치 갈등을 해결하는 방안을 제시했기 때문이다.

2021학년도 중등교사 임용시험 (일반사회 B)

1. 다음은 가상의 온라인 학술대회 장면이다. 괄호 안의 ㉠, ㉡에 해당하는 용어를 순서대로 쓰시오. [2점]

문제 분석

- ㉠: 「사회과교육의 이해」(4판) 4장 '1. 세계화와 지역화: 다중 시민성'
- ㉡: 「사회과교육의 이해」(4판) 15장 '2. 3) 다문화교육의 접근법'

정답 안내

- ㉠: 다중 시민성 ㉡: 동화주의

3. (가)는 교육과정 시기별 고등학교 사회과 과목 편성 자료이며, (나)는 교사 간 대화 내용이다. 〈작성 방법〉에 따라 서술하시오. [4점]

〈작성 방법〉

- A~C를 시기순(과거→현재)으로 배열할 것.
- 괄호 안의 ㉠에 해당하는 과목은 직전 교육과정의 어떤 과목들이 합쳐진 것인지 설명할 것.
- 괄호 안의 ㉡에 해당하는 용어를 쓰고, 밑줄 친 ㉢의 유형에서는 교사가 어떤 역할을 수행하는지 1가지 서술할 것.

문제 분석

- ㉠: 「사회과교육의 이해」(4판) 2장 '2. 한국 사회과의 발전 과정'
- ㉡, ㉢: 「사회과교육의 이해」(4판) 14장 '1. 사회과 교사의 역할'

정답 안내

- 시기순: C-A-B

- ㉠은 '법과 정치'이고, 법과 정치는 기존의 '법과 사회'와 '정치' 과목을 결합한 것이다.
- ㉡: 교육과정 전달자
- ㉢: 교육과정 이론가로서 교사는 교육과정의 개발이나 교과서 집필 등 교육과정 전문가로서 그리고 수업 분석과 성찰을 통한 수업 개선 등 실행 연구자로서 역할을 수행한다.

4. 다음은 서로 다른 가치 교육 접근법 A~C에 대한 토론 내용이다. 〈작성 방법〉에 따라 서술하시오. [4점]

〈작성 방법〉

- A와 C의 명칭을 순서대로 쓸 것.
- '교사 역할'과 관련하여 B의 입장에서 A에 대한 비판점을 서술할 것.
- '가치 갈등 해결'과 관련하여 밑줄 친 주장의 이유를 설명할 것.

| 문제 분석 |

- A: 「사회과 교재연구 및 교수법」 14장 '3. 가치 명료화의 방법과 적용'
- B: 「사회과 교재연구 및 교수법」 14장 '2. 3) 가치 주입의 비판'
- C: 「사회과 교재연구 및 교수법」 14장 '5. 가치 탐구의 방법과 적용'

| 정답 안내 |

- A: 가치 명료화　　　　C: 가치 탐구
- B 입장에서 보면, A 모형은 사회의 기본적 가치와 도덕 원칙에 의거한 도덕적 판단 능력을 가르칠 수 없다.
- 가치 상대주의를 전제하기 때문에, 각 학생이 선택한 가치와 대안이 모두 동등하게 가치 있는 것이다. 그래서 어느 가치와 대안이 더 옳은지 합리적인지 '객관적으로 판단할 수 없어서' 근본적으로 가치 갈등을 해결할 수 없기 때문이다.

5. (가)는 예비 교사가 만든 교수 · 학습 지도안의 일부 내용이고, (나)는 이에 대한 예비 교사와 지도 교사의 대화 내용이다. 〈작성 방법〉에 따라 서술하시오. [4점]

〈작성 방법〉

- (가)의 자료를 토대로 밑줄 친 ㉠에서 하나의 원모둠을 몇 명씩 구성하는 것이 가장 적절한지 쓰고, 그 이유를 설명할 것.
- (나)의 ( ) 안에 들어갈 평가학적 용어를 쓰고, 밑줄 친 ㉡의 이유를 설명할 것.

| 문제 분석 |

- ㉠: 「사회과 교재연구 및 교수법」 13장 '3. 과제 분담 학습 모형(jigsaw)'
- ㉡: 「사회과교육의 이해」(4판) 13장 '1. 4) 사회과 평가도구의 양호도'

| 정답 안내 |

- ㉠: 원모둠은 5명씩 구성한다. 그 이유는 (가)에서 모둠 구성원이 조사할 '하위 주제'가 5개이기 때문이다.

○ ㉡은 '타당도'이다. 그 이유는 학습 목표-학습 내용-평가의 정합성이 없기 때문이다.
(학습 목표는 일탈의 이론적 관점을 설명하는 것이고, 학습 내용은 일탈의 의미, 이론 등인데, 형성평가는 '자료 분석 능력'을 평가했기 때문에, 목표-내용-평가의 '정합성'이 없기 때문이다.)

2022학년도 중등교사 임용시험 (일반사회 A)

1. 다음 글에서 괄호 안의 ㉠, ㉡에 해당하는 용어를 순서대로 쓰시오. [2점]

| 문제 분석 |

○ ㉠: 「사회과교육의 이해」(4판) 2장 '1. 미국 사회과의 발전 과정'
○ ㉡: 「사회과교육의 이해」(4판) 4장 '2. 4차 산업혁명과 미래사회의 변화: 역량'

| 정답 안내 |

○ ㉠: 고부담 시험 ㉡: 역량

2. (가), (나)는 서로 다른 시기의 우리나라 사회과 교육과정 목표의 일부를 발췌한 것이다. 바, 바스와 셔미스(R. Barr, J. Barth, & S. Shermis)의 분류에 근거하여 (가), (나)에서 가장 강조되고 있는 사회과교육의 모형을 순서대로 쓰시오. [2점]

| 문제 분석 |

○ (가): 「사회과교육의 이해」(제4판), 6장 '2. 시민성 전달 모형'
○ (나): 「사회과교육의 이해」(제4판), 6장 '4. 반성적 탐구 모형'

| 정답 안내 |

○ (가): 시민성 전달 모형 (나): 반성적 탐구 모형
[(가)는 제2차 사회과 교육과정의 '중학교 목표 1~4'이고, (나)는 2007 개정 사회과 교육과정의 '사회'의 목표 라~바이다.]

6. 다음 수업 협의록을 읽고 〈작성 방법〉에 따라 서술하시오. [4점]

〈작성 방법〉

○ 괄호 안의 ㉠에 해당하는 단계를 쓸 것.
○ A 수업모형이 무엇인지 쓰고, 괄호 안의 ㉡에 해당하는 단계를 쓸 것.
○ 교생 1의 발언 중에서 '뱅크스(J. Banks)의 가치 탐구 모형'에 부합하지 않는 부분을 찾아 쓰고, 그 이유를 서술할 것.

| 문제 분석 |

- ㉠, ㉡: 「사회과 교재연구 및 교수법」 10장 '1. 4) 의사결정 수업의 유형'
- 교생: 「사회과 교재연구 및 교수법」 10장 '2. 개인적 의사결정 수업의 방법'

| 정답 안내 |

- ㉠: 서술된 행동에 포함된 대립 가치를 확인하기
- A는 의사 결정 수업 모형이고, ㉡은 '지식과 가치문제의 확인'(사실과 가치문제의 확인) 단계이다.
- 교생 1: '국가별 수용 난민 수는 얼마나 되는지'는 '사실문제'이기 때문에, 가치 탐구에서 다루지 않는다.

2022학년도 중등교사 임용시험 (일반사회 B)

3. 다음은 사회과 교육과정에 대한 강의 내용의 일부이다. 〈작성 방법〉에 따라 서술하시오. [4점]

〈작성 방법〉

- 괄호 안의 ㉠, ㉢에 해당하는 용어를 순서대로 쓸 것.
- 밑줄 친 ㉡의 단점을 1가지 서술할 것.
- 괄호 안의 ㉣에 해당하는 용어를 쓸 것.

| 문제 분석 |

- ㉠~㉢: 「사회과교육의 이해」(4판) 7장 '5. 2) 경험 중심 교육과정', '3) 학문 중심 교육과정'
- ㉣: 「사회과 교재연구 및 교수법」 6장 '6. 일반화 학습'

| 정답 안내 |

- ㉠: 경험 중심　　　　　㉡: 지식의 구조
- ㉡의 단점은 사회과학적 지식과 현실 사이에 괴리가 나타나기 쉽다.
- ㉣: 자료 인출 도표(자료 검색 도표)

4. (가)는 '사회문제 탐구' 과목의 평가 계획의 일부이고, (나)는 평가 후 교사 협의회록의 일부이다. 〈작성 방법〉에 따라 서술하시오. [2점]

〈작성 방법〉

- A, B에 해당하는 용어를 순서대로 쓸 것.
- A의 행동 요소에 근거하여 밑줄 친 ㉠의 이유를 서술할 것.
- 괄호 안의 ㉡에 해당하는 용어를 문항 분석에서 고려할 용어로 쓸 것.

| 문제 분석 |

- ㉠: 「사회과교육의 이해」(4판) 13장 '2. 사회과 평가방식의 전환'
- ㉣: 「사회과교육의 이해」(4판) 13장 '1. 5) 사회과 평가 문항의 분석'

| 정답 안내 |

- A: 성취기준　　　　　B: 수행평가
  (제7차 사회과 교육과정부터 성취기준을 문장 형태로 진술했다.)
- ㉠의 이유는 탐구 절차를 적용해 탐구 계획을 수립하는 행동의 도달 여부를 평가하는 데 수행평가가 더 적합하기 때문이다.
- ㉡: 문항의 변별도

5. 다음은 개념 학습의 유형에 대한 수업의 한 장면이다. 〈작성 방법〉에 따라 서술하시오. [4점]

〈작성 방법〉

- A, B 모형이 무엇인지 순서대로 쓸 것.
- 괄호 안의 ㉠에 해당하는 용어를 쓸 것.
- 괄호 안의 ㉡에 들어갈 내용을 서술할 것.

| 문제 분석 |

- A: 「사회과 교재연구 및 교수법」 6장 '2. 속성 모형'
- B: 「사회과 교재연구 및 교수법」 6장 '4. 상황 모형'

| 정답 안내 |

- A: 속성 모형　　　　　B: 상황 모형
- 예와 예 아닌 것 검토
- ㉡: 투표 가치의 평등
  [평등 선거는 '1인 1표'와 '투표 가치의 평등'을 포함한다. 헌법재판소는 '투표 가치의 평등'을 실현하기 위해 선거구의 인구 편차는 상하 33⅓%, 인구 비례 2:1을 넘지 않아야 한다"는 기준을 제시했다(2012헌마190 등).]

2023학년도 중등교사 임용시험 (일반사회 A)

1. 괄호 안의 ㉠에 해당하는 용어와 괄호 안의 ㉡에 해당하는 과목명을 2015 개정 사회과 교육과정에 근거하여 순서대로 쓰시오. [2점]

| 문제 분석 |

- ㉠, ㉡: 「사회과교육의 이해」(4판) 2장 '2. 한국 사회과의 발전 과정'

| 정답 안내 |

- ㉠: 진로 선택　　　　　㉡: 정치와 법

2. 다음 글에서 괄호 안의 ㉠, ㉡에 해당하는 용어를 순서대로 쓰시오. [2점]

| 문제 분석 |

- ㉠, ㉡: 「사회과교육의 이해」(4판) 6장 '2. 시민성 전달 모형', '3. 사회과학 모형'

| 정답 안내 |

- ㉠: 시민성 전달(김교사)　　　　　　㉡: 사회과학(박교사)

5. 다음 글을 읽고 〈작성 방법〉에 따라 서술하시오. [4점]

〈작성 방법〉

- 괄호 안의 ㉠에 해당하는 사회과 교육과정 조직 원리의 명칭을 쓰고, 이에 대한 비판점을 1가지 서술할 것.
- 괄호 안의 ㉡에 해당하는 개념을 쓸 것.
- 괄호 안의 ㉢에 해당하는 내용을 나선형 교육과정의 의미에 부합하게 서술할 것.

| 문제 분석 |

- ㉠~㉡: 「사회과교육의 이해」(4판) 7장 '1. 환경 확대법'
- ㉡~㉢: 「사회과교육의 이해」(4판) 7장 '2. 개념 중심 나선형 교육과정'

| 정답 안내 |

- ㉠: 환경 확대법
  비판: 학생이 공간을 인식하는 방법을 기계적으로 확장시켰다. 또는 사회현상은 공간의 확대만으로 설명할 수 없고 복잡하고 다원적인 성격을 지닌다.
- ㉡: 희소성
- ㉢: 학년이 올라갈수록 반복되면서 개념의 범위와 깊이가 더 심화되도록 조직하는 것이다.

6. (가)는 예비교사가 작성한 수행평가 계획의 일부이고, (나)는 지도교사가 (가)에 대하여 지도한 내용의 일부이다. 〈작성 방법〉에 따라 서술하시오. [4점]

〈작성 방법〉

- 괄호 안의 ㉠에 해당하는 용어와 괄호 안의 ㉡에 해당하는 평가 방법을 쓸 것.
- 괄호 안의 ㉡에 해당하는 개념을 쓸 것.
- 괄호 안의 ㉢, ㉣에 해당하는 내용을 1가지씩 순서대로 서술할 것.

| 문제 분석 |

- ㉠, ㉡: 「사회과교육의 이해」(4판) 13장 '3. 7) 관찰법, 8) 자기 평가 및 동료평가'
- ㉢, ㉣: 「사회과교육의 이해」(4판) 13장 '3. 5) 연구 보고서법'

| 정답 안내 |

- ㉠: 관찰　　　　　　　㉡: 동료 평가
- ㉢: 수행 평가의 항목과 행동 특징을 명확하게 파악해 그에 맞게 보고서를 작성할 수 있다.
  ㉣: 평가 항목과 기준에 비추어 자신의 보고서 작성 과정을 성찰하고 개선할 수 있다.

2023학년도 중등교사 임용시험 (일반사회 B)

3. 다음 글을 읽고 〈작성 방법〉에 따라 서술하시오. [4점]

〈작성 방법〉

- 괄호 안의 ㉠, ㉡을 해당 교육과정 시기의 용어로 순서대로 쓸 것.
- 밑줄 친 ㉢의 의미를 서술할 것.
- 밑줄 친 ㉣에 해당하는 학문적 형태의 통합 유형을 쓸 것.

| 문제 분석 |

- ㉠~㉡: 「사회과교육의 이해」(4판) 2장 '2. 한국 사회과의 발전 과정'
- ㉢~㉣: 「사회과교육의 이해」(4판) 7장 '3. 통합적 접근법'

| 정답 안내 |

- ㉠: 일반 선택　　　　　　㉡: 공통
- ㉢: 학제적 통합은 여러 학문들에서 공통적인 주제나 개념을 추출하여 교육내용을 통합적으로 구성하는 방식이다.
- ㉣: 다학문적 통합

4. 다음 글을 읽고 〈작성 방법〉에 따라 서술하시오. [4점]

〈작성 방법〉

- 괄호 안의 ㉠의 하위 단계 2가지를 서술할 것.
- 김 교사의 입장에서 최 교사의 수업에 대한 비판점 1가지를 서술할 것.
- 괄호 안의 ㉡에 해당하는 가치교육 방법의 명칭을 쓸 것.

| 문제 분석 |

- ㉠: 「사회과 교재연구 및 교수법」 14장 '3. 가치 명료화의 방법과 적용'
- ㉡: 「사회과 교재연구 및 교수법」 14장 '6. 도덕적 추론의 방법과 적용'

| 정답 안내 |

- ㉠: 선택을 즐거워하고 소중히 여기기
  선택을 공개적으로 발표하기

○ 비판: 교사가 전통적 가치를 주입하여 학생이 스스로 가치를 선택할 자유를 차단한다.
○ ㉡: 도덕적 추론

5. 다음 글을 읽고 〈작성 방법〉에 따라 서술하시오. [4점]

〈작성 방법〉

○ 밑줄 친 ㉠과 같이 지도한 이유를 탐구 문제의 특성을 고려하여 서술할 것.
○ 괄호 안의 ㉡에 해당하는 내용을 '삶의 만족도'와 '경제적 수준'이라는 단어를 포함하여 문장으로 서술할 것.
○ 괄호 안의 ㉢에 해당하는 내용과 괄호 안의 ㉣에 해당하는 용어를 순서대로 쓸 것.

| 문제 분석 |

○ ㉠~㉢: 「사회과 교재연구 및 교수법」 8장 '3. 탐구수업의 적용'
○ ㉣: 「사회과교육의 이해」(4판) 10장 '2. 2) 고차적 사고력의 유형 (5) 메타 인지'

| 정답 안내 |

○ ㉠: 탐구 문제는 과학적 자료에 의거해 검증 가능한 '사실문제'이어야 하는데, 학생이 설정한 문제는 '가치문제'에 해당되어 탐구학습에 적합하지 않기 때문이다.
○ ㉡: 노년층의 '경제적 수준'이 높을수록 '삶의 만족도'가 클 것이다.
○ ㉢: 용어(개념)의 정의 ㉣: 메타 인지
(B. Massialas와 C. Cox의 탐구 모형에 따르면, 탐구의 각 단계에서 용어의 의미를 서로 다르게 사용하는 경우, 먼저 용어에 대하여 정의하고 합의하는 활동을 한다.)

저자 소개

박 상 준

서울대학교 대학원에서 사회과교육 및 사회 철학을 전공하고, 배재고등학교와 전주교육대학교 사회교육과에서 가르쳤으며, 현재는 한국교원대학교 일반사회교육과 교수로 재직하고 있다. 교육부 민주시민교육 자문위원, 인정도서(사회문제 탐구) 심의회 위원장, 2022 개정 사회과 교육과정 시안 개발 연구원으로 활동했으며, 교육부 교육과정 심의회(사회) 위원으로 활동하고 있다.

저서: 「중학교 사회 1, 2」(비상교육) (2009~현재)
「거꾸로 교실을 넘어 거꾸로 학습으로」 (2016)
「역사와 함께 읽는 민주주의」 (2020 세종도서)
「코로나 이후 미래교육」(제2판) (2021)
「메타버스 수업, 미래교육의 방향을 찾다」 (2022)
「사회과교육의 이해」(제4판) (2023)
「중등 사회과 교재연구 및 교수법」 (2023)

사회과 교재연구 및 교수법 [제4판]

2014년 7월 15일 1판 1쇄 발행
2019년 2월 20일 2판 1쇄 발행
2020년 2월 20일 2판 2쇄 발행
2022년 9월 10일 3판 1쇄 발행
2023년 8월 30일 4판 1쇄 발행
2024년 8월 30일 4판 2쇄 발행

저 자: 박 상 준
발행자: 한 정 주
발행처: 교육과학사

저자와의 협의하에 인지생략

경기도 파주시 광인사길 71
전화(031)955-6956~8/팩스(031)955-6037
Home-page: www.kyoyookbook.co.kr
E-mail: kyoyookbook@daum.net, kyoyookbook@daum.net
등록: 1970년 5월 18일 제2-73호

낙장・파본은 교환해 드립니다.
Printed in Korea.

정가 20,000원
ISBN 978-89-254-1818-6